Einzelhandel im Transformationsprozeß

Geographische Handelsforschung

Herausgeber: Günter Heinritz, Kurt Klein, Elmar Kulke
Schriftleiter: Frank Schröder

GHF 1

Robert Pütz

Einzelhandel im Transformationsprozeß

Das Spannungsfeld von lokaler Regulierung und Internationalisierung am Beispiel Polen

L.I.S. Verlag, Passau

Schriftenreihe des Arbeitskreises Geographische Handelsforschung
in der Deutschen Gesellschaft für Geographie
in Zusammenarbeit mit dem Geographischen Institut der TU München

Die Deutsche Bibliothek — CIP-Einheitsaufnahme

Pütz, Robert:
Einzelhandel im Transformationsprozeß : das Spannungsfeld
von lokaler Regulierung und Internationalisierung am Beispiel
Polen / Robert Pütz. - Passau: L.I.S. Verl., 1998
  (Geographische Handelsforschung ; 1)
  ISBN 3-932820-10-X

Copyright © 1998 by L.I.S. Verlag, Passau
Umschlaggestaltung: Frank Schröder & Robert Pütz
Druck und Bindung: OstlerDruck, Passau

Geographisches Institut
der Universität Kiel
ausgesonderte Dublette

Inv.-Nr. 991H38026

Geographisches Institut
der Universität Kiel

Meinen Eltern
Doris und Rainer Pütz

Danksagung

Die vorliegende Arbeit entstand als Dissertation während meiner Tätigkeit als wissenschaftlicher Mitarbeiter am Geographischen Institut der Johannes Gutenberg-Universität Mainz. Allen Kollegen, Freunden und Vertretern verschiedener Institutionen, die mich mit ihrem Engagement bei der Erstellung meiner Studie unterstützt haben, sei an dieser Stelle herzlich gedankt.

Mein Dank gebührt insbesondere meinem Doktorvater, Prof. Dr. Günter Meyer, der mir die Anregung zu der vorliegenden Arbeit gab. Prof. Meyer förderte mein Forschungsprojekt in allen Entwicklungsphasen durch seine Diskussionsbereitschaft und die Bereitstellung hervorragender Arbeitsbedingungen maßgeblich, und er war mir bei allen wichtigen Entscheidungen im Laufe der Arbeit stets ein wertvoller Ratgeber.

Bei meinen Untersuchungen in Wrocław/Breslau erfuhr ich umfassende Unterstützung vor Ort: Prof. Dr. Jan Łoboda stellte mir eine Unterkunft zur Verfügung. Arek Zieliński organisierte die Suche nach Befragerinnen und Befragern und war durch seine Übersetzungstätigkeiten bei der Fragebogenerstellung und den Interviews eine große Hilfe. Mein Dank gilt auch Dipl.-Ing. Ania Gawrońska und Dipl.-Ing. Marcin Gawroński für gewissenhafte Presserecherchen und die Beschaffung grauer Literatur von öffentlichen Einrichtungen. Die Wrocławer Stadtverwaltung sicherte durch ihre finanzielle Unterstützung, daß die empirischen Untersuchungen auf eine breite Basis gestellt werden konnten.

Für die Lektorierung des Textes und die damit verbundenen Anregungen bedanke ich mich bei Dipl.-Geogr. Dietmar Falk und Dipl.-Geogr. Frank Schröder. Ein großes Dankeschön geht an meinen Mainzer Kollegen Dipl.-Geogr. Georg Glasze, der während des Verlaufs der Untersuchung immer ein außerordentlich inspirierender Gesprächspartner war. Mein besonderer Dank gilt Simone Vollmer M.Sc., M.E.M. Mit ihren kritischen Manuskriptdurchsichten, ihren konstruktiven Anregungen und ihrer stetigen Diskussionsbereitschaft über den gesamten Zeitraum des Forschungsprojektes war sie mir bei der Erstellung dieser Arbeit eine sehr große Hilfe.

Schließlich danke ich den Herausgebern für die Aufnahme meiner Arbeit in die Reihe „Geographische Handelsforschung".

Inhaltsverzeichnis

1 **Transformation und Einzelhandel: Problemstellung** 7

2 **Einflußfaktoren der Einzelhandelsentwicklung in markt- und planwirtschaftlichen Wirtschaftssystemen** 10

2.1 Einzelhandel in marktwirtschaftlichen Wirtschaftssystemen 10
    2.1.1 Einflußfaktoren und Entscheidungsmechanismen im Einzelhandel marktwirtschaftlicher Wirtschaftssysteme. Beispiel Westdeutschland 12
        2.1.1.1 Nachfrageseite 12
        2.1.1.2 Angebotsseite 15
        2.1.1.3 Politisch-administrative Steuerung 22
    2.1.2 Einzelhandel im Spannungsfeld von „Internationalisierung" und „Lokalisierung" 24
        2.1.2.1 Internationalisierungsstrategien des Einzelhandels in Westeuropa . 25
        2.1.2.2 Konvergenzen und Divergenzen der Einzelhandelsentwicklung in der Europäischen Union 30

2.2 Einzelhandel in planwirtschaftlichen Wirtschaftssystemen 34
    2.2.1 Einflußfaktoren und Entscheidungsmechanismen im Einzelhandel planwirtschaftlicher Wirtschaftssysteme 34
    2.2.2 Einzelhandelsstruktur in planwirtschaftlichen Wirtschaftssystemen. Beispiel Polen 37
        2.2.2.1 Durchsetzung sozialistischer Eigentumsverhältnisse 37
        2.2.2.2 Zunehmende Zentralisierung der Einzelhandelsorganisation bis 1980 40
        2.2.2.3 Dezentralisierungsstrategien im Einzelhandel in den 80er Jahren .. 43
        2.2.2.4 Schattenwirtschaft im Einzelhandel 47

2.3 Einzelhandel im Systemvergleich 49

3 **Transformation als Erklärungsrahmen für den Strukturwandel im Einzelhandel** 54

3.1 Begriff der Transformation und maßgebliche Ansätze einer Transformationstheorie 54
    3.1.1 Begriff der Transformation 55
    3.1.2 Modernisierungstheorie und Neoklassik. Die dominierenden Ansätze sozial- und wirtschaftswissenschaftlicher Transformationstheorie 56
    3.1.3 Kritik 60
        3.1.3.1 Diskrepanz zwischen Theorie und Praxis 60
        3.1.3.2 Theoretische Defizite 63

3.2 Faktoren der Einzelhandelsentwicklung im Transformationsprozeß 66
    3.2.1 Umbau der institutionellen Ordnung 66
    3.2.2 Anpassungsstrategien der Akteure 71
    3.2.3 Interne Restrukturierung versus Internationalisierung 73
    3.2.4 Untersuchungsmethoden 74

4 Bedeutung nationaler Transformationsstrategien für die Einzelhandelsentwicklung. Beispiel Polen 79

4.1 Neue Rahmenbedingungen der Einzelhandelsentwicklung 79
    4.1.1 Transformationsstrategie Polens: Entwurf, Krise und Konsolidierung 79
    4.1.2 Dezentralisierung der politisch-administrativen Steuerung 87
    4.1.3 Wandel nachfrageinduzierter Rahmenbedingungen 92
4.2 Regionalisierungsstrategien bei der Privatisierung des sozialistischen Einzelhandels 95
    4.2.1 Regionalisierung und Zentralisierung der Einzelhandelsprivatisierung 97
    4.2.2 Beurteilung der polnischen Privatisierungsstrategie und ihre Konsequenzen für die Einzelhandelsentwicklung 104
        4.2.2.1 Die polnische Privatisierungsstrategie im ostmitteleuropäischen Vergleich 104
        4.2.2.2 Folgen der Privatisierung für polnische Einzelhandelsstruktur 106
4.3 Interne Restrukturierung versus Internationalisierung im privaten Einzelhandel .. 108
    4.3.1 Betriebsformendifferenzierung im einheimischen Einzel- und Markthandel 108
        4.3.1.1 Gründungsboom und regionale Entwicklungsunterschiede 108
        4.3.1.2 Gründungsmotive und Auswirkungen auf die Einzelhandelsstruktur 114
    4.3.2 Internationalisierung im polnischen Einzelhandel 118
        4.3.2.1 Institutionelle und sozioökonomische Rahmenbedingungen der Internationalisierung 118
        4.3.2.2 Raum-zeitliche Gebundenheit von Markteintritts- und Marktbearbeitungsstrategien 120

5 Bedeutung lokaler Regulierungsmechanismen für die Einzelhandelsentwicklung. Beispiel Wrocław (Breslau) 126

5.1 Lokale Regulierung bei der Privatisierung des Einzelhandels 132
    5.1.1 Durchsetzung sozialistischer Eigentumsverhältnisse nach dem Zweiten Weltkrieg 132
    5.1.2 Bedeutung von lokalen Akteurskonstellationen für die Privatisierung 133
    5.1.3 Anpassungsstrategien der privatisierten Unternehmen. Beispiel *PSS Społem* 139
        5.1.3.1 PSS Społem im Sozialismus 139
        5.1.3.2 Wandel der Unternehmensstruktur im Privatisierungsprozeß 141

    5.1.3.3 Anpassungsstrategien an marktwirtschaftliche
        Wettbewerbsverhältnisse 145
5.2 Gründungsboom im Einzel- und Markthandel: Interne Restrukturierung versus
   Internationalisierung auf lokaler Ebene 152
   5.2.1 Entwicklungen im transformationsspezifischen Markthandel 153
      5.2.1.1 Gründungsgeschehen, Betriebsformendifferenzierung und
          Standortwahl 154
      5.2.1.2 Strukturwandel und Überführung aus der Schattenwirtschaft 159
      5.2.1.3 Bedeutungswandel der Märkte mit Großhandelsfunktion.
          Beispiel *Targpiast* 167
      5.2.1.4 Entwicklungsperspektiven des Markthandels 170
   5.2.2 Transformation im einheimischen Ladeneinzelhandel 174
      5.2.2.1 Gründungsgeschehen und Betriebsformendifferenzierung 174
      5.2.2.2 Einfluß auf die Standortstruktur des Einzelhandels 183
      5.2.2.3 Einfluß des Immobilienmarktes auf die Standortstruktur des
          Ladeneinzelhandels 186
      5.2.2.4 Betriebstypenwandel und Entwicklungsperspektiven im
          Ladeneinzelhandel 190
   5.2.3 Internationalisierung im Wrocławer Einzelhandel 193
      5.2.3.1 Markteintritt und Standortwahl 194
      5.2.3.2 Einfluß auf lokale Wettbewerbsverhältnisse. Beispiel *Hit* 199
      5.2.3.3 Anpassungsstrategien und „Modernisierung" des lokalen
          Einzelhandels 202
      5.2.3.4 Kommunale Steuerungsmöglichkeiten der Internationalisierung . 206
5.3 Wandel der Standortstruktur des Einzelhandels im Transformationsprozeß 209
   5.3.1 Unterschiedliche Folgen des Gründungsbooms in Wohngebieten 212
   5.3.2 Nachholende Citybildung in der Innenstadt 220
   5.3.3 Zunahme nichtintegrierter Standorte 226

6 Einzelhandel im Transformationsprozeß: Eine Synthese 229

6.1 Konzeptualisierung von Transformation als Auslöser des Strukturwandels im
   Einzelhandel 229
6.2 Anpassungsstrategien der Akteure 234
6.3 Raum-zeitliche Transformationsphasen im Einzelhandel 238

7 Quellenverzeichnis und Anhang 249

7.1 Literaturverzeichnis 249
7.2 Verzeichnis der Gesetzesquellen 266
7.3 Anhang 268

1 Transformation und Einzelhandel: Problemstellung

In den Ländern Ostmitteleuropas vollzieht sich in den 90er Jahren ein tiefgreifender gesellschaftlicher Wandel, der als „Transformation" Eingang in die wirtschafts- und sozialwissenschaftliche Forschung gefunden hat. Ausgelöst durch den Zusammenbruch des Realsozialismus und durch die in kurzer Zeit vollzogene Hinwendung zur Marktwirtschaft tangieren die Transformationsprozesse alle sozialen, wirtschaftlichen und politischen Ebenen der Gesellschaft.

Dieser Umbruch in Ostmitteleuropa ist Anlaß der vorliegenden Arbeit, die sich damit als Beitrag zur Transformationsdebatte versteht. Die Einzelhandelsentwicklung in einem der Reformstaaten, Polen, bildet hierbei den Betrachtungsgegenstand. Der Einzelhandel erscheint aus drei Gründen besonders gut geeignet, um die Transformationsprozesse zu analysieren. Erstens handelt es sich bei ihm um den Wirtschaftszweig, der am schnellsten auf die sozialen, wirtschaftlichen und politischen Veränderungen reagiert und in dem sich somit am ehesten die Dynamik des Wandels untersuchen läßt. Zweitens ist der Einzelhandel wie kaum ein anderer Bereich von fast allen Bausteinen der Programme zur Bewältigung des Systemwechsels betroffen und damit als Prüfstein für die Durchsetzbarkeit und den Erfolg nationaler Transformationsstrategien prädestiniert. Drittens wird der Strukturwandel des Einzelhandels in Marktwirtschaften stets durch das Zusammenspiel von Angebot, Nachfrage und politisch-administrativer Steuerung geprägt. Aufgrund dieser Position im Schnittfeld zwischen den gesellschaftlichen Teilsystemen „Wirtschaftssystem", „soziales System" und „politisch-administratives System" wird der Einzelhandel zum Spiegelbild der komplexen Dynamik von Transformationsprozessen.

Die Analyse der Transformation am Beispiel des Einzelhandels in Polen verfolgt zwei Zugänge. Kapitel 2 stellt zunächst die Funktionsweise des Einzelhandels in markt- und planwirtschaftlichen Wirtschaftssystemen gegenüber. Aufgrund der Vorüberlegung, daß der Einzelhandel im Schnittfeld zwischen den konfligierenden Interessen der Akteure unterschiedlicher gesellschaftlicher Teilsysteme angesiedelt ist, wird hierzu ein handlungszentrierter Ansatz gewählt. Damit wird davon ausgegangen, daß die Unterschiede zwischen beiden Gesellschaftssystemen auf die jeweiligen institutionellen Rahmenbedingungen zurückzuführen sind, welche die Handlungsmöglichkeiten der Akteure in unterschiedlicher Weise begrenzen und die Interaktionsformen zwischen den Akteuren bestimmen.

Über eine Analyse der Einfluß*faktoren* hinaus dient der Systemvergleich dazu, die *Prozesse* der Einzelhandelsentwicklung in Markt- und Zentralverwaltungswirtschaften im Sinne von Markt- bzw. Planergebnissen gegenüberzustellen. So ist zu vermuten, daß z. B. marktwirtschaftliche Wirtschaftssysteme zwar nicht in allen Ländern identische

Marktergebnisse hervorbringen, jedoch durchaus typische Entwicklungsprozesse bestehen. Aus dem Vergleich systembedingt unterschiedlicher Einzelhandelssysteme in Plan- und Marktwirtschaften zeichnet sich bereits die Dimension des Wandels ab. Zugleich wird ein mögliches Szenario für Strukturwandlungen des Einzelhandels im Transformationsprozeß entworfen.

Im Unterschied zum Systemvergleich, der sich der Fragestellung empirisch nähert, verfolgt Kapitel 3 einen theoriegeleiteten Zugang, in dem die „black box" des eigentlichen Transformationsprozesses zwischen den zuvor konstruierten Ausgangs- und Zielsituationen „Plan" und „Markt" im Vordergrund steht. Auf Grundlage der dominierenden theoretischen Ansätze zur Transformationsforschung wird die These formuliert, daß der Umbau der institutionellen Infrastruktur das Kernelement von Transformation ist, wobei Institutionen in ihrer zweifachen Bedeutung als „soziale Normen" (z. B. Rechtssystem) und als „Organisationen" (z. B. Behörden) relevant sind. In kritischer Auseinandersetzung mit den theoretischen Ansätzen und unter Heranziehung empirischer Ergebnisse über die bisherigen Transformationsverläufe wird sodann geprüft, ob der institutionelle Umbau kontinuierlich als Folge einer durch Transformationsstrategen auf nationaler Ebene entworfenen Strategie vollzogen wird oder ob er vielmehr durch raum-zeitliche Diskontinuitäten und durch konflikthafte Interaktionen zwischen den beteiligten Akteuren verschiedener räumlicher Maßstabsebenen geprägt ist. Für das Forschungsdesign der folgenden Untersuchung erweist es sich damit als sinnvoll, akteurzentrierte Ansätze zu integrieren. Hierdurch können einerseits die Wechselwirkungen zwischen nationalen Transformationsstrategien und institutionellen Steuerungsmechanismen sowie andererseits die Gestaltung der Transformationsprozesse durch individuelle Akteurstrategien auf der lokalen Ebene analysiert werden.

Neuere geographische Ansätze verweisen auf die Bedeutung unterschiedlicher räumlicher Maßstabsebenen, mit denen sich Prozesse gesellschaftlichen Wandels verknüpfen (lokal-global-Dialektik). Diese Perspektive erscheint auch für die Transformationsforschung geeignet. Die Außenöffnung der Reformstaaten und die gleichzeitige Dezentralisierung staatlicher Steuerung, bei der Verantwortlichkeiten für Reformen auf unterschiedliche administrativ-räumliche Ebenen verteilt werden, bedingen nämlich, daß Transformation nur zum Teil auf nationalstaatlicher Ebene gesteuert wird. Vielmehr steht sie im Spannungsfeld zwischen Internationalisierung und lokalen Regulierungsmechanismen. Hieraus läßt sich unmittelbar die Frage nach der räumlichen Verankerung von Transformationsprozessen ableiten. Entsprechend den detaillierteren untersuchungsleitenden Hypothesen (Kapitel 3.2) erfolgt die Analyse dabei in zwei Schritten:

Kapitel 4 richtet den Blick zunächst aus makroanalytischer Perspektive auf die nationalen Transformationsstrategien Polens. Dabei werden die strategischen Kernelemente des institutionellen Umbaus analytisch voneinander getrennt und ihre Konsequenzen für den raum-zeitlich differenzierten Transformationsverlauf interpretiert. Anhand einer Auswertung von Sekundärstatistiken zur Einzelhandelsentwicklung auf gesamtpolnischer Ebene werden sodann die Folgen der polnischen Transformationsstrategie detaillierter durchleuchtet und – auf Grundlage einer Analyse des Gründungsgeschehens im einheimischen Einzelhandel und der zunehmenden Internationalisierung – Erklärungsdefizite eines rein makroanalytischen Zugangs aufgezeigt.

Dies lenkt den Blick im zweiten Analyseschritt auf die lokale Ebene (Kapitel 5). Auf Basis von Primärerhebungen am Beispiel Wrocław (Breslau) wird geprüft, welchen Einfluß Akteurstrategien sowie lokale Akteurskonstellationen und Regulierungsmechanismen auf die konkrete Gestaltung nationaler Transformationsstrategien besitzen. Darüber hinaus wird die Frage untersucht, wie sich international agierende westeuropäische Unternehmen in das lokale Akteursgefüge einbinden, wie hierdurch auf der lokalen Ebene als „Ergebnisebene" Prozesse der „internen Restrukturierung" (nationale Strategien versus lokale Regulierung) durch Internationalisierungsprozesse überlagert werden und welche Rückkopplungen sich daraus für den institutionellen Umbau und mögliche „Modernisierungsprozesse" im Transformationsprozeß ergeben.

Ansätze der geographischen Einzelhandelsforschung erweisen sich zur Analyse dieser Fragestellungen als besonders geeignet, denn die Standortstruktur von Unternehmen ist – in Verbindung mit der Betriebsformenstruktur – ein zentrales Strukturmerkmal des Einzelhandels. Hier bilden sich Distributionsstrategien lokal und international agierender Einzelhandelsunternehmen ebenso ab, wie lokale Regulierungsmechanismen im Transformationsprozeß, z. B. bei Fragen der Immobilienmarktliberalisierung.

Dem „Raum" kommt bei Transformationsprozessen damit eine dreifache Bedeutung zu: Erstens ist Raum als Resonanzboden für gesellschaftliche Prozesse (z. B. Standortstruktur des Einzelhandels) und damit als geeignetes Objekt der Transformationsforschung aufzufassen. Zweitens stellt sich die Frage, inwieweit räumliche Kategorien genutzt werden, um übergeordnete Strategien umzusetzen (z. B. bei der Dezentralisierung als Transformationsstrategie oder der Internationalisierung als Unternehmensstrategie). Drittens ist zu prüfen, inwieweit Transformationsprozesse selbst räumlich verankert sind (z. B. durch lokalspezifische institutionelle Strukturen). Insgesamt kann hierdurch nahegelegt werden, stärker als bisher geographische Ansätze in die Transformationsforschung zu integrieren.

2 Einflußfaktoren der Einzelhandelsentwicklung in markt- und planwirtschaftlichen Wirtschaftssystemen

Bei der folgenden Darstellung der Funktionsweise des Einzelhandels in plan- und marktwirtschaftlichen Wirtschaftssystemen sollen die wichtigsten Einfluß*faktoren* der Einzelhandelsentwicklung isoliert und „typische" Entwicklungs*prozesse* im Einzelhandel aufgezeigt werden. Dabei ist folgendes vorwegzuschicken: Ebenso wie es *die* Marktwirtschaft außerhalb theoretischer Modellbildungen nicht gibt, kann auch nicht von *der* Planwirtschaft gesprochen werden. Trotz einer Orientierung der sozialistischen Staaten an einem übergeordneten Gesellschaftsmodell bestanden nämlich stets erhebliche Unterschiede bei dessen Umsetzung, was auch die Annahme länderspezifischer Transformationsverläufe nahelegt. Wenn im folgenden dennoch die Begriffe „Planwirtschaft" und „Marktwirtschaft" verwendet werden, so sind hierunter stets idealtypische Konstrukte zu verstehen. Transformation wird damit zunächst als „black box" aufgefaßt, die den Übergang von einer konstruierten Ausgangs- zu einer konstruierten Zielsituation kennzeichnet. Beide Konstrukte sind für ein Verständnis der Wandlungsprozesse innerhalb der eigentlichen Transformation jedoch unverzichtbar.

2.1 Einzelhandel in marktwirtschaftlichen Wirtschaftssystemen

In den Ländern Westeuropas vollzieht sich ein erheblicher Strukturwandel im Einzelhandel. Dieser wird vornehmlich durch den Wettbewerb zwischen den Handelsunternehmen bestimmt und ist daher eng mit den Rahmenbedingungen einer marktwirtschaftlichen Wirtschaftsordnung verbunden. Der Strukturwandel äußert sich auf der Angebotsseite in Konzentrationsprozessen und einem Betriebsformenwandel. Dies verändert die Standortstruktur, weil sich die Wettbewerbsstrategien von Handelsunternehmen und deren Kapitalverwertungsinteressen räumlich niederschlagen.

Außer den Wettbewerbsstrategien der Unternehmen als handelsendogene Einflußfaktoren sind das Nachfrageverhalten der Konsumenten und die Rahmensetzungen politisch-administrativer Gremien als maßgebliche exogene Einflüsse auf die Einzelhandelsentwicklung anzusehen. So verändern z. B. ein allgemeiner Einkommensanstieg, die wachsende Pkw-Verfügbarkeit und die Ausdifferenzierung von Lebensstilgruppen mit unterschiedlichen Konsummustern die Nachfrage der Konsumenten, die auch neue Anforderungen an Einzelhandelsstandorte stellen. Durch die veränderte Nachfrage wandelt sich die Kosten- und Erlössituation der Handelsunternehmen. Die Unternehmen reagieren hierauf mit einem differenzierten Einsatz ihrer Handlungsparameter wie Preisniveau, Sortimentsangebot, Leistungsprofil, Betriebsgröße und Unternehmensstandort. Dies führt zur Entwicklung neuer Betriebsformen und zu einer Neuorientierung bei der Standortwahl sowie zu Standortanpassungen in bestehenden Lagen. In welchem Maße sich die Kapitalverwertungsinteressen der Einzelhandelsunternehmen durch eine veränderte Standortwahl im Raum niederschlagen, wird von den Entscheidungen politisch-administrativer Gremien beeinflußt. Mit Hilfe rechtlicher Instrumentarien der Bauleit- und Regionalplanung können diese im Genehmigungsverfahren von Einzelhandelsstandorten modifizierend auf die Standortwahl und -gestaltung der Einzelhandelsunternehmen wirken. Politisch-administrative Gremien, vornehmlich auf kommunaler Ebene, fungieren außerdem als Institutionen, in der die Aushandlungsprozesse zwischen öffentlichen Interessen und privatem Kapital verankert sind.

Veränderungen in der Einzelhandelsstruktur marktwirtschaftlicher Wirtschaftssysteme können somit als das Ergebnis des Zusammenwirkens von Entscheidungen der Akteure des sozialen Systems (Konsumenten), des Wirtschaftssystems (Einzelhandelsunternehmen) und des politisch-administrativen Systems (Politiker, Planer) verstanden werden (vgl. Abb. 1)[1]. Die Entscheidungsmechanismen zwischen den Akteurgruppen sind institutionell verankert durch Institutionen als „Normen" (z. B. Rechtsverordnungen, Preismechanismus zwischen Akteuren des Wirtschaftssystems) und durch Institutionen als „Organisationen" (z. B. Behörden, Interessenvertretungen). Beide Institutionsformen strukturieren in marktwirtschaftlichen Wirtschaftssystemen die Interaktionsformen zwischen den Akteuren und begrenzen deren Handlungsmöglichkeiten in einem ordnungspolitisch gewünschten Rahmen[2].

Der Einfluß der Akteurgruppen, die Institutionalisierung der Interaktionsformen zwischen ihnen und der aktuelle Wandel von Produktion, Konsumtion und Regulation werden im folgenden am Beispiel des Strukturwandels im Einzelhandel Deutschlands überblicksartig erläutert (vgl. hierzu detaillierter HEINRITZ 1989, KULKE 1992 und KLEIN 1995). Aufgrund der Besonderheiten in der Transformationsregion Ostdeutschland beschränkt sich diese Analyse auf die westlichen Bundesländer. Entsprechend den Vorüberlegungen in Abb. 1 werden dabei die Einflußfaktoren auf der Nachfrageseite, der Angebotsseite und bei der politisch-administrativen Steuerung getrennt behandelt.

---

[1] Aus regulationstheoretischer Perspektive kann dies gleichgesetzt werden mit dem Verhältnis des Akkumulationsregimes, d. h. den Beziehungen zwischen Produktion (hier: von Handelsdienstleistungen) und Konsum, zur Regulationsweise, d. h. der Art und Institutionalisierung der Koordination (vgl. BATHELT 1994: 66). Die Abgrenzung der Systeme erfolgt dabei ausschließlich analytisch, da zwischen den Teilsystemen Überschneidungen auftreten. So können Konsumenten aufgrund ihrer Rolle bei der Preisbildung auch dem Wirtschaftssystem zugerechnet werden.

[2] Diese Unterscheidung von Institutionen lehnt sich an MUMMERT (1995: 21), der zwischen Institutionen als „normative Regeln" und Institutionen als „organisierte soziale Kollektive" unterscheidet, und GUKENBIEHL an, der „organisierte soziale Kollektive" im Sinne MUMMERTs als „Organisationen" bezeichnet. Diesen schreibt er folgende Merkmale zu: Sie „(1) sind bewußt und meist auch planvoll zur dauerhaften Erreichung eines bestimmten Ziels oder eines bestimmten Zwecks gebildet worden, (2) sie besitzen eine gedanklich geschaffene und allgemeinverbindlich festgelegte Ordnung oder Struktur, (3) mit ihrer Hilfe sollen die Aktivitäten der Mitglieder und die verfügbaren Mittel so koordiniert werden, daß die Erreichung des Ziels auf Dauer gewährleistet ist" (1995: 105).

Abb. 1: Modell standortrelevanter Einflußfaktoren und Entscheidungsmechanismen im Einzelhandel marktwirtschaftlicher Wirtschaftssysteme (Beispiel Deutschland)

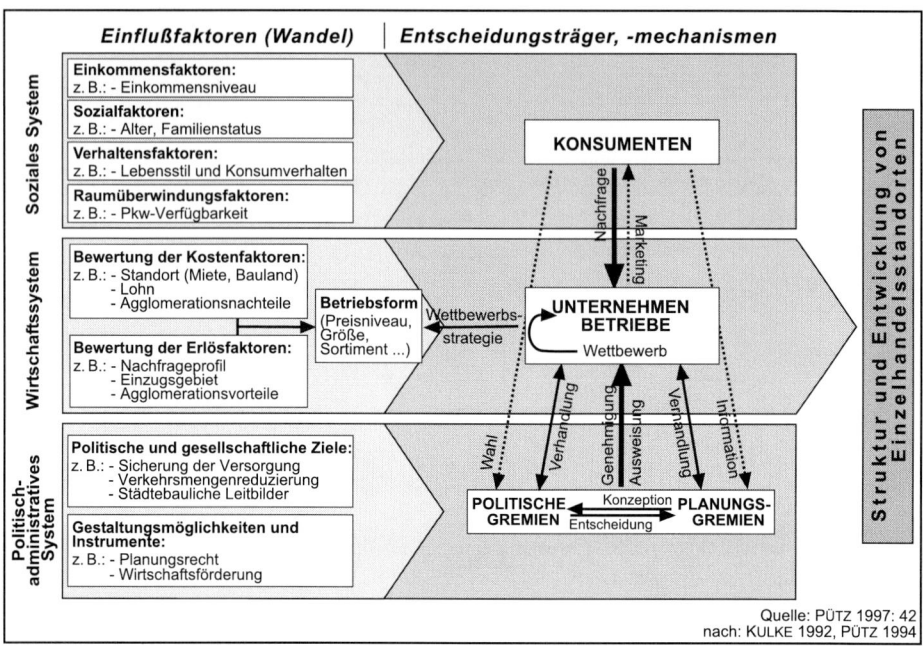

Anschließend wird der Frage nachgegangen, ob die hier dargestellten Grundzüge „typisch" für die Einzelhandelsentwicklung in marktwirtschaftlichen Wirtschaftssystemen sind. Hierzu werden die Mitgliedstaaten der EU herangezogen, um den Einfluß der Marktharmonisierung auf die Einzelhandelsentwicklung zu erfassen.

2.1.1 Einflußfaktoren und Entscheidungsmechanismen im Einzelhandel marktwirtschaftlicher Wirtschaftssysteme. Beispiel Westdeutschland

2.1.1.1 Nachfrageseite

Das Nachfrageverhalten der Konsumenten wird nach KULKE (1992: 64f.) durch Einkommens-, Sozial- (z. B. Alter, Familienstatus), Verhaltens- (z. B. Zugehörigkeit zu Lebensstilgruppen) und Raumüberwindungsfaktoren (z. B. Pkw-Verfügbarkeit) bestimmt (vgl. Abb. 1). Von Veränderungen bei diesen Faktoren gehen maßgebliche Impulse zum Strukturwandel im Einzelhandel aus: Der Handlungsrahmen der Einzelhandelsunternehmen wandelt sich und die Unternehmen reagieren hierauf mit einer Anpassung ihrer Wettbewerbsstrategie[3]. Zu den wichtigsten Änderungen nachfrageinduzierter Faktoren

---

[3] Allerdings sind nicht alle nachfrageorientierten Strategien der Unternehmen als „Reaktion" aufzufassen, da Unternehmen z. B. durch strategisches Marketing auch selber Konsumbedürfnisse bei Verbrauchern erzeugen.

auf den Strukturwandel im westdeutschen Einzelhandel zählen:
- steigende Einkommen der Verbraucher (bis Anfang der 90er Jahre) bei einer zugleich zunehmenden
- Polarisierung der Einkommensentwicklung,
- Rückgang der über den Einzelhandel verausgabten Einkommensanteile seit 1990,
- gestiegene Pkw-Verfügbarkeit der Bevölkerung,
- das sich zunehmend polarisierende Einkaufsverhalten bei
- der gleichzeitigen Ausdifferenzierung segmentierter Konsummuster und Konsumentengruppen.

Steigende Realeinkommen breiter Bevölkerungsschichten erhöhten in den vergangenen Jahrzehnten den allgemeinen Lebensstandard. Die Nachfrage nach Konsumgütern beeinflußte dies jedoch in unterschiedlicher Weise. Hierbei muß grundsätzlich unterschieden werden zwischen der Nachfrage nach Gütern, die lediglich einen „Grundnutzen" für die Konsumenten besitzen – gemeinhin werden hierzu z. B. Grundnahrungsmittel gezählt –, und der Nachfrage nach Gütern, mit denen die Verbraucher einen „Zusatznutzen" für ihren persönlichen Lebensstandard und ihre Selbstverwirklichung verbinden (KLEIN 1995: 55). Steigende Realeinkommen ermöglichen vor allem, mehr Güter des Zusatznutzenbedarfs nachzufragen. Die Nachfrage nach Gütern des Grundnutzenbedarfs reagiert auf Einkommenszuwächse demgegenüber unelastisch, d.h. sie verläuft unproportional zur Einkommensentwicklung. Hieraus resultiert ein stetig sinkender Anteil der Haushaltsausgaben für Waren dieser Gattung.

Die unterschiedliche Entwicklung der Nachfrage nach Grund- und Zusatznutzengütern wird dadurch verstärkt, daß die Haushalte vermehrt Dienstleistungen zur Erhöhung ihres Lebensstandards nachfragen, insbesondere im wachsenden Freizeitmarkt. Hierdurch sinkt der Anteil des Haushaltseinkommens, der im Einzelhandel verausgabt wird – in Deutschland zwischen 1990 und 1995 von 42 % auf 35 % (PETERSEN 1997: 18). Um die relativ geringeren Ausgaben im Einzelhandel trotzdem zur Erhöhung des Lebensstandards und Sozialprestiges einsetzen zu können, wächst das Preisbewußtsein der Konsumenten vor allem bei Waren des Grundnutzenbedarfs, und die Nachfrage nach discountorientierten Angebotsformen steigt. Hierdurch entwickelt sich ein polarisiertes Nachfrageverhalten: Rationalen Kaufentscheidungen mit hohem Preisbewußtsein bei Waren des Grundnutzenbedarfs und dem Einkaufsziel „Versorgung" stehen emotionale Kaufentscheidungen mit vordergründiger Ich-Bezogenheit bei Waren des Zusatznutzenbedarfs gegenüber (KLEIN 1995: 48, 55). Der Einkauf wird hierbei eher mit dem Einkaufsziel „Erlebnis" verknüpft.

Aus dieser Spaltung des Einkaufsverhaltens in „Versorgungseinkauf" und „Erlebniseinkauf" ergeben sich unterschiedliche Anforderungen der Konsumenten an die Einzelhandelsstandorte:
- Der Erlebniseinkauf dient der Befriedigung von Bedürfnissen, die über das Einkaufen hinausgehen. Der Konsument stellt damit Ansprüche an ein externes Kopplungspotential[4], das nicht nur die Vielfalt der Einkaufsmöglichkeiten, sondern auch

---

[4] Der Einkaufsvorgang geht für Konsumenten mit Kosten einher, wobei nach LANGE (1972) drei Kostenelemente unterschieden werden können: die „äußeren Kosten der Raumüberwindung" (d. h. die Überwindung der Entfernung zum Einkaufsort), die „inneren Kosten der Raumüberwindung" (d. h. die Überwindung von Entfernungen innerhalb des Zentrums) und die „Aufwendungen zur Information über das Gut und dieses Gut an-

Freizeiteinrichtungen oder kulturelle Angebote einschließt (vgl. FREHN 1996: 318; RÖCK 1996: 377). Die bessere Ausstattung der Haushalte mit Individualverkehrsmitteln erhöht ihre räumliche Mobilität und unterstützt den Trend zugunsten des Einkaufs in Zentren, die solche Kopplungsmöglichkeiten bieten. Hierbei handelt es sich vornehmlich um gewachsene Innenstädte und, in jüngerer Zeit, multifunktionale und geplante Einkaufszentren außerhalb des klassischen Zentrensystems.

- Bei Waren des Grundnutzenbedarfs bestimmt dagegen die Preisorientierung die Kaufentscheidung. Die besseren Lagermöglichkeiten der Haushalte für Lebensmittel und die gestiegene Pkw-Verfügbarkeit ermöglichen zugleich den preisbewußten Wochengroßeinkauf auch über größere Distanzen. Dies begünstigt die Entstehung großflächiger und discountorientierter Angebotsformen an autokundenorientierten Standorten außerhalb bestehender Siedlungen. Als Folge der polarisierten Nachfrageorientierung verlieren wohnungsnahe Einkaufsstandorte an Bedeutung.

Ein polarisiertes Einkaufsverhalten wird vor allem für den Bevölkerungsteil angenommen, der am Wirtschaftswachstum durch Einkommenszuwachs partizipiert (KLEIN 1995: 43). Einkommensschwächere Bevölkerungsgruppen besitzen dagegen geringere Handlungsspielräume für eine individuelle Lebensgestaltung. Gleichzeitig aber beeinflußt die sozialgruppenspezifische Bindung der Konsumenten immer weniger deren Einkaufsverhalten. Bei relativ hohem Lebensstandard der Bevölkerungsmehrheit und zugleich starkem Wertepluralismus werden Konsumgewohnheiten nämlich eher durch unterschiedliche Präferenzen und Wertvorstellungen geprägt (HÜTTEN und STERBLING 1994: 125): Nicht nur einkommensschwächere Bevölkerungsgruppen fragen auch bei „Zusatznutzengütern" Discountwaren nach, sondern auch in höheren sozialen Schichten gilt „Schnäppchenjagen" in Fabrikverkaufsläden, Off-price-Geschäften oder Sonder- und Restpostenmärkten zuweilen als „chic" (EGGERT 1995: 49).

Damit wird das Einkaufsverhalten nicht nur durch die Zugehörigkeit zu sozialen Gruppen oder Lebenszyklusphasen, sondern auch vermehrt durch die Verbundenheit mit Lebensstilgruppen geprägt, die jeweils spezifische Konsumpräferenzen ausbilden. Diese sind allerdings selten von hoher Dauer. Erscheinen neue Konsummuster über den Kreis der ursprünglichen Adepten hinaus attraktiv, setzt eine soziale Diffusion der entsprechenden Konsumformen ein, wobei diese einen erheblichen Teil ihrer lebensstilprägenden Relevanz verlieren können (HÜTTEN und STERBLING 1995: 132)[5]. Gleichzeitig

---

bietende Geschäfte". Um die Kosten der Raumüberwindung möglichst gering zu halten, versuchen die Konsumenten, mehrere Güter während einer Besorgung einzukaufen. Dieses bezeichnet LANGE als „Kopplung", die er „für den entscheidenden Faktor für die Bildung zentraler Orte" hält. Großflächige Einzelhandelsbetriebe verfügen über ein hohes „internes" Kopplungspotential. Gewachsene oder geplante Zentren mit einer großen Anzahl und Dichte an unterschiedlichen Geschäften haben dagegen ein hohes „externes" Kopplungspotential.

[5] Als Beispiel für diesen Prozeß führen HÜTTEN und STERBLING das „kritische Konsumverhalten" in westlichen Gesellschaften an, das sich häufig mit dem Begriff „natürliche Lebensweise" verknüpft. Während die „Hippies" und „Blumenkinder" die vorherrschenden Konsumstile des verschwenderischen Massenkonsums ablehnten, „kommerzialisierten Anhänger und Interpreten der Subkultur das gesamte Protestzubehör wie Hippie-Musik, Hippie-Kleidung, Hippie-Nahrung und andere Symbolformen. (...) Das Protestpotential der Bewegung wurde kanalisiert und abgeschöpft (EDER 1988). Die in ihrem wachsenden Anhänger- und Sympathisantenkreis aufgehende Bewegung wurde, in vielfältiger Weise politisch, ökonomisch und kulturell vereinnahmt, letztlich weitgehend in den Kontext der Wohlstandsgesellschaft integriert" (1995: 132 ff.). Daß die Diffusion von Konsumnormen und Lebensstilen sich auch in den Distributionsstrategien der großen Handelsketten widerspiegelt und letztlich zur Anpassung ihrer Handelskonzepte führt, belegen die wachsenden An-

wird das Einkaufsverhalten der Konsumenten immer weniger von orts- oder regionstypischen sozialen Bezügen bestimmt, denn im Zuge der wachsenden Globalisierung diffundieren Konsummuster und prägen sich interkulturelle Lebensstile aus – Prozesse, der sich im Einzelhandel in wachsenden Anteilen landesweit identischer Basissortimente und sinkenden Anteilen ortsspezifischer Waren widerspiegeln.

Von soziologischer Seite wird die Ausdifferenzierung der Gesellschaft in postmoderne, bildungsdeterminierte, ansonsten aber hierarchiefreie Lebensstilgruppen zunehmend als neuer „Megatrend" der gesellschaftlichen Entwicklung begriffen (vgl. Beiträge in DANGSCHAT und BLASIUS 1994). Ob diese Einschätzung zutrifft, bleibt angesichts einer zunehmenden Polarisierung der Einkommensentwicklung mit wachsenden Anteilen einkommensschwächerer Bevölkerungsgruppen zu diskutieren. Eine Segmentierung der Nachfrage bei der Bevölkerungsmehrheit ist jedoch unbestritten. In Verbindung mit der Polarisierung des Einkaufsverhaltens ist sie ein wichtiger Erklärungsfaktor für die Ausdifferenzierung von Betriebsformen.

2.1.1.2 Angebotsseite

Die wachsende Polarisierung der Nachfrage und die zunehmende Segmentierung von Konsummustern verändern den Handlungsrahmen der Einzelhandelsunternehmen und deren standortspezifische Kosten- und Erlössituation. Die Unternehmen reagieren auf diese *externen* Einflüsse mit einer Anpassung ihrer Wettbewerbsstrategien (vgl. Abb. 1, S. 12). Hierbei sind Kostensenkungsstrategien, die vornehmlich von grundnutzenorientierten Betriebsformen verfolgt werden, und Differenzierungsstrategien, die eher von zusatznutzenorientierten Betriebsformen umgesetzt werden, zu unterscheiden.

Gleichzeitig vollziehen sich im Einzelhandel *interne* Veränderungen, die mit organisatorischen und technologischen Innovationen einhergehen und die den Erfolg oder Mißerfolg von Handelsunternehmen maßgeblich beeinflussen. In Westdeutschland ist der Strukturwandel im Einzelhandel dabei vor allem durch drei Prozesse geprägt:
- **Konzentrationsprozesse** auf Unternehmensseite (sinkende Zahl an Einzelhandelsunternehmen bei gleichzeitig wachsender Unternehmensgröße) und auf Betriebsebene (sinkende Zahl an Geschäften bei gleichzeitiger Zunahme der Gesamtverkaufsfläche),
- einen **Betriebsformenwandel**, d. h. die zunehmende Ausdifferenzierung von Betriebsformen und die sich ändernde Marktbedeutung derselben, sowie
- die mit Konzentrationsprozessen und Betriebsformenwandel einhergehenden **Veränderungen in der Standortstruktur**.

Konzentrationsprozesse im Einzelhandel

Im westdeutschen Einzelhandel sind seit den 60er Jahren erhebliche Konzentrationsprozesse zu verzeichnen: Die Zahl der Einzelhandelsunternehmen sank von 1968 bis 1993

---

teile von Bioprodukten in den Regalen. Nachdem Bioprodukte ihren Nischencharakter verloren haben und Bioläden – als Ausnahme im Lebensmitteleinzelhandel – steigende Umsätze verbuchen, integrieren die großen Handelsunternehmen, wie die *Rewe AG* mit ihrer Eigenmarke „Füllhorn" oder *Tengelmann* mit „Naturkind", Bioprodukte in ihr Sortiment.

um 20 % von 411 155 auf 328 730[6]. Selbständige Unternehmen verlieren gegenüber Filialunternehmen kontinuierlich an Bedeutung, was besonders im Lebensmittelhandel zu beobachten ist (vgl. Tab. 1).

Tab. 1: Bedeutung von Einbetriebs- und Filialunternehmen im Lebensmitteleinzelhandel Westdeutschlands

Jahr	Selbständige		Filialunternehmen	
	Anteil an Betrieben	Anteil am Umsatz	Anteil an Betrieben	Anteil am Umsatz
1960	89,2 %	68,9 %	10,8 %	31,1 %
1970	90,9 %	57,8 %	9,1 %	42,2 %
1980	80,6 %	32,2 %	19,4 %	67,8 %
1989	69,4 %	17,9 %	30,6 %	82,1 %

Quelle: HVL 1991: 57

Unternehmenskonzentrationen entstehen einerseits durch internes Wachstum, andererseits durch Fusionen und Übernahmen. Die Zahl dieser „horizontalen Integrationen", d. h. die Zusammenschlüsse von Unternehmen innerhalb einer Stufe der Distributionskette, nahm in den 90er Jahren deutlich zu. Hierdurch vergrößerte sich der Marktanteil der zehn umsatzstärksten Lebensmittelhändler zwischen 1993 und 1995 nochmals von 74 % auf 80 % (SCHLAUTMANN 1996: 9). Das Hauptmotiv für Unternehmenszusammenschlüsse liegt darin, durch Größenvorteile Kosten senken zu können. Dies trifft vor allem für den Lebensmitteleinzelhandel zu, der durch einen hohen Anteil der Einstandskosten und geringe Handelsspannen gekennzeichnet ist. Zusätzlich führen eine weitgehend stagnierende Nachfrage im Lebensmittelhandel und in den 90er Jahren rückläufige Umsatzentwicklungen im gesamten Einzelhandel (vgl. PETERSEN 1997: 18) zu einem wachsenden Verdrängungswettbewerb, der den Trend zur Unternehmenskonzentration begünstigt. Außer der Kostendegression durch gemeinsam genutzte Ressourcen im Bereich Logistik oder Verwaltung sind vor allem die günstigeren Lieferkonditionen eine wichtige Quelle der „economies of scale".

Nach dem Lebensmitteleinzelhandel erfassen die Unternehmenskonzentrationen auch andere Branchen, die große Kostenminimierungspotentiale besitzen und deren Waren zur Deckung des Grundnutzenbedarfs gekauft werden. Branchen mit hohem Service- und Beratungsniveau (z. B. Zweiradbranche) sind demgegenüber noch weitgehend einzelbetrieblich strukturiert (TIETZ 1992a: 193 ff, SCHLAUTMANN 1996: 9). Außerdem gewinnen bei den Unternehmensübernahmen Diversifizierungsbestrebungen zur Streuung des unternehmerischen Risikos an Bedeutung. Zu diesem Zweck bauen die Konzerne entweder unterschiedliche Betriebsformensysteme innerhalb einer Branche oder aber Multibranchensysteme mit verschiedenen Betriebsformen auf[7].

---

[6] 1968: inkl. West-Berlin, 1993: alte Bundesländer inkl. Berlin (Statistisches Bundesamt 1972: 271; 1993: 25)

[7] So verfügt im Lebensmittelbereich außer *Aldi* fast jeder Konzern über unterschiedliche Betriebsformensysteme, z. B. *Rewe* im Lebensmittelbereich die Vertriebslinien *HL* (Supermärkte), *Penny* (Discounter), *Mini-Mal* (Verbrauchermärkte) und *Toom* (SB-Warenhäuser). Spektakulärstes Beispiel für die Gründung eines Multibranchensystems ist die Fusion von *Metro* (Kerngeschäft: Cash & Carry Großmärkte), *Asko* (Kerngeschäft: Fachmärkte) und *Kaufhof* (Kerngeschäft: Warenhäuser) Ende 1995.

Auch zwischen unterschiedlichen Stufen der Distributionskette nehmen Firmenzusammenschlüsse zu. So wird die Großhandelsstufe stärker in die Filialsysteme oder Verbundgruppen (horizontale Kooperationen) des Einzelhandels integriert. Durch solche „vertikale" Integrationen gewinnt der Einzelhandel an Nachfragemacht gegenüber Produzenten und Lieferanten. Marktführende Einzelhandelskonzerne sind mittlerweile nicht nur in der Lage, Preisvorteile im Einkauf zu erzielen, sondern können teilweise auch Kosten wie für Regalpflege oder Produktauszeichnung auf die Hersteller verlagern. In der Konsequenz verfügen Filialbetriebe über eine höhere Handelsspanne und Kapitalverzinsung als Einbetriebsunternehmen, was den Trend zur Unternehmenskonzentration weiter forciert.

Unternehmenskonzentrationen sind somit vorwiegend das Ergebnis von Kostensenkungsstrategien mit dem Ziel, Wettbewerbsvorteile durch Preisführerschaft zu erzielen. Weitere Konzentrationsziele liegen in der Verbesserung der Marktposition und der Erschließung neuer Märkte. In der Folge erhöht sich der Wettbewerbsdruck auf kleine und mittelständische Unternehmen, die economies of scale nicht erreichen und keine Preisvorteile an die Konsumenten weitergeben können. Insbesondere bei Waren des Grundnutzenbedarfs, bei denen der Preis ein maßgebliches Kriterium bei der Kaufentscheidung ist, verlieren selbständige Einbetriebsunternehmen damit langfristig an Wettbewerbsfähigkeit.

Zudem sind kapitalschwächere Einbetriebsunternehmen kaum in der Lage, die für den erfolgreichen Wettbewerb notwendigen Innovationen wie Sortimentsvergrößerung, Scannerkassen, Kommunikationstechnologie oder Warenwirtschaftssysteme umzusetzen. Hier ist insbesondere die Entwicklung der ECR-Technologie (Effective Consumer Response) zu nennen, mit der durch den elektronischen Datenaustausch zwischen Einzelhandelsbetrieben (Scannerkassen) und Lieferanten bzw. Produzenten die Warenlogistik optimiert wird. Unternehmen, die diese Innovation einsetzen, erzielen hiermit große Einsparungen: Durch „Just in time"-Lieferung können sie eigene Lagerbewirtschaftung vermeiden, Lagerflächen reduzieren und damit Lagerhaltungskosten auf vorgelagerte Handelsstufen umlegen. Zugleich ermöglicht die ECR-Technologie eine erhebliche Flexibilisierung, womit Handelsunternehmen besser auf die segmentierte Nachfrage und die Verkürzung von Nachfragezyklen reagieren können.

Auch auf Betriebsseite vollziehen sich erhebliche Konzentrationsprozesse: Einem Rückgang in der Zahl der Geschäfte stehen wachsende Verkaufsflächen und Umsätze pro Betrieb gegenüber, was insbesondere für den Lebensmitteleinzelhandel gilt. So verringerte sich in dieser Branche die Zahl der Geschäfte zwischen 1966 und 1990 um mehr als die Hälfte, während sich die gesamte Verkaufsfläche mehr als verdoppelte (KULKE 1994: 290). Die Ursachen für solche Betriebskonzentrationen liegen in einer Umbewertung der innerbetrieblichen Kosten- und Erlösmöglichkeiten der Handelsunternehmen. Hierbei sind vornehmlich die Einführung des Selbstbedienungsprinzips mit der Verlagerung des Bedienungsvorgangs an den Käufer, die Zunahme der angebotenen Artikelzahl und der Anstieg der zur Existenz eines Betriebes erforderlichen Umsatzuntergrenze zu nennen.

Betriebsformenwandel im Einzelhandel

Unternehmenskonzentrationen sind vornehmlich das Ergebnis von Kostensenkungsstrategien. Die Ausdifferenzierung einer Vielzahl von Betriebsformen[8] ist demgegenüber auf Differenzierungsstrategien zurückzuführen, neben dem Unternehmenswachstum ein weiteres Mittel, um sich im Wettbewerb zu behaupten. Die Differenzierung der Unternehmensleistung erfolgt durch den unterschiedlich gewichteten Einsatz der betrieblichen Handlungsparameter Preis- und Sortimentsgestaltung, Betriebsgröße, Standortwahl und Andienungsform.

Mit KLEIN (1995: 55) kann das vermehrt polarisierte Nachfrageverhalten der Konsumenten als Auslöser für die Differenzierung von Betriebsformen betrachtet werden:

---

[8] Betriebsformendefinitionen (nach Ausschuß für Begriffsdefinitionen ... 1995):

Discounter: Mit Discountorientierung wird eine absatzpolitische Strategie bezeichnet, bei der Konsumgüter des Massenabsatzes bei einfacher Ladenausstattung zu niedrigen Preisen angeboten werden. Die Strategie ist auf das bei Massengütern vorwiegend rational geprägte Einkaufsverhalten ausgerichtet.

Fabrikladen: Der Fabrikladen (Factory Outlet) ist ein mittel- bis großflächiger Einzelhandelsbetrieb mit einfacher Ausstattung, über den ein Hersteller im Direktvertrieb insbesondere Waren zweiter Wahl, Überbestände und Retouren der Waren seines Produktionsprogramms oder seines Zukaufsortimentes meist in Selbstbedienung an fabriknahen oder verkehrsorientierten Standorten absetzt.

Fachgeschäft: Das Fachgeschäft ist ein Einzelhandelsbetrieb, der ein branchenspezifisches oder bedarfsgruppenorientiertes Sortiment in großer Auswahl und in unterschiedlichen Qualitäten und Preislagen mit ergänzenden Dienstleistungen anbietet.

Fachmarkt: Der Fachmarkt ist ein meist großflächiger und im allgemeinen ebenerdiger Einzelhandelsbetrieb, der ein breites und oft auch tiefes Sortiment aus einem Warenbereich, einem Bedarfsbereich oder einem Zielgruppenbereich in übersichtlicher Warenpräsentation bei tendenziell niedrigem bis mittlerem Preisniveau anbietet. Der Standort ist in der Regel autokundenorientiert, (...) bei einigen Sortimenten werden überwiegend Innenstadtlagen gewählt.

Off-Price-Geschäfte: Ein Off-Price-Store ist ein mittel- bis großflächiger Einzelhandelsbetrieb, der vorwiegend bekannte Markenartikel des Nichtlebensmittelbereiches in Selbstbedienung wesentlich unter dem dafür üblichen Preisniveau anbietet. Das Sortiment besteht prinzipiell aus nicht regulärer Ware (Überschußware, Auslaufmodelle, Ware zweiter Wahl...).

SB-Warenhaus: Das Selbstbedienungswarenhaus ist ein großflächiger, meist ebenerdiger Einzelhandelsbetrieb, der ein umfassendes Sortiment mit einem Schwerpunkt bei Lebensmitteln ganz oder überwiegend in Selbstbedienung ohne kostenintensiven Kundendienst mit hoher Werbeaktivität in Dauerniedrigpreispolitik oder Sonderangebotspreispolitik anbietet. Der Standort ist grundsätzlich autokundenorientiert (...). Die Verkaufsfläche liegt nach der amtlichen Statistik bei mindestens 3000 m^2, nach der Abgrenzung des Europäischen Handelsinstituts bei 4000 m^2, nach internationalen Vereinbarungen bei 5000 m^2.

Supermarkt: Der Supermarkt ist ein Einzelhandelsbetrieb, der auf einer Verkaufsfläche von mindestens 400 m^2 Nahrungs- und Genußmittel einschließlich Frischwaren und ergänzend Waren des täglichen und kurzfristigen Bedarfs anbietet. Nach der amtlichen Statistik hat der Supermarkt höchstens eine Verkaufsfläche von 1000 m^2, nach internationalen Panelinstituten von 800 m^2 und nach der Abgrenzung des Europäischen Handelsinstitutes von 1500 m^2.

Verbrauchermarkt: Der Verbrauchermarkt ist ein großflächiger Einzelhandelsbetrieb, der ein breites und tiefes Sortiment an Nahrungs- und Genußmitteln sowie an Ge- und Verbrauchsgütern des kurz- und mittelfristigen Bedarfs überwiegen in Selbstbedienung anbietet; häufig wird entweder auf eine Dauerniedrigpreispolitik oder auf eine Sonderangebotspolitik abgestellt. Die Verkaufsfläche liegt nach der amtlichen Statistik bei mindestens 1000 m^2, nach der Abgrenzung des Europäischen Handelsinstituts bei 1500 m^2, nach internationalen Erhebungsverfahren von Panelinstituten bei 800 m^2. Der Standort ist in der Regel autokundenorientiert (...).

Warenhaus: Das Warenhaus ist ein großflächiger Einzelhandelsbetrieb, der in der Regel auf mehreren Etagen breite und überwiegend tiefe Sortimente mehrerer Branchen mit tendenziell hoher Serviceintensität und eher hohem Preisniveau an Standorten in der Innenstadt oder in Einkaufszentren anbietet. Nach der amtlichen Statistik ist eine Verkaufsfläche von mindestens 3000 m^2 erforderlich.

Zu den unterschiedlichen Ansätzen zur Erklärung des Betriebsformenwandels vgl. detaillierter GLÖCKNER-HOLME (1988) und KULKE (1994).

- Grundnutzenorientierte Einzelhandelsunternehmen verfolgen aufgrund des preisorientierten Kaufverhaltens eine Kostensenkungsstrategie mit dem Ziel der Preisführerschaft. Vor allem die Aufhebung der Preisbindung in Westdeutschland (1973) erhöhte die Differenzierungspotentiale über den Preis und führte zu steigenden Marktanteilen discountorientierter und großflächiger Betriebsformen, die Kostensenkungsstrategien verfolgen (vgl. Tab. 2). Die Kostensenkungsstrategie beinhaltet auf der Betriebsebene die konsequente Umsetzung des SB-Prinzips mit einer Externalisierung der Bedienungs- und Beratungskosten, was mit einer Ausweitung der Verkaufsfläche einhergeht und die Beschäftigung von Teilzeitkräften und geringer qualifizierten Personals zur Senkung der Personalkosten ermöglicht. Kostensenkungsstrategien erhöhen die Betriebskonzentration und verstärken vertikale und horizontale Integrationen oder Kooperationen zur Erlangung von Größenvorteilen beim Einkauf. Kostensenkungsstrategien schlagen sich auch in der Standortwahl der Einzelhandelsunternehmen nieder, weil die Kostenminimierung bei der Erschließung und Unterhaltung der Betriebsstandorte zu einer bevorzugten Ansiedlung in nichtintegrierten Lagen führt. In marktwirtschaftlichen Wirtschaftssystemen kommt dem Boden- und Immobilienmarkt mit einer räumlich differenzierten Lagerente damit eine wesentliche Rolle für die Standortwahl der Einzelhandelsbetriebe zu.

Tab. 2: Marktanteile unterschiedlicher Betriebsformen im westdeutschen Einzelhandel, 1995

Betriebsform	Umsatz (Mrd. DM)	Marktanteil (in %)
Fachgeschäfte	430,3	47,0
Versandhandel	36,3	4,0
Lebensmittel-Discounter	64,1	7,0
Supermärkte	64,1	7,0
SB-Warenhäuser, Verbrauchermärkte	54,9	6,0
Lebensmittelfachhandel	64,1	7,0
Warenhäuser	36,6	4,0
Fachmärkte	109,9	12,0
ambulanter Handel, Tankstellen ...	54,9	6,0

Quelle: EHI: Handel aktuell 1996, S. 51

- Zusatznutzenorientierte Betriebsformen verfolgen demgegenüber eine Strategie der Differenzierung über die Leistung und orientieren sich an den segmentierten Konsummustern der Verbraucher. Dies führt zur Ausdifferenzierung von Betriebsformen. Die Differenzierung des Angebots über die Leistung ist deutlich kostenintensiver. Sie erfordert den Einsatz qualifizierten Stammpersonals und ein umfassendes Warenangebot von Gütern mit Erlebniseigenschaften und Statuskomponenten sowie eine attraktive und aufwendige ästhetische Gestaltung von Betriebsflächen. Zusatznutzenorientierte Betriebsformen verfolgen tendenziell eine andere Standortstrategie als grundnutzenorientierte Betriebsformen und wählen eher innerstädtische Stand-

Abb. 2: Betriebsformenpolarisierung im Einzelhandel

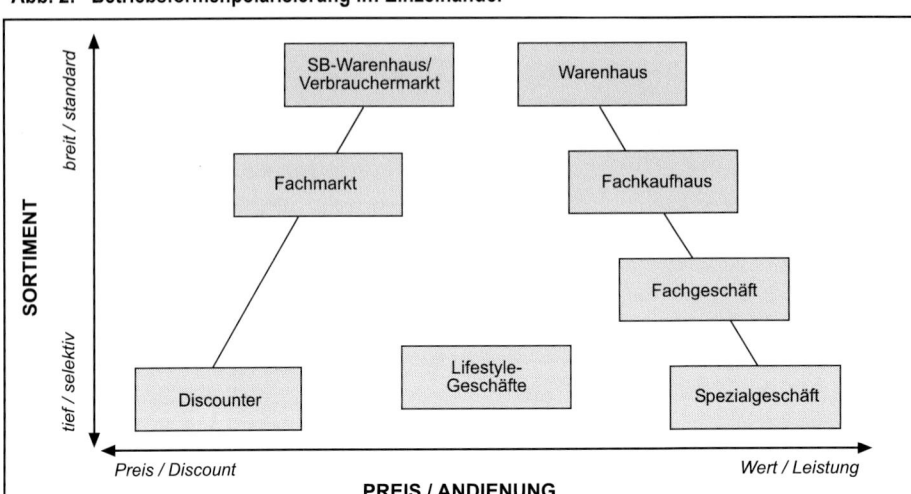

Quelle: KLEIN 1994: 56 (nach Horten AG)

orte mit einer hohen Aufenthaltsqualität und externen Kopplungspotentialen. Damit wird nach KLEIN (1995: 42) die Polarisation der Betriebsformen auch in der räumlichen Ordnung des Einzelhandels sichtbar.

Eine Polarisierung der Betriebsformen durch Kostenminimierung versus Leistungsoptimierung findet auch innerhalb einzelner Branchen statt. Das Gegensatzpaar „Produkte des Grundnutzens" versus „Produkte des Zusatznutzens" läßt sich folglich nicht hinreichend mit der Branchenzugehörigkeit definieren. Es richtet sich vielmehr nach den individuellen Präferenzen der Verbraucher und den spezifischen Konsummustern unterschiedlicher Lebensstilgruppen. Hiermit läßt sich z. B. die wachsende Bedeutung von Reform- oder Naturkostläden im Lebensmitteleinzelhandel erklären, der gemeinhin zum Grundnutzenbedarf zu zählen wäre.

Auch der Bekleidungseinzelhandel zeigt, daß innerhalb einer Branche unterschiedliche Nutzenzuweisungen durch den Verbraucher bestehen, was sich in den Distributionsstrategien niederschlägt. So gilt der Textileinzelhandel als Branche, in der die zunehmende Individualisierung des Einkaufsverhaltens von den Unternehmen hohe Flexibilität, kleine Stückzahlen und hohe Beratungsintensität verlangt und economies of scale kaum dienlich für die erfolgreiche Marktpositionierung sind. Auch diese Branche wird in den 90er Jahren jedoch von Konzentrationstendenzen erfaßt: Die drei größten deutschen Textileinzelhändler erhöhten ihren Umsatzanteil von 14,2 % (1989) auf 20,7 % (1996) – der Marktanteil der Top 10 stieg auf 39,1 %[9]. Gleichzeitig polarisiert sich das Einkaufsverhalten, was sich in einer Polarisierung des Angebots niederschlägt, indem niedrigpreis- und ausgesprochen grundnutzenorientierte Betriebsformen große Marktanteile gewinnen (so ist *Aldi* 1996 der achtgrößte Textileinzelhändler Deutschlands). Der Versuch, grund- und zusatznutzenorientierte Angebotsformen über die Branche zu trennen, muß somit scheitern.

---

[9] vgl. BFS-aktuell Nr. 39 vom 25.9.1997, S. 3.

Darüber hinaus stellt sich das Problem, daß sich der gegenwärtige rasche Wandel von Distributionskonzepten und deren große Vielfalt mit dem klassischen Betriebsformenbegriff nicht mehr fassen läßt (PÜTZ und SCHRÖDER 1997: 7). So werden derzeit im Parfümeriebereich Anbieter wie *The Body Shop* oder *Douglass* gemeinhin der gleichen Betriebsform (Fachgeschäft) zugerechnet, obwohl sie sich hinsichtlich Preis- und Sortimentsgestaltung, Standortwahl, Zielgruppenorientierung usw. erheblich voneinander unterscheiden. Auch mit einer Klassifizierung nach der Idee einer Polarisierung von Betriebsformen (vgl. Abb. 2) lassen sich lebensstilorientierte Betriebsformen, die praktisch in jedem Preis- und Leistungsniveau zu finden sind, nicht zuordnen.

Wandel der Standortstruktur im Einzelhandel

Der Betriebsformenwandel und die Konzentrationsprozesse verändern die Standortstruktur des Einzelhandels. Im Bereich der städtischen Agglomerationen ist eine polarisierte Entwicklung zu beobachten, die als „dezentrale Konzentration" zusammengefaßt werden kann und folgendermaßen zu charakterisieren ist: Hohen Bedeutungszuwächsen von Einkaufszentren und Agglomerationen des großflächigen Einzelhandels in nichtintegrierten Standorten sowie leichten Zuwächsen in den Innenstädten stehen Bedeutungsverluste der innerstädtischen Subzentren und der integrierten Streulagen in den Wohngebieten gegenüber (vgl. KULKE 1992, hierzu auch: TIETZ 1992b; zu abweichenden Entwicklungen in den neuen Bundesländern vgl. MEYER 1992, 1997, PÜTZ 1997a)[10].

Niedrige Grundstückskosten und ausreichende Flächenverfügbarkeit sowie die autoverkehrszentrale Lage an großen Ausfall- oder Umgehungsstraßen führen dazu, daß sich großflächige und zumeist preisaggressive Betriebsformen bevorzugt in nichtintegrierten Lagen und im Umland der Städte ansiedeln. Solche Bedingungen kommen vor allem den Kostensenkungsstrategien grundnutzenorientierter Betriebsformen entgegen. Die steigende Motorisierung der Konsumenten und die Suburbanisierung der Bevölkerung unterstützen den Trend zur Dezentralisierung von Einzelhandelsunternehmen.

Bislang gelang es den Innenstädten westdeutscher Großstädte weitgehend, den zusatznutzenorientierten Erlebniseinkauf an sich zu binden. Auch in diesem Segment nimmt der Wettbewerb zwischen den Standorten jedoch zu: Bislang weitgehend monofunktionale und anspruchslos gestaltete periphere Einkaufsstandorte integrieren zunehmend Erlebnisaspekte und wandeln sich im Sinne eines „Trading up" zu Shopping-Malls, die einen vermehrten Wettbewerbsdruck auf die Innenstädte ausüben.

Daß der Standortwettbewerb bislang nicht einseitig zugunsten peripherer Lagen entschieden wurde, ist vor allem dem standortgestaltenden Einfluß von Planern und Politikern zuzuschreiben. Zudem formierten sich in Westdeutschland starke Lobbies von City-Einzelhändlern, die ihre Interessen gegen das Wachstum nichtintegrierter Standorte artikulierten. Auch muß festgestellt werden, daß die Shopping-Center-Entwicklung

---

[10] In dieser Arbeit wird der Begriff „nichtintegrierte Standorte" dem Begriff „grüne Wiese" vorgezogen, da letzterer nach Ansicht des Autors mißverständlich ist. Die „grüne Wiese" beinhaltet im semantischen Kontext nur Standorte außerhalb des bestehenden Siedlungsgebietes oder der administrativen Grenzen einer Stadt. „Nichtintegrierte Standorte" schließen dagegen auch Standorte ein, die z.B. in Gewerbegebieten liegen und ebenfalls dem „sekundären Einzelhandelsnetz" (TIETZ 1992: 547) außerhalb integrierter Zentren oder Streulagen zuzurechnen sind.

letztlich den Anstoß zu einer nachhaltigen Aufwertung der westdeutschen Innenstädte gab. Vor allem seit den 80er Jahren werden hier nämlich Vitalisierungsmaßnahmen wie der Bau innerstädtischer Passagen und Einkaufsgalerien vorangetrieben. Nachdem zunächst Shopping-Center traditionelle Stärken der Innenstädte (Erlebniseinkauf) nachgeahmt hatten, ist in jüngerer Zeit der Versuch der Innenstädte zu beobachten, Marketingkonzepte der Einkaufszentren zu übernehmen. Diese „Verbetriebswirtschaftlichung" (HELBRECHT 1994: 3) in der Stadtplanung wird z. B. durch die Übertragung des Centermanagements auf ein innerstädtisches Citymanagement deutlich.

Verlierer der Polarisierung in der Standortstruktur sind die Streulagen in den Wohngebieten sowie die kleineren Stadtteilzentren. Dies ist auch auf die Konzentrationsprozesse auf der Angebotsseite zurückzuführen: Bei kleinen Einbetriebsunternehmen fließen viele Kostenelemente wie Unternehmerlohn, Eigenkapitalverzinsung und Mietwert eigener Gebäude nicht in die betriebliche Kalkulation ein (STEHMANN 1992: 45). Bei eigentlich zu konstatierendem betriebswirtschaftlichem Verlust können sie so auch an ungünstigen Standorten in Streulagen noch existieren; tritt der Besitzer in den Ruhestand, ist eine Aufgabe der Einzelhandelsnutzung jedoch vorprogrammiert. Filialisten beziehen dagegen alle Kostenelemente in ihre Kalkulation ein und wählen somit nur Standorte, die einen höheren Mindestumsatz gewährleisten. Hierbei handelt es sich in der Regel um Lagen in Zentren oder nichtintegrierten, aber verkehrszentralen Standorten mit einem großen Kundeneinzugsbereich (KULKE 1996: 9). Auch die räumliche Ordnung des Einzelhandels wird damit langfristig von den Strategien der Mehrbetriebsunternehmen bestimmt (KLEIN 1994: 218).

2.1.1.3 Politisch-administrative Steuerung

Die Entwicklungen im Einzelhandel marktwirtschaftlicher Wirtschaftssysteme sind nicht nur auf Marktbeziehungen zurückzuführen. Vielmehr modifizieren politisch-administrative Gremien (Politiker, Planer) die Einzelhandelsstruktur, die sich aus dem Zusammenwirken von Angebot und Nachfrage ergibt. Die Art und die Intensität der Steuerung hängen dabei von den zugrundeliegenden normativen Planungsleitbildern sowie den Eingriffsmöglichkeiten und Gestaltungsinstrumenten ab (vgl. Abb. 1, S. 12).

Eine wichtige Zielsetzung der Planungsgremien in Deutschland liegt traditionell in der Wahrung der Versorgungsfunktion des Einzelhandels für die Bevölkerung. Mit Strategien, die zumeist an der räumlichen Ordnung des Einzelhandels ansetzen, wird versucht, dieses Ziel zu erreichen, indem Planungsgremien eine zentralörtliche und an den Wohnstandorten der Bevölkerung orientierte Verteilung von Einzelhandelseinrichtungen anstreben. Bis in die 60er Jahre wirkten auch die ökonomischen Kräfte im Zusammenspiel von Angebot und Nachfrage überwiegend zentralisierend; aufgrund der geringen Mobilität der Bevölkerung bestand eine enge Beziehung zwischen dem kleinräumigen Nachfragepotential und den Geschäftsstandorten. Steigende Realeinkommen der Bevölkerung, deren zunehmende Motorisierung und vor allem der Wandel angebotsseitiger Einflußfaktoren führten aber dazu, daß seitdem die dezentralisierenden Kräfte immer stärker wurden. Diese stehen im Gegensatz zu den zentralörtlichen Entwicklungsvorstellungen der Stadt- und Regionalplanung, weswegen politisch-administrative Gremien seit den 70er Jahren stärker in die Standortstruktur des Einzelhandels eingreifen, um ihren Auftrag der Sicherstellung „öffentlicher Interessen" umzusetzen. Bereits hier wird deutlich, daß das staatliche Handeln nur selten vorausschauend aktiv ist und immer nur mit Verzögerung auf neue Distributionsstrategien der Unternehmen reagiert. Die (rechtliche) Institutionenbildung im Bereich der politisch-administrativen Steuerung ist damit im wesentlichen als Anpassungsstrategie auf handelsinterne Veränderungen zu interpretieren.

Seit den 70er Jahren instrumentalisieren politisch-administrative Gremien die Einzelhandelsnetzgestaltung auch für die Umsetzung städtebaulicher Zielsetzungen. Dabei dominieren konservative städtebauliche Leitbilder der „europäischen Stadt", die den „Schutz gewachsener Stadtkerne" und eine Fortführung des Modells einer zentrenorientierten Stadtentwicklung verfolgen (HATZFELD 1991: 116). Zugleich bildete sich bei Planern das Bewußtsein heraus, daß Geschäfte neben ihrer Versorgungsfunktion auch wichtige Identifikations-, Kommunikations- und Freizeitfunktionen erfüllen (KULKE 1992: 62) und dem Einzelhandel damit zentrenprägende Funktion zukommt. Die Einzelhandelssteuerung dient so als Hebel zur Verfolgung übergeordneter politisch-administrativer Ziele.

Das Maß und die Art des Einflusses politisch-administrativer Steuerung auf die Einzelhandelsentwicklung variiert aber erheblich von Gemeinde zu Gemeinde. Die Ursache hierfür liegt vor allem in der institutionellen Verankerung der Entscheidungsmechanismen im föderalen System, wobei zwei Spannungsfelder besonders hervorzuheben sind:

- Das lokal-nationale Spannungsfeld: Die Gestaltungs- und Eingriffsmöglichkeiten der politisch-administrativen Steuerung werden auf nationaler Ebene festgelegt, weil der staatliche Gesetzgeber den Handlungsspielraum der kommunalen Entscheidungsträger bestimmt. So sehen in Deutschland die Baunutzungsverordnung (BauNVO) und das Baugesetzbuch (BauGB) die Möglichkeit vor, die Größe oder die Branche (Breite und Tiefe des Warenangebots, Anteile von Kern- und Randsortimenten) eines Einzelhandelsstandorts festzulegen.

  Maßgeblicher Akteur bei der politisch-administrativen Einflußnahme sind in Deutschland die Kommunen, die ihre Handlungsfreiheiten in unterschiedlichem Maße ausschöpfen. Diese lokalen Regulierungsmechanismen beeinflussen die lokale Einzelhandelsstruktur häufig stärker als rahmensetzende Gesetzgebungen auf nationaler Ebene. Dies zeigt z. B. der interkommunal unterschiedliche Umgang bei der Genehmigung großflächiger Einzelhandelsbetriebe. Zudem besteht häufig ein interkommunaler Wettbewerb zwischen benachbarten Gemeinden. Vor allem Kommunen im Randbereich von Großstädten versuchen, durch die Genehmigung großflächiger Betriebe oder Einkaufszentren ihre Gewerbesteuereinnahmen zu erhöhen. Dies fördert die Dezentralisierung des Einzelhandels.

- Das politisch-planerische Spannungsfeld: Außer dem Spannungsfeld zwischen nationalen Rahmensetzungen und lokalen Regulierungsmechanismen besteht ein institutionell verankertes Spannungsfeld zwischen den Akteuren auf der kommunalen Ebene. Dieses rührt daher, daß *politische* Gremien wie Stadträte für die Entscheidung über Standortgenehmigungen verantwortlich zeichnen und *administrative* Gremien wie Planungsbehörden für die Vorbereitung und operative Umsetzung dieser Entscheidungen zuständig sind (vgl. Abb. 1, S. 12). Hierdurch tritt häufig die Situation ein, daß die zentralörtlich orientierten Stadtentwicklungskonzepte der Planungsbehörden von der Genehmigungspraxis konterkariert werden: Kommunale Politiker verfolgen oft andere Zielsetzungen als Planungsgremien und setzen diese im Genehmigungsverfahren als genehmigende Instanzen durch. Während für Planer versorgungspolitische und städtebauliche Ziele handlungsleitend sind, folgen die Entscheidungen von Politikern häufig den Interessen des kommunalen Finanzhaushaltes (Maximierung der Steuereinnahmen) oder des Machterhalts (Wiederwahl).

Insgesamt dürfen die Gestaltungsmöglichkeiten administrativer Gremien jedoch nicht überschätzt werden. Dies liegt vor allem daran, daß die räumlichen Kategorien, die den Strategien von Planern und Unternehmen zugrundeliegen, zunehmend auseinanderfallen: Für kommunale Planungsgremien stehen die lokalen Marktgegebenheiten im Zentrum des Interesses. Überregional agierende Mehrbetriebsunternehmen orientieren sich aber immer weniger an den Gegebenheiten lokaler Märkte, sondern immer stärker an ihren zentralen Marktbearbeitungsstrategien mit einheitlichen Handelskonzepten, die sie zum Zwecke der Kostensenkung unmodifiziert multiplizieren und auf die lokalen Märkte übertragen. Dies wird nicht zuletzt dadurch ermöglicht, daß auch das Konsumverhalten der Verbraucher immer weniger durch regionale Bezüge bestimmt wird. Forderungen lokaler Behörden wie nach einer standortgerechten Anpassung des Sortiments (z. B. Verringerung des Anteils cityrelevanter Randsortimente bei Möbel- oder Baumärkten) lassen sich somit kaum umsetzen.

2.1.2 Einzelhandel im Spannungsfeld von „Internationalisierung" und „Lokalisierung"

In Kapitel 2.1.1 wurden die wichtigsten Einflußfaktoren für die Entwicklungen und Entscheidungsmechanismen im Einzelhandel am Beispiel Westdeutschlands aufgezeigt (vgl. Abb. 1, S. 12). Es stellt sich die Frage, ob diese Prozesse auch in anderen Ländern Westeuropas ähnlich ablaufen, dort zu identischen Marktergebnissen führen und somit als typisch für marktwirtschaftliche Wirtschaftssysteme gelten können. Trifft dies zu, ergeben sich für den Wandel der Einzelhandelsstruktur im Transformationsprozeß bereits konkrete Zielvorstellungen.

Nach den bisherigen Ausführungen kann zunächst erwartet werden, daß sich die Einflußfaktoren der Einzelhandelsentwicklung im internationalen Vergleich deutlich unterscheiden. Dies muß vor allem für die politisch-administrative Regulierung angenommen werden, da die nationalen rechtlichen Bestimmungen den Handlungsrahmen der Einzelhandelsunternehmen in spezifischer Weise begrenzen. Zugleich ist zu vermuten, daß sich auch die Nachfrage international unterscheidet, da viele der nachfragebedingten Einflußfaktoren vom sozioökonomischen Entwicklungsstand einer Gesellschaft abhängen.

Außer den Unterschieden auf nationaler Ebene sind Differenzen auf mikroräumlicher Ebene zu vermuten, sei es durch regional unterschiedliche Konsumpräferenzen (z. B. unterschiedliche Ernährungsgewohnheiten), regionale Disparitäten der Einkommensentwicklung, regional differierende Nachfragepotentiale (z. B. durch Siedlungsstruktur) oder ein unterschiedliches Maß der politisch-administrativen Steuerung durch kommunale Entscheidungsträger im Planungs- und Genehmigungsverfahren.

Aus diesen Gründen gilt der Einzelhandel traditionell als ein Wirtschaftszweig mit einer stark lokalen Orientierung: „Lokale Anbieter agieren mit lokalen Nachfragern vor einem spezifischen kulturellen und ökonomischen Hintergrund. Dadurch schaffen sie eine ganz spezifische lokale Einzelhandelsstruktur" (SCHRÖDER 1997: 511). Dieses Charakteristikum, mit dem auch der im Vergleich zur Industrie geringe Internationalisierungsgrad des Einzelhandels erklärt werden kann, gilt zwar auch in den 90er Jahren; aufgrund aktueller Entwicklungen muß es jedoch relativiert werden.

Die Vollendung des europäischen Binnenmarktes erleichterte den Verkehr von Waren, Dienstleistungen und Kapital zwischen den Mitgliedstaaten der EU nämlich erheblich. Mit dem Ziel der Marktharmonisierung wurden zudem nationale rechtliche Bestimmungen wie die Steuergesetzgebung angeglichen. Gleichzeitig ist eine internationale Nivellierung von Konsummustern zu beobachten, die immer mehr durch globale Bezüge und immer weniger durch lokale Traditionen bestimmt werden (WERLEN 1997: 297f.). Die Veränderungen auf der Nachfrageseite und auf seiten der politisch-administrativen Steuerung fördern die Internationalisierung von Einzelhandelsunternehmen, d. h. deren Expansion auf internationalen Märkten, erheblich. Entwicklungen in der lokalen Einzelhandelsstruktur werden damit stärker als bisher auch von internationalen Prozessen gesteuert. Das in Abb. 1 erarbeitete Zusammenwirken der Akteure der gesellschaftlichen Teilsysteme kann damit nicht mehr als ein auf nationaler Ebene geschlossenes System betrachtet werden. Für die weitere Analyse stellt sich damit die Frage, inwieweit die Harmonisierung der Regulation, die Nivellierung der Konsumtion und vor allem die Internationalisierungsstrategien der Einzelhandelsunternehmen zu einer Vereinheitlichung der Handelsstrukturen in Europa führen.

2.1.2.1 Internationalisierungsstrategien des Einzelhandels in Westeuropa

Seit den 60er Jahren gewinnen Internationalisierungsstrategien im Einzelhandel an Bedeutung, wobei zunächst internationale Beschaffungsaktivitäten und die Gründung multinationaler Einkaufskooperationen im Vordergrund standen. Erst in den 90er Jahren setzte dann jedoch ein wahrer Internationalisierungsschub ein (vgl. Abb. 3). Die Internationalisierung erfaßt dabei nahezu alle Branchen. Bei der Zahl ausländischer Markteintritte dominiert die Bekleidungsbranche, hinsichtlich des bewegten Kapitals bestimmt dagegen die Lebensmittelbranche die länderübergreifende Marktbearbeitung in Europa (SCHRÖDER 1997: 511)[11].

Die zunehmende Internationalisierung ist auf unterschiedliche Ursachen zurückzuführen. Dabei lassen sich unternehmensexterne Faktoren und unternehmensinterne Motive für das „going international" unterscheiden (vgl. TREADGOLD 1990: 5, WILLIAMS

---

[11] Die Interpretation von Abb. 3 unterliegt jedoch Vorbehalten. So flossen in die Studie der Corporate Intelligence Group (CIG) lediglich die Anzahl der Markteintritte ein, nicht aber deren Umfang: Die Eröffnung von nur einer Filiale wurde genauso gewichtet wie die Etablierung eines umfangreichen Filialnetzes (vgl. LINGENFELDER 1996: 43f.).

Abb. 3: Markteintritte ausländischer Handelsunternehmen in die nationalen Märkte der EU seit 1960

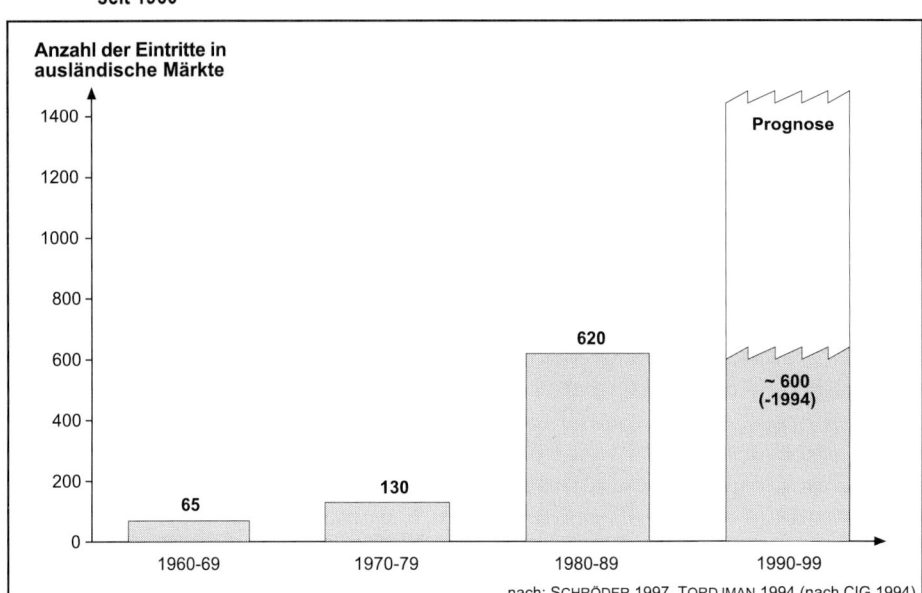

nach: SCHRÖDER 1997, TORDJMAN 1994 (nach CIG 1994)

1992: 8f., GOBBERS 1992: 100, TIETZ 1992c: 233ff., DAWSON 1993: 29, TORDJMAN 1994: 5f., MYERS 1995, LINGENFELDER 1996, SCHRÖDER 1997):

Zu den unternehmensexternen Faktoren der Internationalisierung sind zu zählen:
- der erleichterte Marktzutritt durch die Marktharmonisierung und den freien Verkehr von Waren, Dienstleistungen und Kapital infolge der Vollendung des europäischen Binnenmarktes,
- die länderübergreifende Homogenisierung der Nachfrage bei gleichzeitig zunehmender Segmentierung durch die Ausdifferenzierung interkultureller Lebensstile,
- das hiermit verbundene Auftreten internationaler Nischenmärkte sowie das Entstehen international homogener Märkte für Massenkonsumgüter,
- die Sättigung von Märkten bzw. Marktsegmenten im Stammland, bei gleichzeitiger Existenz bislang unbearbeiteter oder ungesättigter Märkte bzw. Marktsegmente im Ausland (hierzu ist auch die marktwirtschaftliche Öffnung der Länder Ostmitteleuropas zu zählen),
- die planerischen Restriktionen in den Heimatmärkten, die eine interne Expansion großflächiger Betriebsformen erschweren.

Als unternehmensinterne Motive der Internationalisierung sind relevant:
- die wegen des zunehmenden Verdrängungswettbewerbes auf gesättigten Heimatmärkten bzw. Marktsegmenten höheren Kosten bei der Gewinnung zusätzlicher Marktanteile,
- die Risikostreuung durch Operieren auf unterschiedlichen Märkten und mit unterschiedlichen Handelskonzepten,

- die Erzielung von economies of scale und dadurch die Erhöhung der Verhandlungsmacht gegenüber den Herstellern,
- die verbesserten Kommunikations- und Informationstechnologien, welche ein schnelleres Aufspüren internationaler Marktnischen und günstiger Beschaffungskanäle ermöglichen,
- die Profitabilitätsraten, die im Ausland z. T. höher sind als in den Heimatmärkten,
- die von zahlreichen Unternehmen verfolgten wechselkursbedingten Kapitalanlagestrategien,
- die sinkende Bedeutung von Transportkosten,
- die Nachahmung erfolgreicher Internationalisierungsstrategien von Wettbewerbern.

Unternehmensinterne und -externe Ursachenkomplexe stehen dabei in enger Wechselwirkung und lassen sich nur analytisch voneinander trennen. Zudem bestehen bei den Motiven für das „going international" und den verfolgten Internationalisierungsstrategien Unterschiede zwischen den Branchengruppen und sind die Motive für die Internationalisierung unterschiedlich stark zu gewichten.

So basiert die Internationalisierung des großflächigen Lebensmitteleinzelhandels und anderer Betriebsformen mit Kostensenkungsstrategien (z. B. Fachmärkte) zunächst auf den Konzentrationsprozessen auf den Heimatmärkten – vornehmlich in Frankreich, Großbritannien und der Bundesrepublik. Erst hierdurch akkumulierten die Einzelhandelskonzerne nämlich die für den ausländischen Markteintritt notwendige Masse an Kapital und Know-how (SCHRÖDER 1997: 511). Es entstanden kapitalstarke und teilweise stark diversifizierte Unternehmen, die zur Risikostreuung mit unterschiedlichen Handelskonzepten sowie in unterschiedlichen Branchen und Marktsegmenten operieren und bereits hohe Anteile ihres Konzernumsatzes im Ausland erwirtschaften (vgl. Tab. 3).

Tab. 3: Die Internationalisierung der zehn umsatzstärksten Einzelhandelskonzerne in Westeuropa

Unternehmen	Land	Umsatz (1996, in Mrd. ECU)	Im Ausland erzielter Umsatzanteil	Auslandsaktivitäten in den Mitgliedstaaten der EU 1994	1996
Metro	D	36	35,0 %[2]	A, DK, F, I	A, B, DK, E, F, L, GR, NL
Tengelmann[1]	D	27	55,7 %[2]	A, E, I, NL	A, E, F, I, NL
Rewe	D	26	8,5 %[3]	E, I	A, E, F, GB, I
Promodès	F	25	34,4 %[2]	D, E, GR, I, P	B, E, GR, I, P
Carrefour	F	23	31,1 %[2]	E, GB, I, P	E, GB, I, P
Aldi	D	22	20,0 %[2]	A, B, DK, F, GB, NL	A, B, DK, F, GB, GR, NL
Edeka	D	22		DK	A, DK, NL
Auchan	F	21		?	B, E, I, L, P
Leclerc	F	20		B	E, I, P
Intermarché	F	20		B, D, E, I, P	B, D, E, GB, I, P

[1] ohne amerikanische Tochtergesellschaften
[2] Stand: 1991
[3] Stand: 1996

Quellen: SCHRÖDER 1997: 512, Corporate Intelligence on Retailing 1997: 5f., Europäische Kommission 1996, Handelsblatt (13.2.97)

Abb. 4: Lebenszyklen von Betriebsformen des Einzelhandels in der EU (Beginn der 90er Jahre)

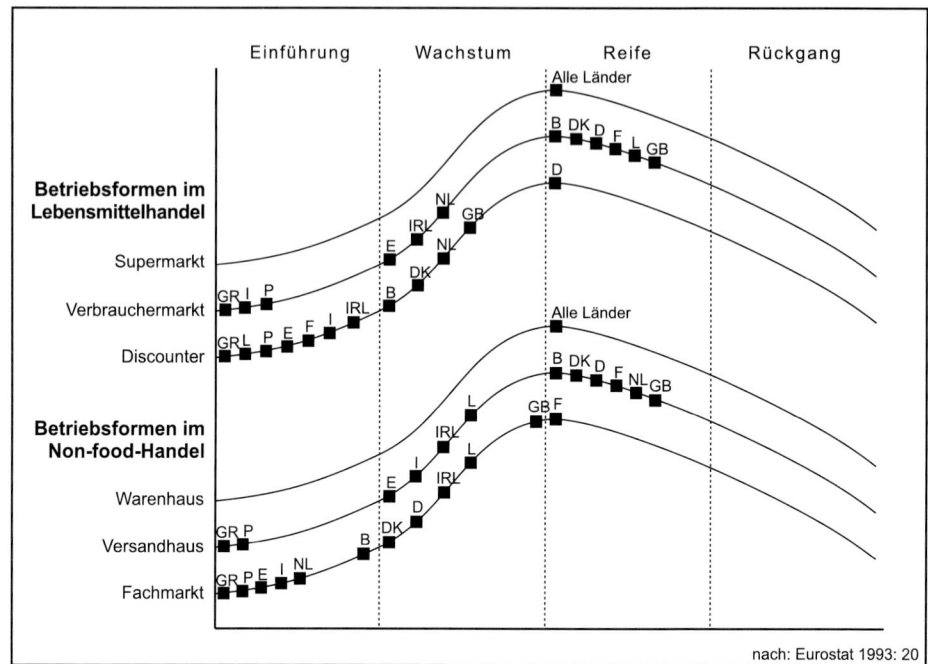

nach: Eurostat 1993: 20

Die marktführenden Einzelhandelskonzerne agieren in ihren Stammländern auf gesättigten Märkten bzw. mit ihren Handelskonzepten auf gesättigten Marktsegmenten. Zusätzliche Marktanteile durch Multiplikation lassen sich hier nur noch in einem kostenintensiven Verdrängungswettbewerb erzielen. Deshalb „exportieren" die Einzelhandelskonzerne ihre erfolgreichen Handelskonzepte in unbearbeitete oder ungesättigte ausländische Märkte bzw. Marktsegmente, in denen die jeweiligen Betriebsformen noch nicht die Reifephase ihres Lebenszyklusses erreicht haben (vgl. Abb. 4). Aufgrund des konzentrierten Know-hows, enger Verbindungen ins Ausland über Lieferantenbeziehungen und strategische Allianzen, einer professionellen Marktforschung und der Nutzung verbesserter Kommunikations- und Informationstechnologien können multinationale Konzerne Marktlücken innerhalb kurzer Zeit aufspüren (SCHRÖDER 1997: 512, nach SALMON und TORDJMAN 1989)[12]. Damit können sie schnell hohe Marktanteile gewinnen und in spezifischen Marktsegmenten im Ausland marktführende Positionen besetzen.

Der **Markteintritt** von Einzelhandelsunternehmen kann dabei grundsätzlich auf vier Arten erfolgen:
- durch interne Expansion, d. h. den eigenständigen Aufbau von Filialen im Ausland,

---

[12] Der Begriff „Marktlücke" wird in dieser Arbeit verstanden als „Existenz bislang unbearbeiteter Marktsegmente mit erfolgversprechenden Marktbearbeitungspotentialen". Damit betrifft er sowohl eine bislang unbefriedigte Nachfrage, z. B. nach westlichen Konsumgütern in osteuropäischen Märkten, als auch die „Schaffung" eines Marktes durch erfolgreiches Marketing.

- durch Akquisition, d. h. die Übernahme im Ausland bestehender Filialnetze,
- durch Kooperation, d. h. die Gründung von Tochterunternehmen/Joint-ventures im Ausland mit einem ausländischen oder inländischen Partnerunternehmen,
- durch Franchising, d. h. die Vergabe von Lizenzen zum Produktvertrieb an ausländische Konzessionäre (vgl. GEORGE und DILLER 1993: 174ff., DAWSON 1993: 30ff.).

Die Unternehmensentscheidung über die Form der internationalen **Marktbearbeitung** läßt sich mit GEORGE und DILLER (1993: 179ff.) und CREWE und LOWE (1996) in die beiden Extrempositionen einer Globalisierungsstrategie und einer Strategie der Anpassung an lokale Marktstrukturen einordnen:

1. Bei der Globalisierungsstrategie werden nationale und regionale Märkte mit einem einheitlichen Handelskonzept durch Multiplikation bearbeitet. Fördernd für diese Strategie ist die zunehmende internationale Homogenisierung von Konsummustern. Der Globalisierungsstrategie können sowohl Kostensenkungs- als auch Differenzierungs- und Spezialisierungsstrategien zugrundeliegen.
   - Bei der Kostensenkungsstrategie verfolgt die Internationalisierung das Ziel der Umsetzung von economies of scale. Die Marktbearbeitung richtet sich in erster Linie an die Nachfrage nach Gütern der Massenkonsumtion und wird überwiegend von großflächigen Betriebsformen mit Discountorientierung verfolgt, die auf eine länderübergreifende Präferenz der Konsumenten stoßen.
   - Bei der Differenzierungs- oder Spezialisierungsstrategie richtet sich die Marktbearbeitung dagegen an die segmentierte Nachfrage der Konsumenten mit interkulturellen Lebensstilen. Hierdurch entstehen länderübergreifende Nischenmärkte, die mit international profilierten Handelskonzepten und/oder Produkten bearbeitet werden können. Beispiele hierfür sind global agierende Lifestyle-Unternehmen wie *Armani*, *Benetton*, *The Body Shop* oder *Laura Ashley*.

   Globalisierungsstrategien durch Multiplikation verknüpfen sich häufig mit den Markteintrittsstrategien der internen Expansion durch Filialaufbau oder des Franchising, die beide auf die Ausbildung länderübergreifender Attraktivitätsfaktoren angewiesen sind.

2. Die Strategie der Anpassung an nationale/regionale Märkte trägt dagegen den national bzw. regional verschiedenen Konsummustern Rechnung. Dementsprechend werden in unterschiedlichen Zielmärkten unterschiedliche Handelskonzepte eingesetzt und unterschiedliche Marketingstrategien verfolgt. Diese können Sortimentsgestaltungen betreffen, aber auch – z. B. in Anpassung an eine geringe Pkw-Verfügbarkeit – die Standortwahl von Handelsbetrieben. Als Markteintrittsformen bei einer Anpassungsstrategie eignen sich nach GEORGE und DILLER (1993: 183) bevorzugt die Kooperation und die Akquisition, da hierbei auf vorhandenes „regionales" Know-how zurückgegriffen werden kann. Da eine reine Anpassungsstrategie aber tendenziell den Verzicht auf die Erzielung von economies of scale bedeutet, sind insbesondere bei der Internationalisierung des Lebensmitteleinzelhandels Mischstrategien eher die Regel. Hierbei kommt den „Euro-Basis-Sortimenten" eine große Rolle zu, die in allen Märkten nachgefragt und mit länder- bzw. regionstypischen Sortimenten ergänzt werden.

Tab. 4: Strukturmerkmale des Einzelhandels in den Ländern der EU

Land	Betriebe pro 1 000 Einwohner[1]	Beschäftigte pro Betrieb[1]	Umsatz pro Unternehmen (in 1 000 ECU)[1]	Anteil abhängig Beschäftigter (in %)[1]	Anzahl der Unternehmenssitze, Top 10/50[2]	Konzentrationsgrad im Einzelhandel[3]
Belgien	14,1	2,0	402	54,1	- / 2	1,13
Dänemark	10,0	3,9	522	84,9	- / 1	1,08
Deutschland	8,5	4,4	859	84,8	5 / 13	1,23
Finnland	7,9	4,6	622	81,0	- / 1	1,40
Frankreich	9,7	3,8	563	78,0	5 / 11	1,31
Griechenland	18,4	1,8	114	28,9	- / -	0,93
Großbritannien	8,1	6,5	813	84,4	- / 8	1,34
Irland	9,0	4,1	415	72,9	- / -	1,08
Italien	17,1	2,4	259	33,6	- / 3	1,11
Luxemburg	11,6	4,1	1 106	87,4	- / -	1,29
Niederlande	8,0	3,4	693	80,0	- / 4	1,16
Österreich	6,9	4,8	951	84,9	- / -	1,31
Portugal	19,2	3,1	200	75,8	- / -	0,99
Schweden	8,5	4,2	645	79,8	- / 4	1,18
Spanien	13,4	2,7	234	55,4	- / 3	0,92
EU insgesamt	11,3	3,5	471	70,5	10 / 50	
Polen[4]	14,9	1,82		52,0		

[1] Stand: 1990
[2] Anzahl der Hauptsitze der 10 bzw. 50 größten Einzelhandelsunternehmen in der EU, 1996
[3] Anzahl an Verkaufsstellen pro Anzahl an Unternehmen 1995 (Werte unter 1 können daraus resultieren, daß in der Unternehmensstatistik auch Betriebe ohne Ladenlokal geführt werden (Marktstände...), in der Verkaufsstellenstatistik aber nicht berücksichtigt werden.)
[4] Stand: 1996

Quelle: eigene Berechnungen nach: M+M Eurodata 1996a, Europäische Kommission 1996, CIR 1997, GUS 1997

2.1.2.2 Konvergenzen und Divergenzen der Einzelhandelsentwicklung in der Europäischen Union

Vor dem Hintergrund einer zunehmenden Angleichung der Konsumtion und Regulation stellt sich die Frage nach einer Konvergenz der Einzelhandelsentwicklung in den europäischen Ländern. Hierbei zeigt sich deutlich das Nebeneinander von einerseits international ähnlich ablaufenden Prozessen und andererseits nationalen bis hin zu regionalen und lokalen Unterschieden, was sich auch in den Marktbearbeitungsstrategien der Handelskonzerne widerspiegelt. So belegt eine Zusammenstellung von wichtigen Strukturmerkmalen des Einzelhandels, daß zu Beginn der 90er Jahre von einer einheitlichen Einzelhandelsstruktur in den Mitgliedstaaten der Europäischen Union noch keine Rede sein kann (vgl. Tab. 4)[13]. Dies ist vornehmlich auf nach wie vor bestehende Disparitäten im sozioökonomischen Entwicklungsstand, divergierende rechtliche Rahmenbedingungen und unterschiedliche Konsumpräferenzen der Bevölkerung zurückzuführen.

Nach TORDJMAN zeichnet sich der Einzelhandel in Europa aber trotz der bestehenden Divergenzen durch konvergente Entwicklungspfade aus. Folgt man dieser Argumentation, so sind die nationalen Divergenzen als unterschiedliche Stufen in einem „Modernisierungsprozeß" des Einzelhandels zu interpretieren (vgl. Abb. 5). Aufgrund des unterstellten Entwicklungsdeterminismus ist ein solches Stufenmodell mit Vorbehalten zu betrachten. Als heuristisches Modell, das verdeutlicht, daß marktwirtschaftliche Rahmenbedingungen im Einzelhandel nicht unbedingt zu gleichen Marktergebnissen führen müssen, wohl aber spezifische Entwicklungspfade typisch sind, erscheint es aber dennoch geeignet. Zur Bestimmung einer „Modernisierung" im Einzelhandel können Kennziffern auf nationaler Ebene herangezogen werden (vgl. Tab. 4), wobei sich tendenziell folgende Zusammenhänge skizzieren lassen:

- Zunehmende Konzentration auf Unternehmens- und Betriebsseite; gekennzeichnet durch wachsende Verkaufsflächen pro Einwohner und abnehmende Verkaufsstellendichte, wachsende Umsätze pro Unternehmen, zunehmende Marktanteile der führenden Einzelhandelskonzerne und höhere Konzentrationsquotienten (Verhältnis Betriebs- zu Unternehmenszahl), wobei im Lebensmitteleinzelhandel Tendenzen zum Oligopol bestehen.
- Steigende Dominanz großflächiger Betriebsformen, einsetzend im Lebensmittelhandel; gekennzeichnet durch wachsende Marktanteile von Discountern, SB-Warenhäusern und Fachmärkten sowie sinkende Umsatzanteile traditioneller Betriebsformen.
- Zunehmender Einsatz innovativer Produktions- und Organisationsmethoden sowie „moderner" Beschäftigungsverhältnisse; gekennzeichnet durch stärkeren Einsatz

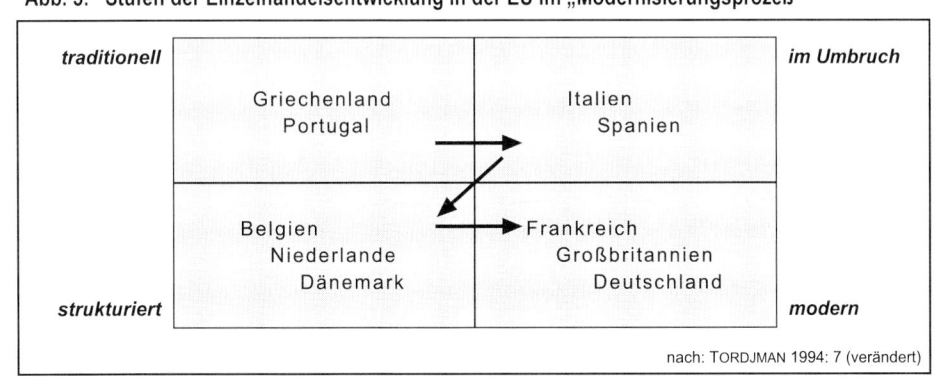

Abb. 5: Stufen der Einzelhandelsentwicklung in der EU im „Modernisierungsprozeß"

traditionell			*im Umbruch*
	Griechenland Portugal	Italien Spanien	
	Belgien Niederlande Dänemark	Frankreich Großbritannien Deutschland	
strukturiert			*modern*

nach: TORDJMAN 1994: 7 (verändert)

---

[13] Die Vergleichsdaten zur Einzelhandelsstruktur in Europa sind nur mit Vorbehalten zu interpretieren und spiegeln lediglich grobe Trends wider. Die Berechnungsgrundlagen variieren von Land zu Land (z. B. in der Zuordnung von „Unternehmen" und „Verkaufsstellen", die beispielsweise Betriebe des ambulanten Handels ein- oder ausschließen). Teilweise gravierende Unterschiede bestehen auch zwischen verschiedenen Publikationen, z.B. denen von Eurostat (Europäische Kommission 1997) und denen von CIR (1997).

technologischer Neuerungen (z. B. ECR), zunehmende Externalisierung von Arbeit z. B. durch „Rack Jobbing"[14], steigenden Anteil weiblicher Arbeitnehmer und wachsende Bedeutung von Teilzeitbeschäftigung.
- Ausdifferenzierung von Betriebsformen in Reaktion auf eine zunehmende Nachfragesegmentierung.
- Größere internationale Bedeutung der führenden Einzelhandelskonzerne; gekennzeichnet durch die Konzentration von Hauptsitzen der umsatzstärksten europäischen Einzelhandelskonzerne.

Beim Modernisierungsprozeß des Einzelhandels spielen international agierende Einzelhandelskonzerne eine tragende Rolle, da sie die länderübergreifende Diffusion moderner Handelskonzepte erheblich beschleunigen. Hierdurch kommt es in Ländern mit einem traditionellen Distributionssystem zu einer Koexistenz von persistenten und modernen Handelsstrukturen, welche sich auch in der Standortstruktur des Einzelhandels widerspiegelt. Gleichzeitig verstärkt der Markteintritt ausländischer Konzerne mit modernen Handelskonzepten den Wettbewerbsdruck auf den einheimischen Einzelhandel. Außer Betriebsschließungen nicht konkurrenzfähiger Betriebe reagiert dieser mit Anpassungsstrategien, z. B. durch Imitation der erfolgreichen Handelskonzepte ausländischer Wettbewerber. Dies beschleunigt den Modernisierungsprozeß weiter. Wie die Arbeit zeigen wird, kommt es zusätzlich zu einer beschleunigten Institutionenbildung im Einzelhandel (z. B. durch die Gründung von Interessenverbänden zur Abwehr ausländischer Handelsketten) und im Bereich der politisch-administrativen Steuerung (z. B. durch eine Anpassung des planungsrechtlichen Instrumentariums an die neuen Rahmenbedingungen).

Trotz der zunehmenden Angleichung nationaler Einzelhandelsstrukturen sind nationale und lokale Unterschiede in Europa nach wie vor prägend, was auch die an nationale und/oder lokale Verhältnisse angepaßten Markteintritts- und Marktbearbeitungsstrategien der multinationalen Unternehmen zeigen. Außerdem beschränkt sich die Homogenisierung der Einzelhandelsstrukturen bislang fast ausschließlich auf grundnutzenorientierte Betriebsformen, vornehmlich im Lebensmitteleinzelhandel. Zudem verläuft die Modernisierung des Einzelhandels räumlich uneinheitlich, wie z. B. SCHRÖDER am Beispiel Italiens nachweisen kann. Demnach konzentrieren sich die Investitionen ausländischer Unternehmen vor allem auf die Regionen, in denen eine „vergleichsweise hohe Kaufkraft, eine moderne, ausdifferenzierte Gesellschaftsstruktur und eine aus logistischer Sicht günstige, hohe Bevölkerungsdichte zusammentreffen" (1997: 513). Regional differenzierte Markteintrittsstrategien sind auch in Polen feststellen, wo sich moderne Betriebsformen auf Warschau und die Großstädte konzentrieren (PÜTZ 1997d: 521).

Somit sind beim internationalen Vergleich der Einzelhandelsentwicklung in Westeuropa sowohl unterschiedliche als auch konvergente Entwicklungen zu beobachten, wobei letztere an Bedeutung zunehmen:

---

[14] Die Externalisierung von Arbeitsprozessen und damit die Aufgabe tayloristischer Beschäftigungsverhältnisse ist eine tragende Entwicklung im großflächigen Einzelhandel hin zu flexibleren Distributionssystemen und betrifft häufig mehr als die Hälfte der Beschäftigten. Neben dem Rack Jobbing, d.h. der Bewirtschaftung von Verkaufsregalen abgegrenzter Warengruppen durch selbständige Unternehmer, zählen hierzu vor allem Fremdfirmen, denen zur eigenen Bewirtschaftung Verkaufsflächen vermietet werden (vgl. hierzu WIRTH 1994a und 1994b).

- Einerseits förderten die Harmonisierung der Regulation und die Nivellierung der Konsumtion die Internationalisierung der Akkumulation, da sie neue Wachstumsperspektiven für die Einzelhandelsunternehmen eröffneten. Die Internationalisierung der Unternehmen beschleunigte wiederum die Diffusion „moderner" Handelskonzepte und die internationale Ausbreitung bislang national wirksamer Prozesse wie der Unternehmenskonzentration oder des Betriebsformenwandels. Dies gilt aber zunächst nur für solche Regionen, die attraktive Standortbedingungen bieten. In diesen Gebieten wird die lokale Einzelhandelsentwicklung wesentlich stärker als bisher von internationalen Prozessen gesteuert.
- Andererseits aber bestehen in den Mitgliedsstaaten der EU erhebliche Differenzen bei nationalen/lokalen Konsumpräferenzen, vor allem aufgrund regionaler sozioökonomischer Disparitäten und national/lokal unterschiedlicher Regulierungsmechanismen. Diese erfordern nach wie vor eine Anpassung der Marketingstrategien an national bzw. lokal unterschiedliche Marktbedingungen (vgl. Abb. 6).

Abb. 6: Einzelhandelsentwicklung zwischen „Internationalisierung" und „Lokalisierung"

	"Internationalisierung"	"Lokalisierung"
Konsumtion (Soziales System)	Internationale Homogenisierung der Nachfrage und Segmentierung mit der Ausbildung interkultureller Lebensstile	Persistenz lokaler bzw. nationaler Konsumweisen und Konsumpräferenzen
Regulation (Politisch-administratives System)	Internationale Angleichung von Rechtsnormen und zunehmende ordnungspolitische Harmonisierung der nationalen Märkte	Lokale Regulierungsmechanismen im Genehmigungsverfahren
Akkumulation (Wirtschaftssystem)	Internationale Marktbearbeitung mit globalen Handelskonzepten (Nischenmärkte/-produkte versus Massenmärkte/"Eurobasissortimente")	Anpassung der Marktbearbeitungsstrategie an lokale bzw. nationale Besonderheiten von Märkten bzw. Marktsegmenten

Entwurf: R. Pütz

Mit der Öffnung der osteuropäischen Märkte erhält die Internationalisierung des europäischen Einzelhandels eine neue Dimension. Im Verlaufe der Arbeit wird gezeigt, in welchem Maße sich die westeuropäischen Konzerne auch dem polnischen Markt zuwenden und ob der Markteintritt dort – ähnlich wie in den südeuropäischen Ländern – zu einer Modernisierung des Einzelhandels beiträgt. Als Grundlage des Verständnisses von Transformation werden im folgenden aber zunächst die Grundzüge der Einzelhandelsentwicklung in Planwirtschaften dargestellt. In Anlehnung an das für Marktwirtschaften entwickelte Modell (vgl. Abb. 1) werden dabei die gesellschaftlichen Teilsysteme analytisch voneinander getrennt und die Einflußfaktoren der Einzelhandelsentwicklung isoliert. Aussagen über die Entwicklungsprozesse im Einzelhandel planwirtschaftlicher Staaten werden anschließend aus dem Fallbeispiel Polen abgeleitet.

2.2 Einzelhandel in planwirtschaftlichen Wirtschaftssystemen

2.2.1 Einflußfaktoren und Entscheidungsmechanismen im Einzelhandel planwirtschaftlicher Wirtschaftssysteme

Im Unterschied zum kapitalistischen Herrschaftsmodell verhinderte das sozialistische Herrschaftsmodell die Ausdifferenzierung gesellschaftlicher Teilsysteme, insbesondere des Wirtschaftssystems. Seit der Einführung der Zentralverwaltungswirtschaft in den Ländern Ostmitteleuropas wurde deren wirtschaftliche Entwicklung nicht mehr von der Gesamtheit unabhängig handelnder Akteure geprägt. Vielmehr wurde sie gesteuert durch mittel- und langfristige Pläne, die in ihrer güter- und leistungsbezogenen Zielsetzung Ergebnis einer volkswirtschaftlichen Nutzenschätzung staatlicher Entscheidungsträger waren.

Wie die anderen Wirtschaftssektoren war auch der Einzelhandel in der sozialistischen Planwirtschaft in ein hierarchisches System von Planungs- und Entscheidungsebenen eingebunden. Standortrelevante Entscheidungsstränge verliefen autoritär von den politisch-administrativen Gremien unterschiedlicher Hierarchiestufen (staatliche Planungskommission, Branchenministerien, territoriale Organe der Staatsverwaltung) zu den Unternehmen des „sozialistischen Einzelhandels". Dies waren staatliche Handelsunternehmen und staatlich kontrollierte Konsumgenossenschaften, die zumeist über Monopolstellungen verfügten. Die Hierarchie der Planungs- und Entscheidungsebenen im politisch-administrativen System war dabei derart gestaltet, daß jede Planungsbehörde gemäß den Leitlinien des „Demokratischen Zentralismus" jeweils zwei anderen Behörden unterstellt war, und zwar den jeweiligen Fachbehörden der übergeordneten Gebietskörperschaften und den jeweiligen kommunalen politischen Gremien (Stadt- und Kreisräte), die wiederum die Beschlüsse der sozialistischen Parteien umsetzten.

Damit war die Einzelhandelsstruktur in den ostmitteleuropäischen Staaten nicht auf Aushandlungsprozesse zwischen öffentlichen Interessen und privatem Kapital zurückzuführen. Sie ergab sich vielmehr aus den gesellschaftspolitisch motivierten Entscheidungen der herrschenden Partei, welche die staatliche Planungsbürokratie umsetzte (vgl. Abb. 7) [15]. Daneben spielten überkommene Strukturen aus vorsozialistischen Zeiten eine Rolle, z. B. bei der infrastrukturellen Ausstattung mit Ladenlokalen.

Wenn auch im Sozialismus das Wirtschaftssystem und das politisch-administrative System weitgehend vereint waren, so ist eine Differenzierung der Akteurgruppen in Anlehnung an Abb. 1 aus analytischen Zwecken und zur intersystemaren Vergleichbarkeit dennoch sinnvoll. Der Einfluß der politisch-administrativen Steuerung, der Nachfrage und der Anbieterseite auf die Einzelhandelsstruktur ist im Sozialismus dabei folgendermaßen zu charakterisieren:

- Die **politisch-administrativen Gremien** maßen dem Einzelhandel im Vergleich zur Produktion nur eine geringe volkswirtschaftliche Bedeutung bei. Handelsaktivitäten

---

[15] Bei enger Begriffsauslegung kann im Falle des sozialistischen Einzelhandels aufgrund fehlenden Unternehmertums eigentlich nicht von „Unternehmen" gesprochen werden. Wenn dieser Begriff im folgenden beibehalten wird, so auch in Anlehnung an die polnische Terminologie „przedsiębiorstwo" (= Unternehmen).

Abb. 7: Entscheidungsmechanismen im Einzelhandel planwirtschaftlicher Wirtschaftssysteme

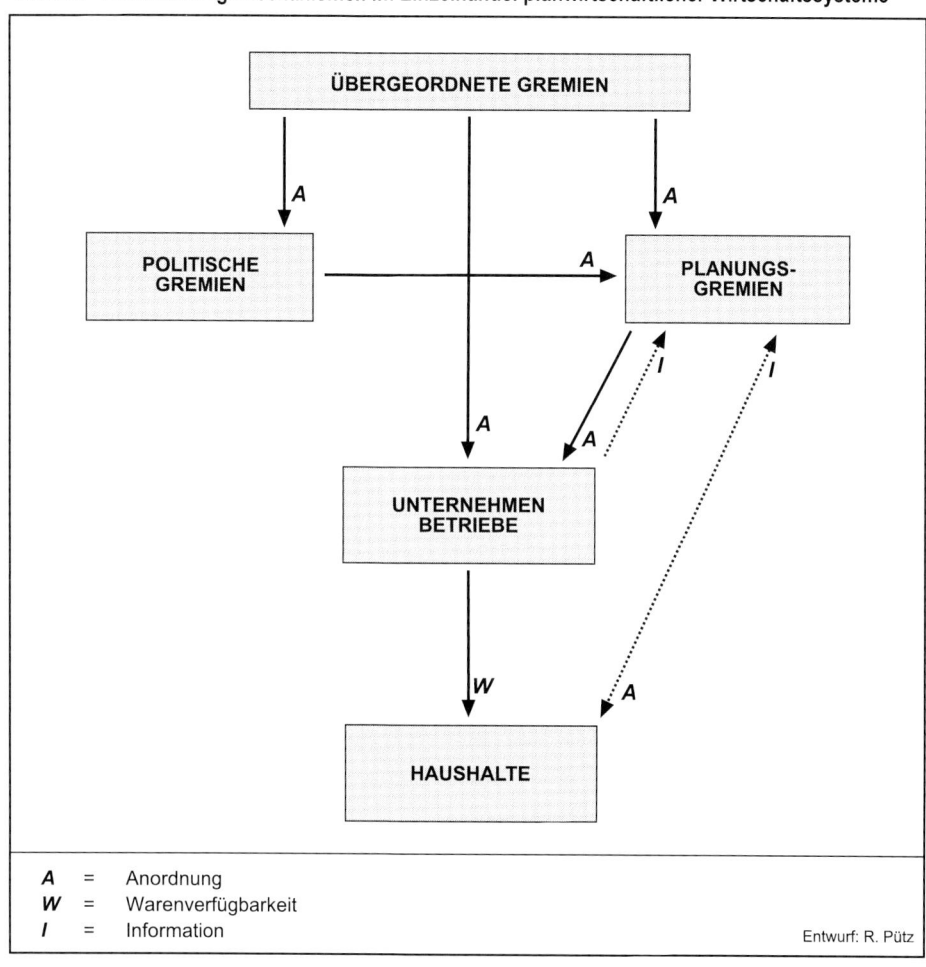

```
                    ÜBERGEORDNETE GREMIEN
                    ↓ A              ↓ A
        POLITISCHE  ────── A ──→  PLANUNGS-
        GREMIEN                    GREMIEN
           │ A              ↗ A  ⇡ I  ⇡ I
           ↓              ↙
        UNTERNEHMEN
        BETRIEBE
           │ W            ⇣ A
           ↓
        HAUSHALTE
```

A = Anordnung
W = Warenverfügbarkeit
I = Information

Entwurf: R. Pütz

galten als unproduktiv. Die Wirtschaftspolitik konzentrierte sich dementsprechend auf die Produktions- und Investitionsgüterindustrie. Die Produktion und Distribution von Konsumgütern wurde bei der Zuteilung von Investitionsmitteln benachteiligt, wodurch sich die Ausstattung und der bauliche Zustand der Ladenlokale und handelsrelevanten Infrastruktur kontinuierlich verschlechterten.

Die Funktion des Einzelhandels beschränkte sich auf die Verteilung von preis- und mengenmäßig festgesetzten Gütern, wobei die gesellschaftspolitisch motivierte Hauptaufgabe darin lag, die Versorgung der Bevölkerung mit Waren der Grundversorgung (vorwiegend Lebensmittel) sicherzustellen. Die räumliche Einzelhandelsnetzplanung diente dabei ausschließlich der Umsetzung dieser versorgungspolitischen Ziele. Die hierarchisch untergeordneten kommunalen Behörden verfügten dabei nur über wenig Gestaltungsspielraum, da auch Entscheidungen über die räumliche Verteilung von Einzelhandelsbetrieben zumeist zentral getroffen wurden.

Sie richteten sich nach Ausstattungskennziffern in Abhängigkeit von den Bevölkerungszahlen hierarchisch gestaffelter Versorgungsbereiche. Die Aktivitäten der kommunalen politisch-administrativen Gremien beschränkten sich auf die Umsetzung der zentralen Vorgaben und, wie z. B. in Polen, auf gewisse Gestaltungsfreiräume bei der Wahl des Mikrostandortes oder bei der Entscheidung über die Zulassung kleiner Privatbetriebe.

- Der Einfluß der **Nachfrage** auf die Einzelhandelsstruktur der ostmitteleuropäischen Staaten war gering. Zum einen wurde – systemkonform argumentiert – postuliert, daß die Bedürfnisse der Menschen „objektiv", daher „wissenschaftlich erkennbar" und „im Sozialismus planbar" seien (EBERT und TITTEL 1989: 113). Zum anderen aber ist – aus marktwirtschaftlicher Perspektive betrachtet – das Nachfrageverhalten der Konsumenten in sozialistischen Staaten aufgrund der Verkäufermarktsituation nicht mit dem in Marktwirtschaften zu vergleichen. Zwar waren sozialistische Gesellschaften aufgrund der Nivellierungsbestrebungen der politischen Eliten weniger ausdifferenziert als westliche Gesellschaften. Selbst wenn sich jedoch unterschiedliche Konsumstile wie die Imitation westlicher Konsummuster ausbildeten, konnten die Konsumenten ihre Bedürfnisse kaum befriedigen, weil sie nur die Wahl zwischen Konsumgütern hatten, die im Rahmen der Zentralplanung zur Verfügung gestellt wurden. Die Sortimente des sozialistischen Einzelhandels waren aber ausgesprochen eng, die Produkte qualitativ nicht differenziert und der Einzelhandelssektor zudem durch große Versorgungsengpässe gekennzeichnet.

Staatlich festgelegte Einzelhandelspreise, die aufgrund der sozialpolitischen Relevanz insbesondere für Grundnahrungsmittel stabil gehalten wurden, führten in Verbindung mit steigenden Löhnen zu Einkommensgewinnen der Bevölkerung. Diese konnten wegen des mangelnden Warenangebots jedoch nicht verausgabt werden, was in einem Kaufkraftüberhang und steigenden Spargerthaben der Bevölkerung mündete. Diese wurden zu großen Teilen in einer florierenden Schattenwirtschaft verausgabt, zumeist im illegalen Straßen- und Markthandel. Je größer die Versorgungsenpässe im offiziellen Distributionssystem waren, desto größer war auch der Kaufkraftabfluß in die Schattenwirtschaft, die symbiotisch mit der planwirtschaftlichen Wirtschaftsweise verbunden war.

Eine Berücksichtigung von Konsumentenbedürfnissen fand nur insofern statt, als daß sich die Planung von Einzelhandelsstandorten vor dem Hintergrund geringer Pkw-Verfügbarkeit an den Wohnstandorten der Bevölkerung und deren regionaler Verteilung (Bevölkerungsdichten) orientierte. Die städtebaulichen Richtlinien in den ostmitteleuropäischen Ländern forderten mehr oder weniger einhellig, daß pro 1 000 Einwohner eine Kaufhalle und Fachgeschäfte mit zusammen etwa 300 m^2 errichtet werden sollten, wobei die Entfernung von den Wohnungen zu den Verkaufsstellen ca. 800 m nicht überschreiten sollte (vgl. RIETDORF und LIEBMANN 1994, RIETDORF 1976). Ähnlich wie die Planungsgremien westeuropäischer Staaten folgte die sozialistische Planungsbürokratie damit zentralörtlichen Prinzipien. Realisiert wurden solche Leitbilder jedoch nur bei Geschäften der Grundversorgung und auch bei diesen nur eingeschränkt. Insbesondere in den Großwohnsiedlungen entsprach die tatsächliche Ausstattung aufgrund fehlender Investitionsmittel häufig nicht den Planvorgaben. Entgegen der versorgungspolitischen Zielsetzung mußten die Verbraucher daher häufig weite Einkaufswege zur Deckung des Grundnutzenbedarfs in Kauf nehmen, je nachdem in welchem Geschäft die entsprechenden Waren gerade angeboten wurden.

- Auf seiten der **Handelsunternehmen** führte die zentrale Leitung der Warendistribution zum fast völligen Verschwinden wesentlicher Merkmale eines funktionierenden Wettbewerbs. Eigeninitiative, Elastizität und Anpassungsfähigkeit an Marktbedingungen verkümmerten, da die Betriebsdirektoren aufgrund der Trennung von Nutzungs- und Verfügungsrechten kein persönliches Interesse an der effizienten Nutzung der ihnen anvertrauten Ressourcen besaßen (HALBACH 1993: 20; LEIPOLD 1991: 31). Darüber hinaus verfügten die Einzelhandelsunternehmen nur über geringe Entscheidungsfreiheiten, da sie lediglich der operativen Umsetzung von Warenverteilmechanismen dienten, die auf zentraler Ebene entworfen wurden. Der Wettbewerb wurde weitgehend unterbunden, da er als ressourcenverschwendend angesehen wurde. Die zentrale Festlegung des Sortiments, die staatliche Preisvorgabe und die mit der Standortplanung festgelegten Verkaufsflächen schränkten die Differenzierungsmöglichkeiten der Betriebe stark ein. Damit kam es nicht zu einer in Marktwirtschaften zu beobachtenden Ausdifferenzierung von Betriebsformen. Die Einzelhandelsstrukturen waren vergleichsweise uniform, aus westlicher Perspektive moderne Betriebsformen fehlten. Obwohl ein relativ dichtes Netz von wohnungsnahen Lebensmittelgeschäften bestand, war die Verkaufsflächenausstattung gering.

Die staatliche Leitung des Wirtschaftsgeschehens und die Ausschaltung des marktwirtschaftlichen Wettbewerbs verfolgte das Ziel einer effizienten Steuerung der Volkswirtschaft. Es zeigte sich jedoch schon bald nach Einführung der Planwirtschaft, daß die zentralistischen Systeme außerordentlich ineffizient waren und zu schweren ökonomischen Krisen führten. Diese betrafen auch den Einzelhandelssektor und die Versorgung der Bevölkerung mit Konsumgütern. Zu begründen waren die Krisen mit dem Fehlen von Preisen als Informationsträger, dem komplexen Informationsbedarf in ausdifferenzierten Wirtschaftssystemen und der damit mangelnden Steuerbarkeit der Wirtschaft durch zentrale Planungs- und Leitungsinstanzen. Aus diesen Gründen kam es in einigen ostmitteleuropäischen Staaten bereits im Sozialismus zu einer Reihe von Reformen: Während die DDR und die Tschechoslowakei weitgehend die zentralstaatliche Wirtschaftssteuerung konservierten, implementierten Ungarn und Polen in den 80er Jahren marktwirtschaftliche Wettbewerbselemente, ohne allerdings grundlegende Prinzipien der Planwirtschaft (z. B. staatliches Eigentum an den Produktionsmitteln) aufzugeben.

2.2.2 Einzelhandelsstruktur in planwirtschaftlichen Wirtschaftssystemen. Beispiel Polen

2.2.2.1 Durchsetzung sozialistischer Eigentumsverhältnisse

Die Verwirklichung sozialistischer Eigentumsverhältnisse im Einzelhandel war ein gesellschaftspolitisches Ziel, dem die stalinistischen Eliten Polens nach ihrer Machtübernahme höchste Priorität einräumten. Die privaten Einzelhändler, welche 1946 noch 89 % der Ladenlokale betrieben und 70 % der gesamten Einzelhandelsumsätze erwirtschafteten, stellten eine gesellschaftlich starke Gruppe dar, die dem neuen Regime überwiegend kritisch gegenüberstand. Die Sozialisierung des Einzelhandels durch die „Bitwa o handel" („Schlacht um den Handel") wurde so zur gesellschaftlichen Aufgabe hochstilisiert und galt als zentraler Bestandteil beim Aufbau der sozialistischen Gesellschaft (EARLE u. a. 1994: 189).

In der Folge wurde die Zahl der privaten Geschäfte zwischen 1946 und 1955 von 157 002 um mehr als 91 % auf 14 059 reduziert; alleine 1949 mußte die Hälfte der privat geführten Ladenlokale schließen (vgl. Abb. 8). Bis in die 80er Jahre hinein wurde privater Handel nur noch in kleinflächigen Ladenlokalen zugelassen, wo er als Anbieter von Nischenprodukten (überwiegend handwerkliche Waren, die von der staatlichen Industrie nicht produziert wurden) oder landwirtschaftlichen Gütern aus der privaten Agrarwirtschaft fungierte. Die Mehrzahl der privaten Betriebe wurde bei der „Bitwa o handel" ersatzlos geschlossen. Dies führte, wie auch in anderen ostmitteleuropäischen Ländern, zu einer Ausdünnung des Verkaufsstellennetzes, die bis 1989 nicht ausgeglichen werden konnte. Viele der größeren Betriebe blieben erhalten und wurden entweder verstaatlicht oder aber den staatlich kontrollierten Genossenschaften zugesprochen, die zum mit Abstand bedeutendsten Warendistributeur wurden (vgl. Abb. 9).

Konsumgenossenschaften besaßen im Distributionssystem aller sozialistischen

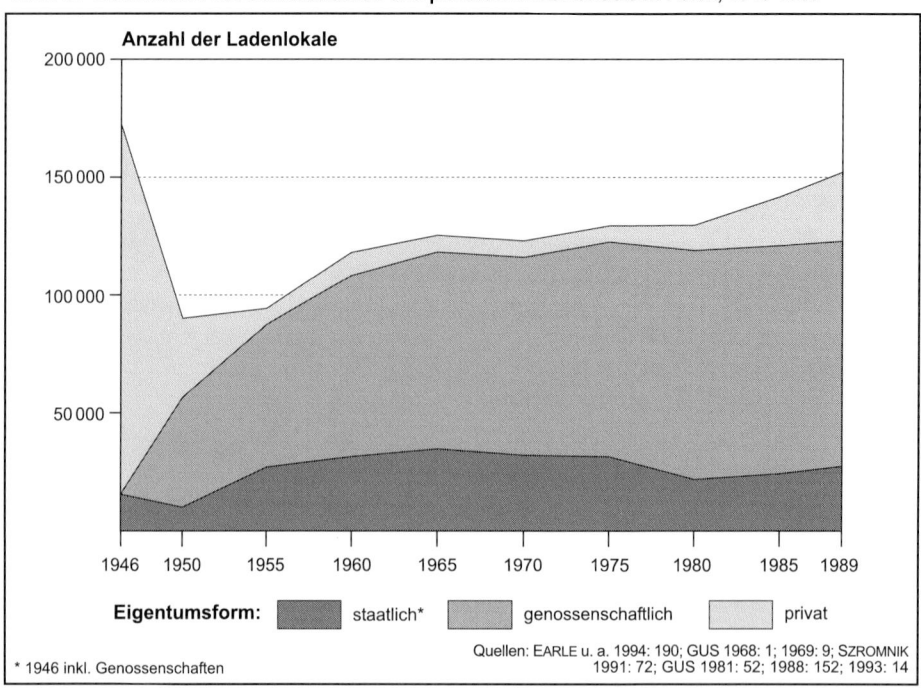

Abb. 8: Ladenlokale des sozialistischen und privaten Einzelhandels in Polen, 1946-1989

Quellen: EARLE u. a. 1994: 190; GUS 1968: 1; 1969: 9; SZROMNIK 1991: 72; GUS 1981: 52; 1988: 152; 1993: 14

* 1946 inkl. Genossenschaften

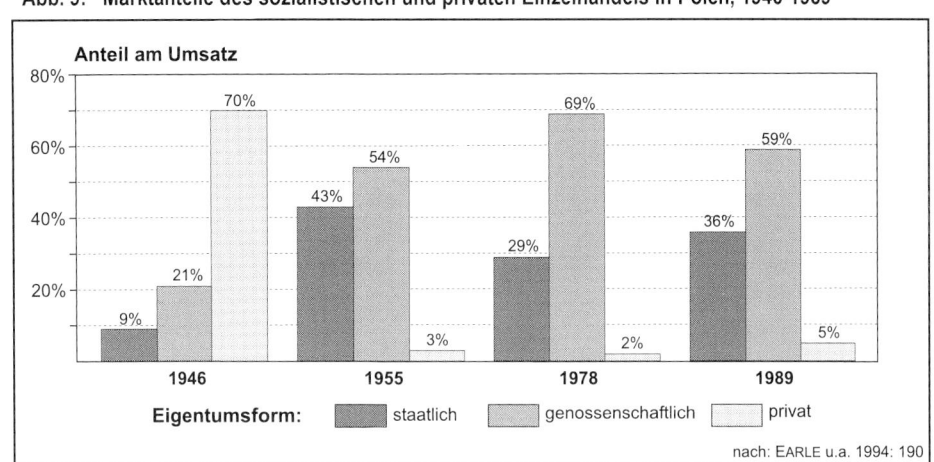

Abb. 9: Marktanteile des sozialistischen und privaten Einzelhandels in Polen, 1946-1989

Anteil am Umsatz

Jahr	staatlich	genossenschaftlich	privat
1946	9%	21%	70%
1955	43%	54%	3%
1978	29%	69%	2%
1989	36%	59%	5%

nach: EARLE u.a. 1994: 190

Staaten Osteuropas eine wichtige Rolle, weil sie häufig schon vor der sozialistischen Machtübernahme existierten und über Erfahrungen im Einzelhandel verfügten, die sich der staatliche Handel erst mühevoll hätte aneignen müssen (KLEER, LAURINKARI und BRAZDA 1996: 30). Ihr unterschiedliches Gewicht in den Distributionssystemen der sozialistischen Staaten hing davon ab, welchen Stellenwert und welche Aufgaben ihnen die jeweiligen Machteliten zuwiesen. Polen nahm hierbei eine Sonderrolle ein (vgl. Tab. 5): Nur hier besaßen die Konsumgenossenschaften die Aufgabe, auch in den Städten die Grundversorgung der Bevölkerung zu sichern. Alle anderen ostmitteleuropäischen Staaten folgten demgegenüber dem Vorbild der Sowjetunion, nach dem die Konsumgenossenschaften mehr oder weniger ausschließlich die Grundversorgung der Bevölkerung in den ländlichen Gebieten wahrzunehmen hatten.

Tab. 5: Marktanteile der Genossenschaften im Einzelhandel osteuropäischer Staaten

Staat	Anteil der Genossenschaften am Einzelhandelsumsatz (in %)	
	1970	1988
Polen	52,9	59,0
Ungarn	33,6	34,8
DDR	36,2	34,2
Bulgarien	37,4	29,4
Sowjetunion	29,6	26,9
Tschechoslowakei	25,4	24,8
Rumänien	32,8	24,0

Quelle: KLEER u. a. 1996: 31 (ergänzt)

Die nach dem Zweiten Weltkrieg durchgesetzten sozialistischen Eigentumsverhältnisse blieben bis Ende der 80er Jahre weitgehend unverändert. Lediglich zu zwei Zeitpunkten wurden die zentralstaatliche Planung des Einzelhandels und seine Organisationsstruktur reformiert: In den 70er Jahren in Form einer „Zentralisierungsstrategie", als die Kosten- und Effizienzfaktoren im sozialistischen Einzelhandel eine Umbewertung erfuhren, und in den 80er Jahren in Form einer „Dezentralisierungsstrategie" als Reaktion auf die schwere ökonomische Krise Polens, die sich in Versorgungsengpässen niederschlug.

2.2.2.2 Zunehmende Zentralisierung der Einzelhandelsorganisation bis 1980

Im Jahre 1976 wurde die Organisationsstruktur des Einzelhandels in Polen erstmals seit der Durchsetzung sozialistischer Eigentumsverhältnisse neu geordnet. Ähnlich wie im Einzelhandel der DDR (vgl. PÜTZ 1994) bildeten die „Spezialisierung" und „Konzentration" des Einzelhandels dabei das Kernstück der Reformen. Diese standen im Zusammenhang mit den allgemeinen Wirtschaftsreformen unter GIEREK, die als Reaktion auf die Systemkrise 1970 (vgl. detaillierter FUHRMANN 1990: 124f.) ins Leben gerufen wurden und organisatorische Konzentrationsprozesse in allen Wirtschaftsbereichen herbeiführte: Den formal selbständigen Unternehmen wurden zentrale Leitungsgremien für eine gesamte Branche übergeordnet, die eine umfangreiche Verfügungsmacht gegenüber den angeschlossenen Unternehmen besaßen (VON DELHAES 1991: 265f.). Auch die Umgestaltungen im Einzelhandelssektor führten zu einem Ausbau der zentralen Steuerung. Kernpunkte des Wandels in der Organisationsstruktur des Einzelhandels waren (vgl. NIESTRÓJ 1975, HALBACH 1993):

- Unternehmenskonzentrationen: Zur Effizienzsteigerung des Einzelhandels und zur Vermeidung eines „ressourcenverschwendenden" Wettbewerbs wurden Unternehmen gleicher Branche zusammengeschlossen, was sowohl den staatlichen als auch den genossenschaftlichen Sektor betraf. Im Lebensmitteleinzelhandel bedeutete dies, daß die bis dahin staatlichen Betriebe an die Konsumgenossenschaften *Społem* und *Samopomoc Chłopska* übertragen wurden. Diese erhielten eine nahezu uneingeschränkte Monopolstellung, wobei *Społem* den Lebensmitteleinzelhandel in den Städten und *Samopomoc Chłopska* den in ländlichen Gebieten kontrollierte.

- Aufhebung der Trennung von Groß- und Einzelhandel: Mit dem Ziel einer effektiveren Warendistribution wurden der bis 1976 institutionell getrennte Groß- und Einzelhandel zusammengefaßt, und die großen Handelsunternehmen schufen jeweils eigene Distributionsnetze mit Großhandelslagern. Die Monopolstellung der Handelskonzerne wurde hiermit weiter gefestigt, was zum endgültigen Verschwinden wesentlicher Merkmale eines funktionsfähigen Wettbewerbs führte.

- Zentralisierung der Entscheidungsstrukturen: Nach der Verwaltungs- und Gebietsreform von 1975 wurden auch die staatlichen Handelskombinate und die Konsumgenossenschaften neu organisiert und branchenmäßig spezialisierte Verteilungsunternehmen auf Woiwodschaftsebene begründet[16]. Auf dieser Stufe besaßen die Handel-

---

[16] Die Woiwodschaften sind die oberste Stufe der „Gebietskörperschaften" in Polen. Anders als die Länder in der Bundesrepublik fungieren sie aber nicht als rechtsfähige Subjekte, sondern dienen lediglich der operativen Umsetzung der Regierungspolitik auf regionaler Ebene. Mit dem Ziel einer stärkeren Zentralisierung der Verwaltung wurde der dreistufige Staatsaufbau der Volksrepublik Polen 1975 in einen zweistufigen umgewandelt und die Zahl der Woiwodschaften von 17 auf 49 erhöht. Gleichzeitig wurden Gemeinden zusammengefaßt, was ihre Zahl von mehr als 4000 auf 2419 reduzierte, und die Kreise als mittlere Gebietskörperschaft

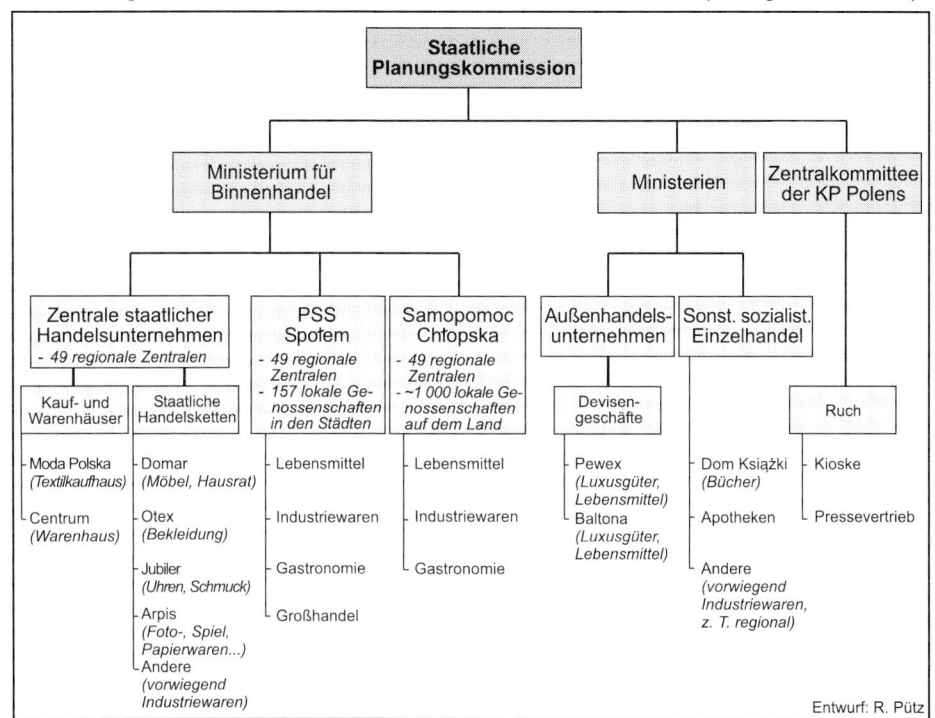

Abb. 10: Organisationsstruktur des sozialistischen Einzelhandels in Polen (Anfang der 80er Jahre)

```
                          Staatliche
                      Planungskommission
         ┌────────────────────┼──────────────────┬─────────────┐
  Ministerium für                          Ministerien    Zentralkommittee
   Binnenhandel                                            der KP Polens
   ┌──────┬──────────┐                       ┌─────────┬─────────┐
Zentrale staatlicher  PSS    Samopomoc   Außenhandels-  Sonst. sozialist.
Handelsunternehmen    Społem  Chłopska   unternehmen    Einzelhandel
- 49 regionale       - 49 regionale  - 49 regionale
  Zentralen            Zentralen      Zentralen
                     - 157 lokale Ge- - ~1 000 lokale Ge-
                       nossenschaften   nossenschaften
                       in den Städten   auf dem Land
 ┌────┬────┐                               │              │
Kauf- und  Staatliche                  Devisen-          Ruch
Warenhäuser Handelsketten              geschäfte
```

- Moda Polska (Textilkaufhaus)
- Centrum (Warenhaus)

- Domar (Möbel, Hausrat)
- Otex (Bekleidung)
- Jubiler (Uhren, Schmuck)
- Arpis (Foto-, Spiel, Papierwaren...)
- Andere (vorwiegend Industriewaren)

- Lebensmittel
- Industriewaren
- Gastronomie
- Großhandel

- Lebensmittel
- Industriewaren
- Gastronomie

- Pewex (Luxusgüter, Lebensmittel)
- Baltona (Luxusgüter, Lebensmittel)

- Dom Książki (Bücher)
- Apotheken
- Andere (vorwiegend Industriewaren, z. T. regional)

- Kioske
- Pressevertrieb

Entwurf: R. Pütz

sorganisationen regionale Zentralen, Großlager und Einzelhandelsnetze. Die „formale" Gründung der Unternehmen auf Woiwodschaftsebene war für ihre Privatisierung nach 1989 entscheidend, im Sozialismus aber unbedeutend. Die regionalen Unternehmen wurden auf polnischer Ebene nämlich nochmals zusammengeschlossen, wobei die Entscheidungszentrale in Warschau lag. Herausragende Beispiele für solchermaßen organisierte staatliche Organisationen waren *Domar*, das Handel mit Möbeln und Haushaltswaren betrieb, *Otex*, das die Distribution von Bekleidung und Schuhen kontrollierte, und das Multibranchenunternehmen *Arpis*.

Landesweit wurden die staatlichen Einzelhandelsunternehmen nochmals zusammengefaßt und der *Centrala Państwowego Handlu Wewnętrzego* (Zentrale staatlicher Handelsunternehmen) unterstellt. Diese Organisation koordinierte und kontrollierte die Tätigkeiten der Einzelunternehmen, wies ihnen Investitionsmittel zu und leitete die zentralen Vorgaben der staatlichen Planungskommission bzw. des Ministeriums für Binnenhandel an die Einzelunternehmen weiter (vgl. Abb. 10).

---

aufgelöst. Die Neugliederung der territorialen Verwaltung war ein Kernziel der Oppositionsbewegung zur Zeit der Wende und zählt seitdem zu den vordringlichen Aufgaben der Regionalplanung. In den 90er Jahren wurden die Kreise als mittlere Verwaltungsebene wieder eingeführt. Über die Konzentration der Woiwodschaften auf weniger Einheiten nach dem Vorbild der Länder in Deutschland wird 1997 noch gerungen (vgl. detaillierter NOWACKI 1987; VON DELHAES 1994; MICHAELSEN 1996).

Die Konsumgenossenschaften waren demgegenüber historisch bedingt dreistufig organisiert. In der Zentralverwaltungswirtschaft wurden die bereits bestehenden lokalen Konsumgenossenschaften zu größeren Verbänden auf Woiwodschaftsebene – *Społem* und *Samopomoc Chłopska* – zusammengeschlossen, die wiederum dem Dachverband in Warschau unterstanden. Die örtlichen Konsumgenossenschaften besaßen in diesem hierarchischen System keine Entscheidungsbefugnisse und mußten den größten Teil ihrer Einnahmen an die übergeordneten Organisationen abführen. Dies sicherte der staatlichen Planungsbürokratie unmittelbare Einflußmöglichkeiten.

Die Zentrale staatlicher Handelsunternehmen und die Konsumgenossenschaftsverbände unterstanden dem Ministerium für Binnenhandel, das die Vorgaben betreffend Standortplanung (konzeptionelle Vorgaben), Investitionszuteilung u.s.w. zentral anordnete. Daneben existierten – wie auch im Einzelhandel anderer sozialistischer Staaten – weitere Handelsunternehmen, die je nach ihrer Branchenzugehörigkeit anderen Ministerien unterstanden. Als bedeutendste sind hier die Ladenketten *Pewex* und *Baltona* zu nennen, die gegen Hartwährung importierte Luxusartikel vertrieben. Ihre wichtigste Funktion lag allerdings darin, die Versorgungslücken des durch Knappheit gekennzeichneten sozialistischen Einzelhandels zu schließen, der seine Aufgabe der Grundversorgungssicherung nur unzureichend wahrnahm: So erzielten die Devisengeschäfte 80 % ihrer Umsätze mit dem Verkauf von Waren des täglichen Bedarfs (HALBACH 1993: 24). Die theoretischen Zielsetzungen der sozialistischen Einzelhandelsplanung, die Versorgung der Bevölkerung mit Waren des Grundbedarfs sicherzustellen, wurde so in der Praxis ad absurdum geführt[17].

- Räumliche Konzentration und Spezialisierung: Vergleichbar der „Einzelhandelsdirektive" in der DDR (vgl. PÜTZ 1994: 326f.) wurden auch in Polen zu Beginn der 70er Jahre Handelseinrichtungen stärker räumlich konzentriert (vgl. NIESTRÓJ 1975): Zum einen wurde aus der Erkenntnis, daß kleinflächige Verkaufsstellen höhere Betriebskosten verursachen als großflächige, eine Konzentration des Angebots auf größere Geschäfte vorangetrieben. Zum anderen wurden die Geschäfte in den Zentren der Versorgungsgebiete konzentriert. Entsprechend dem Prinzip eines gestuften konzentrischen Aufbaus sollten sich diese Versorgungsbereiche hierarchisch gliedern: Wohngebietszentren dienten nur der Nahversorgung mit Waren des täglichen Bedarfs, Stadtteilzentren sollten auch Waren der periodischen Nachfrage und lediglich die Stadtzentren auch Waren des aperiodischen Spezialbedarfs anbieten.

Parallel zur räumlichen Konzentration setzte ein Rückzug des sozialistischen Einzelhandels aus der Fläche ein: Jede Neugründung von großflächigen Ladenlokalen ging mit der Schließung von kleinen Ladenlokalen in der näheren Umgebung einher, was die Einkaufswege der Bevölkerung verlängerte. Gleichzeitig wurden In-

---

[17] Eine Besonderheit in der Organisationsstruktur des polnischen Einzelhandels war das Unternehmen *Ruch*, das bis 1990 eine Monopolstellung auf dem polnischen Pressemarkt besaß. *Ruch* war ursprünglich eine landesweit operierende Genossenschaft, die 1917 gegründet wurde. Im Jahr 1946 wurde *Ruch* der PZPR (Polska Zjednoczona Partia Robotnicza), der herrschenden kommunistischen Arbeiterpartei Polens, unterstellt. Bis 1990 war das Unternehmen die Haupteinnahmequelle dieser Partei. *Ruch* kontrollierte die Herstellung aller polnischen Zeitschriften sowie deren Großhandel und Endverkauf. Hierzu unterhielt es in Polen ein Netz von knapp 25 000 Kiosken (GUS 1988: 152) und zahlreiche Verkaufsstellen.

vestitionen im Einzelhandelssektor nahezu ausschließlich für die Errichtung neuer Verkaufsstellen in den Großwohnsiedlungen bereitgestellt. Die Ladenlokale in den Gründerzeitgebieten verfielen deshalb infolge ausbleibender Mittelzuweisungen dramatisch.

2.2.2.3 Dezentralisierungsstrategien im Einzelhandel in den 80er Jahren

Ende der 70er Jahre erlebte Polen die schwerste Wirtschaftskrise seit Gründung der Volksrepublik. Zwischen 1979 und 1982 sank das produzierte Nationaleinkommen jedes Jahr unter das Niveau des Vorjahres und erreichte 1983 nur noch 76 % des Standes von 1978. Gleichzeitig stiegen die Lebenshaltungskosten. Die Nominallöhne der Bevölkerung wuchsen dagegen nur geringfügig, was die wirtschaftliche Situation der Haushalte massiv verschlechterte (vgl. Tab. 6).

Tab. 6: Wirtschaftliche Entwicklung Polens, 1975-1989

	Veränderung im Vergleich zum Vorjahr in %								
	1979	1980	1981	1982	1993	1984	1985	1986	1987
Produziertes Nationaleinkommen	-2,3	-6,0	-12,1	-5,5	6,0	5,6	3,4	5,0	3,1
Lebenshaltungskosten	6,7	9,1	24,4	101,5	23,1	16,0	14,6	17,5	25,5
Nominallohnentwicklung	2,2	3,9	2,3	-24,9	1,1	0,5	3,8	2,0	-

Quellen: VOSS 1987: 60, KALICKI 1989: 81

Zudem bestanden seit Mitte der 70er Jahre Engpässe in der Versorgung mit Grundnahrungsmitteln und Konsumgütern, was zu lauten Protesten der Arbeiterschaft führte. Nachdem die polnische Regierung GIEREK Ende der 70er Jahre die Preise für Grundnahrungsmittel angehoben hatte (die Subventionen für Grundnahrungsmittel betrugen damals rund 40 % der polnischen Staatsausgaben), kam es zu einer bis dahin nicht gekannten Streikwelle unter Führung der Gewerkschaft Solidarność. Diese war 1980 offiziell anerkannt worden und hatte Ende 1980 bereits 10 der 16 Millionen Erwerbstätigen Polens als Mitglieder (BINGEN 1991: 196f.). Die katastrophale Versorgungssituation war ein maßgeblicher Auslöser der Protestbewegungen. Daneben führte sie zu einer Verschlechterung der Arbeitsmoral der Beschäftigten, zunehmendem Absentismus und dem Abwandern von Arbeitskraft in die Schattenwirtschaft, was die wirtschaftlichen Probleme noch verschärfte und erheblichen Reformbedarf hervorrief (GERNER und HEDLUND 1988: 373).

Im Unterschied zu den zögerlichen Reformversuchen der Vergangenheit[18], sah ein neues umfassendes Reformwerk der polnischen Regierung unter dem Motto „Odnowa"

---

[18] Frühere Krisen des Landes traten bereits Mitte der 50er und Ende der 60er Jahre auf und führten - da sie stets die Versorgungslage der Bevölkerung in erheblichem Maße verschlechterten - jeweils zu Protesten der Arbeiter (z.B. 1970 Rebellion in den Zentren an der Ostseeküste). Aufgrund der krisenhaften Entwicklung setzten schon bald nach der Übernahme der Zentralverwaltungswirtschaft Diskussionen über deren Reform ein. Die Reformdiskussionen Mitte der 50er Jahre verhallten quasi wirkungslos. Der Reformansatz 1973-1976 beruhte zum einen auf der organisatorischen Konzentration der Wirtschaft (s.o.) und zum anderen auf einem

(Erneuerung) deutliche Eingriffe in das Wirtschaftssystem vor. Als wichtigste Bestandteile der Reformanstrengungen sind dabei zwei Gesetze zu nennen, die im September 1981 vom Sejm, dem polnischen Parlament, verabschiedet wurden:
- Das „Gesetz über staatliche Unternehmen" (GstU): Mit dem Ziel einer effizienteren Unternehmensleistung und zur Erhöhung der Produktivität sollten die Unternehmen mehr Entscheidungsbefugnisse über ihre unternehmerischen Aktivitäten und Verantwortung für deren Ergebnisse erhalten. Durch eine stärkere Gewinnorientierung sollten marktwirtschaftliche Wettbewerbselemente eingeführt und bei mangelnder Rentabilität erstmals auch Betriebe geschlossen werden (Artikel 24, 25) [19].
- Das „Gesetz über die Selbstverwaltung der Belegschaft" (GSelbst): Entgegen den Reformkonzepten in andern sozialistischen Staaten – so stärkte Ungarn die Stellung der Unternehmensdirektoren – wurden in Polen den Belegschaften weitgehende Mitspracherechte eingeräumt, was mit der starken Position der Gewerkschaften zu erklären ist. Über Arbeiterräte waren die Belegschaften seitdem maßgeblich für wesentliche betriebliche Entscheidungen verantwortlich[20].

Nachdem die polnische Arbeiterklasse auch Anspruch auf die politische Führung des Landes erhob, wuchs in der Parteiführung – nicht zuletzt aufgrund von Interventionsdrohungen aus der Sowjetunion – die Forderung nach einer gewaltsamen Ausschaltung der gewerkschaftlichen Bewegung. Dies mündete am 13.12.1981 unter Ministerpräsident *JARUZELSKI* in der Verhängung des Kriegsrechtes und am 8.10.1982 im Verbot der Solidarność. Nach der Ausschaltung der Opposition (das Kriegsrecht war bis Juli 1983 in Kraft) blieben die tatsächlichen Reformen weit hinter den ursprünglichen Vorgaben zurück.

---

geplanten ökonomischen Fortschritt mittels westlicher Kredite und Technologie zur Modernisierung. Importierte und kreditfinanzierte Konsumgüter sollten zudem die „Werktätigen" zu höherer Leistung motivieren. Da das anfängliche Wachstum der Produktion jedoch nur durch immer stärkeren Einsatz externer Faktoren erzielt wurde, zeichnete sich bereits seit Mitte der 70er Jahre das Scheitern der Wirtschaftspolitik ab (vgl. detaillierter JUCHLER 1986 und 1994, VOSS 1987, GABRISCH 1988).

[19] Bereits Artikel 1 GstU ist als umwälzend für die sozialistische Zentralverwaltungswirtschaft aufzufassen: „Das staatliche Unternehmen ist ein selbständiges, selbstverwaltetes und sich selbst finanzierendes Wirtschaftssubjekt und besitzt Rechtsfähigkeit". Artikel 2, Abs. 2 führt entsprechend aus: „Die Staatsorgane können im Tätigkeitsbereich eines staatlichen Unternehmens nur in den gesetzlich vorgesehenen Fällen Entscheidungen treffen".(Alle in der Arbeit analysierten Gesetzestexte werden nur mit vom Autor festgelegten Abkürzungen zitiert. Die Originalquellen finden sich unter diesen Abkürzungen im Anhang 7.2)

[20] So heißt es in Artikel 1, Absatz 2 GSelbst: „Zur Selbstverwaltung der Belegschaft eines staatlichen Unternehmens gehören Beschlußfassung in wesentlichen Angelegenheiten (...) sowie Ausübung der Kontrolle über die Unternehmenstätigkeit". Die „wesentlichen Angelegenheiten" werden von unterschiedlichen Selbstverwaltungsgremien der Beschäftigten mitbestimmt und im GSelbst weiter spezifiziert. Es gehören hierzu: Beschließung des Unternehmensstatuts, Verteilung der für die Belegschaft bestimmten Gewinne, Beurteilung des Betriebsdirektors, Beschließung der mehrjährigen Unternehmenspläne (alle Artikel 10), Beschlüsse in Investitionsangelegenheiten, Beschlüsse über die Verbindung und Teilung von Unternehmen, Beschlüsse über betrieblichen Wohnungsbau und soziale Einrichtungen (alle Artikel 24). Zum Verhältnis zwischen Belegschaft und Unternehmensdirektoren sind als „revolutionär", da erheblich in die zentrale hierarchische Planung eingreifend, hervorzuheben: „Der Unternehmensdirektor führt welche die Tätigkeit des Unternehmens betreffenden Beschlüsse des Unternehmensbeschäftigtenrates aus" (Artikel 37, Abs. 2), und „dem Unternehmensbeschäftigtenrat steht das Recht zu, die Ausführung einer Entscheidung des Direktors auszusetzen..." (Artikel 40). In Vollendung dieser erheblichen Entscheidungsbefugnisse der Belegschaft bestimmt GstU schließlich in Artikel 33, Abs. 1: „Der Direktor eines staatlichen Unternehmens wird vom Beschäftigtenrat berufen".

Erst 1987, also kurz vor dem Zusammenbruch des sozialistischen Systems, setzte die polnische Führung unter dem Zeichen von Perestroika wieder auf intensivere Reformen in Richtung Marktwirtschaft. Diese beinhalteten eine Liberalisierung der Gründung privater Unternehmen und gewährten den staatlichen Unternehmen mehr Entscheidungsautonomie. Aufgrund der härteren Stabilisierungspolitik und einer Vielzahl von Preiserhöhungen stießen die Reformen jedoch auf den Widerstand der Bevölkerung und wachsende Streikbereitschaft (JUCHLER 1994: 195).

Die wichtigste gesetzgeberische Maßnahme dieser Reformen war das „Gesetz über unternehmerische Aktivitäten", das am Vorabend des Systemumbruchs im Dezember 1988 vom Sejm verabschiedet wurde. Dieses schrieb erstmals die „Gleichheit aller Wirtschaftsaktivitäten" (GüW) fest, nach dem alle Unternehmensformen sowohl steuerlich als auch beim Zugang zu Krediten und Produktionsmitteln gleichbehandelt wurden. Jedem polnischen Bürger war es seitdem erlaubt, durch bloße Eintragung ins Handelsregister ein Unternehmen zu gründen[21].

Den Einzelhandelssektor tangierten die Reformversuche der 80er Jahre in vierfacher Weise:

- Wiederbelebung des staatlichen Lebensmitteleinzelhandels: Am 7. September 1981 entschied der polnische Ministerrat, daß die branchenmäßige Spezialisierung der Einzelhandelsunternehmen abgeschafft werden sollte und neben dem konsumgenossenschaftlichen wieder ein staatlicher Lebensmittelhandel existieren sollte. Mit der Gründung des Unternehmens *Przedziębiorstwo Hurtu Spożywczego (P.H.S.)* wollte das Ministerium für Binnenhandel wieder Wettbewerbselemente einführen. *Społem* und *Samopomoc Chłopska* waren aufgrund ihrer Monopolstellung zu schwerfällig agierenden und ineffektiven Giganten geworden, welche ihren gesellschaftspolitischen Auftrag der Versorgungssicherung nur ungenügend wahrnahmen. Die Schwerpunkte der Tätigkeit von *P.H.S.* lagen im Lebensmittelgroßhandel, der wieder institutionell vom Einzelhandel getrennt wurde. Von Beginn an war das Unternehmen jedoch auch im Einzelhandel aktiv. Die anfänglich geplante Rücküberführung der Ladenlokale, welche während des Zentralisierungsschubs der 70er Jahre an *Społem* und *Samopomoc Chłopska* übergeben worden waren, scheiterte jedoch am Widerstand der Genossenschaften. Die Rolle von *P.H.S.* im Lebensmitteleinzelhandel blieb deshalb bescheiden: So betrieb das Unternehmen 1989 z. B. in Wrocław 30 Filialen, *PSS Społem* demgegenüber aber 558 Geschäfte (1990).
- Ausbau des Kommissionshandels: Bereits Ende der 70er Jahren hatte die Regierung GIEREK privaten Händlern die Möglichkeit eingeräumt, nach dem sogenannten „Agenturprinzip" Ladenlokale von sozialistischen Unternehmen zu pachten und – vergleichbar dem Kommissionshandel in der DDR – eigenständig zu bewirtschaften.

---

[21] Artikel 1 beschreibt den Grundgedanken dieses Gesetzes, das teilweise eine völlige Abkehr vom Prinzip der staatlichen Steuerung des Wirtschaftsgeschehens bedeutet: „Die Aufnahme und Ausübung einer Wirtschaftstätigkeit sind frei und jedermann nach den gleichen Rechten unter Einhaltung der durch Rechtsvorschriften bestimmten Bedingungen gestattet". Gleichzeitig wurde in Artikel 6 festgelegt, daß die Wirtschaftssubjekte das Recht haben, „sich freiwillig in Organisationen der Wirtschaftssubjekte" zu vereinigen, womit erstmals auch die Etablierung von Interessenverbänden außerhalb der staatlichen Kontrolle zugelassen wurde, was im Transformationsprozeß für die Institutionenbildung in diesem Bereich von großer Bedeutung ist (vgl. hierzu detaillierter Kapitel 5.2.3.3).

Die Agenturverträge waren jedoch restriktiv. Die Vertragsnehmer mußten bis zu 70 % ihrer Waren von den Vertragsgebern beziehen, und es bestanden strenge Vorgaben hinsichtlich Sortimentsgestaltung und Beschäftigtenzahl. In der Regel waren die Geschäfte Einpersonenbetriebe, denen lediglich die Mitarbeit von Familienangehörigen (max. 4 Personen) gestattet war.

Im Jahr 1980 wurden 32 % aller Verkaufsstellen des „sozialistischen Sektors" von sogenannten Agenten betrieben. Aufgrund einer restriktiveren Handhabung privater Wirtschaftsaktivitäten nach Verhängung des Kriegsrechtes und einer Erhöhung der Steuersätze für Privatunternehmen sank dieser Anteil bis 1986 auf 15 % (ÅSLUND 1985: 24f., GUS 1988: 152). Erst die Reformen 1988 bauten das Pachtsystem wieder aus. Seitdem konnten die Betriebe des „sozialistischen Sektors" eigenständig darüber entscheiden, ob sie ihre Betriebe selber bewirtschaften oder Privatpersonen zur Pacht überlassen wollten. Gleichzeitig wurde das Beschäftigungslimit für Agenturbetriebe von 4 auf 50 Personen angehoben und den Pächtern der Warenbezug und die Gestaltung des Warensortiments weitgehend freigestellt (o. V. 1988: 11). Diese Liberalisierungen führten 1988/1989 zu einer raschen Zunahme von Agenturgeschäften. Ihr Anteil an den Betrieben des sozialistischen Sektors schnellte auf 33 % empor, wobei die staatlichen Unternehmen etwa 7 % und die Konsumgenossenschaften etwa 36 % ihrer Betriebe an Privatpersonen verpachteten.

- Erleichterung des Privathandels: Im Laufe der 80er Jahre liberalisierte die polnische Regierung sukzessive private Handelstägigkeiten. Mit der vollständigen Gleichstellung der Wirtschaftsaktivitäten von staatlichen, genossenschaftlichen und privaten Unternehmen fanden diese Liberalisierungen im Dezember 1988 ihren Höhepunkt. Die Reformen, von denen man sich eine Verbesserung der katastrophalen Versorgungssituation versprach, führten zu einer raschen Zunahme privater Geschäfte, die 1989 19 % der Ladenlokale in Polen stellten. Der Umsatzanteil der Privatbetriebe betrug demgegenüber nur 5 %, was auf die geringen Betriebsgrößen im privaten Einzelhandel verweist (vgl. Tab. 7). Die Bestimmungen für Unternehmensgründungen waren nämlich restriktiv: 1983 verabschiedete die polnische Regierung ein Steuergesetz, das Privatbetrieben hohe Gewinnsteuern auferlegte und damit Anreize zur Gewinnerzielung und Investition unterband. Außerdem bestanden bis 1988 Beschäftigungsobergrenzen für Privatbetriebe. Private Wirtschaftstätigkeiten waren daher auf die Erzielung von Einkommen unterhalb gewisser Schwellen ausgerichtet – durchaus im Sinne der sozialistischen Ideologie, die eine Ausdifferenzierung der Gesellschaft nach soziökonomischen Merkmalen zu unterbinden suchte.

Tab. 7: Privater Einzelhandel in Polen, 1980-1989

	1980	1983	1986	1989
Anzahl der Betriebe	10 696	18 363	21 103	29 156
Anteil an Betrieben	8,2 %	13,3 %	14,6 %	19,2 %
Anteil am Umsatz	1,6 %	2,7 %	2,7 %	5,0 %

Quelle: GUS 1988: 152; 1993: 14

- Größere Selbständigkeit der staatlichen Unternehmen und Konsumgenossenschaften: Seit dem „Gesetz über staatliche Unternehmen" erhielten die Staatsbetriebe während der 80er Jahre immer größere Entscheidungsfreiheiten. So wurden im Januar 1983 die regionalen Zentralen der *Centrala Państwowego Handlu Wewnętrznego* aufgelöst und die angeschlossenen Unternehmen – im wesentlichen *Otex*, *Domar* und *Arpis* – verselbständigt (WALASEK, PAWLIKOWSKI und GOGAŁA 1985: 153). Parallel dazu lockerte das Genossenschaftsgesetz vom September 1982 die starren Vorgaben des Zentralplanes für die Konsumgenossenschaften[22]. Die tragenden Bestandteile des planwirtschaftlichen Systems blieben bis 1988 allerdings unangetastet (VOSS 1987). Deshalb führte die größere Selbständigkeit der Unternehmen nicht zu deren marktwirtschaftlichen Ausrichtung. Vielmehr wurden die immer noch zentral vergebenen Investitionszuweisungen in undurchsichtigen Absprachen zwischen staatlichen Stellen und Unternehmensleitungen ausgehandelt (GABRISCH 1988: 1). Die unternehmerische Eigenverantwortung führte zudem zu einer Ausdünnung des Versorgungsnetzes: Viele Handelsketten gingen dazu über, unrentable Kleinbetriebe zu schließen, die sich nicht an private Händler verpachten ließen.[23]

Mit den Liberalisierungsmaßnahmen in den 80er Jahren wurden einige marktwirtschaftliche Prinzipien im polnischen Einzelhandel implementiert. Das Ziel, die Versorgungssituation der Bevölkerung zu verbessern, scheiterte aber wegen der Beibehaltung grundsätzlicher Prinzipien der sozialistischen Wirtschaftspolitik (Vernachlässigung der Produktion und Verteilung von Konsumgütern) bis 1989. Auch die Gründung des „Wettbewerbers" *P.H.S.* im Lebensmitteleinzelhandel verbesserte die Versorgungslage nicht. Der Konsumgütermarkt blieb somit durch Desorganisation und Angebotsengpässe gekennzeichnet. Selbst die Versorgung der Bevölkerung mit Grundnahrungsmitteln konnte zu Beginn der 80er Jahre nur über die Ausgabe von Lebensmittelkarten aufrechterhalten werden (MILIC-CZERNIAK 1990: 11).

2.2.2.4 Schattenwirtschaft im Einzelhandel

Der Nichtladeneinzelhandel spielte in Polen stets eine bedeutende Rolle. So existierten 1985 mehr als 53 000 registrierte Kioske und Verkaufsstände, dies entsprach 43 % der Verkaufsstellen des Landes. Gleichzeitig war der private Einzelhandel im kleinbetrieblichen Nichtladeneinzelhandel stets eher toleriert worden als im Ladeneinzelhandel (vgl. Abb. 11). So lag der Anteil des Privathandels an allen Betrieben des Nichtladeneinzel-

---

[22] Erstmals wurde den Genossenschaften auch wieder zugestanden, die Interessen ihrer Mitglieder in gleichem Maße wie die staatlichen Versorgungsinteressen wahrzunehmen. So heißt es in Artikel 1 des Genossenschaftsgesetzes vom 16.9.1982: „In ihrer wirtschaftlichen Tätigkeit läßt sich die Genossenschaft von den Bedürfnissen ihrer Mitglieder und den Vorgaben der zentralen und lokalen sozial-ökonomischen Probleme leiten (...), um das materielle und kulturelle Lebensniveau und das Bewußtsein ihrer Mitglieder anzuheben und für das Wohl der Volksrepublik Polen zu wirken" (vgl. KLEER 1990: 509; BROCKMEIER 1994: 30). Gleichzeitig büßten die Zentralverbände der Genossenschaften erheblich an Einfluß ein, da die örtlichen Genossenschaften seitdem eigenverantwortlich Wirtschaftspläne erstellen dürfen (DYBOWSKI 1989: 146).

[23] vgl. hierzu kritisch: „W okolicy pl. Grunwaldzkiego wciąż ubywa sklepów spożywczych" (Der Schwund an Lebensmittelgeschäften hält an). In: Wieczór Wrocławia vom 28.6.1989. Die hiermit einhergehende Verschlechterung der Versorgungslage ist ein wesentlicher Grund für die starke Zunahme schattenwirtschaftlicher Aktivitäten im Einzelhandel (vgl. Kapitel 2.2.2.4).

handels 1965 bei 17,9 % (Ladeneinzelhandel: 5,7 %) und stieg bis 1985 auf 31,2 % (Ladeneinzelhandel: 16,8 %) an (GUS 1969: 1; 1988: 152). Der staatlich kontrollierte Nichtladeneinzelhandel wurde zum größten Teil von der Kiosk-Kette *Ruch* dominiert, die 69 % aller Verkaufsstellen des genossenschaftlichen Sektors ausmachte.

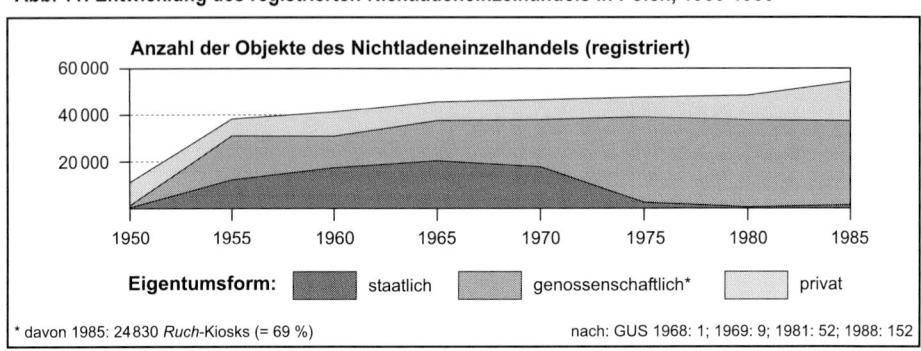

Abb. 11: Entwicklung des registrierten Nichtladeneinzelhandels in Polen, 1950-1985

Anzahl der Objekte des Nichtladeneinzelhandels (registriert)

Eigentumsform: staatlich   genossenschaftlich*   privat

* davon 1985: 24 830 *Ruch*-Kiosks (= 69 %)   nach: GUS 1968: 1; 1969: 9; 1981: 52; 1988: 152

Parallel zum registrierten Nichtladeneinzelhandel existierte stets eine bedeutende Schattenwirtschaft. Außer dem Verkauf von Gütern „unter der Ladentheke" an Bekannte, Familienmitglieder oder – „im Tausch" – an Personen, die Zugang zu anderen Waren hatten, war die Schattenwirtschaft im Einzelhandel insbesondere illegaler Markt- oder Straßenhandel. Hier wurden vornehmlich aus dem Ausland geschmuggelte westliche Konsumgüter verkauft, aber auch Waren aus einheimischer Produktion gehandelt. Diese waren zuvor der offiziellen Produktions- und Distributionskette entzogen worden und wurden anschließend nach spekulativer Hortung weiterveräußert (MROŻ 1989: 468).

Die Schätzungen über die Bedeutung der Schattenwirtschaft gehen weit auseinander. Je nach Berechnungsansatz wird der Anteil der inoffiziellen Erwerbswirtschaft am BIP für Mitte der 80er Jahre auf 8 % bis 29 % geschätzt. Der Anteil illegaler Handelstätigkeit hieran war enorm: So wurden geschätzte 35 % der nichtregistrierten Einkommen im illegalen Grenzhandel und weitere 20 % im illegalen Einzelhandel erzielt (GÓRSKI und KIERCZYŃSKI 1989: 369f.). Die Schattenmärkte stellten ein marktwirtschaftliches Pendant zum offiziellen Distributionssystem dar, waren aber dennoch symbiotisch mit der planwirtschaftlichen Wirtschaftsweise verbunden. Einerseits boten sie Güter an, die im staatlichen Handel nicht oder schwer zu kaufen waren. Sie waren elastischer, reagierten schneller auf Versorgungsengpässe und ermöglichten Konsumenten mit höheren Einkommen eine bessere Bedürfnisbefriedigung als der offizielle Markt. Andererseits aber beeinträchtigte die Schattenwirtschaft die Funktionsfähigkeit des staatlichen Handels, da sie diesem knappe Waren entzog und zu Einnahmeverlusten beitrug (MROŻ 1989: 472).

In der zweiten Hälfte der 80er Jahre nahm der inoffizielle Handel erheblich zu. Zuvor war der Versuch der Regierung gescheitert, das unzureichende Angebot im Einzelhandel durch Kaufkraftabsenkungen mit der Nachfrage in Deckung zu bringen. So waren 1982 zwar Preiserhöhungen für zahlreiche subventionierte Verbrauchsgüter durchgesetzt worden, was kurzzeitig ein Drittel der Bevölkerung unter die Armutsgrenze drückte (VOSS 1987: 60). Zur politischen Stabilität hob die Regierung seit 1984 aber auch die Löhne an und verstärkte so die Inflation erheblich. Hierdurch verfiel die Wertaufbewahrungsfunktion des Złoty. Die Haushalte lösten daher ihre Ersparnisse auf und tauschten sie in westliche Valuta oder in Sachwerte. Der in Planwirtschaften ohnehin hohe Nachfrageüberschuß nahm hierdurch zu. Gleichzeitig wuchs die Dollarisierung[24] bis 1989 auf den hohen Wert von 70 % (zum Vergleich Ungarn: 5 %). Hiervon profitierten vornehmlich die illegalen Märkte Polens, auf denen gegen US-Dollar nahezu alles gekauft werden konnte. In der Folge setzte Ende der 80er Jahre ein massives Wachstum der Schattenwirtschaft ein. Diese profitierte auch von der Systemkrise und der zunehmenden Destabilisierung der politisch-administrativen Steuerung.

2.3 Einzelhandel im Systemvergleich

Aus den bisherigen Ausführungen ist deutlich geworden, daß die Einflußfaktoren und Entwicklungsprozesse im Einzelhandel in plan- und marktwirtschaftlichen Wirtschaftssystemen grundsätzlich verschieden sind. Als Hauptunterschiede der in idealtypischer Weise konstruierten Ausgangs- und Zielsituationen lassen sich zusammenfassend die folgenden Merkmale feststellen (vgl. Tab. 8):

Institutionelle Rahmenbedingungen

- Im Einzelhandel marktwirtschaftlicher Wirtschaftssysteme ist die Standortstruktur des Einzelhandels das Ergebnis des Zusammenwirkens von Entscheidungen der Akteure des Wirtschaftssystems (Einzelhandelsunternehmen und Verbände), des sozialen Systems (Konsumenten) und des politisch-administrativen Systems (Planer und Politiker). Die Interaktionen zwischen den Akteuren sind institutionell verankert, einerseits durch „soziale Normen" wie Rechtsverordnungen (Kartellrecht, Baunutzungsverordnung) und den zwischen den Unternehmen und Konsumenten bestehenden Preismechanismus, andererseits durch „Organisationen" wie kommunale Planungsbehörden. Letztere dienen zur institutionellen Verankerung der Aushandlungsprozesse zwischen privatem Kapital und öffentlichen Interessen.
- Das sozialistische Herrschaftsmodell verhinderte demgegenüber die Ausdifferenzierung gesellschaftlicher Teilsysteme. Die Standortstruktur des Einzelhandels resultierte in planwirtschaftlichen Wirtschaftssystemen nahezu ausschließlich aus den gesellschaftspolitisch motivierten Entscheidungen politisch-administrativer Gremien. Zwischen den Akteuren bestanden vorwiegend institutionell verankerte Anordnungsmechanismen.

---

[24] Die Dollarisierung, die den Anteil von Bankeinlagen in ausländischer Währung an der Geldmenge „M2" (Bargeld und liquide Bankeinlagen) bezeichnet, entwickelte sich dabei parallel zur Inflationsrate, die 1989 in Polen 643 % betrug (DIEHL 1995: 473).

Tab. 8: Einflußfaktoren der Einzelhandelsentwicklung in markt- und planwirtschaftlichen Wirtschaftssystemen

Marktwirtschaft		Zentralverwaltungswirtschaft
- **Einzelhandelsstruktur** ist das Ergebnis von Entscheidungen der Akteure des Wirtschaftssystems, des sozialen Systems und des politisch-administrativen Systems - Zwischen den Akteuren bestehen **institutionell verankerte Aushandlungsmechanismen** - **Wandel** der Einzelhandelsstruktur erfolgt kontinuierlich in Anpassung an gesellschaftlichen und wirtschaftlichen Wandel - **Privateigentum** an Produktionsmitteln sowie Boden- und Immobilienmarkt mit **räumlich differenzierter Lagerente**	Allgemeine Rahmen-bedingungen ↓ ↓ ↓	- **Einzelhandelsstruktur** ist das Ergebnis von gesellschaftspolitisch motivierten Entscheidungen der politisch-administrativen Akteure - Zwischen den Akteuren bestehen institutionell verankerte **Anordnungsmechanismen** - **Wandel** der Einzelhandelsstruktur erfolgt phasenhaft bei Änderung politisch-administrativer Leitlinien - **Staatliches Eigentum** an Produktionsmitteln und **fehlender Boden- und Immobilienmarkt** - Bedeutende **Schattenwirtschaft**, symbiotisch mit Planwirtschaft verbunden
Einfluß*: modifizierend - **Hauptakteure**: Kommunen, Handlungsbeschränkung durch obere Gebietskörperschaften - **Primärziele**: Versorgungssicherung, städtebauliche Gestaltung, kommunaler Finanzhaushalt - **Konfliktfelder**: → interkommunaler Wettbewerb → politische Ziele versus planerische Ziele	Politisch-administratives System	Einfluß: bestimmend - **Hauptakteure**: zentralstaatliche Planungsbürokratie, Handlungsanweisungen an untere Gebietskörperschaften - **Primärziel**: Sicherung der Grundversorgung - **Konfliktfelder**: → keine bei politischer Steuerung der Planung
Einfluß: hoch (Käufermarkt) - **Konsumgewohnheiten** sind bei hohem Wohlstandsniveau und Wertepluralismus Ausdruck selbstgestalteter Lebensstile - **Kaufkraftzuwächse** führen bei zunehmender Einkommenspolarisierung zu polarisiertem Nachfrageverhalten bei Waren des Grund- und Zusatznutzenbedarfs - **hohe Pkw-Verfügbarkeit**, führt zu Bevorzugung von Zentren und autokundenorientierten Lagen - Differenzierung der **Einkaufsstättenwahl** nach Einkaufszweck „Erlebnis" oder „Versorgung"	Soziales System	Einfluß: gering (Verkäufermarkt) - **Konsumgewohnheiten** sind Ausdruck begrenzter Handlungsspielräume und eingeschränkter Konsummöglichkeiten - **Kaufkraftzuwächse** führen bei beschränktem Angebot zu steigenden Sparguthaben in Devisen und Verausgabung in Schattenwirtschaft und Hartwährungsgeschäften - **geringe Pkw-Verfügbarkeit**, führt zu Bevorzugung von Zentren und wohnungsnahen Lagen - Differenzierung der **Einkaufsstättenwahl** nach Einkaufszweck „Versorgung" (Verfügbarkeit)
Einfluß: sehr hoch - Akteure verfolgen langfristig **Gewinnziele** - **Marktverhalten**: rivalisierender Wettbewerb - **Hohe Differenzierungsmöglichkeiten** bedingen unterschiedliche Wettbewerbsstrategien	Wirtschaftssystem ↓ ↓ ↓	Einfluß: gering (Warenverteilstellen) - Akteure verfolgen **Planerfüllungsziele** - **Marktverhalten**: zentrale Koordination - **Eingeschränkte Differenzierungsmöglichkeiten** und ausbleibender Wettbewerb
- **Unternehmenskonzentration** steigend, im Lebensmittelhandel weite Oligopole durch Kostensenkungsstrategien - **Betriebsformenvielfalt** steigend aufgrund von Differenzierungsstrategien - **Verkaufsflächenangebot** wachsend - **Betriebsdichte** stagnierend oder sinkend	Strukturmerkmale des Einzelhandels	- **Unternehmenskonzentration** sehr hoch, in allen Branchen staatliche/genossenschaftliche Monopole durch Kontrollkostenminimierung - **Betriebsformenvielfalt** gering wegen fehlender Differenzierungsmöglichkeiten und -anreize - **Verkaufsflächenangebot** gering, stagnierend - **Betriebsdichte** relativ hoch und stagnierend
- Bestimmt durch **Kapitalverwertungsinteressen** der Einzelhandelsunternehmen - Trend zur **dezentralen Konzentration**, gemindert durch politisch-administrative Einflußnahme	Standortstruktur des Einzelhandels	- Bestimmt durch **Versorgungssicherungsinteressen** politisch-administrativer Gremien - **Zentralörtliche Konzentration**, mit wohnungsnahen Streulagen

* Beispiel Westdeutschland

Entwurf: R. Pütz

Einfluß politisch-administrativer Gremien

- In marktwirtschaftlichen Wirtschaftssystemen modifizieren die Entscheidungen von kommunalen Politikern und Planern die Einzelhandelsstruktur, die maßgeblich von den Wettbewerbsstrategien der Einzelhandelsunternehmen bestimmt wird. Gestaltungsziele, Gestaltungsmöglichkeiten und Gestaltungsintensität differieren dabei im internationalen wie im interkommunalen Vergleich, was mit der institutionellen Verankerung der Entscheidungsprozesse zu begründen ist. Außer dem Ziel der Versorgungssicherung wird mit der Einzelhandelsnetzgestaltung häufig die Verfolgung übergeordneter Ziele wie der Stadtentwicklung instrumentalisiert, da dem Einzelhandel in seiner Freizeit- und Kommunikationsfunktion zentrenprägende Bedeutung zugemessen wird. Aus dem interkommunalen Wettbewerb um die Ansiedlung von Einzelhandelsgroßprojekten zur Aufbesserung des kommunalen Finanzhaushaltes erwachsen Konflikte, zu deren Ausgleich übergeordnete Richtlinien auf regionaler Ebene (Landesentwicklungspläne) und Bundesebene (z.B. Baunutzungsverordnung) zum Einsatz kommen. Weitere Konfliktpotentiale bestehen auf intrakommunaler Ebene in divergierenden Zielsetzungen kommunaler Planungsgremien und von Politikern im Genehmigungsverfahren.
- In Zentralverwaltungswirtschaften bestimmten die Entscheidungen politisch-administrativer Gremien maßgeblich die Einzelhandelsstruktur. Die kommunalen Behörden besaßen dabei lediglich ausführende Funktion und setzten die Richtlinien der zentralstaatlichen Planungsbürokratie hinsichtlich der Einzelhandelsnetzgestaltung um. Das Primärziel der Einzelhandelsgestaltung lag in der Sicherung der Grundversorgung der Bevölkerung. Zu diesem Zweck wurde eine wohnungsnahe Streuung von Grundversorgungseinrichtungen und eine zentralörtliche Verteilung von Einzelhandelsbetrieben des mittel- und langfristigen Bedarfs angestrebt. Darüber hinaus wurden dem Einzelhandel in der sozialistischen Stadtplanung keine weiteren Funktionen, z. B. als stadtbildprägende Einrichtung, zugewiesen.

Nachfrageseitige Einflußfaktoren

- In marktwirtschaftlichen Wirtschaftssystemen ist das sich ändernde Nachfrageverhalten als Auslöser für die Modifizierung von Wettbewerbsstrategien der Einzelhandelsunternehmen anzusehen. Bei hohem Wohlstandsniveau und Wertepluralismus prägen die Verbraucher unterschiedliche Lebensstile aus, die sich mit spezifischen Konsummustern verknüpfen. Gleichzeitig entwickelt sich bei steigenden Einkommen ein polarisiertes Nachfrageverhalten, weil bei Waren des persönlich definierten Grundnutzenbedarfs rationale Kaufentscheidungen mit deutlicher Preisorientierung dominieren, bei Waren des Zusatznutzenbedarfs aber emotionale Kaufentscheidungen mit Lebensstilorientierung vorherrschen. Die Ausdifferenzierung von Lebensstilgruppen führt über Anpassungsstrategien der Einzelhandelsunternehmen zu einer Ausdifferenzierung vielfältiger Betriebstypen. Die unterschiedliche Verteilung des Angebots an grund- und zusatznutzenorientierten Einkaufsmöglichkeiten schlägt sich in einer räumlich differenzierten Einkaufsstättenwahl der Konsumenten in Abhängigkeit von dem Einkaufszweck „Versorgung" oder „Erlebnis" nieder.

- In Zentralverwaltungswirtschaften hatte das Nachfrageverhalten der Konsumenten kaum Einfluß auf das offizielle Distributionssystem. Die Verbraucher befanden sich in einer Verkäufermarktsituation, ihre Konsumgewohnheiten waren daher hauptsächlich Ausdruck begrenzter Handlungsspielräume und eingeschränkter Konsummöglichkeiten. Bedürfnisse, die aufgrund der Angebotsengpässe im offiziellen Einzelhandel nicht befriedigt werden konnten, führten zu Kaufkraftabflüssen in die Schattenwirtschaft, die im planwirtschaftlichen Einzelhandel eine wichtige Rolle einnahm und mit diesem symbiotisch verbunden war. Die Einkaufsstättenwahl der Bevölkerung richtete sich bei geringer Pkw-Verfügbarkeit bevorzugt auf wohnungsnahe Standorte und Zentren, die mit öffentlichen Verkehrsmitteln erreichbar waren. Eine räumlich differenzierte Einkaufsstättenwahl mit zum Teil langen Wegstrecken ergab sich aufgrund der zeitlich und räumlich unterschiedlichen Warenverfügbarkeit.

Angebotsseitige Einflußfaktoren

- In marktwirtschaftlichen Wirtschaftssystemen wird die Einzelhandelsstruktur maßgeblich durch die Wettbewerbsstrategien der Einzelhandelsunternehmen geprägt. Diese stehen in einem intensiven rivalisierenden Wettbewerb und verfolgen langfristig Gewinnziele[25]. Kostensenkungsstrategien führten dabei in der Vergangenheit zu Konzentrationsprozessen auf Unternehmens- und Betriebsseite. Mit Differenzierungsstrategien reagieren die Anbieter durch den Einsatz ihrer betrieblichen Handlungsparameter (Sortiment, Preis, Größe...) auf das veränderte Nachfrageverhalten der Konsumenten. Dies führt zur Ausbildung unterschiedlicher Betriebsformen.
- In planwirtschaftlichen Wirtschaftssystemen verfügten die Einzelhandelsorganisationen bei zentraler Leitung der Warendistribution nur über geringe Entscheidungsfreiheiten. Bei fehlendem Wettbewerb war das Entscheidungsverhalten der Betriebsdirektoren durch Planerfüllungsziele gekennzeichnet. Aufgrund der zentralen Festlegung des Warensortiments, der staatlichen Preisvorgabe und der mit der Standortplanung festgelegten Verkaufsflächen waren die Differenzierungsmöglichkeiten stark eingeschränkt. Die Betriebstypenvielfalt war daher ausgesprochen gering. Wegen der Kontrollkostenminimierung bestand ein sehr hoher Konzentrationsgrad auf Unternehmensseite, wobei staatliche und konsumgenossenschaftliche Anbieter in manchen Branchen über Monopolstellungen verfügten.

Merkmale der Einzelhandelsstruktur

- Die Standortstruktur des Einzelhandels in marktwirtschaftlichen Wirtschaftssystemen ist durch die Kapitalverwertungsinteressen der Unternehmen geprägt. Bei privatem Eigentum an den Produktionsmitteln existiert ein Boden- und Immobilien-

---

[25] Kurzfristig können Einzelhandelsunternehmen auch andere Ziele wie Markterschließung oder Verdrängung eines Wettbewerbers verfolgen. Langfristig ist jedoch davon auszugehen, daß das Ziel der Überlebensfähigkeit des Unternehmens und damit die Erzielung einer ausreichenden Rendite maßgeblich ist. Wie STEHMANN belegt, orientieren sich auch unterschiedliche Entscheidungsträger wie Aktionäre, Eigentümerunternehmer und angestellte Manager trotz der unterschiedlichen Verteilung von Nutzungs- und Verfügungsrechten langfristig an Gewinnzielen (1993: 62).

markt mit einer räumlich differenzierten Lagerente. Dieser beeinflußt die Standortwahl der Einzelhandelsbetriebe, was in Verbindung mit den Wettbewerbsstrategien „Kostenminimierung" versus „Leistungsoptimierung" tendenziell zu einer räumlichen Polarisierung des Angebots bei Waren des Grund- und Zusatznutzenbedarfs führt. Insgesamt besteht ein Trend zur dezentralen Konzentration der Einzelhandelsstandorte. Veränderungen in der Einzelhandelsstruktur vollziehen sich in Anpassung an den gesellschaftlichen und wirtschaftlichen Wandel. Der Einfluß politisch-administrativer Gremien fungiert dabei als konservatives Element.

- In planwirtschaftlichen Wirtschaftssystemen war die Einzelhandelsstruktur bei fehlendem Bodenmarkt und verhinderter Ausdifferenzierung gesellschaftlicher Teilsysteme durch die versorgungspolitischen Zielsetzungen politisch-administrativer Gremien bestimmt. Zum Zwecke der Versorgungssicherung strebten diese eine zentralörtliche Standortstruktur im Einzelhandel an. Das gesamte Distributionssystem war durch Knappheit gekennzeichnet. Veränderungen in der Einzelhandelsstruktur vollzogenen sich bei gebremstem gesellschaftlichen Wandel phasenhaft bei Änderung politisch-administrativer Leitlinien oder im Zuge wirtschaftlicher Reformen. Die Einzelhandelsstruktur in den osteuropäischen Staaten war infolge der nur wenig differierenden Zielsetzungen der Entscheidungsträger im Vergleich zu Westeuropa ausgesprochen homogen.

3 Transformation als Erklärungsrahmen für den Strukturwandel im Einzelhandel

Die Gegenüberstellung der Funktionsweise des Einzelhandels in Plan- und Marktwirtschaften als idealtypische Ausgangs- und Zielkonstrukte verdeutlichte bereits die zu erwartende Dynamik beim Systemübergang (vgl. detaillierter Tab. 8, S. 50). Im Unterschied zum vorwiegend empirischen Systemvergleich verfolgt das nächste Kapitel einen theoriegeleiteten Zugang, in dem die „Black box" der eigentlichen Transformation als Prozeß gesellschaftlichen Wandels im Vordergrund steht. Da Transformation als „intendierter" Systemwandel aufgefaßt werden kann, steht dabei zunächst die Frage im Vordergrund, welche theoretischen Konzepte zur Erklärung und zur Bewältigung des Systemwandels bereitstehen und inwieweit diese von den maßgeblichen Transformationsstrategen umgesetzt werden. Hieraus können anschließend die untersuchungsleitenden Fragestellungen abgeleitet werden.

3.1 Begriff der Transformation und maßgebliche Ansätze einer Transformationstheorie

Die sozial- und wirtschaftswissenschaftliche Transformationsforschung ist mittlerweile durch eine Flut von Publikationen gekennzeichnet. Diese repräsentieren eine fast ebenso große Zahl an theoretischen Ansätzen. Allein für die Sozialwissenschaften weist KOLLMORGEN (1994: 387f.) bei seiner Literaturstudie zwölf Theorieansätze zur Transformationsproblematik aus, die jeweils unterschiedliche Zugänge verfolgen. Ähnlich viele Einzeltheorien finden sich in den Wirtschaftswissenschaften (vgl. z. B. SCHÜLLER 1991 und 1992), wenn in dieser Disziplin auch ordnungspolitische Fragestellungen dominieren und weniger die Erarbeitung einer Transformationstheorie als vielmehr einer Theorie der (optimalen) Transformationspolitik im Vordergrund steht (vgl. auch BOHNET und OHLY 1992 sowie SCHWARZ 1995).

Die Suche nach einer übergeordneten Transformationstheorie muß mit der Feststellung schließen, daß es „eine Theorie der Transformation nicht gibt" und daß es „eine Einheitstheorie der Transformation nicht geben kann" (REISSIG 1994: 335). Ein solch komplexer Vorgang ist nämlich weder mit einem einzigen Theorieansatz zu erklären noch innerhalb einzelner Disziplinen zu erfassen. Zudem ist die Systemtransformation noch in vollem Gange, womit es nach REISSIG zu früh ist, umfassende Theorien zu entwickeln (ebd. 336). Diese erscheinen damit zunächst nur als heuristisches Konstrukt sinnvoll, um aktuelle Vorgänge in osteuropäischen Staaten und Regionen interpretieren und bewerten zu können (vgl. auch SCHAMP und BERENTSEN 1995: 65).

Die folgende Diskussion transformationstheoretischer Ansätze konzentriert sich auf die sozialwissenschaftliche Modernisierungstheorie und die neoklassisch orientierte Theoriebildung in den Wirtschaftswissenschaften. Diese Fokussierung erfolgt aus zwei Gründen: Zum einen dominieren die beiden Ansätze maßgeblich die theoretische Diskussion in der von Sozial- und Wirtschaftswissenschaften geprägten Transformationsforschung. Zum anderen erwuchsen aus modernisierungstheoretischen und neoklassischen Modellvorstellungen in hohem Maße handlungsleitende Kräfte, weil sie in die Transformationsprogramme der Reformregierungen einflossen und so den Fortgang der Transformation prägten.

3.1.1 Begriff der Transformation

Laut SCHWARZ (1995: 23) und KOLLMORGEN (1994: 383) wurde der Begriff Transformation im sozialökonomischen Sinne zum ersten Mal 1920 von BUCHARIN verwendet, der hierunter den Umwandlungsprozeß der kapitalistischen in die kommunistische Gesellschaft verstand. Diese Verwendung führte jedoch nicht zu einer dauerhaften Etablierung. Vielmehr wurde Transformation zunächst zu einem Überbegriff für „längerfristige, komplexe, sukzessive Wandlungsprozesse von definierbaren Gesellschaften von einem Ausgangszustand in einen angebbaren Folgezustand" (ebd.). Solchermaßen konkurriert der Transformationsbegriff mit einer Vielzahl anderer Bezeichnungen wie Transition, Zusammenbruch, Regimewandel oder Systemwechsel, die mitunter synonym angewandt werden (MERKEL 1994: 10).

Seit den 90er Jahren bemühen sich daher einige Autoren um schärfer abgrenzende Begriffsdefinitionen, ohne daß dies bislang zu befriedigenden Ergebnissen geführt hätte. So wählt z. B. MERKEL (ebd.) „Systemwechsel" als einen übergeordneten Begriff für die aktuellen Prozesse im Übergang von der Plan- zur Marktwirtschaft, um ihn von dem Begriff „Transformation" zu trennen, der vor allem die Demokratisierungsprozesse in Lateinamerika und Südeuropa in den 70er und 80er Jahren beschreibt. BRIE (1995: 47) will „Systemwechsel" demgegenüber für „*beliebige* Arten des Übergangs von einem System (...) zu einem anderen System" verstanden wissen und begrifflich von „Transformation" als Prozeß eines „*gesteuerten* Wandels" trennen (*Hervorh. d. Verf.*).

Es zeigt sich also, daß der Transformationsbegriff in unterschiedlicher Weise verwendet wird. Die Definition variiert dabei häufig mit der Zugehörigkeit des jeweiligen Autors zu unterschiedlichen Wissenschaftsdisziplinen. Seit den 90er Jahren wird „Transformation" allerdings von einer Mehrheit der Wissenschaftler als Sammelbegriff für die Charakterisierung der Umbruchprozesse in den vormals sozialistischen Staaten verwendet. Mit REISSIG wird Transformation dabei als ein spezifischer Typ sozialen Wandels interpretiert. Sie ist gekennzeichnet „durch einen Prozeß mehr oder minder bewußter Änderung wesentlicher Ordnungsstrukturen und -muster", sie beinhaltet „sowohl gesteuerte wie eigendynamische Prozesse", und sie bezieht sich „eindeutig auf den Übergang vom Realsozialismus zum Postsozialismus, zu Marktwirtschaften und parlamentarischen Demokratien" (1994: 324). In Anlehnung an diese Definition und den Vorschlag von KOLLMORGEN (1994: 385) wird Transformation in der vorliegenden Arbeit verwendet als „Überbegriff für die sachliche und zeitliche Gesamtheit der landesspezifischen sozialen, wirtschaftlichen und politischen Wandlungsprozesse in den postsozialistischen Staaten Ostmitteleuropas".

3.1.2 Modernisierungstheorie und Neoklassik. Die dominierenden Ansätze sozial- und wirtschaftswissenschaftlicher Transformationstheorie

Nach KOLLMORGEN verkörpert der Modernisierungsansatz – trotz intensiver Kritik – „bis heute die dominierende Erklärungsstrategie bezüglich der Transformationsgesellschaften" (1994: 388). Mit dem Zusammenbruch der Zentralverwaltungswirtschaften schien sich die klassische Modernisierungstheorie nämlich zu bestätigen. Demnach führt der Weg in die Moderne über die Ausdifferenzierung der vier Funktionssysteme Wirtschaft, Politik, Soziale Gemeinschaft und Kultur. Nach Ansicht PARSONS, auf den die Modernisierungstheorie maßgeblich zurückgeht, trägt dies universellen Charakter. Nur wenn Gesellschaften bestimmte „evolutionäre Universalien" ausbilden, nämlich Bürokratie, Marktorganisation, universalistische Normen im Rechtssystem, demokratisches Assoziationsrecht und allgemeine freie Wahlen, können sie langfristig ihren Bestand sichern (1969: 57). Der Zusammenbruch der kommunistischen Systeme, welche die Ausdifferenzierung der gesellschaftlichen Teilsysteme verhinderten, schien diese These zu unterstreichen[26]. Unter Modernisierungstheoretikern herrschte die Überzeugung, daß jetzt „universelle Innovationskräfte freigelegt, bisher verhinderte Prozesse der Institutionenbildung beschleunigt und so viele endogene Wandlungskräfte mobilisiert" würden, so daß „mit raschen Erfolgen des wirtschaftlichen Wachstums und der politischen Demokratisierung" gerechnet werden könnte (ZAPF 1996: 64).

Neoklassisch geprägte Modellvorstellungen von Transformation basieren insbesondere auf der allgemeinen Gleichgewichtstheorie, deren Annahme eine kohärente Koordination der dezentralen Aktivitäten rational handelnder Akteure sicherstellen soll (ebd.:

---

[26] Der Zusammenbruch des sozialistischen Systems aufgrund der verhinderten Ausdifferenzierung gesellschaftlicher Teilsysteme läßt sich mit MERKEL (1994) in Anlehnung an LUHMANN (1986: 207-210) erklären. Demnach kann kein Funktionssystem für ein anderes einspringen, es ersetzen oder auch nur entlasten, da die Teilsysteme auf grundsätzlich verschiedenen „basalen Codes" beruhen (der Code der Ökonomie beispielsweise auf Zahlungen, die ökonomische Rationalität im Umgang mit knappen Gütern garantieren). Wenn aber, wie im Kommunismus, der ökonomische Code von einem der Herrschaftssicherung und einem „kommunistischen" Gesellschaftsmodell verpflichteten Code überlagert wird, muß dies zur Effizienzminderung, der Regression ökonomischer Wohlfahrt und schließlich zu Legitimationsverlusten des politischen Systems führen. So wurden im Sozialismus alle gesellschaftlichen Teilsysteme dem politischen Codes unterstellt, ohne daß aber das politische System genügend Informationen verarbeiten und hinreichend komplex planen konnte, um die optimale Selektionsleistung den Teilsystemen verordnen zu können. Langfristig senkte die verhinderte Differenzierung des Wirtschaftssystems dessen Leistungsfähigkeit, wodurch die Versorgung der Bevölkerung mit materiellen Gütern zurückging. Dies aber verminderte wiederum die Anpassungsbereitschaft der Bevölkerung, womit der für das politische System überlebensnotwendige Input an aktiver Unterstützung und passiver Massenloyalität rapide abnahm. Mit dem Mangel an Legitimität kommt es schließlich zum Zusammenbruch des Systems.

49). Als Beispiel für solchermaßen argumentierende Wirtschaftswissenschaftler kann LÖSCH (1996: 22) herangezogen werden. Nach ihm gibt es über das Ziel der Transformation keinen Streit, denn „was die Marktwirtschaft ist und wie sie funktioniert, ist (...) mit hinlänglicher Deutlichkeit erkennbar". Sie sei ein Regelmechanismus, „bei dem Marktprozesse unter Wettbewerbsbedingungen ganz bestimmte Ergebnisse hervorbringen, nämlich: die Versorgung der Verbraucher zu kostennahen Preisen, Konsumentensouveränität, optimale Ressourcenallokation, hohe Anpassungsflexibilität, Maximierung des technischen Fortschritts und eine tendenziell leistungsgerechte Verteilung". Unterschiede zwischen dem „z. B. amerikanischen und schwedischen Marktwirtschaftstyp" sind für LÖSCH dabei ebensowenig relevant wie die Ausgangslage der Reformländer. Diese sei „so unterschiedlich nicht, daß sich von da die Notwendigkeit oder auch nur die Möglichkeit unterschiedlicher Transformationspolitiken" ergäbe. Bei „grundsätzlich gleichem Ziel und ähnlicher Ausgangssituation" konzentriere sich das Interesse nur auf die Frage nach dem „richtigen Weg" in die Marktwirtschaft[27].

Auf den Zusammenhang zwischen Modernisierungstheorie und neoklassischer Modellbildung verweist MÜLLER (1995). Demnach seien die modernisierungstheoretisch geprägten Erwartungen der Soziologie in die Programme der neoklassisch orientierten Reformer eingebaut und in den Hilfsprogrammen der Internationalen Organisationen implementiert worden. Es sei so zu einer „bequemen Rollenverteilung zwischen ökonomischer Theorie, politischer Wissenschaft und Soziologie" gekommen. „Neoklassische Ökonomen argumentieren mit den funktionalen Erfordernissen effektiver Märkte; Politikwissenschaftler klagen die Imperative einer Demokratie westlichen Musters ein; die Soziologie verweist auf die institutionellen Voraussetzungen funktionsfähiger Märkte" (42).

Bei dem „richtigen Weg" werden prinzipiell zwei Strategien diskutiert: Eine gradualistische, bei welcher der Übergang zur Marktwirtschaft schrittweise erfolgen soll, und die sogenannte Schocktherapie, die von der Mehrheit der Ökonomen befürwortet wird[28]. Kennzeichen der Schocktherapie ist, schlagartig marktwirtschaftliche Regulierungsformen einzuführen. Darunter fallen die Schaffung der institutionellen Infrastruktur, Liberalisierungen, die makroökonomische Stabilisierung und die Privatisierung:
- Sowohl in den Sozial- als auch in den Wirtschaftswissenschaften gelten **institutionelle Reformen** als zentrale Aufgabe bei der Bewältigung der Transformation. In-

---

[27] Solche Vereinfachungen durch statische Annahmen über plan- und marktwirtschaftliche Systeme und Ignorierung länderspezifischer Unterschiede sowohl bei den Ziel- als auch bei den Ausgangsökonomien kennzeichnen die Ideologie vieler neoklassisch orientierter Berater. Sie schlagen sich nieder in uniformen Blaupausenrezepten „ohne Rücksicht auf die besondere Lage eines Transformationssystems" (VON BEYME 1995: 123). Den vereinfachenden Modellvorstellungen, die Eingang in die wissenschaftliche Politikberatung fanden, wird von vielen Seiten z. T. erheblich widersprochen. So nehmen FASSMANN und LICHTENBERGER mit der Formulierung einer Divergenzthese an, daß die einzelnen Staaten im Transformationsprozeß aufgrund der Rückkehr nationaler Besonderheiten „auseinanderdriften" werden (1995: 229). Auch SUNDHAUSEN (1995) und JUCHLER (1993) – die stellvertretend für die Mehrzahl der Sozialwissenschaftler genannt seien – betonen die unterschiedlich historische Entwicklung der ostmitteleuropäischen Staaten, die den aktuellen Handlungsspielraum begrenze. Zur Kritik an den vereinfachenden Vorstellungen über „das, was Marktwirtschaft ist" vgl. Kapitel 3.1.3.

[28] Die theoretische Diskussion um unterschiedliche Strategien beim Umbau der Planwirtschaft wird in dieser Arbeit nicht vertieft. Einen Einstieg in die Auseinandersetzung bieten die Arbeiten von SANDER (1993), FALK und FUNKE (1993) sowie VON BEYME (1994).

stitutionen sind eine Form der gesamtgesellschaftlichen Steuerung von Transformationsprozessen, weil sie institutionelle Zwänge schaffen und somit die Handlungsmöglichkeiten der Akteure in einem gewünschten Rahmen begrenzen. Damit sind sie auch Voraussetzung für den Rückzug des Staates aus dem Wirtschaftsgeschehen. Zu institutionellen Reformen zählen nach SIEBERT (1993: 25) insbesondere: die Gewährung und Garantie von privaten Eigentumsrechten, die Wiederherstellung des Marktpreismechanismus durch Liberalisierungen, die Schaffung der Rahmenbedingungen für die Faktormärkte wie Kapital-, Arbeits- sowie Bodenmarkt und die Abgrenzung von privatem und öffentlichem Sektor, d. h. die Aufgabe staatlicher Wirtschaftssteuerung, die Dezentralisierung der Verwaltung sowie der Aufbau einer föderalen Verwaltungsstruktur.

Unterschiede zwischen den Transformationsstaaten liegen einerseits in der Art und Weise, wie die institutionellen Reformen umgesetzt werden und andererseits im Grad der institutionellen Steuerung. Mit BRIE (1995: 47), der sich an Vorschläge von LEHMBRUCH (1994) anlehnt, kann demnach im Falle der DDR als Folge ihres Beitritts zum Rechtssystem der Bundesrepublik von einem „extern gesteuerten Institutionentransfer" gesprochen werden. In den meisten ostmitteleuropäischen Staaten sei es dagegen eher zu einem „endogen gesteuerten Institutionenimport" gekommen.

- Ein wesentlicher Bestandteil des institutionellen Umbaus sind **Liberalisierungen**: Hierzu zählen sowohl die Liberalisierung von Unternehmensgründungen, als auch Preisliberalisierungen. Diese sollen den Preismechanismus in Gang setzen, die „First-best"-Verwendung knapper Ressourcen herbeiführen und zur optimalen Allokation führen, indem Preisen die Funktion als Knappheitsindikator zurückgegeben wird. Dies funktioniert aber nur unter Wettbewerbsbedingungen und nicht – wie es in den ostmitteleuropäischen Staaten kurz nach der Wende die Regel war – bei vermachteten Märkten durch staatliche Monopolanbieter. Als unverzichtbar für erfolgreiche Preisliberalisierungen gilt daher die Außenhandelsliberalisierung, womit fehlender inländischer Wettbewerb importiert werden soll.
- Durch die Preisliberalisierungen und den Wegfall zahlreicher Subventionen wurden Preissteigerungen in vielen Bereichen erwartet. Wenn diese aber von Lohnsteigerungen begleitet werden, würde eine inflationäre Entwicklung einsetzen. Dieser Umstand erforderte daher weiterhin eine **makroökonomische Stabilisierung** mit einer strikten Anti-Inflationspolitik: Hierzu bestehen prinzipiell zwei Möglichkeiten: eine Währungsabwertung mit restriktiver Geld-, Kredit- und Staatsbudgetpolitik und eine strikte Einkommenspolitik zur Nachfragedämpfung, die sogenannte „Taxed-based income policy", mit einer hohen Besteuerung von Lohnzuwächsen (vgl. für Polen Kapitel 4.1.3).
- Ein wesentlicher Grund für den wirtschaftlichen Zusammenbruch der Länder in Ostmitteleuropa lag in der fehlenden Risikobereitschaft der Direktoren staatlicher Unternehmen, in fehlenden Anreizen für Innovationen und in der Unmöglichkeit, die Aktivitäten einer Vielzahl von Wirtschaftsobjekten effizient zentral zu koordinieren. Der **Privatisierung** von Staatsunternehmen, d. h. der Überführung der Ei-

gentumsrechte an den Produktionsmitteln an privatrechtliche Organisationsformen, ist daher eine hohe Bedeutung für den Erfolg des Umbaus beizumessen.

Bis auf Ungarn, das eine eher gradualistische Strategie umsetzte, folgten fast alle Länder Ostmitteleuropas - zumindest in der Anfangsphase der Transformation - der Schocktherapie und damit den neoklassisch orientierten Politikempfehlungen westlicher Berater. Polen übernahm dabei eine Vorreiterrolle (vgl. Kapitel 4.1). Die Vorteile der Schocktherapie werden folgendermaßen begründet:

- Schrittweise Reformen müßten vor allem aufgrund der Interdependenzen zwischen verschiedenen Teilbereichen der Reformen scheitern. Mikro- und makroökonomische Reformschritte müßten zudem Hand in Hand gehen, da partikulare Maßnahmen ins Leere liefen. So „erfordere die finanzielle Kontrolle des öffentlichen Sektors einen funktionierenden Wettbewerb, der wiederum freien Handel und die freie Umtauschbarkeit der Währung voraussetze. Letztere mache im Verein mit stabilen Wechselkursen wiederum eine restriktive Geld- und Fiskalpolitik erforderlich" (HÜBNER 1994: 348).
- „Weil die aufgeblähten bürokratischen Apparate weder sofort abgebaut noch in ihrer politischen Bedeutung beeinflußt werden könnten, müßten umgehend marktförmige Parallelstrukturen aufgebaut werden, welche die bürokratische Kontrolle der Ressourcenallokation unterminieren. Preisliberalisierung genießt damit höchste Priorität" (ebd.).
- „Nur die rasche Inthronisierung der Prinzipien des Freihandels, der Währungskonvertibilität und des freien Marktzutritts könnten gewährleisten, daß die notwendigen Anpassungsprozesse der etablierten ökonomisch-politischen Strukturen ohne größeren politischen Widerstand der Betroffenen ins Werk gesetzt werden" (ebd.).
- Transformationen gingen für viele Menschen mit Verlusten einher, welche daraufhin versuchten, die Transformationen zu verlangsamen. Dies erfordere eine unwiderrufliche Umsetzung der Reformen.
- Hyperinflationen wie in Polen erforderten rasche und unverzügliche makroökonomische Stabilisierungsmaßnahmen.

BALCEROWICZ benennt weitere Aspekte, die für eine Schocktherapie sprächen. So sei die soziale Akzeptanz von Transformationskosten in der Frühphase des Umbruchs höher als in späteren Etappen (1996: 53). Auch HÜBNER betont, daß bei einer schnellen Umsetzung der Reformen die insgesamt auflaufenden Umstellungskosten geringer seien. Desweiteren erklärt er die Dominanz von Schocktherapien damit, daß Transformation im Sinne einer „intentionalen Modernisierung" als „Modelltransfer begriffen und organisiert" sei. Bei diesem komme es darauf an, „die institutionellen Grundstrukturen einer ideal konzipierten kapitalistischen Geld- und Marktwirtschaft (...) im 1:1-Maßstab aus dem Modellbaukasten in die Praxis zu übertragen" (1994: 350).

MÜLLER (1995) weist daneben auf den strategischen Sinn der offiziellen Reformprogramme ostmitteleuropäischer Staaten hin, die überwiegend den neoklassisch orientierten Politikempfehlungen folgten. Diese seien nämlich nicht nur auf die Herstellung einer „reinen Ökonomie" beschränkt, sondern sollten in erster Linie politische Irreversibilität herstellen (47). Auch nach BRIE (1995: 48) dienten die „Masterpläne" der Systemtransformation in Form der Schocktherapie „vor allem dazu, daß schlagartig ein umfassendes institutionelles Netzwerk implementiert wird, welches die Handlungsmöglichkeiten der Akteure zwanghaft und dauerhaft umstrukturiert und keiner ernsthaften Revision mehr unterliegen kann. So sollen die früheren Strukturen unwiderruflich demontiert und zeitgleich das notwendige Minimum der genannten Institutionen irreversibel implementiert werden". Gerade dieser Grundkonsens der demokratischen Sammlungsbewegungen, wie der Solidarność-Elite in Polen (*Anmerk. d. Verf.*), sei es gewesen, der den internationalen ökonomischen Experten für kurze Zeit unbeschränkte Initiative überließ.

3.1.3 Kritik

Modernisierungstheoretisch und neoklassisch geprägte Modellvorstellungen der Transformation waren in der Umbruchphase 1989/90 die dominierenden Theorien in den Sozial- und Wirtschaftswissenschaften. Durch ihre Rolle bei der wissenschaftlichen Politikberatung beeinflußten sie zudem die Transformationsprozesse in Ostmitteleuropa nachhaltig. Schon nach wenigen Jahren werden diese Modellvorstellungen jedoch vielfach kritisiert. Die Kritik bezieht sich einerseits darauf, daß die optimistischen Vorstellungen von einem raschen wirtschaftlichen Aufschwung und gesellschaftlicher Stabilisierung nicht von den tatsächlichen Transformationsverläufen bestätigt werden, andererseits wird an der Gültigkeit der theoretischen Ansätze selbst gezweifelt.

3.1.3.1 Diskrepanz zwischen Theorie und Praxis

Eine Zusammenstellung ökonomischer Indikatoren zeigt, daß die neoklassischen Stabilisierungsprogramme vom IWF-Typ in der frühen Transformationsphase nur eingeschränkt erfolgreich waren (vgl. Tab. 9). Die Restriktionspolitik erzeugte zwar den gewünschten Rückgang der gesamtwirtschaftlichen Nachfrage, hatte aber stärker stagfla-

Tab. 9: Ziele und Erfolge der Stabilisierungs- und Privatisierungsprogramme in Osteuropa (1991)

	Wachstum (in %)	Inflation (in %)	Staatsbudgetsaldo (in % BIP)	Leistungsbilanzsaldo (in % BIP)	Privatisierungserfolge (1992) Anteil des privaten Sektors an:	
					BSP	Beschäftigten
Polen						
Programmziel	3	36	-0,6	-2,7		
Realität	-7	70	-4	-2,9	51 %	57 %
CSFR						
Programmziel	-5	30	0,8	-2,5		
Realität	-14	58	-2	0,7	23 %	19 %
Ungarn						
Programmziel	-3	31	-1,5	-3,6		
Realität	-12	35	-5	1,0	35 %	17 %

Quellen: GUS 1994b, JUCHLER 1994: 99, 113, SANDER 1993: 95 (nach BRUNO 1992: 754)

torische Wirkungen (sinkende Produktion) als erwartet (SANDER 1993: 93; JUCHLER 1993: 493). Zudem sank die Inflation weniger stark als erhofft, und die Auflagen zur Begrenzung der Budgetdefizite konnten nicht eingehalten werden. Lediglich die Handels- und Leistungsbilanzen fielen oft besser aus als prognostiziert. Dies war nach SANDER jedoch nicht auf eine Verbesserung der ökonomischen Leistungsfähigkeit zurückzuführen, sondern Konsequenz der ausgelösten Rezession, die zu einer Einschränkung der Importe führte (ebd.: 96). Letztlich waren damit das auch von westlichen Politikberatern angekündigte „Tal der Tränen" (SACHS 1993) oder die „J-Kurve in der Anpassung der Produktion" (SIEBERT 1992: 138) sehr viel tiefer und mit höheren sozialen Kosten verbunden, als ursprünglich vorhergesagt worden war (vgl. ausführlicher QUAISSER 1992: 47-64).

Auch die Privatisierung schritt nur sehr unbefriedigend voran und unterminierte somit die klargeschnittene neoklassische Strategie. Zudem kam es aufgrund „formeller Privatisierungen", bei denen Staatsbetriebe nur in privatrechtliche Organisationsformen überführt werden, nicht zur klaren Ausdifferenzierung eines privaten Sektors: „Die am schnellsten wachsende neue Eigentumsform ist eine Gesellschaft mit beschränkter Haftung im Besitz anderer Gesellschaften mit beschränkter Haftung, die sich im Besitz von Aktiengesellschaften, Banken und öffentlichen Großunternehmen befinden, welche der Staat besitzt" (STARK 1994: 136).

Ein Abweichen von neoklassischen Reformstrategien bei der Privatisierung war aus verschiedenen Gründen erforderlich: Zum einen konnte eine „Schnellprivatisierung" nach dem Modell Ostdeutschland mit der hohen Zahl an Betriebsliquidationen, Entlassungen und vor allem gigantischen Transferzahlungen von den anderen Transformationsstaaten nicht geleistet werden (ROGGEMANN 1996: 92). Zum anderen ging die neoklassische Politikberatung von der vereinfachten Vorstellung aus, daß der Staat in Planwirtschaften Eigentümer der Produktionsmittel gewesen sei und daher nun die Besitzverhältnisse reorganisieren könne. Faktisch waren die Verfügungsrechte aber häufig schon im Sozialismus an Belegschaften oder Betriebsmanagement verteilt worden, wie in Polen durch das „Gesetz über die Selbstverwaltung der Belegschaft". Eine rasche Privatisierung „über den Markt" mußte in solchen Fällen häufig scheitern. Letztlich gelang es Ländern wie Polen, welche die als ineffizient kritisierte „Insider-Privatisierungen" mit Belegschaftsvorrechten durchführten, schnellere Privatisierungserfolge zu erzielen als Länder wie die CSFR, die sich streng an Wettbewerbsprozeduren hielten (vgl. Tab. 9 und Kapitel 4.2.2).

Die mangelnde Umsetzbarkeit der westlichen Strategieempfehlungen ist so wesentlich mit den unterschiedlichen Ausgangsbedingungen vor Einsetzen des Transformationsprozesses zu erklären – ein Umstand, der von vielen Politikberatern anfänglich übersehen wurde. Zudem favorisierten die westlichen Blaupausenkonzepte eine Übertragung westlicher Ordnungsmuster, insbesondere durch Institutionenimport. Dabei wurde häufig das „Dilemma der Gleichzeitigkeit" (OFFE 1991: 279) übersehen, daß nämlich – in der internationalen Geschichte bislang einmalig – Demokratie und Marktwirtschaft gleichzeitig entwickelt werden mußten. Bei diesen Interaktionen zwischen ökonomischen, sozialen und politischen Reformen waren eher Konflikte prägend als eine kontinuierliche „Modernisierung" (ZAPF 1996: 65).

Hinzu kam, daß die Mehrzahl der Bevölkerung in den Transformationsstaaten durch hohe soziale Transformationskosten belastet wurde: Mit Ausnahme der Tschechoslowakei stieg die Arbeitslosigkeit rasch an (vgl. Tab. 10). Nach der Liquidierung und Privatisierung von Staatsbetrieben wandelte sich die im Sozialismus „verdeckte Arbeitslosigkeit" in Form von Überbeschäftigung in eine offene Arbeitslosigkeit. Durch Arbeitsplatzfreisetzungen im staatlichen Sektor, vorwiegend in der Industrie, sank die Zahl der Arbeitsplätze. Gleichzeitig konnte der wachsende private Sektor, vornehmlich im Dienstleistungsgewerbe, keine Stellen in gleicher Zahl bereitstellen. Hinzu kam eine wachsende Segmentierung des Arbeitsmarktes, in dem „Problemgruppen" wie Berufsanfänger, Unqualifizierte und Frauen immer schwieriger eine Arbeit finden. Vergleichende Paneluntersuchungen in den ostmitteleuropäischen Staaten kommen zu dem Ergebnis, daß nur eine Minderheit der Haushalte ihren Lebensunterhalt aus regulären Hauptbeschäftigungen decken kann. In Tschechien waren dies 1992 53 %, in der Slowakei 38 % und in Polen sogar nur 34 % der Haushalte (LAGEMANN 1995: 8). Die Mehrheit der Bevölkerung verarmt und ist gezwungen, zusätzliche Einkommensquellen für den Lebensunterhalt zu erschließen. Außer dem Rückgriff auf im Sozialismus erworbene Sparguthaben liegen diese vor allem im informellen Sektor, der als Existenzgrundlage für große Bevölkerungsteile dient.

Tab. 10: Arbeitslosigkeit und Reallohnentwicklung in Ostmitteleuropa

		Arbeitslosenrate (in %)	Reallohnentwicklung (gegenüber Vorjahr in %)
Polen	1990	6	-24
	1991	12	0
	1992	14	-3
CSFR	1990	1	-7
	1991	7	-24
	1992	5	9
Ungarn	1990	2	-5
	1991	8	-8
	1992	12	-1

Quelle: JUCHLER 1994: 99

Zusätzlich verschlechterte sich die wirtschaftliche Situation für die Bevölkerungsmehrheit aufgrund von Realeinkommensverlusten (vgl. Tab. 10). HÜBNER weist zur Erklärung der sinkenden Realeinkommen darauf hin, daß die Preisliberalisierungen noch vor der Auflösung der staatlichen Monopole stattgefunden hätten: „Preisfreigabe und gleichzeitig noch vermachtete Angebotsstrukturen müssen aber nahezu zwangsläufig zu steigenden Preisen und – bei staatlich kontrollierter Lohnbildung [*Anmerk. d. Verf.*] – zu einer Schlechterstellung der Nachfrager führen" (1994: 347). Hierdurch sank die aggregierte Nachfrage. Zwar hat sich die Versorgungslage in den Transformationsstaaten merklich verbessert; da die Marktharmonisierung aber durch Reallohnsenkungen erzielt wurde, verlagerten sich für breite Bevölkerungskreise nur die Probleme: „Früher hatte man keine Waren, jetzt kein Geld" (JUCHLER 1994: 497).

Angesichts der wachsenden Armut sprechen viele Autoren schon von einer Zweidrittelgesellschaft, „allerdings mit zum Westen umgekehrten Proportionen" (ebd.: 497). Gleichzeitig wächst die soziale Polarisierung mit einer schmalen Schicht sehr reicher Transformationsgewinner, einer fast fehlenden Mittelschicht und der Masse der einkommensschwachen Bevölkerung. Dies kann nicht nur die Reformprozesse und die wirtschaftlich-soziale Stabilität gefährden, sondern tangiert auch die politische Umgestaltung, was die vorübergehend wachsenden Stimmenanteile postkommunistischer Parteien in vielen osteuropäischen Ländern zeigen (vgl. SEGERT 1995).

3.1.3.2 Theoretische Defizite

Wenn die Modernisierungstheorie den Zusammenbruch des Kommunismus auch gut erklären konnte, so sah sie die in vielen Staaten schleppend und krisenhaft verlaufenden Transformationsprozesse nicht voraus. Nicht zuletzt deswegen ist die klassische Modernisierungstheorie vielfacher Kritik ausgesetzt. In erster Linie wird ihr vorgeworfen, einen historisch singulären Prozeß (Modernisierung im Zuge der industriellen Revolution) zu universalisieren und darüber hinaus insgesamt zu statisch zu sein (KOLLMORGEN 1994: 388). Der „prominenteste deutsche Modernisierungstheoretiker" (ebd.) Wolfgang ZAPF versucht daher, mit seinem Konzept der „nachholenden Modernisierung" die Mängel der klassischen Modernisierungstheorie zu überwinden. Modernisierung sieht er dabei in einem dreifachen Bezug. Erstens beschreibe sie den säkularen Prozeß seit der industriellen Revolution, in dem sich die kleine Gruppe der „heute modernen Gesellschaften" entwickelt habe, zweitens kennzeichne sie die vielfältigen Aufholprozesse der „Nachzügler", darunter insbesondere die Transformationsstaaten Ostmitteleuropas, und drittens seien hierunter die Bemühungen der modernen Gesellschaften selbst zu verstehen, durch „Innovationen und Reformen ihre neuen Herausforderungen zu bewältigen" (1996: 63).

Nach ZAPF ist es gemeinsames Merkmal von Transformationsprozessen, daß die Entwicklungsziele „Demokratie, Wachstum und Wohlfahrt" „prinzipiell bekannt" seien und von den Reformländern mit der Übernahme oder Nacherfindung von Basisinstitutionen der Vorbildgesellschaften wie Konkurrenzdemokratie und Marktwirtschaft erreicht werden wollten. Hierbei läßt ZAPF – angesichts der ostmitteleuropäischen Erfahrungen – jedoch zeitliche Variationen und auch „Sonderwege" zu, womit er einem wesentlichen Kritikpunkt an der klassischen Modernisierungstheorie begegnet. Insgesamt sei Transformation damit eine Teilmenge „*nachholender* Modernisierungsprozesse innerhalb der Gesamtheit der *weitergehenden* Modernisierung", die als Ergebnis eines prinzipiell offenen Suchprozesses zu verstehen sei (ebd., 67).

Wenngleich ZAPF „mit seinem Konzept auch einige Defizite der klassischen Modernisierungstheorie abbauen konnte" (KOLLMORGEN 1994: 389) bleiben dennoch weiterhin grundsätzliche Kritikpunkte bestehen. Hiervon sind zwei besonders hervorzuheben, da sie auch für die vorliegende Arbeit relevant sind:

- Makrosoziologische Ausrichtung: Die Modernisierungstheorie ist im wesentlichen eine „Theorie der Moderne", d. h. sie benennt einerseits Mechanismen ihres eigenen Fortkommens (weitergehende Modernisierung) und kann andererseits die Defizite vormoderner Gesellschaften ausweisen, welche (noch) nicht über die Basisinstitutionen moderner Gesellschaften verfügen. Damit klafft aber eine theoretische Lücke hinsichtlich des Transformationsprozesses selbst. So können funktionalistisch-makrosoziologische Großtheorien den Zusammenbruch totalitärer Systeme und die Entstehung von Demokratien nicht hinreichend erklären, da sie die „Black box", die dazwischen liegt, nicht genügend erhellen: Selbst wenn – wie die Modernisierungstheorie unterstellt – sozialer Wandel als „selbstlaufender Optimierungsprozeß" ablaufen sollte, stellt sich die Frage, wie sich die diesem Wandel zugrundegelegten „Systemimperative" in konkrete Handlungsstrategien der Akteure umsetzen (REISSIG 1994: 331).

  Eine Vielzahl von Autoren plädiert daher dafür, in der Transformationsforschung verstärkt akteurtheoretische Ansätze zu berücksichtigen (z. B. MERKEL 1994, BOS 1994, WIESENTHAL 1996, SANDSCHNEIDER 1994). Diese ermöglichen es, die Handlungszusammenhänge der Akteure zu verfolgen und den *Prozeß* der Institutionenbildung intensiver zu durchleuchten, der für den Verlauf der Transformation maßgeblich ist. Erst über vielfältige Analysen und vergleichende Betrachtungen können dann zukünftig Aussagen über typische Verlaufsmuster der Transformation getroffen werden. Damit ist die Akteurforschung eher „deskriptiv" und von „mittlerer Reichweite" (BOS 1994: 82), dafür aber „von hohem Genauigkeitsgrad" (REISSIG 1994: 334).

  Für einen solchen Ansatz spricht auch, daß eine bloße „eins zu eins"-Übertragung von Institutionen in einen völlig andersartigen soziokulturellen Kontext unmöglich erscheint. Daher sollten vielmehr die Wechselbeziehungen zwischen den strukturellen Rahmenbedingungen und den Strategien einzelner Akteure beim institutionellen Umbau in den Vordergrund gestellt werden. Nur über einen solchen Zugang, der mikro- und makroanalytische Konzeptionen miteinander verknüpft, lassen sich nämlich auch Aussagen über regional unterschiedlich verlaufende Transformationsprozesse treffen. Dies ist vor allem aus geographischer Perspektive von Bedeutung. Transformation vollzieht sich nämlich räumlich uneinheitlich, und in den ostmitteleuropäischen Staaten brechen große regionale Disparitäten auf (vgl. PÜTZ 1998). Gleichzeitig sind auch Prozesse der Stadt- und Einzelhandelsentwicklung nicht nur mit nationalen Transformationsstrategien zu erklären. Vielmehr werden sie – wie gezeigt werden wird – erheblich von der Ausgestaltung lokaler Regulierungsmechanismen und lokaler Institutionen geprägt. Dies verweist auf die hohe räumliche Gebundenheit von Transformation als Prozeß gesellschaftlichen Wandels, die mit globalen makrosoziologischen Kategorien nicht hinreichend zu analysieren ist, sondern die verstärkte Einbeziehung räumlicher Kategorien in die Transformationsforschung erfordert.
- Ausblendung internationaler Verflechtungen: Modernisierungstheoretisch geprägte Transformationsforschungen konzentrieren sich auf die *internen* Restrukturierungsprozesse der Reformstaaten. Vielfach unberücksichtigt bleibt die Tatsache, daß die

Transformation – nicht zuletzt aufgrund der politischen und wirtschaftlichen Öffnung – zunehmend unter dem Einfluß der westlichen Staaten steht. Hierbei sind zwei Punkte besonders hervorzuheben:
- Parallel zum Zusammenbruch des Kommunismus vollzieht sich auch in den westlichen „Vorbildstaaten" ein historischer Umbruch (vgl. KLEIN 1995: 62), der mit einer Krise der bisher vorherrschenden Regimes von Akkumulation und Regulation einhergeht. Die osteuropäischen Gesellschaften treten so in eine Dynamik ein, in der die vertrauten Fixpunkte der klassischen Modernisierungstheorie nur noch eingeschränkt Orientierung bieten. Deren Kernpunkte entwickelte PARSONS nämlich „unter dem Eindruck der keynesianischen Modernisierung des Kapitalismus, eines sozialintegrativen Musters, das seit den 70er Jahren stark relativiert wurde und für die osteuropäischen Gesellschaften nicht mehr zur Verfügung steht" (MÜLLER 1995: 59).
- Mit der Außenhandelsliberalisierung der ostmitteleuropäischen Staaten begeben sich diese in eine weltwirtschaftliche Verflechtung, die durch zunehmende Globalisierung von Kapital, Arbeit und Informationen gekennzeichnet ist. Hierdurch verlieren die Nationalstaaten erheblich an Steuerungskraft. Mit der Außenhandelsöffnung erfahren die regionalen Wirtschaftsräume eine Umbewertung hinsichtlich ihrer Attraktivität für wirtschaftliche Aktivitäten, wobei die strategischen und gesellschaftlichen Zielsetzungen der sozialistischen Wirtschaftsplanung verdrängt werden. Statt dessen erhalten Wettbewerbsvorteile oder -nachteile eine größere Bedeutung, die jenseits der Steuerbarkeit durch die nationalen Regierungen liegen (vgl. auch PÜTZ 1998). Die Entwicklung der Reformstaaten wird somit zunehmend von westlichen Ländern mitbestimmt, wobei die Gefahr besteht, daß die „Vorbildstaaten" die „Nachzügler" der Modernisierung daran hindern, sie nachzuahmen, „auch wenn sie das noch so sehr wollten" (REISSIG 1994: 330, nach ROSE 1992).

Die Staaten Ostmitteleuropas stehen dadurch in einem doppelten Anpassungsprozeß: Einerseits müssen die bislang planwirtschaftlichen Strukturen über den institutionellen Umbau durch marktwirtschaftliche Strukturen ersetzt werden – dies wird in Anlehnung an FASSMANN und LICHTENBERGER (1995: 230) im folgenden mit „interner Restrukturierung" bezeichnet. Andererseits sind die Transformationsstaaten globalen Veränderungen ausgesetzt, die sie im Sozialismus „nur gebrochen und mit zeitlicher Verzögerung erreicht haben" (ebd.: 13) – dies wird im folgenden mit „Internationalisierung" beschrieben. Die Internationalisierungsprozesse wirken in den Transformationsstaaten in vielfältiger Weise und prägen gleichermaßen den Arbeits-, Boden- und Immobilienmarkt (ebd.). Wie im folgenden zu sehen sein wird, wird auch die Einzelhandelsentwicklung in den ostmitteleuropäischen Ländern in erheblicher Weise von den Markteintrittsstrategien westeuropäischer Handelsunternehmen beeinflußt, welche die Strategien des einheimischen Einzelhandels zur Anpassung an die Marktwirtschaft in hohem Maße beschleunigen und modifizieren.

3.2 Faktoren der Einzelhandelsentwicklung im Transformationsprozeß

Die bisherigen Ausführungen kennzeichnen zwei unterschiedliche Zugänge zum Thema „Einzelhandel im Transformationsprozeß". Kapitel 2, das die grundsätzlichen Unterschiede in der Einzelhandelsstruktur plan- und marktwirtschaftlicher Wirtschaftssysteme erläuterte, stellte heraus, daß Strukturwandlungen im Einzelhandel grundsätzlich das Ergebnis von Entscheidungen der Akteure des politisch-administrativen Systems, des Wirtschaftssystems und des sozialen Systems sind. Der Systemvergleich zeigte, daß die mit den unterschiedlichen Gesellschaftssystemen verknüpften institutionellen Rahmenbedingungen bestimmen, wie die Interaktionen zwischen den Akteurgruppen strukturiert sind, welche Handlungsfreiheiten die Akteure besitzen und daß sich dies letztlich in der Einzelhandelsstruktur niederschlägt. Kapitel 3.1 behandelte anhand theoretischer Überlegungen zu Transformation als intendiertem Wandel grundsätzliche Problembereiche beim Übergang von der Zentralverwaltungs- zur Marktwirtschaft. Es wurde erarbeitet, daß der Umbau der institutionellen Infrastruktur Kernbestandteil des Transformationsprozesses ist und für diesen Konflikte weitaus prägender sind als eine kontinuierliche „Modernisierung".

Im folgenden werden beide Zugänge miteinander verknüpft, indem die wichtigsten *Faktoren* herausgearbeitet werden, die den *Prozeß* des Strukturwandels im Einzelhandel während der Transformation beeinflussen. Nach den bisherigen Überlegungen lassen sich dabei drei Haupteinflußfaktoren unterscheiden, die jeweils in enger Wechselbeziehung stehen und daher nur analytisch voneinander zu trennen sind:

- der **institutionelle Umbau** im Transformationsprozeß, der räumlich und zeitlich gebunden ist, da er sich sowohl auf nationaler als auch auf lokaler Ebene vollzieht und dabei zeitlich gebrochen verläuft,
- die mit dem institutionellen Umbau verbundenen **Anpassungsstrategien der Akteure** des sozialen Systems (Haushalte, Konsumenten), des Wirtschaftssystems (Einzelhandelsunternehmen und -verbände) sowie des politisch-administrativen Systems (Politiker, Planer und deren Organisationen),
- die zunehmende **Internationalisierung** im Einzelhandel, welche die Prozesse der internen Restrukturierung, d. h. den institutionellen Umbau und die Anpassungsstrategien der Akteure, überlagert.

3.2.1 Umbau der institutionellen Ordnung

Wie gezeigt wurde, ist der Umbau der institutionellen Infrastruktur das Kernelement beim Übergang von der Plan- zur Marktwirtschaft. Institutionen begrenzen die Handlungsfreiheit der Akteure und strukturieren die Interaktionen zwischen ihnen. Der institutionelle Umbau hat maßgebliche Auswirkungen auf die Einzelhandelsentwicklung, da er einen Wandel der Entscheidungsgrundlagen und Handlungsfreiheiten der Akteure der gesellschaftlichen Teilsysteme bewirkt und die Austauschmechanismen zwischen diesen neu strukturiert, weil sozialistische Anordnungshierarchien durch marktwirtschaftliche Preis- und Aushandlungsprozesse abgelöst werden (vgl. Abb. 12). Diese „neuen" Interaktionsformen sind in Marktwirtschaften durch Institutionen verankert, die in Ostmitteleuropa bislang nicht existierten. Bei ihrem Aufbau treten eine Vielzahl von Konfliktfeldern auf, die den Verlauf der Transformation wiederum erheblich beeinflussen. Drei Aspekte sind hierbei besonders hervorzuheben:

Abb. 12: Wandel der einzelhandelsrelevanten Interaktionsformen im Transformationsprozeß

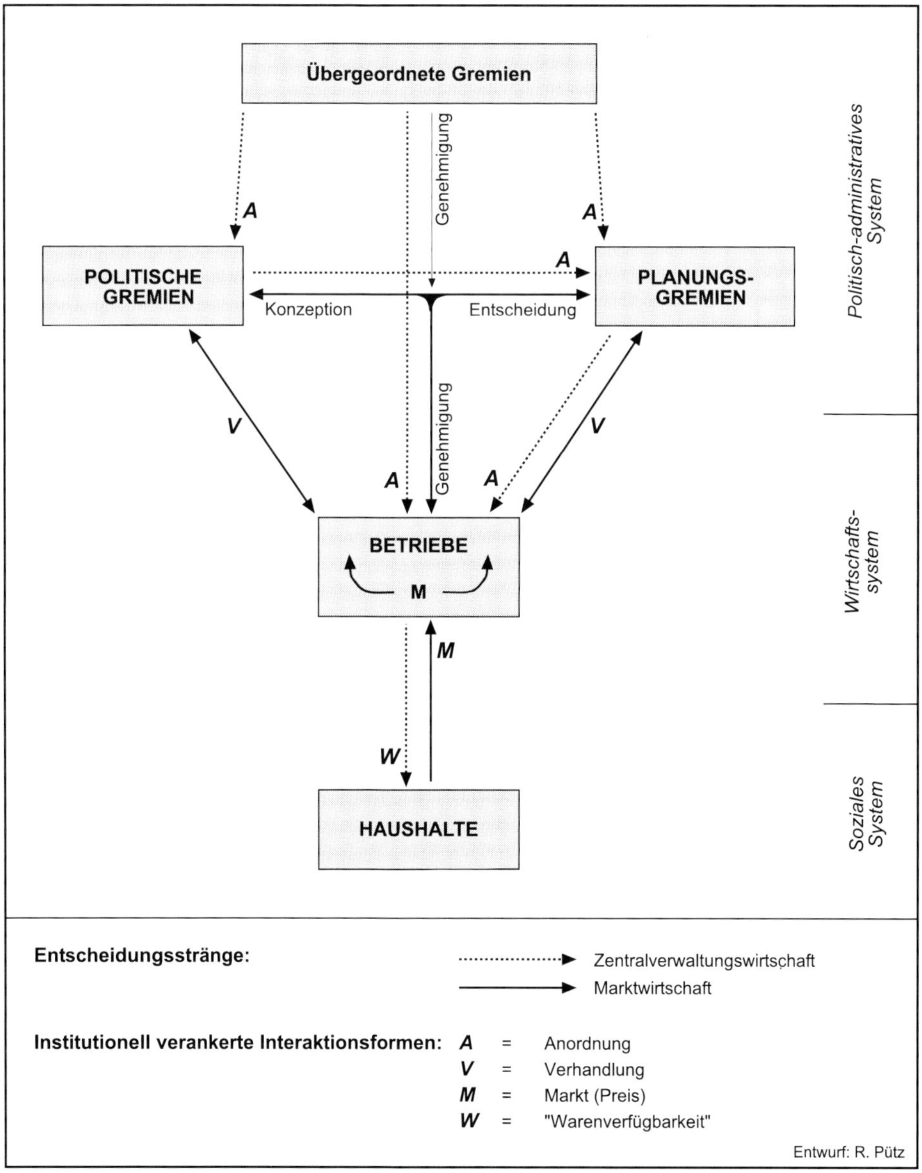

Entscheidungsstränge:
- ·······▶ Zentralverwaltungswirtschaft
- ──▶ Marktwirtschaft

Institutionell verankerte Interaktionsformen:
- *A* = Anordnung
- *V* = Verhandlung
- *M* = Markt (Preis)
- *W* = "Warenverfügbarkeit"

Entwurf: R. Pütz

1. Institutionelle Reformen erfordern im Prozeß der Systemtransformation zweierlei:
   - den Um- und Aufbau von Institutionen im Sinne „sozialer Normen" wie das Rechtssystem. Für die Einzelhandelsentwicklung sind dabei als wichtigste zu nennen: die Wiedereinführung des Marktpreismechanismus, die Liberalisierung unternehmerischer Aktivitäten, die Wiederherstellung von privaten Eigentums- und Verfügungsrechten und die hiermit verbundene Privatisierung staatlicher Unternehmen, die Wiederherstellung bzw. Liberalisierung des Boden- und Immobilienmarktes sowie die Dezentralisierung staatlicher Macht durch Einführung der kommunalen Selbstverwaltung,
   - den Aufbau von Institutionen als „Organisationen" bzw. deren Umbau im Sinne der neuen Machtzuweisung. Für die Einzelhandelsentwicklung zählen hierzu als wichtigste: auf der politisch-administrativen Seite Privatisierungsorganisationen, Planungsbehörden und kommunale Selbstverwaltungsgremien und auf seiten des Wirtschaftssystems Unternehmensverbände.
2. Institutionelle Reformen werden nicht schlagartig umgesetzt, sondern in einem langwierigen „trial and error"-Prozeß. Dies gilt sowohl für den Umbau des Rechtssystems als auch für den langwierigen Neuaufbau von Organisationen und der entsprechenden Kompetenzverteilung, bei dem die unterschiedlichen Interessenlagen der politischen Akteure eine entscheidende Rolle spielen. Dieses Charakteristikum der Transformation erfordert, die bislang dominierende makroanalytische Perspektive um handlungszentrierte Ansätze zu ergänzen und den Blick vermehrt auf die Wechselbeziehungen zwischen strukturellen Rahmenbedingungen und den Strategien von Akteuren, ihren Handlungszielen und -optionen zu richten.
3. Beim Umbau der institutionellen Infrastruktur im Transformationsprozeß kommt es zu einem Phänomen, das als „institutionelle Lücke" beschrieben werden kann und das den Verlauf der Transformation wie auch den Strukturwandel im Einzelhandel ganz erheblich beeinflußt. Die Ursachen der institutionellen Lücke lassen sich analytisch voneinander trennen und liegen darin, daß
   - aufgrund des langwierigen Prozesses der institutionellen Reformen ein „time lag" entsteht, und zwar zwischen der Schaffung eines groben marktwirtschaftlichen Ordnungsrahmens und der Ausarbeitung einzelrechtlicher Regelungen sowie dem Aufbau der entsprechenden Organisationen,
   - dieser „time lag" dadurch verstärkt wird, daß der institutionelle Umbau auf verschiedenen administrativ-räumlichen Ebenen verortet ist und gleichermaßen den Staat, die regionalen Gebietskörperschaften und die Kommunen betrifft – ein Punkt, den die bisherige Transformationsforschung weitgehend ausgeklammerte. Transformationsprozesse vollziehen sich damit im Spannungsfeld zwischen nationalen, gesetzlich verankerten Transformationsstrategien als Handlungsrahmen einerseits und Regulierungsmechanismen als Aushandlungsprozessen auf lokaler Ebene andererseits.

Aus den drei genannten Faktoren lassen sich die Betrachtungsgegenstände ableiten, die für eine Analyse der Konsequenzen des institutionellen Umbaus für die Einzelhandelsentwicklung am wichtigsten sind. Es sind dies die Wiederherstellung des Boden- und Immobilienmarktes, die Wiederherstellung privater Eigentumsrechte und die Liberalisierung unternehmerischer Aktivitäten sowie die Privatisierung und die Dezentralisierung der zentralstaatlichen Administration und Planung.

Wiederherstellung des Boden- und Immobilienmarktes

Die Wiederherstellung privater Eigentumsrechte an Boden und Immobilien ist Kernbestandteil aller Transformationsstrategien und auch von geographischer Seite als zentraler Bestandteil von Transformationsprozessen aufgezeigt (z. B. SCHMIDT 1995). Aus der hiermit zu erwartenden Etablierung eines räumlich differenzierten Preisniveaus ergeben sich unmittelbare Konsequenzen für die funktionale räumliche Struktur. Dies gilt insbesondere im Einzelhandel, für den – in Anbetracht der Erfahrungen in Westeuropa – eine räumliche Reorganisation in Abhängigkeit vom entstehenden Mietpreisgradienten erwartet werden kann. Dabei ist zu beachten, daß bei der Wiederherstellung des Immobilienmarktes ein „time lag" entsteht, weil die verfassungsrechtlichen Reformen in Ostmitteleuropa zwar frühzeitig den Schutz des Privateigentums gewährten, die Deregulierung des Immobilienmarktes, welche die Einführung des Marktpreismechanismus in diesem Faktormarkt erst ermöglicht, aber sehr langsam voranschreitet. Insbesondere ausländische Investitionen sind zumeist strengen Reglementierungen unterworfen.

Selbst eine rechtlich vollständige Freigabe des Handels mit Immobilien kann aber noch nicht mit „freiem Immobilienmarkt" gleichgesetzt werden, da zunächst die Eigentumsfrage geklärt werden muß. Im Sozialismus war der Staat der größte Grundeigentümer. Für die Boden- und Immobilienmarktentwicklung stellt sich damit die entscheidende Frage, wer die Rechtsnachfolger des Staates als Grund- und Immobilieneigentümer sind und wie diese Rechtsnachfolger mit ihrem Eigentum verfahren. Es ist davon auszugehen, daß sich erhebliche Unterschiede bei den „tatsächlichen" Deregulierungen und der Etablierung eines Boden- und Immobilienmarktes ergeben, je nachdem ob staatliche Institutionen Eigentümer bleiben, ob private oder – im Falle vormals staatlicher Unternehmen – privatisierte Wirtschaftssubjekte Eigentümer ihrer Grundstücke und Immobilien werden oder ob die Kommunen die Eigentums- und Verfügungsrechte über den vormals staatlichen Immobilienbesitz erhalten. Im ersten Fall dominieren nämlich nationalstaatliche Interessen und von makroökonomischen Strategien geleitetes Handeln, im zweiten Fall kommerzielle Interessen und von mikroökonomischen Strategien geleitetes Handeln sowie im dritten Fall lokalpolitische Interessen und von Strategien der räumlichen Entwicklung geleitetes Handeln. Für die Entwicklung der lokalen Einzelhandelsstruktur ist die jeweilige Eigentümerkonstellation auch in Hinblick auf die räumliche Verteilung der Eigentumsformen im Stadtgebiet daher von entscheidender Bedeutung.

Wiederherstellung privater Eigentumsrechte und Liberalisierung unternehmerischer Aktivitäten

Die Wiederherstellung privater Eigentumsrechte und Liberalisierung unternehmerischer Aktivitäten sind mitentscheidend für die erfolgreiche Etablierung eines privaten Wirtschaftssektors. Bis auf bestimmte geschützte Bereiche (z. B. Waffenproduktion) erfolgte die Liberalisierung unternehmerischer Aktivitäten durch gesetzmäßige Akte in allen Reformländern vollständig und frühzeitig – in Polen z. B. schon am Vorabend des eigentlichen Systemumbruchs. Es ist davon auszugehen, daß die Auflösung der zentralistischen und hierarchischen Steuerungsmechanismen mit einer Erosion der staatlichen Kontrolle über das Wirtschaftsgeschehen einhergeht. Dies gilt um so mehr, als „neue" Steuerungsmechanismen aufgrund der institutionellen Lücke beim Aufbau einzelrechtlicher Regelungen wie des Steuerrechts erst Jahre nach der Aufhebung der Marktzutrittsschranken greifen.

Aufgrund dieser Erosion staatlicher Macht ist eine Zunahme schattenwirtschaftlicher Aktivitäten zu erwarten, die vor allem die Einzelhandelsentwicklung prägen. Es stellt sich die Frage, inwieweit es hierdurch zur Ausprägung transformationsbedingter „Betriebstypen" kommt, ob diese sich nach ähnlichen Mechanismen wie im westeuropäischen Einzelhandel ausdifferenzieren und ob sie nur eine temporäre Erscheinung sind oder sich langfristig etablieren können. Für den weiteren Verlauf der Systemtransformation gewinnt die Frage an Bedeutung, wie effektiv politisch-administrative Gremien die Überführung der Schattenwirtschaft in legale Wirtschaftsaktivitäten angehen und durch welche Instanzen (Staat, Kommunen) dies getragen wird.

Privatisierung von Unternehmen

Außer der Liberalisierung unternehmerischer Aktivitäten ist die Privatisierung entscheidend für die Herstellung marktwirtschaftlicher Wettbewerbsverhältnisse. Für den Strukturwandel im Einzelhandel verknüpfen sich mit der Privatisierung zwei Fragestellungen. Erstens ist es für die Weiterentwicklung des Einzelhandels in der Marktwirtschaft grundlegend, ob die staatlichen Ketten in Einzelbetriebe aufgelöst oder „als Ganzes" privatisiert werden. Hiermit entsteht beim Start in die Marktwirtschaft nämlich entweder eine auf Unternehmensseite stark dekonzentrierte oder aber eine durch Mehrbetriebsunternehmen geprägte Einzelhandelsstruktur. Die Ausführungen zum Einzelhandel in Westeuropa belegten, daß sich hieraus unmittelbare Folgen für die Standortstruktur ergeben (vgl. Kapitel 2.1.1.2). Zweitens ist zu prüfen, wer die maßgeblichen Akteure bei der Privatisierung sind, d. h. ob die Privatisierung vom Zentralstaat oder dezentral von den Kommunen durchgeführt wird und in welchem Maße die zu privatisierenden Unternehmen/Betriebe am Entscheidungsprozeß beteiligt sind. Es ist nämlich davon auszugehen, daß die jeweiligen Akteure unterschiedliche Interessen bei der Privatisierung verfolgen und die jeweiligen Akteurskonstellationen das Privatisierungsergebnis beeinflussen.

Dezentralisierung der zentralstaatlichen Administration und Planung

Die institutionelle Lücke prägt alle bislang genannten Einflußfaktoren der Transformation. In keinem Bereich kommt sie aber so deutlich zum Ausdruck wie bei der Dezentralisierung staatlicher Macht durch die Schaffung einer föderalen Verwaltungsstruktur und die Verteilung von Entscheidungskompetenzen auf untere Gebietskörperschaften – insbesondere die Kommunen. Diese Dezentralisierung kann nämlich durch entsprechende Gesetze auf nationaler Ebene zwar frühzeitig erfolgen, in den Gemeinden selbst fehlen in der Regel jedoch die Gremien, die für die Wahrnehmung der neuen kommunalen Aufgaben erforderlich sind. Außer den geeigneten Organisationsformen und ihrer

Einbindung in die kommunale Verwaltung betrifft dies auch die Formulierung von Leitbildern.

Die institutionelle Lücke tritt besonders stark in der Stadt- und Regionalplanung auf – der Bereich, in dem die Kommunen im Sozialismus nur wenig Gestaltungsmöglichkeiten besaßen und den sie nun völlig eigenständig konzipieren und umsetzen müssen. Hieraus leitet sich die Frage ab, inwieweit die institutionelle Lücke dazu führt, daß sich die Kapitalverwertungsinteressen des Einzelhandels ungesteuert durchsetzen können, und ob dies die Standortstruktur des Einzelhandels langfristig prägt.

3.2.2   Anpassungsstrategien der Akteure

Institutionen bilden den Handlungsrahmen für die Akteure des sozialen Systems, des Wirtschaftssystems und des politisch-administrativen Systems auf der lokalen Ebene. Auf deren Zusammenwirken sind die Veränderungen in der Einzelhandelsstruktur als Transformationsergebnis letztlich zurückzuführen. Die Analyse des Strukturwandels im Einzelhandel erhält damit einen Fokus auf die Frage nach den Strategien der Akteure unter veränderten institutionellen und sozioökonomischen Rahmenbedingungen.

Soziales System

Es ist zu erwarten, daß sich im Transformationsprozeß ein Wandel vom Verkäufer- zum Käufermarkt vollzieht und dem Einkaufsverhalten der Konsumenten und ihrer Einkaufsstättenwahl eine steigende Bedeutung für den Erfolg oder Mißerfolg von Einzelhandelsunternehmen zukommt. Damit erhält die Nachfrage einen wachsenden Einfluß darauf, welche Standortlagen des Einzelhandels prosperieren oder stagnieren, d. h. wie sich die Standortstruktur des Einzelhandels im Transformationsprozeß verändert. Nach den Überlegungen in Kapitel 2.1.1.1 stellt sich dabei die Frage, welchen Stellenwert Einkommens-, Sozial-, Verhaltens- und Raumüberwindungsfaktoren für die Einkaufsstättenwahl der Konsumenten besitzen und welche Angebotsparameter für die Einkaufsstättenwahl im Transformationsprozeß maßgeblich sind. Darüber hinaus gilt es zu prüfen, ob der gesellschaftliche Wandel zu einem polarisierten Einkaufsverhalten (Grund- und Zusatznutzenbedarf) und einer Ausdifferenzierung von segmentierten Konsummustern führt. Wie das Beispiel Westdeutschland zeigte, gehen hiervon aufgrund der Differenzierungsstrategien von Handelsunternehmen nämlich entscheidende Impulse für den Wandel der Branchen-, Betriebsformen- und Standortstruktur des Einzelhandels aus.

Wirtschaftssystem

Mit der Einführung des Marktpreismechanismus steigt die Bedeutung der Wettbewerbsstrategien eigenständig agierender Handelsunternehmen für deren wirtschaftlichen Erfolg. Dabei ist grundsätzlich zwischen den privatisierten Unternehmen des vormals sozialistischen Einzelhandels und neugegründeten einheimischen Privatbetrieben zu unterscheiden, denn die Marktposition der privatisierten Unternehmen wird zunächst von den handelsexternen Privatisierungsstrategien bestimmt. Außerdem hängt der unternehmerische Erfolg davon ab, inwieweit die Unternehmen Distributionsstrategien, Investitionen und Beschäftigung auf die neuen Rahmenbedingungen umstellen können. Es ist zu vermuten, daß die Adaptions- und Innovationsfähigkeit des verantwortlichen Managements hierfür entscheidend ist, weil die Betriebsleiter im Sozialismus in der Regel nach Qualifikationen ausgewählt worden waren, die heute obsolet geworden sind, und nun gezwungen sind, nach Marktgesichtspunkten zu entscheiden.

Bei neugegründeten Unternehmen muß sich die Analyse demgegenüber zunächst auf die Gründungsmotive der neuen Selbständigen konzentrieren, weil Betriebsgründungen im Einzelhandel aus mikroökonomischer Perspektive als Anpassungsstrategien der Haushalte an veränderte institutionelle und sozioökonomische Rahmenbedingungen zu interpretieren sind. Wie zu sehen sein wird, läßt sich aus diesem Blickwinkel auch der Prozeß der Betriebsformendifferenzierung maßgeblich erklären, der in den Transformationsstaaten vollkommen anders als in Westeuropa abläuft. Darüber hinaus stellt sich die Frage nach der Standortwahl der neuen Betriebe, die in der Frühphase der Transformation ausschließlich den Wandel in der Standortstruktur des Einzelhandels prägten.

Politisch-administratives System

Mit der Aufgabe der Zentralverwaltungswirtschaft reduzieren sich die Steuerungsmöglichkeiten politisch-administrativer Gremien drastisch. Dabei bricht insbesondere der Einfluß zentralstaatlicher Planung zusammen, während lokale Steuerungsmechanismen aufgrund der Dezentralisierung staatlicher Entscheidungskompetenzen an Bedeutung gewinnen. Der Handlungsrahmen von kommunalen Politikern und Planern wird dabei maßgeblich von den auf nationaler Ebene verankerten institutionellen Rahmenbedingungen begrenzt. Nirgends kommt das Spannungsfeld zwischen nationalen Transformationsstrategien und lokalen Regulierungsmechanismen daher deutlicher zum Ausdruck als bei dieser Akteurgruppe. In Anlehnung an die bisherigen Ausführungen muß sich die Analyse der politisch-administrativen Gestaltung der Einzelhandelsentwicklung dabei auf drei Fragenkomplexe konzentrieren:

- Welche Planungs- und Entscheidungskompetenzen werden den Gemeinden im Zuge rechtlicher Reformen auf staatlicher Ebene zugesprochen, wie rasch gelingt der Aufbau kommunaler Planungsinstitutionen sowie die Entwicklung kommunaler Leitbilder der räumlichen Entwicklung (Bauleitplanung) und welche Ziele – z. B. Versorgungssicherung, Städtebau, Einnahmenmaximierung – werden mit der Einzelhandelsplanung verfolgt?
- Wie groß ist die Verfügbarkeit der Kommunen an Ladenlokalen zur Regulation des lokalen Immobilienmarktes und des räumlichen Bodenpreisgefüges, was sind die Zielsetzungen und Modalitäten, die bei der Vergabe dieser Ladenlokale zum Einsatz kommen und wie werden diese Modalitäten zwischen den beteiligten Akteuren (Politiker, Planer und Einzelhändler) „ausgehandelt"? Wie zu sehen sein wird, kommt diesem Punkt auch für die Privatisierung des Einzelhandels in Polen große Bedeutung zu.
- Was sind die kommunalen Leitlinien beim Umgang mit schattenwirtschaftlichen Handelsaktivitäten und in welchem Maße können diese Leitlinien durchgesetzt werden?

3.2.3 Interne Restrukturierung versus Internationalisierung

Der institutionelle Umbau und die Anpassungsstrategien der Akteure hierauf sind in ihrer Gesamtheit als Prozeß der „internen Restrukturierung" zusammenzufassen. Die kritische Auseinandersetzung mit transformationstheoretischen Ansätzen zeigte aber, daß Transformation auch von internationalen Prozessen beeinflußt wird. Gleichzeitig wurde erarbeitet, daß auch in Westeuropa aufgrund der Internationalisierungsstrategien von Einzelhandelskonzernen der Wandel lokaler und nationaler Einzelhandelsstrukturen nur unzureichend losgelöst von internationalen Prozessen analysiert werden kann. Gleiches gilt für die Transformationsstaaten Ostmitteleuropas, die als Absatzmärkte für international operierende Handelsunternehmen zunehmend interessant werden.

Untersuchungen zur Einzelhandelsentwicklung in den Reformstaaten müssen damit ein Spannungsfeld berücksichtigen, das mit „interner Restrukturierung" versus „Internationalisierung" beschrieben werden kann (vgl. Abb. 13). Dabei ergeben sich folgende Fragenkomplexe:

- In welchem Maße passen westeuropäische Handelsunternehmen ihre Markteintrittsstrategien an die nationalen, bzw. lokalen Rahmenbedingungen in den Reformstaaten an oder übertragen unmodifiziert ihre im Westen erprobten Marktbearbeitungsstrategien?
- Inwieweit ist der Markteintritt westeuropäischer Handelsunternehmen an bestimmte institutionelle und sozioökonomische Rahmenbedingungen geknüpft? Schlägt sich dies in einer zeitlich abgestuften und auch räumlich differenzierten Expansion unter-

Abb. 13: Transformation im Spannungsfeld von interner Restrukturierung und Internationalisierung

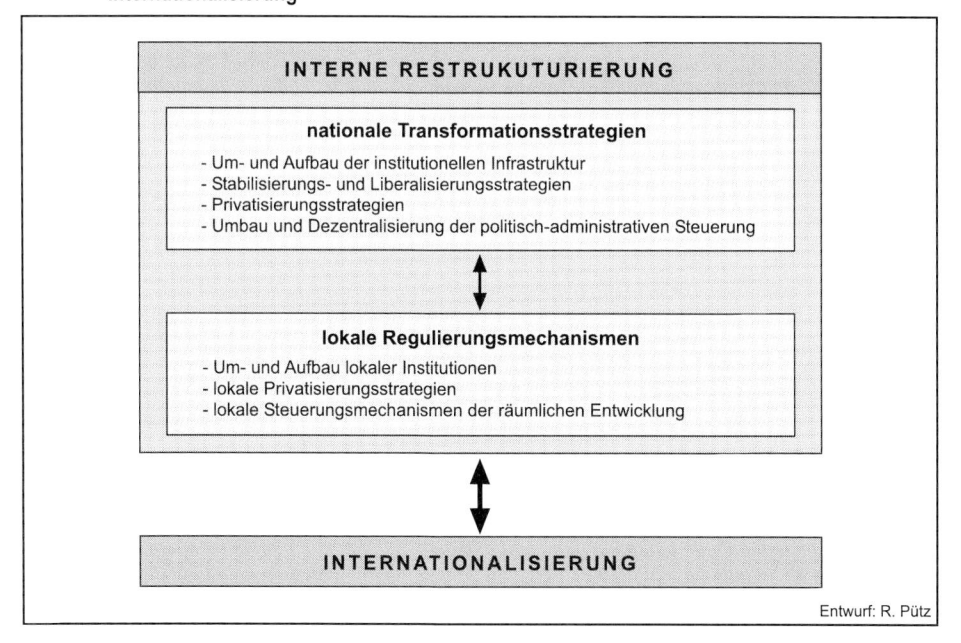

INTERNE RESTRUKUTURIERUNG

nationale Transformationsstrategien
- Um- und Aufbau der institutionellen Infrastruktur
- Stabilisierungs- und Liberalisierungsstrategien
- Privatisierungsstrategien
- Umbau und Dezentralisierung der politisch-administrativen Steuerung

↕

lokale Regulierungsmechanismen
- Um- und Aufbau lokaler Institutionen
- lokale Privatisierungsstrategien
- lokale Steuerungsmechanismen der räumlichen Entwicklung

↕

INTERNATIONALISIERUNG

Entwurf: R. Pütz

schiedlicher Betriebsformenkonzepte nieder und führt in der Konsequenz zu einer räumlich begrenzten „Modernisierung" des lokalen Einzelhandels?
- Welche Wechselbeziehungen bestehen zwischen „interner Restrukturierung" und „Internationalisierung", d. h. in welchem Maße prägt das Phänomen der institutionellen Lücke den Umfang des Markteintritts, führt der Markteintritt zu einer beschleunigten Institutionenbildung sowohl auf der politisch-administrativen Seite (nationale Gesetzgebung, kommunale Bauleitplanung) als auch auf seiten des einheimischen Einzelhandels (Interessenverbände) und zeigt der einheimische Einzelhandel Anpassungsreaktionen auf den Markteintritt westeuropäischer Handelsketten, z. B. durch Betriebsschließungen oder die Adaption westlicher Handelskonzepte?

3.2.4 Untersuchungsmethoden

Auf Grundlage der bisherigen Ausführungen, nach denen der Strukturwandel im Einzelhandel als das Ergebnis von Strategien der Akteure unter veränderten institutionellen und sozioökonomischen Rahmenbedingungen zu interpretieren ist, gliedert sich das weitere Vorgehen in zwei Analyseschritte.
1. Am Fallbeispiel Polens werden zunächst auf makroanalytischer Ebene die wichtigsten institutionellen und sozioökonomischen Rahmenbedingungen in der Transformation dargelegt und ihre Konsequenzen für die Einzelhandelsentwicklung auf nationaler Ebene untersucht (Kapitel 4). Dabei stehen vier Aspekte im Vordergrund:
   - Erstens wird der Umbau der institutionellen Infrastruktur in Polen untersucht, der im wesentlichen auf die nationalen Transformationsstrategien zurückzuführen ist und der den Handlungsrahmen für die Akteure auf lokaler Ebene bildet.
   - Zweitens werden die nachfragerelevanten Rahmenbedingungen der Einzelhandelsentwicklung diskutiert, die eng mit der wirtschaftlichen Entwicklung Polens und der Einkommensverteilung im Land korrespondieren.
   - Drittens werden die verfolgten Privatisierungsstrategien besprochen und – im Vergleich mit anderen Reformstaaten – ihre Konsequenzen für die Einzelhandelsstruktur durchleuchtet.
   - Viertens wird der Umfang des Gründungsgeschehens im Einzelhandel analysiert, wobei das Spannungsfeld zwischen einheimischen Geschäftsgründungen und dem Markteintritt internationaler Handelsketten im Vordergrund steht.

   Die makroanalytischen Untersuchungen auf gesamtpolnischer Ebene stützen sich vornehmlich auf Sekundärauswertungen des Autors: Bei den Untersuchungen zum Umbau der institutionellen Infrastruktur als Einfluß*faktor* handelt es sich um die Analyse von Gesetzestexten (insbesondere Verwaltungs-, Planungs- und Privatisierungsrecht); zur Analyse der Einzelhandelsentwicklung als *Prozeß* werden statistische Daten herangezogen.
2. Der zweite Analyseschritt befaßt sich am Beispiel Wrocław mit den Anpassungsstrategien der Akteure (Kapitel 5.1 und 5.2) und den Konsequenzen des Akteurhandelns für den Wandel der Standortstruktur im Einzelhandel (Kapitel 5.3). Die Fallstudie stützt sich auf Primärerhebungen, die der Autor 1995 und 1996 in Wrocław

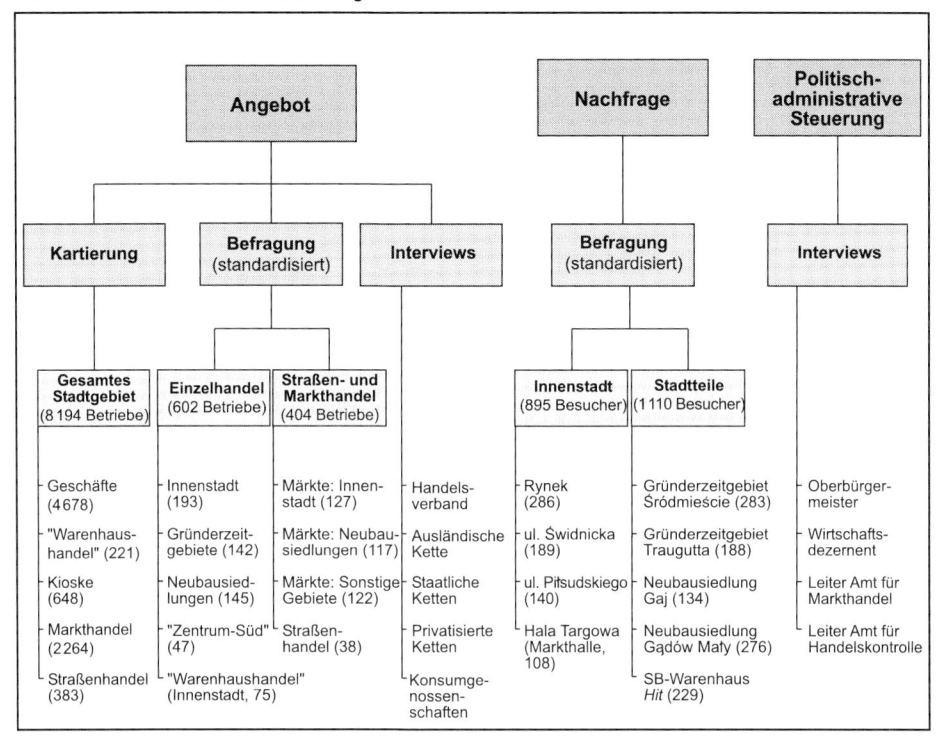

Abb. 14: Methoden zur Untersuchung des Strukturwandels im Einzelhandel von Wrocław

```
                          Angebot                          Nachfrage        Politisch-
                             |                                 |           administrative
         ┌───────────────────┼───────────────────┐             |             Steuerung
         |                   |                   |             |                 |
     Kartierung          Befragung           Interviews     Befragung         Interviews
                       (standardisiert)                  (standardisiert)
                             |                                 |
                     ┌───────┴────────┐              ┌─────────┴─────────┐
                 Einzelhandel    Straßen- und     Innenstadt         Stadtteile
                 (602 Betriebe)  Markthandel     (895 Besucher)    (1 110 Besucher)
   Gesamtes                     (404 Betriebe)
   Stadtgebiet
   (8 194 Betriebe)
```

Kartierung	Befragung Einzelhandel	Straßen- und Markthandel	Interviews	Befragung Innenstadt	Befragung Stadtteile	Interviews
Geschäfte (4678)	Innenstadt (193)	Märkte: Innenstadt (127)	Handelsverband	Rynek (286)	Gründerzeitgebiet Śródmieście (283)	Oberbürgermeister
"Warenhaushandel" (221)	Gründerzeitgebiete (142)	Märkte: Neubausiedlungen (117)	Ausländische Kette	ul. Świdnicka (189)	Gründerzeitgebiet Traugutta (188)	Wirtschaftsdezernent
Kioske (648)	Neubausiedlungen (145)	Märkte: Sonstige Gebiete (122)	Staatliche Ketten	ul. Piłsudskiego (140)	Neubausiedlung Gaj (134)	Leiter Amt für Markthandel
Markthandel (2264)	"Zentrum-Süd" (47)	Straßenhandel (38)	Privatisierte Ketten	Hala Targowa (Markthalle, 108)	Neubausiedlung Gądów Mały (276)	Leiter Amt für Handelskontrolle
Straßenhandel (383)	"Warenhaushandel" (Innenstadt, 75)		Konsumgenossenschaften		SB-Warenhaus *Hit* (229)	

durchführte (vgl. Abb. 14). Es handelt es sich dabei um Befragungen und Interviews, mit denen das Akteurhandeln als Einfluß*faktor* untersucht werden soll, und um Kartierungen, mit denen der Wandel der Angebotsstruktur als raumwirksamer *Prozeß* erfaßt und visualisiert werden soll.

Kartierungen

Anlaß der Kartierungen waren die Fragen
- ob und in welchem Ausmaß die Transformation im Einzelhandel solche „Modernisierungsprozesse" anstößt, wie sie den westeuropäischen Einzelhandel prägen und sich z. B. in einer zunehmenden Unternehmens- und Betriebskonzentration und einem Betriebsformenwandel niederschlagen,
- ob es zu einer Ausbildung „transformationsspezifischer" Betriebstypen kommt, die in dieser Form im westeuropäischen Einzelhandel nicht oder kaum existieren, sowie
- welche Auswirkungen dies auf den Wandel der Standortstruktur des Einzelhandels hat.

Zu diesem Zweck wurden in Wrocław im März 1995 und März 1996 alle Einzelhandelsbetriebe kartiert, die wichtigsten Strukturmerkmale des Einzelhandels (vgl. Tab. 11) *standortbezogen* erfaßt und die erhobenen Daten nach Gebiets- und Zentrentypen kategorisiert (vgl. Tab. 12, Tab. 13).

Tab. 11: Kartierte Strukturmerkmale des Wrocławer Einzelhandels

Kartierte Strukturmerkmale
• **Betriebsform:** In Anlehnung an die Betriebsformendefinition der BAG (vgl. Ausschuß... 1995): Fachgeschäfte, Fachmärkte, Kaufhäuser, Warenhäuser, Lebensmittelfachhandel, Lebensmittel-Discounter, Supermärkte, Verbrauchermärkte, SB-Warenhäuser (aus Zeitgründen nicht erfaßt wurden detaillierte „Handelskonzepte", die auch Zielgruppenorientierung, Verkaufsflächengestaltung u. a. umfassen müßten)   • **Betriebstyp:** In Ergänzung zur Betriebsform Differenzierung nach: stationärer Ladeneinzelhandel, stationärer Markthandel, stationäre Kioske und Verkaufsbuden, ambulanter Straßenhandel (mit und ohne Verkaufsstand), Warenhaushandel (Stände von Privatbetrieben, die Verkaufsflächen in großflächigen Einzelhandelsbetrieben untermieten)   • **Verkaufsfläche in m²**   • **Branche** (für die Auswertung zusammengefaßt zu Branchengruppen): Branchenschwerpunkt des Betriebs, nach Anteil des Kernsortiments an der Verkaufsfläche, bei großflächigen Einzelhandelseinrichtungen gesonderte Erfassung des Anteils der Lebensmittelbranche (aus Zeitgründen nicht erfaßt wurden die Angebotstiefe und -breite sowie das Preisniveau)

Tab. 12: Erfaßte Viertelstypen im Wrocławer Einzelhandel

Erfaßte Viertelstypen
• Innenstadtlage   • Viertel gründerzeitlicher Mietskasernen   • Großwohnsiedlung   • Dorfgebiet   • Einfamilienhaussiedlung   • sonstiges Wohngebiet   • Gewerbegebiet   • nichtintegrierte Lage

Um die Veränderungen seit 1990 zu belegen, konnte auf Materialien der Wrocławer Stadtverwaltung zurückgegriffen werden. Als Grundlage für die Privatisierung des sozialistischen Handels und zur Evaluation der Privatisierungserfolge hatte das Wirtschaftsdezernat im April 1990 und September 1992 alle Geschäfte aufgelistet, die vor Einsetzen der kleinen Privatisierung von staatlichen oder genossenschaftlichen Handelsunternehmen betrieben wurden oder deren Ladenlokale sich in kommunalem Eigentum befanden. Erfaßt wurden die Branche, die Verkaufs- und Geschäftsfläche, der Eigentümer des Ladenlokals und die Geschäftsadresse (Urząd... 1990, 1993, zu Lücken bei den kommunalen Betriebserhebungen vgl. Kapitel 5.1).

Befragungen und Interviews

Die Anpassungsstrategien der lokalen Akteure wurden durch standardisierte Befragungen und qualitative Interviews ermittelt (vgl. Abb. 14):
• Die standardisierten Befragungen dienten erstens der Frage, ob sich das Einkaufsverhalten der Konsumenten im Transformationsprozeß wandelt. Zu diesem Zwecke wurden zwei Fragebögen erstellt, von denen sich einer an Passanten in den Hauptgeschäftsstraßen der Innenstadt und der Stadtteilzentren in den Gründerzeit- und Großwohngebieten richtete (vgl. Anhang) und der andere für die Besucher großer

Tab. 13: Erfaßte Zentrentypen im Wrocławer Einzelhandel

Erfaßte Zentrentypen	Dichte[1]	Anzahl[2]
Hauptgeschäftszentrum	> 80 %	> 100
Nebengeschäftszentrum	> 50 %	> 50
Geschäftsstraße	> 25 %	> 10
kleine Geschäftskonzentration	-	> 4
Streulage	-	< 4

[1] Gebäude mit zentralörtlichen Einrichtungen/alle Gebäude
[2] Anzahl der Geschäfte

Einkaufsstätten (Warenhäuser, Märkte, SB-Warenhaus) konzipiert worden war. Durch die Befragungen in verschiedenen Einkaufsstätten sollte auch untersucht werden, ob ein unterschiedliches Nachfrageverhalten in „traditionellen", transformationsspezifischen und „modernen" Betriebstypen des Einzelhandels besteht. Nach einem Pretest im April führten zwölf durch den Autor geschulte einheimische Befragerinnen und Befrager im August 1995 die Erhebungen durch, wobei die Methode der systematischen Zufallsauswahl angewendet wurde. Außerdem wurden Passanten- und Kundenfrequenzen in den wichtigsten Wrocławer Einkaufsstraßen und Einkaufsstätten erhoben.

Zweitens wurden zur gleichen Zeit standardisierte Betriebsbefragungen durchgeführt, die sich an den Ladeneinzelhandel (vgl. Anhang) und an die transformationsspezifischen Betriebstypen Markthandel und Warenhaushandel richteten. Wie auch die Befragungen zur Nachfragesituation fanden die Betriebsbefragungen in den dominierenden Standortlagen des Einzelhandels statt, nämlich der Innenstadt, den Gründerzeitgebieten und den Großwohngebieten. Die Fragen konzentrierten sich auf das Gründungsgeschehen im einheimischen Einzelhandel und die Entwicklungsperspektiven der unterschiedlichen Betriebstypen, Betriebsformen und Standortlagen im marktwirtschaftlichen Wettbewerb.

- Die Interviews führte der Autor im März 1996 durch, wobei ein polnischer Dolmetscher zur Klärung komplizierter Sachverhalte und zur präzisen Frageformulierung hinzugezogen wurde. Die Interviews dienten der Erfassung unternehmerischer Anpassungsstrategien unter marktwirtschaftlichen Wettbewerbsbedingungen. Hierzu wurden die Vertreter der größten Wrocławer Einzelhandelsunternehmen befragt, wobei das Ziel, jedes der in Polen eingesetzten Privatisierungsverfahren und alle vertretenen Betriebsformen des westeuropäischen Einzelhandels abzudecken, aufgrund von Gesprächsverweigerungen nur eingeschränkt erreicht werden konnte (vgl. Tab. 14). Vom vormals größten Einzelhandelskonzern, *PSS Społem*, wurden vier Nachfolgeunternehmen interviewt, um – bei ähnlichen Ausgangssituationen – die Rolle unterschiedlicher Unternehmerpersönlichkeiten für den erfolgreichen Übergang in die Marktwirtschaft zu analysieren. Zur Erfassung der Institutionenbildung im Einzelhandel wurde der Präsident des örtlichen Handelsverbandes befragt. Interviews mit einheimischen Geschäftsgründern, die deren Gründungsmotive und Standortwahl genauer durchleuchten können als standardisierte Befragungen, konn-

Tab. 14: Interviewpartner zur Erfassung unternehmerischer Anpassungsprozesse im Transformationsprozeß

Unternehmenssektor		Unternehmen	Position*	Datum
Privatisierte staatliche Unternehmen	Kapitalprivatisierung	DT Centrum S.A.	Management	8.3.1996
		Ruch S.A.	Direktion Niederschlesien	12.3.1996
		P.H.S. S.A.	Direktion Niederschlesien	4.3.1996
	Privatisierung durch Liquidation	Domar	Management	?.8.1995
Konsumgenossenschaften		PSS Południe	Management	28.2.1996
		PSS Północ	Management	5.3.1996
		PSS Feniks	Management	29.2.1996
		PSS Astra	Management	28.2.1996
ausländische Handelsketten		Hit (Dohle-Gruppe)	Geschäftsführung	29.2.1996
Markthallen		Goliat	Inhaber	4.3.1996
Einzelhandelsverbände		Zrzeszenie Prywatnego Handlu i Usług	Präsident	12.3.1996

* auf Wunsch der Befragten anonymisiert

ten aus Kostengründen nicht geführt wurden – gleiches gilt für qualitative Befragungen von Konsumenten zu deren Antizipation des Wandels im Einzelhandel beim Übergang in die Marktwirtschaft. In diesen Bereichen besteht für die Zukunft noch weiterer Forschungsbedarf.

Auf der politisch-administrativen Seite dienten die Interviews zur Analyse der Zielsetzung, der Art und dem Maß der politisch-administrativen Steuerung im Wrocławer Einzelhandel. Das Ziel „Expertengespräche", verkehrte sich hierbei allerdings zuweilen ins Gegenteil. Häufig sah sich der Autor bei den Befragungen in die Rolle des „Experten" versetzt, der Auskunft über Möglichkeiten der Einzelhandelssteuerung und „Gefahren" durch großflächige Betriebsformen in nichtintegrierten Lagen geben sollte. Daß sich hierdurch Rückkopplungen im Sinne des „action research" ergeben ist anzunehmen: Die Ergebnisse der vorliegenden Arbeit und die erhobenen Daten werden der Stadtverwaltung als Grundlage für die Ausarbeitung eines Leitbildes für die Entwicklung des Einzelhandels dienen.

4 Bedeutung nationaler Transformationsstrategien für die Einzelhandelsentwicklung. Beispiel Polen

4.1 Neue Rahmenbedingungen der Einzelhandelsentwicklung

Mit dem Übergang Polens von der Zentralverwaltungs- zur Marktwirtschaft ändern sich die handelsexogenen Rahmenbedingungen der Einzelhandelsentwicklung. Das Ausmaß dieser Veränderungen ist dabei zunächst wesentlich auf die polnische Transformationsstrategie zurückzuführen, die von der politischen Nomenklatura auf nationaler Ebene entworfen wurde und wesentlich unter dem Einfluß westlicher Berater stand. Nach den Vorüberlegungen in Kapitel 3.1.2 stellt sich dabei die Frage nach der praktischen Relevanz der Theorien zur „optimalen" Transformationspolitik.

Zur Prüfung der These, daß Transformation nicht als kontinuierliche Modernisierung verläuft, sondern in erheblichem Maße durch zeitliche Diskontinuitäten geprägt wird, stehen im folgenden zunächst die Sequenzierung der Reformschritte in Polen und ihre Konsequenzen für den Transformationsverlauf im Vordergrund. Nach dieser Analyse der „zeitlichen" Gebundenheit von Transformation soll die „räumliche" Verankerung der Wandlungsprozesse untersucht werden, die insbesondere auf Dezentralisierungsstrategien innerhalb des politisch-administrativen Systems zurückzuführen sind. Abschließend werden Veränderungen in der sozioökonomischen Situation der Haushalte als wichtigster nachfrageinduzierter Wandel von Rahmenbedingungen der Einzelhandelsentwicklung beleuchtet.

4.1.1 Transformationsstrategie Polens: Entwurf, Krise und Konsolidierung

Anfänge der Demokratisierung und Liberalisierung

Polen nimmt unter den ostmitteleuropäischen Ländern eine Sonderstellung ein, weil es einen „evolutionären Übergang" (JUCHLER 1995: 80) zum Transformationsprozeß durchlief. Es war nämlich das besondere Merkmal Polens, daß die ersten Reformstrategien für den Weg in die Marktwirtschaft zwischen der kommunistischen Regierung und der Opposition ausgehandelt worden waren.

Grundlage hierfür bildeten die „Gespräche am Runden Tisch", die in Reaktion auf die tiefe wirtschaftliche Krise und die instabile politische Situation im Frühjahr 1989 stattfanden. Der Erfolg dieser Verhandlungen lag hauptsächlich im Konsens, der über politische Reformen erzielt wurde. Bei grundlegenden wirtschaftspolitischen Fragen

Tab. 15: Ergebnisse der Verhandlungen am „Runden Tisch" zwischen Solidarność und Regierung

Politische Reformen:
- Wiederzulassung der Gewerkschaft Solidarność.
- Einrichtung eines Präsidentenamtes mit weitreichenden Vollmachten.
- Einrichtung eines Senats (am 4.6.1989 frei gewählt).
- Festlegung regulierter Sejmwahlen (4./18.6.1989); der kommunistischen Regierung werden 65 %, der Opposition 35 % der Sitze zugeteilt.

Wirtschaftspolitik:
- Schrittweise Freigabe der Lebensmittelpreise (Vollendung am 1.7.1989).
- Indexierung von Lohnsteigerungen auf 80 % der Inflationsrate.

kam es demgegenüber nicht zu einer Einigung (PYSZ und QUAISSER 1989: 178). Die politischen Vereinbarungen zwischen Gewerkschaft und Regierung sahen vor, daß zunächst nur schrittweise demokratische Prinzipien eingeführt werden sollten (vgl. hierzu detaillierter KALLAS 1993). So wurde die Sitzverteilung des Sejm vor den Wahlen zugunsten der kommunistischen Parteien festgelegt, lediglich die Mitglieder des Oberhauses (Senat) konnten frei gewählt werden (vgl. Tab. 15). Die Wahlen im Juni wurden für die kommunistischen Parteien jedoch zum Fiasko. Dies wertete die Gewerkschaftsbewegung Solidarność als neue politische Kraft erheblich auf und vergrößerte durch den Machtzuwachs der Opposition die politische Instabilität im Land (vgl. Tab. 16).

Diese Probleme bei den ersten Demokratisierungsversuchen wurden von einer Verschlechterung der wirtschaftlichen Lage begleitet. So hatte schon die kommunistische Regierung *RAKOWSKI* im Juli 1989 die Lebensmittelpreise freigegeben, die sich nach Wegfall der Subventionen schlagartig verdoppelten. Aufgrund des Drucks der Solidarność wurden aber gleichzeitig die Lohnerhöhungen an die Preissteigerungen gekoppelt. Folge war eine Hyperinflation von 344 % (1989). Da die Reallöhne in der gleichen Zeit mit 386 % noch stärker stiegen, wuchs der schon zuvor hohe Nachfrageüberhang weiter an. Infolge der Inflation sank gleichzeitig der Wert der Spareinlagen. Dies führte zu einer Flucht in ausländische Währungen und in Sachwerte, die überwiegend in der Schattenwirtschaft erworben wurden.

Infolge dieser politischen und wirtschaftlichen Krisen sank die Legitimität der kommunistischen Regierung, woran sie letztlich scheiterte: Am 20. August 1989 wurde schließlich mit Tadeusz *MAZOWIECKI* der erste nichtkommunistische Ministerpräsident Polens nach dem Zweiten Weltkrieg berufen.

Tab. 16: Politische Entwicklung in Polen, 1989

- **Juni:** Wahlniederlage für die Regierungskoalition. Im Senat fallen 99 % der Sitze an die Solidarność, für die Wahlen im Sejm erhalten nur 2 Abgeordnete der Regierung die notwendige Mehrheit.
- **Juli:** Rücktritt der kommunistischen Regierung *RAKOWSKI*. General *JARUZELSKI* wird von der Nationalversammlung zum Präsidenten gewählt; die Solidarność stellte keinen Gegenkandidaten.
- **August:** Der neue Ministerpräsident *KISZCZAK* erklärt nach wenigen Tagen seinen Rücktritt, da ihm die Bildung einer Koalition mit der Solidarność nicht gelang.
- **September:** Unter Führung des Solidarność-Redakteurs *MAZOWIECKI* wird eine All-Parteien-Regierung gegründet, der mit dem Vizepremier und Finanzminister *BALCEROWICZ* acht Minister der Solidarność, vier der Kommunisten (PZPR), vier der Bauernpartei (ZSL) und zwei der Demokratischen Partei (SD) angehören.

Polens Transformationsstrategie: Das BALCEROWICZ-Programm

Nach dem Zusammenbruch des sozialistischen Gesellschaftssystems stellte sich das Problem, eine neue gesellschaftspolitische Zielvorstellung zu finden. Die Hinwendung zur Marktwirtschaft war hier nur ein grobes Ziel. Der gesellschaftspolitische Umbau erforderte es jedoch, konkrete Wegweiser für die Transformation zu schaffen, wobei verschiedene Optionen bestanden, den Systemwechsel zu bewältigen (vgl. Kapitel 3.1.2)

Die Transformationsstrategie Polens war „im Vergleich zu den anderen osteuropäischen Ländern durch ein außergewöhnliches Verhältnis zwischen politischem und wirtschaftlichem Umbau gekennzeichnet" (JUCHLER 1995: 81): Auf der einen Seite blieb die politische Veränderung nach wie vor nur gering, weil den kommunistischen Parteien in einem „politischen Pakt" weiterhin wichtige Ministerien überlassen wurden (vgl. auch RÜB 1994). Auf der anderen Seite wurde ein radikaler wirtschaftlicher Wandel zur Marktwirtschaft vollzogen, der – dem Leitbild der Schocktherapie folgend – durch einen schlagartigen institutionellen Umbau konsolidiert werden sollte. Hierfür wurde ein Paket verschiedener Reformgesetze erlassen.

Die Gesetze dieses nach dem polnischen Finanzminister benannten „BALCEROWICZ-Programms" wurden bereits kurz nach Amtsantritt der neuen Regierung vorbereitet und im Dezember 1989 vom Sejm mit großer Mehrheit angenommen. Sie traten am 1. Januar 1990 in Kraft. Das Programm, welches maßgeblich von den Stabilitätsprogrammen des Internationalen Währungsfonds beeinflußt wurde, war stark monetaristisch geprägt, d. h. die harte Anti-Inflationspolitik war seine Kernaufgabe. Dies ist nicht zuletzt darauf zurückzuführen, daß der IWF seine Unterstützungszahlungen (1 Mrd. Dollar Stabilitätsfonds und Umschuldungen) von entsprechend gestalteten Stabilitätsprogrammen abhängig machte (QUAISSER 1992: 6). Das Reformprogramm folgte im wesentlichen den Empfehlungen westlicher Politikberater (darunter v. a. Jeffrey SACHS 1990 und 1993), trug stark neoklassische Züge und „verzichtete weitgehend auf soziale Elemente" (QUAISSER 1990: 12). Begleitet wurde es von einer weitreichenden Verfassungsänderung (28.12.1989), die mit der Garantie privater Eigentumsrechte und der Garantie der freien Parteienbildung wichtige institutionelle Grundlagen einer marktwirtschaftlichen Wirtschaftsordnung herbeiführte. Zu den Kernelementen des *BALCEROWICZ*-Programms zählten (vgl. QUAISSER 1990, KUSS 1992, WELFENS 1993, SOLTYS 1995):

- Institutionelle Reformen, nämlich vollständige Liberalisierung unternehmerischer Aktivitäten, rechtliche Gleichstellung staatlichen, genossenschaftlichen und privaten Eigentums sowie Garantie privater Eigentumsrechte.
- Preis- und Außenhandelsliberalisierungen, nämlich Freigabe fast sämtlicher Preise im Konsumgütersektor (97 % des Warenwertes), Anhebung der staatlich kontrollierten Preise im Produktionsgütersektor (Kohle, Elektrizität...) sowie partielle Außenhandelsliberalisierung und Senkung der Importzölle.
- Geld- und Zinspolitik, nämlich hohe Zinsen, die über der Inflationsrate lagen (Ziele: Wertaufbewahrungsfunktion des Złoty erhöhen, Geldmenge begrenzen), starke Abwertung des Złoty sowie Einführung eines stabilen und einheitlichen Wechselkurses.
- Einkommenspolitik durch prohibitive Lohnwachstumssteuer, wonach der Lohnanstieg im staatlichen Sektor nur 20 % der Inflationsrate betragen durfte, Lohnerhö-

hungen, die über diesem Wert lagen, mit 500 % besteuert wurden und Lohnanhebungen nur bei gleichzeitigem Stellenabbau zulässig waren[29].

Außer den Reformen des BALCEROWICZ-Programms zählte die Dezentralisierung zu den Strategiebausteinen, die in Polen hohe Priorität genossen. So wurde mit der Verabschiedung des „Gesetzes über territoriale Selbstverwaltung" im Mai 1990 frühzeitig die kommunale Selbstverwaltung eingeführt, die zwei Jahre später mit Verabschiedung der „kleinen Verfassung" sogar in Verfassungsrang erhoben wurde (Artikel 70 kV). Den Kommunen wurden hiermit wesentliche Entscheidungsbefugnisse bei den Reformen übertragen. Diese Regionalisierungsstrategie der Regierung führte dazu, daß Transformation als Prozeß auf der lokalen Ebene angestoßen wurde. Der gesamte Prozeß des Systemwechsels gewann damit erheblich an Komplexität – einerseits in praktischer Hinsicht, weil er eine vermehrte Koordination zwischen den politisch-administrativen Hierarchien erforderte, andererseits aus wissenschaftlicher Perspektive, weil Erklärungszusammenhänge für Transformationsphänome zunehmend jenseits nationaler Transformationsstrategien gesucht werden müssen.

Transformationskrise zwischen 1990 bis 1993

Mit der „Schocktherapie" BALCEROWICZs wurde ein Prozeß in Gang gesetzt, dessen Steuerung sich als ausgesprochen schwierig herausstellte. Zunächst beeinflußte das Reformprogramm die wirtschaftliche und soziale Entwicklung des Landes. Sein Erfolg lag darin, innerhalb kürzester Zeit einen marktwirtschaftlichen Ordnungsrahmen unwiderruflich implementiert zu haben. Zudem gelang es bereits nach wenigen Monaten, eine relativ ausgewogene Versorgungslage herzustellen und die Warteschlangen vor den Geschäften verschwinden zu lassen. Erreicht wurde dies jedoch mit Preiserhöhungen und einem Abbau der Realeinkommen der Bevölkerung, was mit einem deutlichen Nachfragerückgang einherging – durchaus das Ziel der Reformstrategie. Das Reformprogramm hatte aber weitaus stärkere stagflatorische Folgen als beabsichtigt: Der Rückgang der aggregierten Nachfrage nach Konsum- und Investitionsgütern führte zu einem Nachfrageschock mit einem starken Produktionseinbruch und einem in der Folge rasch sinkenden Bruttoinlandsprodukt (vgl. Tab. 17).

Trotz der verschlechterten wirtschaftlichen Situation der polnischen Haushalte blieben öffentliche Proteste in den ersten Monaten nach Inkrafttreten des BALCEROWICZ-Programms aus. Auch bei den Unternehmen bestand die Überzeugung, daß der Anpassungsschock nur kurzfristig sei und mit einem baldigen Aufschwung einhergehe, womit der zu Beginn nur sehr geringe Arbeitsplatzabbau zu erklären ist. Erst im Sommer 1990 kam es zu vermehrten Konflikten, weil unklar blieb, wie lange die sozialen Kosten der Reformen noch getragen werden müßten. Vor allem unter den Arbeitern, Bauern und deren Gewerkschaftsorganisationen wuchs die Unzufriedenheit mit den restriktiven Reformmaßnahmen.

---

[29] Bis Oktober 1992 wurde der Indexierungskoeffizent für die Lohnzuwachssteuer von der Regierung monatlich bestimmt, was zu ständigen Schwankungen führte. So wurde die reale Zuwachsrate im Frühjahr 1989 auf 80 % der Inflationsrate festgelegt, im Herbst 1989 auf 20-30 % reduziert und im Herbst 1990 wieder auf 60 % angehoben. Überschreitungen der so berechneten Lohnnormen um mehr als 3 % zogen 1990 eine Steuerzahlung von 500 % für diesen Lohnanteil nach sich. Am 1. April 1994 wurde die Lohnzuwachssteuer abgeschafft (vgl. hierzu detaillierter GRADALSKI und WEISS 1995, MÜLLER 1995).

Tab. 17: Wirtschaftliche und soziale Entwicklung Polens, 1989-1996

	(alle Angaben in %)								
	1989	1990	1991	1992	1993	1994	1995	1996	1997
BIP (Veränderung zum Vorjahr)	0,2	-11,6	-7,0	2,6	3,8	5,2	7,0	6,1	6,9
Arbeitslosenrate	-	6,5	12,2	14,3	16,4	16,0	14,9	13,2	10,5
Verbraucherpreiszunahme (Inflationsrate)	251,1	585,8	70,3	43,0	35,3	32,2	27,8	19,9	14,9
Reallöhne (Veränderung zum Vorjahr)	9,0	-24,4	-0,3	-2,7	-2,9	0,5	3,0	5,7	6,8
Anteil des privaten Sektors am BIP (in %)	-	30,9	42,1	50,5	52,1	-	-	-	-

Quellen: GUS 1994b; GUS 1998: 18f., Paiz 1997: 1

Die politischen Konflikte über den weiteren wirtschaftspolitischen Kurs verschärften sich während des Präsidentschaftswahlkampfes im Herbst 1990 und spalteten schließlich die Solidarność. Gewerkschaftsführer WAŁĘSA forderte als Zugeständnis an die soziale Lage der Arbeiter einen gemäßigteren Reformkurs. Das Regierungslager um MAZOWIECKI beharrte dagegen auf der Richtigkeit der „harten" Transformationsstrategie und vertraute auf die Einsicht und Geduld der Bevölkerung. Dies erwies sich als eine Fehleinschätzung, wie die deutliche Wahlniederlage MAZOWIECKIs bei den Präsidentschaftswahlen zeigte.

Trotz der Niederlage MAZOWIECKIs änderte sich die wirtschaftspolitische Strategie kaum, nicht zuletzt, um die guten Beziehungen zum Westen nicht zu belasten. Der restriktive Kurs wurde beibehalten; BALCEROWICZ blieb trotz mehrerer Regierungsumbildungen bis Dezember 1991 Finanzminister und dominierte die polnische Wirtschaftspolitik. In der Folge wuchsen die Konflikte innerhalb der Solidarność, und auch die sozialen Spannungen nahmen deutlich zu, was die wachsende Zahl von Streiks zeigte.

Auch die Sejmwahlen im Herbst 1991 konnten die politische Lage in Polen nicht stabilisieren. Im Gegenteil: Da auf die Einführung von Prozentklauseln verzichtet worden war, zogen 29 Parteien in das polnische Parlament ein, darunter viele populistische Gruppierungen wie die „Polnische Partei der Bierfreunde". Die instabile politische Lage, die sich in zahlreichen Regierungs- und Koalitionswechseln niederschlug (vgl. Tab. 18) verschlechterte sich noch aufgrund der anhaltenden wirtschaftlichen Probleme:

Die Reallöhne der Haushalte sanken bis 1993 weiter. Gleichzeitig kletterte die Arbeitslosenquote bis 1993 auf über 16 % (vgl. Tab. 17). Auch die Privatisierungsergebnisse blieben weit hinter den Erwartungen zurück: Trotz der frühen Verabschiedung des Privatisierungsgesetzes im Juli 1990 wurde drei Jahre später noch knapp die Hälfte des BIP vom staatlichen Sektor erwirtschaftet. Lediglich die „kleine Privatisierung" der Dienstleistungs- und Handwerksbetriebe verlief überaus erfolgreich (vgl. Kapitel 4.2). Der Vertrauensvorschuß der untereinander zerstrittenen Solidarność-Parteien war aufgrund der zunehmenden Unzufriedenheit der Bevölkerung mit ihrer sozialen Lage ver-

Tab. 18: Politische Entwicklung in Polen, 1990-1993

- **Januar 1990**: Auflösung der kommunistischen Partei (PZPR) und Gründung der Nachfolgepartei „Sozialdemokratische Partei Polens" (SDRP) mit Aleksander KWAŚNIEWSKI als Vorsitzenden. Umbenennung der ehemaligen Blockpartei ZSL in die Bauernpartei PSL.
- **10. Mai 1990**: Verabschiedung des „Gesetzes über territoriale Selbstverwaltung", welches die kommunale Selbstverwaltung einführt und den Gemeinden wichtige Entscheidungsbefugnisse überträgt.
- **27. Mai 1990**: Kommunalwahlen. Bei einer Wahlbeteiligung von 42 % entfallen 41 % der Stimmen auf Mitglieder des Bürgerkomitees Solidarność, 40 % auf Unabhängige oder Einzelkandidaten, 6 % auf die Bauernpartei (PSL), 1,7 % auf die Demokratische Partei (SD) und 0,3 % auf die postkommunistische Partei SDRP.
- **Sommer 1990**: Zunehmende Spannungen innerhalb der Solidarność, vor allem zwischen der Regierung um MAZOWIECKI und der als Nebenregierung auftretenden „Zentrale des Bürgerkomitees" um Lech WAŁĘSA in Gdańsk/Danzig. Zahlreiche Regierungsumbildungen.
- **November/Dezember 1990**: Bei den ersten freien Präsidentschaftswahlen Polens setzt sich Lech WAŁĘSA gegen MAZOWIECKI und den Exilpolen TYMIŃSKI durch.
- **Dezember 1990**: Rücktritt der Regierung MAZOWIECKI als Folge der Niederlage bei den Präsidentschaftswahlen.
- **Januar 1991**: Jan BIELECKI wird neuer Ministerpräsident.
- **27. Oktober 1991**: Die ersten freien Sejmwahlen bringen keine klaren Mehrheiten. Bei nur 43 % Wahlbeteiligung und fehlender Prozentklausel sind im neuen Sejm 29 Parteien vertreten. Stärkste Parteien mit je 12 % werden die Demokratische Union MAZOWIECKIs und das Wahlbündnis SLD mit der postkommunistischen SDRP als dominierende Kraft. Gemeinsam mit der ehemaligen Blockpartei PSL erreichen die Exponenten des sozialistischen Systems damit knapp 20 % der Stimmen. Die in acht Nachfolgeparteien zersplitterte Solidarność verliert maßgeblich an Gestaltungskraft.
- **Dezember 1991**: Jan OLSZEWSKI wird Ministerpräsident einer Minderheitsregierung, die von fünf aus der Solidarność hervorgegangenen Parteien getragen wird. Erstmals gehört der ehemalige Finanzminister BALCEROWICZ nicht mehr der Regierung an, sein wirtschaftspolitischer Reformkurs wird jedoch weitgehend fortgeführt.
- **Juni 1992**: Sechs Monate nach seinem Amtsantritt stürzt die Regierung OLSZEWSKI durch Mißtrauensvotum aufgrund wachsender Differenzen zwischen Kabinett und Präsident WAŁĘSA, zahlreicher Ministerrücktritte und der zunehmenden wirtschaftlichen Schwierigkeiten des Landes. Mit Waldemar PAWLAK wird ein Mitglied der ehemaligen Blockpartei PSL auf Vorschlag WAŁĘSAs neuer Ministerpräsident.
- **Juli 1992**: Nach erfolglosen Koalitionsgesprächen tritt PAWLAK zurück. Hanna SUCHOCKA wird Ministerpräsidentin einer Mitte-Rechts-Koalition aus sieben Parteien, die aus der Solidarność-Bewegung hervorgingen.
- **Oktober 1992**: Verabschiedung der „kleinen Verfassung", welche die sozialistische Verfassung teilweise aufhebt. Wichtigste Inhalte sind die Gewaltenteilung (Sejm und Senat als Legislative, Präsident und Ministerrat als Exekutive, unabhängige Gerichte als Judikative), Erweiterung der Kompetenzen des Staatspräsidenten, Erhebung der territorialen Selbstverwaltung in Verfassungsrang.
- **Mai 1993**: Nach einem Mißtrauensantrag der Solidarność-Parteien wegen Differenzen mit dem Kabinett um die Wirtschaftspolitik stürzt die Regierung SUCHOCKA.
- **19. September 1993**: Die Neuwahlen zum Sejm führen zu einem Linksrutsch. Bei einer Wahlbeteiligung von 52 % gewinnen die postkommunistischen Wahlbündnisse SLD (20 %) und PSL (15 %). Von den Solidarność-Parteien schafft nur die UD den Sprung über die 5 %-Hürde.
- **Oktober 1993**: Waldemar PAWLAK (PSL) wird Ministerpräsident einer Koalition aus PSL und SLD, die zusammen über eine absolute Mehrheit im Parlament verfügen.

spielt. Bei den vorgezogenen Parlamentswahlen im Juli 1993 errangen die postkommunistische SLD und die ehemalige Blockpartei PSL einen deutlichen Wahlsieg und stellten seitdem bis 1997 die polnische Regierung.

Erholung von der Transformationskrise und wachsende Konsolidierung von 1993 bis 1997

1992 erzielte Polen als erstes der ostmitteleuropäischen Reformländer ein steigendes Bruttoinlandsprodukt. Mit Werten um 5 % weist das Land seitdem eine der höchsten Wirtschaftswachstumsraten in Europa auf und gilt für viele Beobachter mittlerweile als

„Tiger" unter den Reformstaaten[30]. Die positive wirtschaftliche Entwicklung ging dabei zunächst aber nicht mit einem Wachstum der Realeinkommen der Bevölkerung einher, so daß die materielle Situation der polnischen Haushalte auch 1996 immer noch schlechter war als vor Beginn des Umbruchs (vgl. Tab. 17, S. 83). Erst die realen Einkommensgewinne von mehr als 5 % im Jahr 1996 sprechen dafür, daß Polen in eine Phase des Wirtschaftswachstums eintritt, in der auch die Bevölkerungsmehrheit vom wirtschaftlichen Aufschwung materiell profitiert.

Die Gründe für das wirtschaftliche Wachstum sind nicht eindeutig zu benennen. Einerseits wandte Polen als erstes der Reformländer die radikale Schocktherapie an und verzeichnete gleichzeitig am frühsten ein wirtschaftliches Wachstum. Die meisten Beobachter schließen hieraus, daß das Festhalten am BALCEROWICZ-Programm der Grundstein für den wirtschaftlichen Aufschwung gewesen sei und sich dieses trotz der krisenhaften Entwicklungen doch als „richtiges" Reformprogramm erwiesen habe. Andererseits weisen andere Autoren (z. B. JUCHLER 1995) aber zu Recht darauf hin, daß darüber hinaus „die sprichwörtliche polnische Anpassungsfähigkeit" (91) einen bedeutsamen Anteil am Wirtschaftswachstum hatte. Schon im Sozialismus sind nämlich die für Polen typischen „geringen Steuerungskapazitäten auf dem gesellschaftlichen Makroniveau" durch „ausgeprägte Adaptionsfähigkeiten auf dem Mikroniveau" teilweise kompensiert worden (80). Der ausgeprägte schattenwirtschaftliche Sektor ist hierfür ein Beispiel (vgl. Kapitel 2.2.2.4). Daß die adaptiven Prozesse auf dem Mikroniveau in der Tat besonders erfolgreich waren, zeigen nicht zuletzt die im Transformationsprozeß umfangreichen wirtschaftlichen Aktivitäten in der Schattenwirtschaft, die – wie auch die Fallstudie belegen wird – für viele Menschen ein Sprungbrett in die spätere legale Tätigkeit war. Auf die Überführung der Schattenwirtschaft in den legalen Sektor, die sich im Einzelhandel seit 1993 erheblich beschleunigte, ist zweifellos ein Teil des wirtschaftlichen Aufschwungs Polens zurückzuführen. Letztlich stellt sich hier die Frage, wie eine auf nationaler Ebene entworfene Strategie das Handeln der Akteure beeinflußt, die später auf lokaler Ebene zu untersuchen ist.

Unbestritten ist, daß der Motor des polnischen Wirtschaftswachstums in der außerordentlich dynamischen Entwicklung des privaten Sektors liegt, der in steigendem Maße Unternehmensgewinne realisiert und diese zu großen Teilen investiert. Das Wachstum des privaten Sektors ist vornehmlich das Ergebnis von Neugründungen kleiner und mittlerer Unternehmen. Die Liberalisierung der Unternehmenstätigkeit als ein zentraler Reformbaustein kann damit als außerordentlich erfolgreich bezeichnet werden. Außerdem tragen die ausländischen Direktinvestitionen zum wirtschaftlichen Wachstum bei. Vor allem seit 1994 ist ein sprunghaftes Ansteigen der Direktinvestitionen zu verzeichnen, was auf folgende miteinander verbundene Faktoren zurückzuführen ist (vgl. auch PÜTZ 1998):

- Nach Jahren häufiger Regierungswechsel ist mit der Machtübernahme der postkommunistischen Parteien, die 1994 ein Bekenntnis zur Fortführung der marktwirtschaftlichen Reformen ablegten, eine gewisse politische Stabilität eingetreten.
- Im Rechtssystem schritt der institutionelle Umbau voran, was die Rechtssicherheit für ausländische Investitionen erhöhte. Hierzu trug auch das Assoziierungsabkom-

---

[30] vgl. „Hoffen auf ein Wohlstandswunder" (Die Zeit vom 30.5.1997).

Tab. 19: Politische Entwicklung in Polen, 1994-1997

- **Februar 1994**: Inkrafttreten des Assoziierungsabkommens mit der EU. Dieses zieht zahlreiche Gesetzesänderungen nach sich, die ausländische Investitionen, freien Devisenverkehr, Immobilienerwerb durch Ausländer u. a. erheblich erleichtern.
- **April 1994**: Polen stellt Antrag auf Mitgliedschaft in der EU.
- **Juni 1994**: Verabschiedung der „Strategie für Polen" mit Bekenntnis zur Fortführung marktwirtschaftlicher Reformen.
- **März 1995**: Jan OLEKSY (SLD) löst Waldemar PAWLAK (PSL) als Regierungschef ab.
- **Juli 1995**: Polen wird Mitglied der Welthandelsorganisation (WTO).
- **November 1995**: Lech WAŁĘSA verliert die Präsidentschaftswahlen gegen Aleksander KWAŚNIEWSKI (SLD).
- **Februar 1996**: Wlodimierz CIMOSZEWICZ (SLD) löst Jan OLEKSY als Regierungschef ab.
- **November 1996**: Polen wird in die OECD aufgenommen.
- **Mai 1997**: Die neue polnischen Verfassung (Grundgesetz) wird in einer Volksabstimmung angenommen und löst die sozialistische Verfassung vollständig ab. Die zweigliedrige Exekutive aus Präsident und Sejm wird beibehalten, aber mit einer deutlichen Stärkung des Parlaments.
- **September 1997**: Parlamentswahlen: Die in der AWS zusammengeschlossenen Nachfolgeparteien der Solidarność erhalten als Wahlsieger 33,9 % der Stimmen und stellen mit der Unia Wolności (Freiheitsunion: 13,6 % der Stimmen) um Leszek BALCEROWICZ eine neue Koalitionsregierung mit Jerzy BUZEK als Ministerpräsidenten. Die SLD gewinnt zwar 5 % Stimmenanteile hinzu (insgesamt: 26,8 %), muß aufgrund des schlechten Abschneidens des bisherigen Koalitionspartners PSL (6,8 %) aber in die Opposition.
- **April 1998**: Beginn der EU-Beitrittsverhandlungen

men mit der EU bei, das den Gesetzgeber zur Anpassung des polnischen Rechts an das Europarecht verpflichtete (vgl. Kapitel 4.3.2).

- Polen verfügt mit 40 Mio. Einwohnern über den größten Binnenmarkt Ostmitteleuropas und ist in Verbindung mit dem steigenden BIP und der zunehmenden aggregierten Nachfrage für absatzorientierte Investitionen ein attraktiver Standort.
- Außerdem werden vermehrt ressourcenorientierten Investitionen getätigt, die auf die niedrigen Arbeitskosten zielen. Polen wird mit der außenwirtschaftlichen Öffnung nämlich verstärkt in die „neue internationale Arbeitsteilung" eingebunden, wobei die komparativen Vorteile bei arbeitsintensiven Produktionsprozessen (relativ gut ausgebildete Facharbeiter bei niedrigem Lohnniveau) vor allem in den westlichen Landesteilen zahlreiche ausländische Investoren anziehen.

Eine Analyse der Direktinvestitionen in Polen belegt erhebliche regionale Unterschiede: westliche Unternehmen siedeln sich fast ausschließlich in den polnischen Großstädten mit Warschau an der Spitze und in den westlichen Grenzregionen an (PÜTZ 1998). Hier zeigt sich, daß insbesondere für die regional unterschiedlich verlaufenden Transformationspfade Einflußfaktoren an Bedeutung gewinnen, die jenseits der Steuerbarkeit durch die nationalen Regierungen liegen und nur in sehr geringem Maße auf nationale Transformationsstrategien zurückzuführen sind.

Trotz des wirtschaftlichen Aufschwung Polens verloren die postkommunistischen Parteien ihre Regierungsmacht. Insbesondere wegen Vetternwirtschaft und der Verteilung von Schlüsselpositionen in Staatsbetrieben, staatlichen Medien und Streitkräften an Gefolgsleute verlor die Bevölkerung das Vertrauen in die Regierung. Hieraus resultierte, daß dem „wiedervereinigten" Wahlbündnis „Solidarność" (AWS) bei den Parlamentswahlen im September 1997 ein deutlicher Wahlsieg gelang. Wahlsieger war auch die der Wirtschaft nahestehende Unia Wolności (UW, Freiheitsunion) von Leszek BALCEROWICZ, die 13,6 % der Stimmen errang. Seit Oktober 1997 bilden ASW und UW gemeinsam eine neue Koalitionsregierung mit dem bislang weitgehend unbekannten Jerzy BUZEK als Ministerpräsidenten. Angesichts der widersprüchlichen wirtschafts-, finanz- und gesellschaftspolitischen Vorstellungen bleibt für die Zukunft abzuwarten, ob die heterogene Koalition dem Druck der Regierungsverantwortung standhalten wird.

4.1.2 Dezentralisierung der politisch-administrativen Steuerung

Mit der Wiederherstellung des Marktpreismechanismus durch Preisliberalisierungen und Liberalisierungen von Unternehmensgründungen wurden in Polen bereits frühzeitig Reformen umgesetzt, die den Einfluß des Staates auf das Wirtschaftsgeschehen reduzierten. Die Einführung der kommunalen Selbstverwaltung übertrug zugleich umfangreiche Planungs- und Entscheidungskompetenzen vom Staat auf die polnischen Kommunen, was ebenfalls zu einer Minderung der zentralstaatlichen Steuerung beitrug.

Gemäß den Überlegungen in Kapitel 3.2.1 muß die Schaffung eines „groben marktwirtschaftlichen Ordnungsrahmens" aber flankiert werden von einzelrechtlichen Regelungen und dem Aufbau neuer Organisationsformen. Gleichzeitig wurde die These formuliert, daß es aufgrund des zu erwartenden „time lags" beim Umbau des Rechtssystems und bei der unterschiedlichen administrativ-räumlichen Verortung des institutionellen Umbaus zu einer „institutionellen Lücke" kommt, die den weiteren Verlauf der Transformation beeinflußt. Außer bei der Privatisierung staatlicher Unternehmen (vgl. Kapitel 4.2) ist die institutionelle Lücke insbesondere bei der Wiederherstellung des Boden- und Immobilienmarktes und dem Umbau der räumlichen Planung zu erwarten. Schließlich waren die staatliche Verfügungsgewalt über Immobilien jeglicher Eigentumsform und die zentrale raumwirtschaftliche Planung die beiden wichtigsten Instrumente der Einzelhandelssteuerung im Sozialismus. Welche Konsequenzen die Dezentralisierungsstrategie für diese beiden wesentlichen Einflußfaktoren der Einzelhandelsentwicklung hatte, soll im folgenden detaillierter analysiert werden. Dabei werden vornehmlich Gesetzestexte interpretiert, die als wichtigster Ausdruck staatlicher Transformationsstrategien anzusehen sind.

Folgen der Dezentralisierung für die Boden- und Immobilienmarktentwicklung

Zu sozialistischen Zeiten existierten in Polen vier Eigentumsformen, die jeweils unterschiedlichen Schutz genossen: das „staatliche" Eigentum, das „gesellschaftliche" Eigentum von Genossenschaften, das „individuelle" Eigentum von Privatpersonen an Produktionsmitteln und das „persönliche" Eigentum von Privatpersonen an Gebrauchsgütern (GRALLA 1996: 305). Mit der Verfassungsnovelle vom 29.12.1989 wurde in Polen frühzeitig wieder der einheitliche Eigentumsbegriff eingeführt und im Juli 1990 im Zivilrecht verankert. Hierin wurden die Privilegien des vergesellschafteten Sektors (staatliches und gesellschaftliches Eigentum) beseitigt (Artikel 44 ZGB). Damit wurde es zu einer entscheidenden Frage für den Fortgang der Liberalisierungen des Boden- und Immobilienmarktes, wer die Rechtsnachfolge des Staates antrat, da zu erwarten ist, daß sich mit den unterschiedlichen Rechtsnachfolgern auch unterschiedliche Handlungsstrategien bei der Weiterbewirtschaftung der Immobilien verknüpfen.

Grundsätzlich wurde mit dem staatlichen Eigentum an Grund und Boden so verfahren, daß diejenige Instanz, die im Sozialismus mit der „Verwaltung" des staatlichen Eigentums beauftragt war, nun die Eigentumsrechte hieran zugesprochen bekam. Die wichtigsten Rechtsnachfolger waren dabei erstens der Zentralstaat, zweitens die staatlichen Unternehmen und drittens die Kommunen. Hierzu wurde aber kein umfassendes Gesetz verabschiedet, sondern es traten viele einzelrechtliche Teilbestimmungen in Kraft.

- Die Übertragung staatlichen Eigentums an die polnischen **Kommunen** erfolgte auf der Rechtsgrundlage der „Einführungsbestimmungen zum Gesetz über die territoriale Selbstverwaltung" (GütSEinführ) vom 10.5.1990. Artikel 5, Absatz 1 dieser Einführungsbestimmungen besagt: „Soweit durch andere Vorschriften nicht anders bestimmt, wird das Staatseigentum, das zu den (1) Nationalräten und territorialen Organen der staatlichen Verwaltung der Grundstufe [= Gemeinden], (2) staatlichen Unternehmen, für die Organe, die in Punkt 1 genannt wurden, das Gründungsorgan waren, (3) Betrieben und anderen Organisationen, die den in Punkt 1 genannten Organen untergeordnet waren, gehört, mit dem Tag des Inkrafttretens des vorliegenden Gesetzes rechtskräftig Eigentum der Gemeinden".

  Durch diese gesetzlich verankerte „Kommunalisierung" staatlichen Vermögens bekamen die polnischen Gemeinden schlagartig große Teile an Boden und Immobilien zugesprochen. Bei den Unternehmen, für welche die Gemeinden als „Gründungsorgan" fungiert hatten, handelte es sich nämlich vor allem um die städtischen „Wohnraumbewirtschaftungsunternehmen". Insbesondere in den Innenstädten und den gründerzeitlichen Wohngebieten waren diese bis 1990 die wichtigsten Immobilienbesitzer gewesen und hatten „im Auftrag des Staates" die Vermietung von Ladenlokalen organisiert. In den Großwohnsiedlungen war dies weniger der Fall, da hier die Wohnungsbaugenossenschaften Eigentümer der Gebäude waren. Die Kommunalisierung staatlichen Eigentums prägte die Privatisierung im polnischen Einzelhandel und die Entwicklung der lokalen Immobilienmärkte maßgeblich. Wie zu sehen sein wird, beeinflußte beides auch die Einzelhandelsentwicklung im Transformationsprozeß.

- Die Eigentumsübertragung an die staatlichen **Unternehmen** erfolgte auf Rechtsgrundlage des „Gesetzes über die Änderung des Gesetzes über die Grundstücksbewirtschaftung und Enteignung von Liegenschaften" (ÄGB) vom 29.9.1990. Demnach erhielten die staatlichen Unternehmen das Recht auf „ewigen Nießbrauch" an den kommunalen oder staatlichen Grundstücken (Art. 2, Abs. 1 ÄGB) und zugleich die auf diesen Grundstücken errichteten Gebäuden und Wohnungen als Eigentum (Art. 2, Abs. 2 ÄGB). Hierbei ist folgendes zu beachten: Da der staatliche und konsumgenossenschaftliche Einzelhandel in den meisten Fällen Ladenlokale in Gebäuden bewirtschaftete, die nach GütSEinführ an die Kommunen oder an private Eigentümer (meist Wohnungsbaugenossenschaften) fielen, und nur in wenigen Fällen (Kaufhallen und Warenhäuser) Gebäude mit eigenen Mitteln gebaut hatte, tangierten die Bestimmungen des ÄGB 1990 *bestehende* Ladenlokale kaum. Für die Schaffung *neuer* Verkaufsflächen sollten sie sich aber als entscheidend erweisen, da sie große Teile des vormals staatlichen Eigentums dem kommunalen Zugriff entzogen.

Die Eigentumsrechte staatlicher Unternehmen wurden durch die polnischen Privatisierungsgesetze später noch reduziert bzw. auf die Gründungsorgane der Unternehmen – Woiwodschaften und Staat – übertragen (vgl. Kapitel 4.2). Als entscheidend für die weitere Analyse bleibt an dieser Stelle aber festzuhalten, daß die polnischen Transformationsstrategen das staatliche Eigentum an Kommunen, staatliche Unternehmen, den Staat und private Rechtssubjekte aufteilten. Die Eigentumsaufteilung wurde dabei von der funktionalen Zuordnung im Sozialismus bestimmt: Die kommunale Wohnungswirtschaft fiel an die Gemeinden, die genossenschaftliche Wohnungswirtschaft an die Wohnungsbaugenossenschaften und die meisten der gewerblichen Unternehmen (Industrie, Einzelhandel) an die jeweiligen Staatsunternehmen bzw. – je nach dem zum Einsatz kommenden Privatisierungsverfahren – an deren Gründungsorgane.

Weil sich die jeweiligen Funktionen in unterschiedlichen Gebieten der Städte konzentrieren, führte dies dazu, daß auch das Immobilieneigentum seit 1990 räumlich ungleich verteilt ist. Dabei ist tendenziell eine Dreiteilung zu beobachten: Die Kommunen sind größte Eigentümer in der Innenstadt und den gründerzeitlichen Wohnvierteln, den Wohnungsbaugenossenschaften gehören die Mehrzahl der Gebäude in den Großwohnsiedlungen, und staatliche Unternehmen bzw. deren Gründungsorgane dominieren in den Gewerbegebieten. Aufgrund der unterschiedlichen Interessenlage bei der Bewirtschaftung der Immobilien beeinflußt diese räumliche Differenzierung der Eigentumsverhältnisse auch die Einzelhandelsentwicklung in den unterschiedlichen Standortlagen.

Folgen des institutionellen Umbaus für die räumliche Planung

Im Sozialismus war die räumliche Planung in hierarchisch aufeinander bezogene Planungsebenen eingebunden, die im polnischen Raumplanungsrecht spezifiziert wurden. Das Planungsrecht umfaßte dabei alle territorialen Einheiten vom Staat bis zu den Kommunen. Diese Regelung gilt bis heute und ist auf den niedrigen rechtlichen Status der Gemeinden im Sozialismus zurückzuführen, als sie keine eigenständige Rechtssubjekte darstellten (vgl. KULESZA 1987 und MIEMIEC 1987).

Die sozialistische Raumordnung in Polen kannte drei Planarten: den „Landesplan" als Raumordnungsplan für ganz Polen, den „Regionalplan", der in der Regel für das Woiwodschaftsgebiet aufgestellt wurde, und die „Ortspläne", die für das Gemeindegebiet oder Teilbereiche desselben galten. Ähnlich wie in der bundesdeutschen Bauleitplanung gab es dabei zwei Arten von Ortsplänen: den „allgemeinen örtlichen Plan", der mit dem Flächennutzungsplan vergleichbar war, und den „detaillierten örtlichen Plan" (auch: örtlicher Raumbewirtschaftungsplan), der hinsichtlich Konkretisierungsgrad dem bundesdeutschen Bebauungsplan entsprach. Die Ortspläne waren aus verwaltungsrechtlicher Perspektive dabei die wichtigsten Planwerke, da sie die Grundlage für die „Bodenwirtschaft, die Entscheidung über die Nutzung von Grundstücken für Investitionszwecke und die Entscheidung über die Änderung der Bodennutzung" bildeten (Artikel 32 Raumordnungsrecht, vgl. KULESZA 1987: 339).

Die Erstellung von Ortsplänen war die Aufgabe der Gemeinde*verwaltung*. Aufgrund der zentralistischen Planungshierarchien war diese jedoch weisungsabhängig von den oberen territorialen Behörden. Gemäß der „doppelten Unterstellung" mußten zugleich die örtlichen Gemeinde*räte* die Ortsplanentwürfe bestätigen und annehmen. Nach offizieller Lesart sollte hiermit den „örtlichen Interessen" Rechnung getragen werden (ebd.: 342), in der Realität war das Prinzip der doppelten Unterstellung aber wohl eher der Interessendurchsetzung der herrschenden sozialistischen Partei geschuldet (vgl. zu den Entscheidungsmechanismen der räumlichen Planung auch Abb. 7, S. 35).

Parallel zur Raumplanung existierte in Polen mit der „sozialwirtschaftlichen Planung" eine weitere Planungshierarchie, die ebenfalls dreistufig organisiert war. Kernelemente der sozialwirtschaftlichen Planung waren Mehrjahrespläne des Landes, der Woiwodschaften und der Gemeinden. In den Fünfjahresplänen der Gemeinden waren dabei festzulegen: „Organisatorische und ökonomische Handlungen zur Aktivierung und Steigerung der Effektivität (...) im Handwerk sowie im Handel und Dienstleistungen (und) Entwicklungsrichtungen der Tätigkeit der Unternehmen, deren Gründungsorgane Organe der staatlichen Verwaltung der Grundstufe sind" (Artikel 15). Allerdings wurden die lokalen Pläne, die laut Gesetzestext eigentlich die Basis für die Bearbeitung der Woiwodschaftspläne sein sollten, erst *nach* den übergeordneten Plänen erstellt (KULESZA 1987). Der Grundsatz der hierarchischen Unterordnung, nach dem die Pläne unterer Stufe zur detaillierten Festlegung der Pläne übergeordneter Stufe dienen, konnte so auch in der sozialwirtschaftlichen Planung beibehalten werden.

Raumplanung und sozialwirtschaftlicher Planung gemeinsam war die juristisch zwar vorgesehene, faktisch aber geringe Mitspracheöglichkeit kommunaler Gremien. Dies tangierte auch die Einzelhandelsnetzplanung: So bestand für die Gemeinden zwar die Möglichkeit, Geschäfte des Privathandels zu genehmigen und deren Standorte zu bestimmen. Die „Entwicklungsrichtlinien der Tätigkeit der Unternehmen, deren Gründungsorgane örtliche Organe der staatlichen Verwaltung auf Woiwodschaftsebene sind" (Artikel 14) wurden jedoch von den Woiwodschaften festgelegt. Wie gezeigt, betraf dies im Einzelhandel fast alle sozialistischen Handelsketten (vgl. Kapitel 2.2.2.2). Nach dem im Raumplanungsrecht verankerten „Lokalisationsverfahren" (Artikel 37) fiel daher auch die Mehrzahl der Entscheidungen über Einzelhandelsstandorte und -betriebsformen in den Aufgabenbereich der Woiwodschaftsbehörden.

Das zentralistische Planungssystem wurde durch die Verabschiedung des „Gesetzes über die territoriale Selbstverwaltung" (GütS) im Mai 1990 frühzeitig und weitreichend geändert. Seitdem umfassen die Selbstverwaltungsaufgaben der Gemeinden viele Punkte, die für die Einzelhandelsentwicklung von Bedeutung sind: „Raumordnung, Bewirtschaftung des Bodens" (Artikel 7, Abs. 1), „kommunaler Wohnungsbau" (ebd., Abs. 7) sowie „Marktplätze und Markthallen" (ebd., Abs. 11). Gleichzeitig wurden die Woiwodschaftsräte als territoriale Entscheidungsgremien aufgelöst.

Mit der Verabschiedung des Gesetzes über die territoriale Selbstverwaltung war eine Situation eingetreten, in der die Gemeinden zwar schlagartig die Planungshoheit zurückgewonnen hatten, die einzelrechtlichen Regelungen zur Durchsetzung dieser Planungshoheit jedoch noch nicht existierten. Hiervon war in erster Linie die Planungsgesetzgebung betroffen. So wurde das „Raumbewirtschaftungsgesetz" (RBG), dessen Bestimmungen sich eng an die bundesdeutsche Bauleitplanung anlehnen[31], in Polen erst

---

[31] Die Betonung der kommunalen Planungshoheit erfolgt dabei in Artikel 2, „Die Festlegung der Zweckbestimmung eines Gebietes und der Verfahren zur Raumbewirtschaftung geschieht im örtlichen Raumbewirtschaftungsplan" (Abs. 1) und in Artikel 4: „Die Festlegung der Zweckbestimmung und der Grundsätze für die Bewirtschaftung eines Gebietes gehört zu den ureigensten Aufgaben der Gemeinde" (Abs. 1). Auch das bun-

am 7. Juli 1994 verabschiedet, und es trat erst am 1.1.1995 in Kraft. Die institutionelle Lücke in diesem Bereich bestand also mehr als fünf Jahre; ein Zeitraum, in dem noch das alte Raumplanungsrecht in Kraft war. Die institutionelle Lücke tangiert die politisch-administrative Steuerung der Einzelhandelsentwicklung dabei vornehmlich in zwei Bereichen:
- Mit der Wiedereinführung der kommunalen Selbstverwaltung und der Verabschiedung des Raumbewirtschaftungsgesetzes verschoben sich die Entscheidungsbefugnisse über die räumliche Planung auf die kommunale Ebene. Jegliche Nutzung, die dem örtlichen Raumbewirtschaftungsplan widerspricht, ist seitdem ungültig. Hieraus können erhebliche Steuerungsmöglichkeiten der kommunalen Planung abgeleitet werden. Eine andere Lesart des RBG muß aber zugleich konstatieren, daß alle Baumaßnahmen, die *nicht* „im Widerspruch zu den Feststellungen des örtlichen Raumbewirtschaftungsplans stehen, (...) nicht abgelehnt werden" dürfen (Artikel 43). Da gleichzeitig gilt, daß erst „mit dem Tag des Inkrafttretens des örtlichen Raumbewirtschaftungsplans (...) alle vorher gefaßten Beschlüsse über die Bedingungen der Bebauung und der Bewirtschaftung des Geländes" erlöschen (Artikel 35), ist die lokale Stadtentwicklungsplanung so lange an die zu sozialistischen Zeiten erstellten Raumbewirtschaftungspläne gebunden, bis die Gemeinderäte neue Pläne beschlossen haben.
- Das Erstellen von neuen Plänen nimmt aber viel Zeit in Anspruch. Dies gilt insbesondere im institutionellen Umbruch, in dem hierarchische Entscheidungsprozesse durch Aushandlungsprozesse abgelöst werden, nämlich zwischen den kommunalen Politikern, die Planwerke beschließen, und der Verwaltung, welche die Beschlüsse des Gemeinderats sowohl durchführt als auch vorbereitet (Artikel 30 GütS, zum Wandel der Entscheidungsmechanismen im Prozeß der räumlichen Planung vgl. Abb. 12, S. 67). Zudem befinden sich viele Verwaltungsorganisationen in den polnischen Gemeinden erst im Aufbau. Mit einer Verabschiedung gültiger Planwerke kann bei der Flächennutzungsplanung deshalb nicht vor 1998 gerechnet werden. Die Aufstellung von Bebauungsplänen wird noch länger dauern.

Als Konsequenz der „institutionellen Lücke" ist die kommunale Stadtentwicklungsplanung in hohem Maße an die Vorgaben der zu sozialistischen Zeiten erstellten Pläne gebunden. Investitionsvorhaben, die diesen Plänen nicht widersprechen, können nicht abgelehnt werden. Gleichzeitig aber haben sich die Rahmenbedingungen der Stadtentwicklung geändert. Im Einzelhandel gilt dies insbesondere für neue großflächige Be-

---

desdeutsche Gegenstromprinzip findet sich im polnischen RBG, indem die „Gestaltung der Raumordnungspolitik des Staates und die Koordinierung von Programmen von überörtlicher Bedeutung (...) in den Aufgabenbereich der obersten und zentralen Organe der staatlichen Verwaltung sowie der Woiwoden" fallen (Artikel 4, Abs. 2) und die örtlichen Raumbewirtschaftungspläne „die Ziele und die Schwerpunkte der Raumordnungspolitik des Staates auf dem Gebiet der Woiwodschaft" berücksichtigen müssen (Artikel 6, Abs. 2). Die in Deutschland bekannte zweistufige Bauleitplanung wird in Polen festgeschrieben durch die beiden Planwerke „Studie", die dem bundesdeutschen Flächennutzungsplan entspricht und – wie dieser – nur behördenverbindlich ist (Artikel 6), und „örtlicher Raumbewirtschaftungsplan", der hinsichtlich Konkretisierungsgrad dem bundesdeutschen Bebauungsplan entspricht und ebenso als Gemeindesatzung vom Gemeinderat beschlossen wird (Artikel 7-17). Die auch im bundesdeutschen Planungsrecht vorgeschriebene Abstimmungspflicht mit Nachbargemeinden und den Trägern öffentlicher Belange und die Anhörungspflicht von Bürgern im Rahmen einer öffentlichen Planauslegung regeln in Polen Artikel 18, Abs. 2 (4, 6) RGB.

triebsformen, die in der sozialistischen räumlichen Planung keine Rolle spielten. Gleiches trifft im übrigen für die 1997 geltenden planungsrechtlichen Bestimmungen zu: Ein der bundesdeutschen Baunutzungsverordnung entsprechendes Instrument zur Begrenzung großflächiger Handelseinrichtungen wurde bislang in Polen noch nicht verabschiedet.

Die Möglichkeit der Gemeinden, die wirtschaftsräumlichen Entwicklung zu steuern, beschränken sich damit ausschließlich auf die Grundstücke und Immobilien, die sich in ihrem Eigentum befinden. Wie gezeigt wurde, ist das kommunale Eigentum dabei an innerstädtische Bereiche und gründerzeitlichen Wohngebiete gebunden. Später wird zu sehen sein, daß sich diese räumlich unterschiedlichen Steuerungsmöglichkeiten auch deutlich im Wandel der Standortstruktur des Einzelhandels widerspiegeln.

4.1.3 Wandel nachfrageinduzierter Rahmenbedingungen

Mit der Aufgabe der Zentralverwaltungswirtschaft wurde das Nachfrageverhalten der Bevölkerung plötzlich zu einem ausschlaggebenden Faktor für den Erfolg von Einzelhandelsunternehmen. Dies gilt insbesondere bei dem steigenden Wettbewerb durch Zunahme privater Handelsbetriebe. Es stellt sich die Frage, ob das Konsumverhalten der polnischen Verbraucher bestimmte Angebotsformen begünstigt und damit die Entwicklung der Einzelhandelsstruktur beeinflußt.

Für das Nachfrageverhalten der polnischen Haushalte seit Einführung der Marktwirtschaft lassen sich im wesentlichen drei Phasen unterscheiden, die unterschiedliche Konsequenzen für die Einzelhandelsstruktur besaßen (vgl. Tab. 17, S. 83 und Tab. 20). Es sind dies der hohen Kaufkraftüberschuß zu Beginn des Transformationsprozesses (1989/90), der Rückgang der Reallöhne in der frühen Transformationsphase (1990-1993) und die anschließend einsetzende Einkommenszunahme (seit 1995) sowie die über den gesamten Zeitraum zunehmende Polarisierung der Einkommensentwicklung.

Tab. 20: Entwicklung nachfragerelevanter Indikatoren in Polen, 1989-1996

	1989	1990	1991	1992	1993	1994	1995	1996	1997
Anteil Lebensmittel an Haushaltsausgaben (in %)	38,0	50,5	43,4	-	41,5	41,1	40,9	-	-
Einzelhandelsumsatz (Veränderung zum Vorjahr in %) Lebensmittel Non-food	- 14,3 6,1	3,0 -29,5	5,5 0,7	3,8 11,5	6,6 6,8	2,4 3,8	3,0 2,2	2,5 7,1	8,6

Quellen: GUS 1992a: 98, GUS 1997: 3

Nachfrageüberhang bei Transformationsbeginn

Kennzeichen der polnischen Wirtschaftskrise gegen Ende der 80er Jahre war eine Inflation mit Preissteigerungen im Einzelhandel von 250 % (1989). Gleichzeitig stiegen aber die Nominallöhne in noch stärkerem Maße an, so daß das Inflationspotential durch die Preissteigerungen nicht in vollem Umfang abgeschöpft wurde. Hieraus resultierte ein Nachfrageüberhang, der sich in steigenden Sparguthaben der Bevölkerung niederschlug (QUAISSER 1990: 20). Da infolge der Inflation die Wertaufbewahrungsfunktion des Złoty sank, wurden diese Sparguthaben immer mehr in Fremdwährungen angelegt. Aufgrund der Einzelhandelsplanung im Sozialismus, die sich lediglich auf die Versorgung der Bevölkerung mit Grundbedarfsgütern konzentrierte, bestand gleichzeitig eine hohe Nachfrage nach Gütern des Zusatznutzenbedarfs zur Erhöhung des persönlichen Lebensstandards, vorwiegend im Bereich westlicher Konsumgütern.

In der frühen Transformationsphase (Ende 1989) löste die Freisetzung des angestauten Kaufkraftüberschusses und der Wunsch nach Deckung des Präferenzbedarfs bei den Konsumenten einen enormen Nachfragesog nach gehobenen Konsumgütern aus (TIETZ 1992d: 24, HANDEL 1994: 66). Hiervon profitierte insbesondere der illegale Markt- und Straßenhandel, der im Zuge der wirtschaftlichen Liberalisierungen und der Erosion staatlicher Kontrolle stark zugenommen hatte. Schätzungen gehen davon aus, daß 1990 etwa 30 % der Handelsumsätze über diese Kanäle abgewickelt wurden (QUAISSER 1990: 22)[32]. Es war vor allem die Schattenwirtschaft, die in kürzester Zeit zu einem starken Wettbewerber für den staatlichen und konsumgenossenschaftlichen Einzelhandel wurde. Sie konnte westliche Konsumgüter nämlich nicht nur weitaus schneller, sondern auch sehr viel preiswerter anbieten als das überkommene Distributionssystem aus sozialistischen Zeiten. Der Grund hierfür lag darin, daß die Kostensituation der inoffiziellen Schattenwirtschaft z. B. aufgrund ihrer fehlenden Besteuerung sehr viel günstiger war. Zudem bestanden für zahlreiche Konsumgüter hohe Importzölle, die mit der verbreiteten Schmuggeltätigkeit umgangen werden konnten. Dieser Kostenvorteil konnte durch niedrigere Preise an die Konsumenten weitergegeben werden.

Einbruch der Realeinkommen

1990 erlebte Polen eine Hyperinflation. Mit der Aufgabe staatlicher Preiskontrollen war diese als „korrektive Inflation" zwar durchaus gewollt, in ihrer Höhe aber kaum erwartet worden (QUAISSER 1990: 20). Im Unterschied zu den vergangenen Jahren wurde der Lohnanstieg durch Lohnzuwachssteuern im staatlichen Sektor aber stark gedrosselt. Hieraus resultierte 1990 ein Einbruch bei den Reallöhnen, die bis 1993 kontinuierlich sanken. Auch nach dem Anstieg der Haushaltseinkommen seit 1994 ist die materielle Situation der Haushalte immer noch schlechter als 1989, was vor allem für Bezieher von Transfereinkommen wie Arbeitslose und Rentner gilt. Viele von ihnen rutschten unter die Armutsgrenze und können noch 1997 nur durch eine illegale Beschäftigung in der Schattenwirtschaft ihren Lebensstandard halten.

Der Fall der Reallöhne führte zu einem Umsatzrückgang im registrierten Einzelhandel, der im Krisenjahr 1990 mit einem Einbruch von fast 30 % besonders hoch im Non-

---

[32] Damit müssen auch die offiziellen Umsatzzahlen für den Einzelhandel mit Vorsicht betrachtet werden. Eine Vielzahl der über die Schattenwirtschaft verausgabten Einkommen werden von der offiziellen Statistik nicht erfaßt. Der unerwartet hohe Umsatzeinbruch des Lebensmitteleinzelhandels 1989 ist angesichts dieser Datenlage schwierig zu interpretieren. Es ist zu vermuten, daß die Einzelhandelsumsätze im Krisenjahr 1989 zunächst in allen Branchen sanken, die Freisetzung des Kaufkraftüberhangs, die ja erst Ende 1989 erfolgte, aber nur vom Non-food-Bereich abgeschöpft wurde, in dem der größte Nachholbedarf bestand.

food-Bereich war. Im Unterschied zur Reallohnentwicklung stiegen die Einzelhandelsumsätze in der Folge aber relativ schnell. Diese auf den ersten Blick widersprüchlichen Entwicklungen sind vor allem auf vier Sachverhalte zurückzuführen:
- Erstens erzielte und erzielt ein Großteil der polnischen Bevölkerung Einkommen in der Schattenwirtschaft, die statistisch nicht erfaßt wird. So ergaben landesweite Erhebungen in Polen, daß 1995 fast 10 % der Bevölkerung im erwerbsfähigen Alter einer Schwarzarbeit nachgingen. Für 960 000 Menschen, das waren etwa 43 % aller nichtregistrierten Erwerbstätigen, stellte die verdeckte Beschäftigung sogar die Haupteinnahmequelle dar (OECD 1997: 186).
- Zweitens erwarb ein großer Teil der Bevölkerung Einkommen mit temporären Beschäftigungen im westlichen Ausland, wodurch der statistisch ausgewiesene Realeinkommensverlust höher war als der tatsächliche.
- Drittens löste die Bevölkerung zur Deckung ihres Konsumbedarfs zunehmend ihre Spargutbhaben auf. Kennzeichen hierfür ist auch die rasch sinkende Dollarisierungsrate: Nach sehr hohen 70 % im Jahr 1990 betrug diese 1993 nur noch 29 % (DIEHL 1995: 473).
- Viertens werden zunehmend Kredite in Anspruch genommen, um Konsumwünsche zu befriedigen: Zwischen 1994 und 1996 hat sich die Zahl der Konsumentenkredite von 3,4 Mrd. Złoty auf knapp 11 Mrd. Złoty mehr als verdreifacht. Die polnische Nationalbank stellte deswegen bereits Überlegungen zu einer Erhöhung der Leitzinsen an[33].

Das Konsumverhalten der Bevölkerungsmehrheit wird trotz der aufgezeigten Faktoren aber überwiegend durch deren schlechte materielle Situation geprägt. Dies zeigt sich auch darin, daß mehr als 40 % der Haushaltseinkommen in Polen für Lebensmittel verausgabt werden. Gleichzeitig steigen die Haushaltsausgaben für Wohnungsmieten und Energie, da der Staat die Subventionen hierfür sukzessive abbaut[34]. Die Mehrheit der Bevölkerung reagierte auf den Rückgang des verfügbaren Einkommens mit Konsumverzicht bei Waren des Zusatznutzenbedarfs. Gleichzeitig wurde der Preis zum entscheidenden Wettbewerbsfaktor bei Waren des Grundnutzenbedarfs, womit sich insbesondere für discountorientierte Angebotsformen günstige Wachstumsperspektiven ergeben. Hinzu tritt die Distanz zum Einkaufsort, denn die Pkw-Verfügbarkeit ist seit 1989 zwar von 12,8 auf 19,5 Pkw pro Einwohner (1995) gestiegen (GUS 1996: 69), im europäischen Vergleich ist sie aber nach wie vor sehr gering.

Zunehmende Polarisierung der Einkommen

Bei insgesamt sinkenden Realeinkommen ist die polnische Gesellschaft durch eine wachsende Einkommenspolarisierung gekennzeichnet. Einer sehr schmalen Schicht von Transformationsgewinnern steht eine kleine Mittelschicht und die Masse der am Existenzminimum lebenden Bevölkerung gegenüber. Hierdurch entsteht eine Zweidrittelgesellschaft, allerdings mit im Vergleich zum Westen umgekehrten Vorzeichen

---

[33] vgl. „Ein Kredit für den Frühling gefällig?" In: Kölner Stadt-Anzeiger vom 30.12.1996, S. 25.

[34] So stieg der Anteil der Haushaltseinkommen, der für Mieten verwendet werden muß, von 11 % im Jahr 1989 (SOLBACH 1992: 19) auf 17 % im Jahr 1995 (GUS 1996: 20). Im gleichen Zeitraum stieg der für Energieträger verwendete Einkommensanteil von 2,8 % auf 10,8 % (ebd.)

(JUCHLER 1994: 497). Zur wachsenden Einkommenspolarisierung trug auch die Lohnzuwachssteuer bei, die nur für die staatlichen Unternehmen und den öffentlichen Dienst galt. Dadurch hat sich die Einkommensschere im Vergleich zum Privatsektor erheblich geöffnet. Hinzu kommt eine Spaltung des Arbeitsmarktes durch die Internationalisierung der polnischen Wirtschaft. Ausländische Unternehmen haben einen segmentierten Teilmarkt geschaffen und bezahlen hochqualifizierten Fachkräften Löhne, die weit über dem Landesdurchschnitt liegen (FASSMANN 1995: 194).

Der Bevölkerungsteil, der aufgrund hoher Einkommenszuwächse eher in der Lage ist, individuelle Konsumstile zu entwickeln, ist in Polen dementsprechend gering. Eine Polarisierung des Einkaufsverhaltens in Grund- und Zusatznutzenbedarf läßt sich bei der Bevölkerungsmehrheit nur vereinzelt feststellen. Sie betrifft vor allem den Kauf von westlichen Imagemarken im Bereich Bekleidung und Unterhaltungselektronik. Bei Gütern, denen dieser demonstrative Konsumnutzen nicht zugesprochen wird, dominiert dagegen die Preisorientierung (ZENTES 1993: 94). Auch das Marktsegment für Luxuswaren ist ausgesprochen schmal. Wie zu sehen sein wird, steht dies in enger Wechselwirkung zu den regional differenzierten Arbeitsmärkten und beschränkt sich damit auf Warschau und die anderen Großstädte. Sowohl die Nischenmärkte für Luxusbedarf als auch die für lebensstilorientierte Produkte und Betriebsformen werden dabei im wesentlichen von westeuropäischen Handelsunternehmen bearbeitet (vgl. Kapitel 4.3.2).

4.2 Regionalisierungsstrategien bei der Privatisierung des sozialistischen Einzelhandels

Wichtiger Bestandteil der Transformationsstrategien aller ostmitteleuropäischen Staaten war eine frühe und umfassende Privatisierung des Einzelhandels (z. B. BALCEROWICZ 1996), weil der Herstellung marktwirtschaftlichen Wettbewerbs in diesem Wirtschaftssektor eine zentrale Rolle für den Erfolg des gesamten Transformationsprozesses zugesprochen wird: Handelsunternehmen „ermitteln Angebot und Nachfrage ihrer Marktpartner auf den unterschiedlichen Wirtschaftsstufen und bringen sie z. B. über Preis- und Sortimentsentscheidungen zur Deckung. Auf diese Weise sorgen sie für ständig neues Wissen über Produktinnovationen auf den vorgelagerten und über Präferenzveränderungen auf den nachgelagerten Distributionsebenen. Sie erhöhen auf den stets unvollkommenen Märkten die Informationstransparenz für alle Marktbeteiligten und stellen damit ein wichtiges Element innerhalb einer funktionsfähigen marktwirtschaftlichen Wirtschaftsordnung dar" (AHRENS 1993: 16f.).

Polen war bei der Umgestaltung der Eigentumsverhältnisse im Einzelhandel besonders erfolgreich. In weniger als drei Jahren stieg der Marktanteil des privaten Einzelhandels von 5 % auf 90 % (vgl. Tab. 22). Bezogen auf die Verkaufsstellen vollzog sich der Umbruch noch radikaler: Bewirtschafteten sozialistische Ketten 1989 noch 81 % der Verkaufsstellen Polens, so sank dieser Anteil innerhalb nur eines Jahres auf unter 35 % (vgl. Tab. 21). Der wachsende Marktanteil des privaten Sektors ist nicht nur der Privati-

Tab. 22: Marktanteile des staatlichen, genossenschaftlichen und privaten Einzelhandels in Polen, 1989-1992

	Anteil am Umsatz (in %)			
	1989	1990	1991	1992
Staatlicher Einzelhandel	33,1	26,0	14,2	10
Genossenschaften	62,2	42,8	21,6	90
Privater Einzelhandel	4,7	31,2	64,2	

Quelle: HALBACH 1993

sierung zuzuschreiben, sondern in erster Linie auf Gründungstätigkeiten zurückzuführen (vgl. Kapitel 4.3.1). Aber auch bezogen auf absolute Zahlen verloren die sozialistischen Unternehmen zwischen 1990 und 1992 58 % ihrer Verkaufsstellen.

1996 betreiben private Händler 92 % aller Geschäfte Polens, die Umsatzanteile dürften nur wenig darunter liegen. Im Unterschied zur Industrie ist die Umwandlung der Eigentumsverhältnisse im Einzelhandel damit im wesentlichen abgeschlossen. Der Erfolg der Privatisierung im polnischen Einzelhandel ist einmalig in Ostmitteleuropa (HALBACH 1993: 27, EARLE u. a. 1994: 175). Zurückzuführen ist er auf die in Polen verfolgten Privatisierungsstrategien, auf die im weiteren detaillierter eingegangen wird.

Tab. 21: Staatliche, genossenschaftliche und private Geschäfte in Polen, 1989-1996

	Anteil an den Verkaufsstellen (in %)							
	1989	1990	1991	1992	1993	1994	1995	1996
Staatlicher Einzelhandel	18,0	6,0	3,0	2,7	2,3	1,8	1,5	1,3
Genossenschaften	62,8	28,8	16,4	12,0	9,5	7,8	6,9	6,5
Privater Einzelhandel	19,2	65,2	80,6	85,3	88,2	90,4	91,6	92,2
	Anzahl der Verkaufsstellen							
	1989	1990	1991	1992	1993	1994	1995	1996
Staatlicher Einzelhandel	27 354	14 312	9 440	9 613	8 620	7 533	6 287	5 399
Genossenschaften	95 561	68 454	51 044	42 448	36 187	32 369	29 372	26 316
Privater Einzelhandel	29 156	154 659	250 482	300 441	335 775	375 547	389 941	373 848
Gesamter Einzelhandel	152 071	237 425	310 966	352 502	380 582	415 449	425 600	405 563

Quellen: GUS 1993: 14; GUS 1997: 4

4.2.1 Regionalisierung und Zentralisierung der Einzelhandelsprivatisierung

Bei der Privatisierung des sozialistischen Einzelhandels in Polen kamen die Strategien der sogenannten „kleinen" und der „großen" Privatisierung zum Einsatz, die sich hinsichtlich ihres Ablaufes und ihrer Bedeutung grundlegend voneinander unterscheiden:

Die kleine Privatisierung im polnischen Einzelhandel

Die rasche Herstellung marktwirtschaftlicher Wettbewerbsbedingungen im polnischen Einzelhandel ist fast ausschließlich der kleinen Privatisierung zuzuschreiben. So verloren die staatlichen Ketten 1990 – dem Jahr, in dem die kleine Privatisierung in Kraft trat – 48 % und die Konsumgenossenschaften 28 % ihrer Verkaufsstellen (vgl. Tab. 21). Damit war die kleine Privatisierung für die Eigentumsumwandlung weitaus wichtiger als die große Privatisierung. Ihr Erfolg ist mit zwei Sachverhalten zu erklären:

1. Die kleine Privatisierung war gar kein eigentliches Privatisierungprogramm und fußte nicht auf irgendwelchen Privatisierungsgesetzen. So wurden bei dieser Privatisierungsvariante auch nicht die staatlichen *Unternehmen* oder Konsumgenossenschaften privatisiert. Statt dessen handelte es sich bei der kleinen Privatisierung um einen Transfer von Eigentumsrechten an den *Ladenlokalen*, in denen die sozialistischen Unternehmen operierten. Hierzu bestand ein Konglomerat an unterschiedlichen Gesetzen und Verordnungen, die jeweils einzeln verabschiedet wurden und keinen Bezug zu einem übergeordneten Privatisierungsziel hatten. Zwei Gesetzgebungsakte waren dabei von besonderer Bedeutung (vgl. auch TAMOWICZ 1993, EARLE u. a. 1994):

- Das „Gesetz über die territoriale Selbstverwaltung" (GütS) und seine „Einführungsbestimmungen", welche die Eigentumsrechte an einer großen Zahl von Grundstücken, Gebäuden und Unternehmen vom Staat auf die Kommunen übertrugen. Gleichzeitig bekamen die Gemeinden das Recht, über die Nutzung dieser Liegenschaften selbst zu entscheiden (Artikel 45, Abs. 1 GütS).

- Die „Novelle zum Wohn- und Gewerberaumrecht" (Raumrecht) vom 23. März 1990. Zuvor konnten Immobilieneigentümer nicht eigenständig über die Nutzung ihres Besitzes entscheiden, was in dem „Wohn- und Gewerberaumrecht vom 10. April 1980" gesetzlich verankert worden war. So besaß der Staat die Option, jedes Ladenlokal für sich zu beanspruchen, wenn in diesem ein Betrieb des sozialistischen Einzelhandels etabliert werden sollte. Zudem bestand ein zentralstaatlich festgelegtes Mietensystem, das – je nach Nutzungsart – die Mieten für die betreffenden Ladenlokale fixierte. Beide Verordnungen wurden mit der Novelle zum Wohn- und Gewerberaumrecht im März 1990 aufgehoben.

  Die Eigentümer von Ladenlokalen, also überwiegend die polnischen Gemeinden, erhielten nun wieder das Recht, Mieten nach eigenem Ermessen zu erheben und – dies war für die kleine Privatisierung entscheidend – bestehende Mietverträge mit dreimonatiger Kündigungsfrist auflösen. Dies wurde durch die Gesetzesänderung ermöglicht, daß „vom Tag des Inkrafttretens des Gesetzes für Gewerberaumvermietungen die Vorschriften des Zivilrechtes gelten, insbeson dere im Falle der Auflösung von Mietverträgen" (Artikel 2, Abs. 1 Raumrecht). Den bisherigen Mietern stand lediglich das Recht zu, „die Art zu wählen, wie sie an dem Raum vorgenommene Aufwendungen für Modernisierungen und Renovierungen wiedererlangen" (Artikel 4) – eine Einschränkung, die für die faktische Ausgestaltung der Eigentumsrechte an Ladenlokalen gewisse Bedeutung erlangen sollte (vgl. Fallstudie Wrocław).

2. Mit dieser „Kommunalisierung" staatlichen Eigentums wurde die kleine Privatisierung nicht zentral vom Staat oder einer übergeordneten Privatisierungsbehörde durchgeführt, sondern dezentral von den Gemeinden. Damit wurden de facto 2 419 eigenständige Privatisierungsprogramme der polnischen Kommunen parallel umgesetzt. Die lokalen Regulierungsmechanismen gewannen hierdurch erheblich an Bedeutung für die weitere Nutzung der Ladenlokale und beeinflußten damit die Entwicklung des Einzelhandels im Transformationsprozeß in hohem Maße.

Die Institutionalisierung des Privatisierungsverfahrens auf kommunaler Ebene als Ergebnis einer „strategischen Regionalisierung" im Sinne von VOLLMER (1998) ist das zentrale Element der kleinen Privatisierung. Die Kommunalisierung staatlichen Eigentums führte dabei zur weitgehenden Auflösung der staatlichen Handelsketten und Konsumgenossenschaften. Die polnischen Gemeinden zeigten in der Regel nämlich kein Interesse daran, die Handelsorganisationen des sozialistischen Sektors zu schützen. Vielmehr ergriffen sie die Gelegenheit zur Zerschlagung dieser Ketten, zu denen kaum Beziehungen auf lokaler Ebene bestanden (vgl. Fallstudie Wrocław). Die sozialistischen Unternehmen mußten meist all jene Betriebe aufgeben, deren Ladenlokale sich in kommunalem Eigentum befanden, und konnten nur diejenigen weiterführen, die sie in der Vergangenheit selber errichtet hatten. Die Handelsorganisationen verloren daher vornehmlich kleinflächige Ladenlokale, während die Kaufhallen, Kaufhäuser und Warenhäuser häufig in ihrem Eigentum verblieben. Dies zeigt auch der Marktanteil des staatlichen Einzelhandels nach der kleinen Privatisierung: 1991 betrug er nur noch 3 % an den Ladenlokalen, aber 14,2 % am Umsatz des polnischen Einzelhandels (vgl. Tab. 22).

Wie auch die Fallstudie zeigen wird, waren die Nutznießer der kleinen Privatisierung im wesentlichen die ehemaligen Belegschaften und Verkaufsstellenleiter, die den Sprung in die Selbständigkeit wagten. Im Gegensatz zu den zentralstaatlich geleiteten Handelsunternehmen konnten sie nämlich vielfältige Kontakte auf lokaler Ebene nutzen, ihre Interessen gegenüber den kommunalen Privatisierungsbehörden leichter artikulieren und häufig günstige Miet- und Übernahmekonditionen einfordern. Dies ist nicht zuletzt auf den starken Einfluß der örtlichen Solidarność-Bewegungen zurückzuführen, die in hohem Maße mit den kommunalen Behörden verbunden waren. So nahmen die meisten polnischen Gemeinden von einer Privatisierung „über den Markt" Abstand. Bis Mitte 1990 vergaben sie nur geschätzte 9,3 % ihrer Ladenlokale durch Auktionen an den Meistbietenden, obwohl die hierbei erzielten Mieteinnahmen weit über denen lagen, die bei der Vergabe an die ehemaligen Mitarbeiter erreicht wurden (FRYDMAN und RAPACZYŃSKI 1993: 45). Die kleine Privatisierung in Polen war damit im wesentlichen eine „Insider-Privatisierung". Ausländische Einzelhandelskonzerne hatten bei dieser Privatisierungsstrategie, bei der Beziehungen auf lokaler Ebene in hohem Maße ausschlaggebend für die Vergabe der Ladenlokale waren, de facto keine Möglichkeiten zum Markteintritt.

Mit der kleinen Privatisierung und der hierbei zum Einsatz kommenden Insider-Privatisierung entfernten sich die polnischen Kommunen von der von wirtschaftspolitischen Beratern empfohlenen Privatisierung „über den Markt", die als einzige zur „optimalen Ressourcenallokation" führe (z. B. VINCENC 1993: 15ff.). Allerdings war in Polen die Privatisierungsgeschwindigkeit enorm. Dies belegt der Vergleich mit der Tschechoslowakei, die Ladenlokale kompromißlos ausschließlich durch marktwirtschaftliche Wettbewerbsverfahren vergab. Die aufwendigen Ausschreibungs- und Versteigerungsverfahren führten aber dazu, daß bis zum März 1992 erst ein Viertel der Geschäfte privatisiert werden konnten (FRYDMAN und RAPACZYŃSKI 1993: 46). Polen konnte die gleiche Anzahl an Betrieben dagegen schon in der ersten Hälfte des Jahres 1990 privatisieren.

Zu diesem hohen Privatisierungstempo trug auch bei, daß die Privatisierung – anders als z. B. in Ungarn – nicht von einer zentralen Behörde durchgeführte wurde, sondern dezentral auf kommunaler Ebene erfolgte. Darüber hinaus war die ungarische Privatisierungsbehörde bestrebt, Mehrbetriebsunternehmen möglichst als ganzes zu erhalten und zu veräußern. Daraus resultierte nicht nur eine langsamere Privatisierungsgeschwindigkeit, sondern auch ein merklicher Einfluß auf die Einzelhandelsstruktur, weil ausländische Unternehmen in kurzer Zeit beträchtliche Marktanteile erwerben konnten.

Die große Privatisierung im polnischen Einzelhandel

Auch die Strategie der großen Privatisierung unterschied sich in Polen von der anderer Reformstaaten. Diese Privatisierung der staatlichen *Unternehmen* setzte in Polen erst ein, als die kleine Privatisierung schon in vollem Gange war und betraf damit nur noch die verbliebenen Filialnetze des staatlichen Einzelhandels. Die große Privatisierung kann im Einzelhandel auf dreierlei Weise erfolgen: auf dem Wege der „Konkursprivatisierung", der „Privatisierung durch Liquidation" – diese Verfahren sind im Einzelhandel 1997 weitgehend abgeschlossen – oder aber auf dem Wege der „Kapitalprivatisierung" – diese Verfahren befinden sich 1997 erst in der Abwicklung (vgl. Abb. 15)[35]:

1. **Konkursprivatisierung**: Bereits das „Gesetz über staatliche Unternehmen" vom 25. September 1980 sah in Polen die Möglichkeit vor, Betriebe bei mangelnder Rentabilität zu schließen (vgl. Kapitel 2.2.2.3). Bis zur Einführung der Marktwirtschaft wurde hiervon aber kaum Gebrauch gemacht. Nach der Wende konnte auf dieses Gesetz zurückgegriffen werden, um unrentable und nicht als überlebensfähig eingeschätzte Betriebe aufzulösen bzw. zu privatisieren. Hierzu wurde das Gesetz im Juli 1991 durch eine Reihe ergänzender Artikel zur Liquidierung und zum Konkurs von Unternehmen (Artikel 18a und 24a GstU), zur Unternehmensleitung (Artikel 45a-d,

---

[35] Im Rahmen dieser Arbeit wird nur auf Privatisierungsverfahren eingegangen, die für den Einzelhandel wichtig sind. In der Literatur vielfach diskutierte Verfahren wie die Massenprivatisierung werden daher nicht behandelt. Hierzu vgl. detaillierter: LOWITZSCH und HERMANN 1995 (zu den unterschiedlichen Beteiligungsformen im Privatisierungsprozeß); LOWITZSCH 1994, FISZER 1994 (zur Massenprivatisierung); MOHLEK 1994, KLEER 1994 (zum Problem der Reprivatisierung); DASZKOWSKI 1997 (zum neuen polnischen Privatisierungsgesetz 1997: Kommerzialisierung) GOMUŁKA und JASIŃSKI 1994, POZNAŃSKA 1994, LOWITZSCH 1993 und v. a. MOHLEK 1997 (als Überblicksdarstellungen).

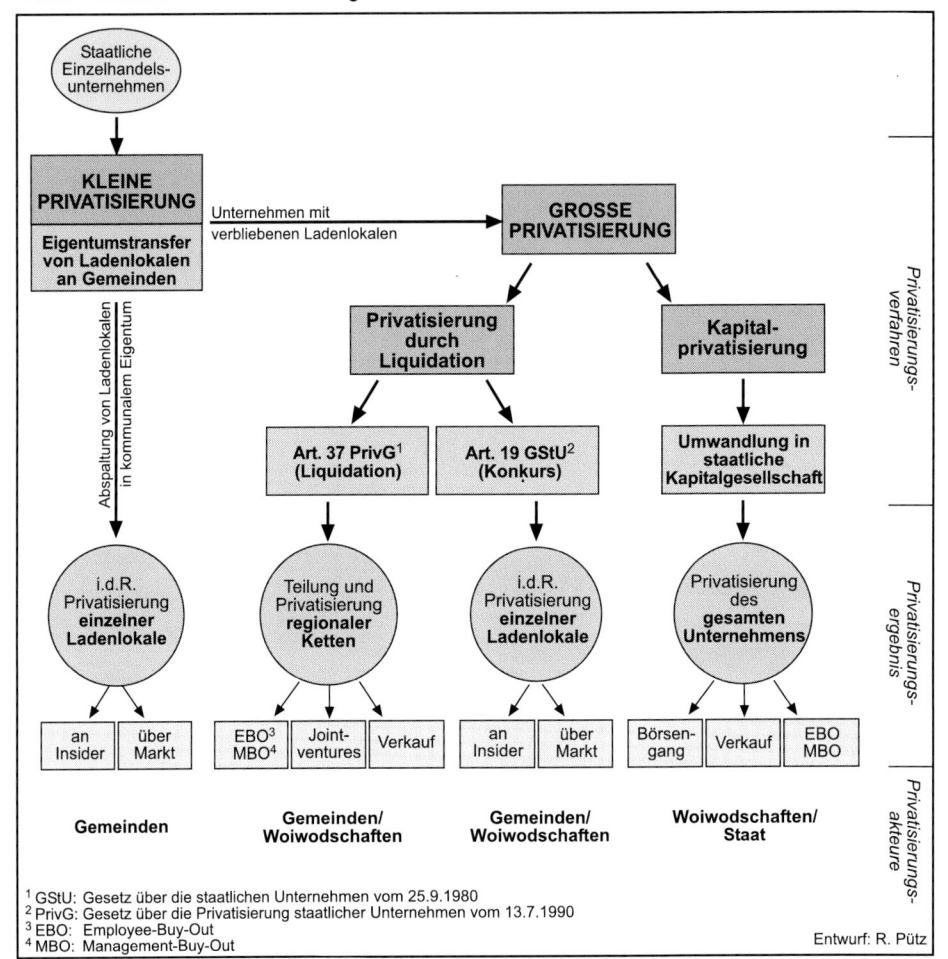

Abb. 15: Verfahren zur Privatisierung des staatlichen Einzelhandels in Polen

[Flussdiagramm:

Staatliche Einzelhandelsunternehmen
→ KLEINE PRIVATISIERUNG: Eigentumstransfer von Ladenlokalen an Gemeinden
   - Abspaltung von Ladenlokalen in kommunalem Eigentum
   - i.d.R. Privatisierung einzelner Ladenlokale → an Insider / über Markt

Unternehmen mit verbliebenen Ladenlokalen → GROSSE PRIVATISIERUNG
   - Privatisierung durch Liquidation
     - Art. 37 PrivG¹ (Liquidation) → Teilung und Privatisierung regionaler Ketten → EBO³/MBO⁴, Jointventures, Verkauf
     - Art. 19 GStU² (Konkurs) → i.d.R. Privatisierung einzelner Ladenlokale → an Insider / über Markt
   - Kapitalprivatisierung → Umwandlung in staatliche Kapitalgesellschaft → Privatisierung des gesamten Unternehmens → Börsengang, Verkauf, EBO MBO

Privatisierungsakteure: Gemeinden | Gemeinden/Woiwodschaften | Gemeinden/Woiwodschaften | Woiwodschaften/Staat

Rechte Seite: Privatisierungsverfahren / Privatisierungsergebnis / Privatisierungsakteure]

¹ GStU: Gesetz über die staatlichen Unternehmen vom 25.9.1980
² PrivG: Gesetz über die Privatisierung staatlicher Unternehmen vom 13.7.1990
³ EBO: Employee-Buy-Out
⁴ MBO: Management-Buy-Out

Entwurf: R. Pütz

die insbesondere das Mitspracherecht der Belegschaft regeln) und zum Unternehmensvermögen (Artikel 46a) erweitert. Da mit der Konkursprivatisierung in der Regel viele Arbeitsplätze verloren gehen, stieß sie bei den Belegschaften aber nur auf wenig Akzeptanz. Im Vergleich zur „Privatisierung durch Liquidation" war sie daher in Polen von geringerer Bedeutung[36].

Im Einzelhandelssektor wurde die Konkursprivatisierung nur bei einem landesweit bedeutsamen Unternehmen angewendet. Dabei handelte es sich um die Bekleidungskette *Otex*, das bis zur Wende zweitgrößte polnische Handelsunternehmen, welches 1989 alleine in Wrocław 207 Verkaufsstellen betrieb. Im Konkursverfahren

---

[36] Bezogen auf die Zahl der Privatisierungen steht die Konkursprivatisierung mit 1 320 Verfahren bis Juni 1995 deutlich vor der „Privatisierung durch Liquidation" (1 049). Sie wurde jedoch vorwiegend bei kleineren Unternehmen angewendet und ist von ihrer Bedeutung daher geringer einzuschätzen (GUS 1995b: 16).

wurde *Otex* vollständig aufgelöst. Anschließend wurden die einzelnen Geschäfte weiter privatisiert. Wie auch die kleine Privatisierung war die Privatisierung von Betriebsteilen auf kommunaler Ebene institutionalisiert, was zu ähnlichen Privatisierungsergebnissen führte: Aufteilung der Konkursmasse in einzelne Ladenlokale, anschließende Insider-Privatisierung und damit fehlende Beteiligungsmöglichkeit ausländischer Handelskonzerne.

2. **Privatisierung durch Liquidation**: Weitaus wichtiger als die Konkursprivatisierung ist im Einzelhandel die Privatisierung durch Liquidation, die auf Grundlage des im Juli 1990 verabschiedeten und August 1991 in Kraft getretenen Privatisierungsgesetzes (PrivG) durchgeführt wird. Dieses Privatisierungsgesetz wurde in der Folgezeit mehrfach novelliert und im April 1997 durch das neue polnische Privatisierungsgesetz, das „Gesetz über die Kommerzialisierung und Privatisierung von Staatsunternehmen" (PrivG96) vom 30.8.1996 abgelöst[37].

Die Privatisierung durch Liquidation betrifft nach PrivG96 nur solche Staatsunternehmen, die nicht mehr als 500 Personen beschäftigen und zugleich nicht mehr als 6 Mio. ECU Umsatz pro Jahr erwirtschaften (Artikel 39). Erfolgreiche Großunternehmen sind damit von diesem Privatisierungsverfahren ausgeschlossen. Im Unterschied zur Konkursprivatisierung erfolgt die Privatisierung durch Liquidation immer unter Beteiligung der Belegschaften, die auch von sich aus einen Antrag auf Privatisierung stellen können. Diese in Ostmitteleuropa einzigartige Bevorzugung der Belegschaften wurde durch die Neufassung des Privatisierungsgesetzes noch erheblich ausgebaut (s. u.).

Für das Privatisierungsergebnis ist es entscheidend, daß die Privatisierung durch Liquidation stets mit einer Teilung der Handelsketten auf Ebene der Woiwodschaften einhergeht, die anschließend die Privatisierung abwickeln. Diese regionale Aufteilung läßt sich mit dem Gesetz über staatliche Unternehmen begründen, in dem es heißt: „Staatliche Unternehmen werden gegründet durch oberste und zentrale Organe der Staatsverwaltung (...)" (Artikel 7, Abs. 1). Dabei handelte es sich in den meisten Fällen um die Woiwoden, die formalrechtlich die „Gründungsorgane" der auf gesamtpolnischer Ebene zu Verbänden zusammengeschlossen Unternehmen waren (vgl. Kapitel 2.2.2.2). Zentralstaatliche Gründungsorgane besaßen nur wenige polenweit operierende Einzelhandelsketten wie das Warenhausunternehmen *Centrum* oder *P.H.S.* Im Zuge der Privatisierung fiel auch das Immobilieneigentum der Unternehmen damit an die Woiwodschaften.

Nach der Aufteilung der Handelsunternehmen in regionale Mehrbetriebsunternehmen bestehen für die weitere Privatisierung drei verschiedene Möglichkeiten (Artikel 37 PrivG bzw. Artikel 39 PrivG96):

- Der Verkauf regionaler Ketten oder einzelner Betriebe. Bei dieser Privatisierungsvariante, die im Einzelhandel selten ist, werden seit September 1992 auch ausländische Investoren zugelassen.

---

[37] Dieses Gesetz bezeichnet die Privatisierung durch Liquidation als „direkte Privatisierung" (Artikel 39-54), aufgrund der in der Literatur bereits eingeführten Begrifflichkeiten soll im folgenden jedoch „Privatisierung durch Liquidation" als Bezeichnung beibehalten werden.

- Das Einbringen der regionalen Ketten in neue Unternehmen. Hierzu ist im Rahmen von Joint-ventures auch eine Beteiligung ausländischer Unternehmen möglich, aber relativ selten (Beispiele: Die Kooperationen von *Billa* und *Polmarck* sowie von *Safeway* und *Marc-Pol*).
- Management-Buy-Out (MBO) oder Employee-Buy-Out (EBO). Bei dieser im Einzelhandel am häufigsten vorkommenden Privatisierungsvariante besteht für die Direktoren oder Beschäftigten der betroffenen Betriebe entweder die Möglichkeit, das jeweilige Handelsunternehmen bzw. einzelne Betriebe über eine neugegründete Gesellschaft zu kaufen oder aber – dies ist der häufigere Fall – über einen mehrjährigen Zeitraum zu leasen. Nach Ablauf des Leasingvertrages geht das Unternehmen dann einschließlich der Immobilien und Grundstücke in den Besitz der neuen Gesellschaft über. Da der Betriebsrat dem Leasingvertrag zustimmen muß, kommen reine MBO praktisch nicht vor. Die Regel ist vielmehr die Mischform des „Management-Led-Employee-Buy-Out" (LOWITZSCH und HERMANN 1995: 6), d. h. ein Buy-out beider Gruppen unter der Leitung des Managements (Beispiel: Die Privatisierung der polnischen Möbelkette *Domar* in Wrocław).

3. **Kapitalprivatisierung**: Die Kapitalprivatisierung ist die einzige Variante, bei der die verbliebenen staatlichen Unternehmen als ganzes privatisiert werden und bei der das Privatisierungsverfahren zentral beim Privatisierungsministerium verankert ist. Die Unternehmen werden dabei zunächst kommerzialisiert, d. h. in Aktiengesellschaften mit dem Staat als einzigem Aktionär umgewandelt (Artikel 5 PrivG). Die eigentliche Privatisierung erfolgt später. Außer dem Börsengang sind hierbei auch MBO und EBO und – dies ist die häufigste Variante – der Verkauf des Unternehmens an externe Investoren möglich. Die Kapitalprivatisierung betrifft Großunternehmen mit mindestens 500 Beschäftigten, die sich in günstiger wirtschaftlicher Verfassung befinden. Im Einzelhandel sind dies drei Unternehmen:
- die polenweit operierende Kiosk-Kette *Ruch*, die bis 1990 der polnischen Arbeiterpartei unterstellt war und noch 1997 der bedeutendste Distributeur für Zeitschriften ist. Nachdem der Antrag der kommunistischen PZPR auf Rechtsnachfolge von *Ruch* im März 1990 abgelehnt worden war, wurde das Unternehmen in die Unternehmensteile Presse, Druck und Vertrieb aufgegliedert. Anschließend wurden die einzelnen Zeitungen privatisiert, woran sich auch ausländische Verlage beteiligten. Ähnlich wurde mit dem Bereich Druck verfahren, in dem einzelne Druckereien ausgegliedert und in Mitarbeitergesellschaften überführt wurden. Die Privatisierung des Vertriebs, der vor der Umstrukturierung über 25 000 Verkaufsstellen in Polen verfügte und 1996 noch mehr als 14 000 Mitarbeiter beschäftigte, gestaltete sich demgegenüber schwieriger. Seit 1994 sichtet das Privatisierungsministerium Angebote für eine strategische Mehrheitsbeteiligung, von der man sich Kapital für dringend notwendige Investitionen erhofft. Nach langwierigen Ausleseverfahren blieben im März 1996 noch die Übernahmeangebote der französischen *HDS* (*Hachette Distribution Press*) und der schweizerisch-polnischen Investmentfirma *Polinvest* übrig. Über die endgültige Privatisierung wird 1997 noch verhandelt. Seit der Umstrukturierung von *Ruch* können

Kiosk-Betreiber ihre Verkaufsstellen kaufen oder mieten und eigenverantwortlich weiterführen.
- das Großhandelsunternehmen *P.H.S* (*Przedsiębiorstwo Hurtu Spożywczego*), das seit seiner Gründung 1982 auch im Einzelhandel tätig ist. Infolge der kleinen Privatisierung verlor das Unternehmen die Mehrzahl seiner Verkaufsstellen im Einzelhandel an die ehemaligen Belegschaften, die dem Unternehmen teilweise noch über Großhandelsbeziehungen verbunden sind. Von den im Jahre 1990 rund 3 000 Einzelhandelsgeschäften und 130 Großhandlungen betreibt *P.H.S.* 1995 nur noch 736 Geschäfte und etwa 100 Großhandlungen. Durch den Verlust des rentablen Standbeines „Einzelhandel" sieht sich das Unternehmen vor große finanzielle Probleme gestellt, wobei angesichts des geschrumpften Filialnetzes vor allem die Überbeschäftigung in der Verwaltung problematisch ist. Zur wirtschaftlich angespannten Situation trägt in zunehmendem Maße auch die ausländische Konkurrenz bei, die im polnischen Großhandel enorm ist: So stand der bis 1993 größte polnische Handelskonzern 1995 nur noch an fünfter Stelle der Top 50 im polnischen Großhandel (nach Umsätzen) – nach dem Spitzenreiter *Makro Cash & Carry* (mit Beteiligung der *Metro*) und zwei weiteren westeuropäischen Großhandelsunternehmen[38]. Ein Kernproblem von *P.H.S.* ist die Zersplitterung des polnischen Einzelhandels, da sich die Händler noch nicht zu Einkaufsgenossenschaften o. ä. zusammengeschlossen haben. C & C-Großmärkte sind bei solchen Einzelhandelsstrukturen sehr viel erfolgreicher, wie die wachsenden Marktanteile ausländischer Großhandelsunternehmen belegen. Aufgrund der Kapitalknappheit kann *P.H.S.* die notwendigen Umstellungsinvestitionen jedoch nicht leisten. Über die endgültige Privatisierung von *P.H.S.*, das 1993 in eine staatliche Kapitalgesellschaft umgewandelt wurde, ist 1997 noch nicht entschieden.
- die polnische Warenhauskette *Centrum*: Das 1949 gegründete Unternehmen wurde 1993 in eine staatliche Aktiengesellschaft umgewandelt. Da es sich bei den 36 polnischen *Centrum*-Warenhäusern um ausschließlich wirtschaftlich genutzte Objekte vormals staatlichen Eigentums handelte, verlor das Unternehmen in der kleinen Privatisierung keiner seiner Niederlassungen, sondern bekam sie als Eigentum zugesprochen. Bis Ende 1996 wurden nur zwei Angebote für *Centrum* eingereicht, die vom zuständigen Privatisierungsministerium als „enttäuschend" abgelehnt wurden[39].

Privatisierung der Konsumgenossenschaften

Die Privatisierung der Konsumgenossenschaften, die bis 1989 eine Monopolstellung im polnischen Lebensmitteleinzelhandel hatten, begann schon vor der Übernahme von Ladenlokalen durch die polnischen Kommunen. Mit dem „Gesetz über die Restrukturierung der Genossenschaften" löste bereits die polnische Regierung *MAZOWIECKI* im Januar 1990 die Warschauer Zentrale der Konsumgenossenschaften auf. Ebenso verfuhr sie mit den regionalen Organisationszentren in den Woiwodschaften, wodurch die lo-

---

[38] vgl. „Detal i hurt - największe firmy" (Einzel- und Großhandel - die größten Unternehmen). In: Handel (1996) 6, S. 12-16.
[39] vgl. „Prywatyzacja DT Centrum". In: Handel (1996) 8, S. 6.

kalen Genossenschaften wieder verselbständigt wurden. Als Ergebnis wurde z. B. die Konsumgenossenschaft *Społem* in Wrocław in zehn unabhängige Einzelgenossenschaften aufgeteilt (vgl. Kapitel 5.1.3.2).

Mit der regionalen Aufteilung ähnelt die Privatisierung der Konsumgenossenschaften der „Privatisierung durch Liquidation". Aufgrund der Zersplitterung auf lokaler Ebene war die Zerschlagung der Konsumgenossenschaften jedoch sehr viel umfassender. Allerdings ist es den Konsumgenossenschaften als nunmehr privaten Wirtschaftsunternehmen freigestellt, sich wieder zu regionalen Verbänden zusammenzuschließen. Wie das Beispiel Wrocław zeigen wird, befinden sich solche Kooperationen jedoch erst im Aufbau und beschränken sich derzeit auf vereinzelte Zusammenarbeit beim Einkauf.

4.2.2 Beurteilung der polnischen Privatisierungsstrategie und ihre Konsequenzen für die Einzelhandelsentwicklung

4.2.2.1 Die polnische Privatisierungsstrategie im ostmitteleuropäischen Vergleich

Die Privatisierungsstrategien Polens unterscheiden sich deutlich von den anderen Staaten Ostmitteleuropas. Dies betrifft vor allem:
- die außerordentlich hohe Vielfalt der Privatisierungsverfahren insbesondere im Bereich der großen Privatisierung, bei der nahezu alle theoretisch denkbaren Privatisierungspfade (Verkauf, EBO, MBO, Börsengang, Joint-venture, Massenprivatisierung an Bevölkerung...) beschritten wurden,
- die Bevorzugung von Insider-Privatisierungen sowie EBO und MBO,
- den ausgesprochen dezentralen Charakter der Privatisierung, der sich sowohl bei der kleinen Privatisierung (Dezentralisierung an die Kommunen) als auch bei der großen Privatisierung (Dezentralisierung an die Unternehmen durch deren Beteiligungsmöglichkeiten) widerspiegelt,
- die institutionelle Verankerung des Privatisierungsverfahrens, einerseits beim Staat (Privatisierungsministerium), andererseits aber auf regionaler (Woiwodschaften) und lokaler Ebene (Kommunen),
- den ambivalenten Erfolg, der bei der kleinen Privatisierung außerordentlich hoch, bei der großen Privatisierung und hier vor allem bei der Kapitalprivatisierung aber nur mäßig war.

Mit HEINRICH (1994) lassen sich die Unterschiede bei den Privatisierungsstrategien der ostmitteleuropäischen Staaten auf deren politische Entwicklung und die Verfügungsrechte an den staatlichen Unternehmen zurückführen (vgl. Abb. 16). Dabei handelt es sich um Charakteristika, die von vielen westlichen Beratern häufig übersehen wurden. Diese waren nämlich häufig vereinfachend davon ausgegangen, daß der Staat in den Reformstaaten Eigentümer der Betriebe sei und somit auch über deren Privatisierung entscheiden könne.

In der Realität aber führten anhaltende wirtschaftliche Schwierigkeiten und Probleme mit der Zentralplanung in einigen Ländern bereits in den 80er Jahren zu einer Dezentralisierung wirtschaftlicher Entscheidungsbefugnisse. Von „Staatsbetrieben", die in

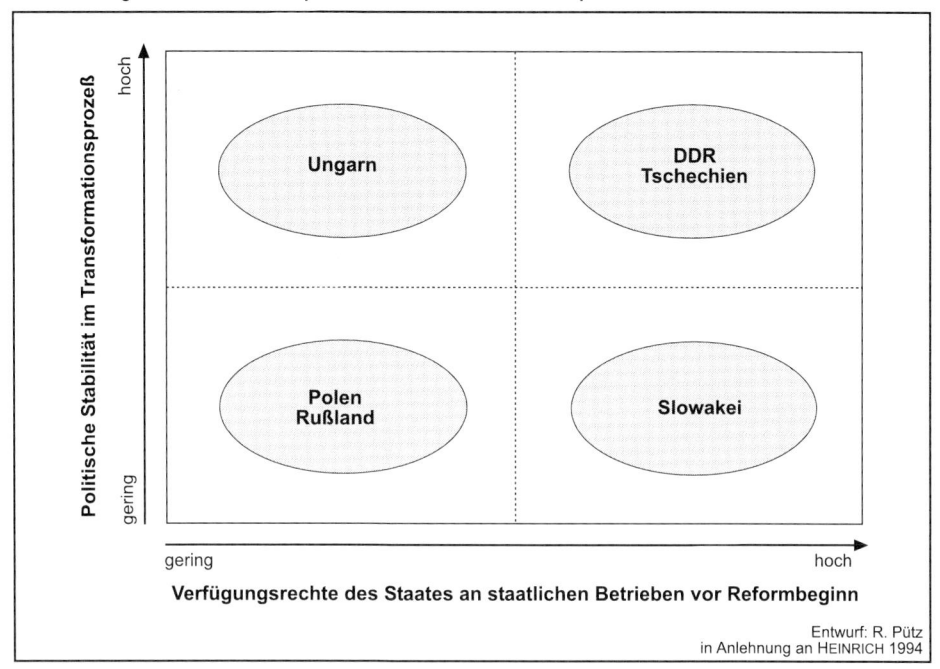

Abb. 16: Eigentumsrechte und politische Stabilität in osteuropäischen Staaten

```
                    hoch │
                         │
                         │   ┌─────────────┐   ┌─────────────┐
Politische Stabilität    │   │   Ungarn    │   │    DDR      │
im Transformationsprozeß │   │             │   │  Tschechien │
                         │   └─────────────┘   └─────────────┘
                         │
                         │   ┌─────────────┐   ┌─────────────┐
                         │   │   Polen     │   │  Slowakei   │
                         │   │  Rußland    │   │             │
                   gering│   └─────────────┘   └─────────────┘
                         └───────────────────────────────────────►
                           gering                            hoch
          Verfügungsrechte des Staates an staatlichen Betrieben vor Reformbeginn
```

Entwurf: R. Pütz
in Anlehnung an HEINRICH 1994

jeglicher Beziehung im Besitz und unter der Kontrolle des Staates standen, konnte demnach nur im Falle der DDR und der CSFR gesprochen werden, die das zentralistische Planungssystem bis 1990 ohne wesentliche Reformen beibehielten.

In Polen aber führte die Krise Anfang der 80er Jahre zu einer Auflösung der hierarchischen Planungsbürokratie. Nicht zuletzt als Konzession an die Solidarność räumte die Regierung mit dem „Gesetz über die Selbstverwaltung der Belegschaft" den Mitarbeitern weitgehende Mitbestimmungsrechte bei der Führung der staatlichen Unternehmen ein. Der staatliche Einfluß auf die Unternehmen reduzierte sich hiermit erheblich, und die faktischen Verfügungsrechte an den Betrieben verschoben sich zugunsten der Arbeiterräte. Eine Privatisierung dieser Staatsbetriebe an externe Investoren setzte daher voraus, daß die „Insider" zunächst „enteignet" werden mußten. Es entstand so die paradoxe Situation, daß der „Staat erst die Kontrolle über die ‚staatlichen Unternehmen' zurückgewinnen mußte, bevor er als Eigentümer über sie im Rahmen der Privatisierung verfügen konnte" (LOWITZSCH und HERMANN 1995: 3).

Hierzu notwendige Privatisierungsprogramme, die Mitarbeitern keine Privilegien einräumen, waren aber nur in Ländern mit einer stabilen politischen Situation und einer starken Regierung möglich: in Ostdeutschland und Tschechien, nicht aber in Polen. So entschied man sich in Ostdeutschland bei der Wahl der Privatisierungsinstitution mit der Treuhandanstalt für eine unternehmensähnliche Institution als Träger der Privatisierung. Im Zuge einer „gesetzlichen Globalfiktion (Volkseigentum = Staatseigentum) mit anschließender Globalverfügung (Funktionsträger des Staatseigentums = Treuhandanstalt) wurden der Treuhandanstalt sodann sämtliche Eigentumsrechte an den zu privatisierenden Unternehmen übertragen (LOWITZSCH und HERMANN 1995: 1). Diese waren zuvor – mit Inkrafttreten des Treuhandgesetzes – am 1. Juli 1990 simultan in Kapitalgesellschaften umgewandelt und kommerzialisiert worden (vgl. TreuhG § 11). Bei der anschließenden Privatisierung wurde dem Verkauf von Unternehmen oder Unternehmensteilen der absolute Vorrang gegenüber anderen Privatisierungsverfahren beigemessen (ebd. § 8).

Dagegen wählte Polen mit dem Privatisierungsministerium eine Institution, die unmittelbar in der Regierung verankert war. Politischen Zielsetzungen kam bei der „großen Privatisierung" damit ein wesentlich höherer Stellenwert zu, was sie zum zentralen „Gegenstand des politischen Tagesgeschehens" werden ließ (LAIER 1996: 124). Es ist einsichtig, daß die häufigen Wechsel an der Spitze des Privatisierungsministeriums (fünf Privatisierungsminister zwischen 1990 und 1993) eine kontinuierliche und konsequente Privatisierungspolitik erschwerten. Gleichzeitig konnte die „Schnellprivatisierung nach dem Modell Deutschland" (ROGGEMANN 1996: 92) von Polen aus finanz- und sozialpolitischen Gründen nicht vollzogen werden. Statt dessen mußte das Land weniger verlustbringende und – auch aufgrund der politischen und gesellschaftlichen Akzeptanz – sozialpolitisch abgefederte Privatisierungsstrategien verfolgen.

Hierbei zeigte sich, daß gerade die Privatisierungsverfahren, welche die Gewohnheitsrechte der Belegschaften in offiziell anerkannte Verfügungsrechte umwandeln, wesentlich erfolgreicher waren als solche, die diese Gewohnheitsrechte zu ignorieren oder abzuschaffen versuchen (HEINRICH 1994: 64, STAHL 1996). Dies gilt sowohl für die große Privatisierung, bei der die Privatisierung mit Leasing durch die Mitarbeiter erfolgreicher als die Kapitalprivatisierung verläuft, als auch für die kleine Privatisierung, bei der die ehemaligen Belegschaften ihre Interessen nach einer Insider-Privatisierung gegenüber den kommunalen Privatisierungsträgern einfordern konnten.

Im jüngsten Privatisierungsgesetz wurde diese Privilegierung nochmals ausgebaut. Demnach erhalten die Beschäftigten bei der Kapitalprivatisierung nunmehr 15 % der Aktien unentgeltlich (bislang 20 % zu reduziertem Preis) und können darüber hinaus bis zu 100 % der Aktien zu einem reduzierten Preis erwerben (Artikel 36 PrivG96). Gleichzeitig muß in kommerzialisierten Betrieben mit mehr als 500 Beschäftigten ein Mitglied des Vorstands durch die Beschäftigten gewählt werden (Artikel 16 PrivG96), was die historisch starke Position der Belegschaften auch in der Marktwirtschaft institutionalisiert. Letztlich kann bei einer Analyse des Privatisierungsgeschehens in Polen MOHLEK (1997) gefolgt werden, der den konkreten Verlauf der Privatisierung weniger durch die Reformgesetze der 90er Jahre als vielmehr durch die Reform des Staatsunternehmensrechts Anfang der 80er Jahre gesteuert sieht.

4.2.2.2 Folgen der Privatisierung für polnische Einzelhandelsstruktur

Die in Polen angewendeten Privatisierungsstrategien führten zu einer erheblichen Dekonzentration im Einzelhandel. Dies gilt zunächst für die kleine Privatisierung, in deren Verlauf die Mehrzahl der staatlichen und konsumgenossenschaftlichen Ladenlokale ausgegliedert und an Einzelunternehmen vergeben wurden. Die Zersplitterung der vormals staatlichen Handelsketten auf einzelbetrieblicher Ebene war außerdem das Resultat der Konkursprivatisierungen, die bei *Otex* zur Anwendung kam. Auch die „großen" Privatisierungen durch Liquidation trugen durch die Teilung der Handelsketten in regionale Mehrbetriebsunternehmen zur Dekonzentration des Einzelhandels bei. Gleiches gilt für die Konsumgenossenschaften, die in Unternehmen mit nunmehr lokalen Filialnetzen aufgespalten wurden.

Die Dekonzentration im polnischen Einzelhandel hält bis 1997 an. So haben mehr als 98 % der Einzelhandelsunternehmen neben ihrem Stammlokal nur maximal eine Filiale. Ein weiteres Prozent der Unternehmen verfügt über ein Filialnetz von 3-10 Betrieben. Der Anteil der Betriebe mit mehr als zehn Verkaufsstellen sank seit 1991 sogar kontinuierlich, weil die Auflösung staatlicher Handelsketten nicht durch das interne Wachstum privater Handelsunternehmen kompensiert wird (vgl. Tab. 23).

Tab. 23: Konzentrationsgrade im polnischen Einzelhandel, 1991-1996

Größe der Unternehmen	Anzahl der Unternehmen					
	1991	1992	1993	1994	1995	1996
1 - 2 Betriebe	254 867	306 318	328 352	365 998	377 547	358 482
3 - 10 Betriebe	2 211	2 604	2 787	3 114	3 989	4 504
11 - 20 Betriebe	1 239	1 244	1 142	1 054	969	882
21 - 50 Betriebe	882	599	479	409	337	290
über 50 Betriebe	107	67	49	41	33	30
	Anteil an Unternehmen (in %)					
	1991	1992	1993	1994	1995	1996
1 - 2 Betriebe	98,20	98,55	98,67	98,76	98,60	98,43
3 - 10 Betriebe	0,85	0,84	0,84	0,84	1,04	1,24
11 - 20 Betriebe	0,48	0,40	0,34	0,28	0,25	0,24
21 - 50 Betriebe	0,34	0,19	0,14	0,11	0,09	0,08
über 50 Betriebe	0,04	0,02	0,01	0,01	0,01	0,01

Quelle: GUS 1997: 39

Infolge der polnischen Privatisierungsstrategie und des Wachstums im privaten Einzelhandel wird die Einzelhandelsentwicklung in Polen im wesentlichen von Einbetriebsunternehmen getragen. Auch die Standortstruktur im polnischen Einzelhandel wird damit hauptsächlich von den Standortstrategien der Einzelunternehmen bestimmt. Neben die Vielzahl an Kleinstbetrieben treten nur wenige Mehrbetriebsunternehmen mit regionalen Verkaufsstellennetzen. Diese sind infolge der Privatisierung und der Umstellung auf Wettbewerbsbedingungen aber mit schwierigen Anpassungsproblemen konfrontiert, weshalb expansive Tendenzen durch Filialisierung nach Kapitalakkumulation von ihnen nicht ausgehen.

Hinzu kommt, daß die polnische Privatisierungsstrategie ausländischen Handelskonzernen kaum die Möglichkeit zum Markteintritt bot: Diese verfügten entweder nicht über die notwendigen Kontakte auf lokaler Ebene, oder sie waren im Rahmen der Insider-Privatisierung faktisch vom Privatisierungsverfahren ausgeschlossen – auch wenn ihre Beteiligung juristisch durchaus möglich gewesen wäre. In Polen wurde die Einzelhandelsentwicklung daher viel länger als in anderen Transformationsstaaten von Prozessen der „internen Restrukturierung" bestimmt. Expansive Wachstumsstrategien ausländischer Handelskonzerne setzten hier erst Mitte der 90er Jahre in größerem Umfang ein. Damit unterscheidet sich Polen deutlich von anderen Ländern Ostmitteleuropas. So konnten sich in Ungarn zahlreiche ausländische Konzerne im Rahmen von Privatisierungsverfahren bereits frühzeitig hohe Marktanteile im Einzelhandel erwerben, was in manchen Branchen bereits zu Monopolsituationen führte (AHRENS 1993: 19).

4.3 Interne Restrukturierung versus Internationalisierung im privaten Einzelhandel

4.3.1 Betriebsformendifferenzierung im einheimischen Einzel- und Markthandel

Außer der Privatisierung kommt der Liberalisierung als Transformationsbaustein eine entscheidende Rolle zu, da sie Gründungen im privaten Einzelhandel erleichtert und so eine zentrale Bedeutung für die Wettbewerbsherstellung besitzt. Wie auch in den anderen Ländern Ostmitteleuropas und in der DDR wurde diese private Einzelhandelstätigkeit in Polen sowohl von stationären Betrieben in Ladenlokalen als aber auch von ambulanten Händlern und stationären Markthändlern getragen. Am Beispiel des Gründungsgeschehens in Folge der Liberalisierungsmaßnahmen kann besonders deutlich die räumliche Gebundenheit von Transformationsprozessen aufgezeigt werden.

4.3.1.1 Gründungsboom und regionale Entwicklungsunterschiede

Unmittelbar nach den Liberalisierungsmaßnahmen setzte in Polen ein starker Gründungsboom im privaten Ladeneinzelhandel ein. Zwischen 1990 und 1995 eröffneten effektiv mehr als 270 000 neue Einzelhandelsbetriebe, davon die Hälfte alleine in den Boomjahren 1990 und 1991[40]. Für die Umgestaltung der Eigentumsverhältnisse und die Herstellung marktwirtschaftlicher Wettbewerbsbedingungen übertrifft der Gründungsboom die Bedeutung der Privatisierung damit bei weitem (vgl. Tab. 24). Das Gründungsgeschehen im Ladeneinzelhandel wurde durch eine Verordnung BALCEROWICZs

---

[40] Die Angaben zur Privatisierung und Neugründung von Unternehmen in Tab. 24 dienen als Richtwerte. Die tatsächliche Zahl der Neugründungen dürfte wegen der nicht erfaßten Betriebsschließungen viel höher liegen. Auch staatliche Einzelhandelsbetriebe, die nach ihrer Privatisierung durch andere Funktionen genutzt oder geschlossen wurden, konnten nicht quantifiziert werden. In Anbetracht des Wachstums im Einzelhandel ist jedoch davon auszugehen, daß die Leerstände gering sind. Dies bestätigen auch die Ergebnisse der Erhebungen des Autor in Wrocław.

Tab. 24: Bedeutung von Gründungsboom und Privatisierung für den Wandel der Eigentumsverhältnisse im polnischen Einzelhandel

	1990	1991	1992	1993	1994	1995	1996
Anzahl neugegründeter Geschäfte	85 354	73 541	41 536	28 080	34 867	10 151	- 16 093
Anzahl privatisierter Geschäfte*	40 149	22 282	8 423	7 254	4 905	4 243	3 944
Verhältnis Privatisierung zu Neugründung	1 : 2,1	1 : 3,3	1 : 4,9	1 : 3,9	1 : 7,1	1 : 2,4	

* inkl. Ausgliederungen aus Genossenschaften
Quelle: eigene Berechnungen nach: GUS 1993: 14, GUS 1996b: 4

noch dadurch forciert, daß alle Personen und Personengesellschaften, die im Zeitraum vom 31.5.1990 bis zum 31.12.1990 eine Wirtschaftstätigkeit im Groß- und Einzelhandel ausübten, für zwei Jahre (beim Handel mit Lebensmitteln) bzw. für ein Jahr (beim Handel mit Industrieprodukten) von der Umsatz- und Einkommenssteuer befreit worden waren (Dziennik Ustaw Nr. 35, Pos. 203).

Mit dem Wachstum des privaten Einzelhandels stieg die Verkaufsfläche des Ladeneinzelhandels pro Einwohner von 0,36 m^2 (1986)[41] auf 0,54 m^2 (1996). Das Wachstum wird dabei fast ausschließlich durch Kleinstbetriebe getragen. So hat sich zwischen 1986 und 1996 die Zahl der Geschäfte pro 1 000 Einwohner in Polen von 3,8 auf 10,5 fast verdreifacht, die Verkaufsfläche stieg dagegen nur um weniger als die Hälfte (nach GUS 1988: 152; 1997: 45). Das Jahr 1996 markiert eine Trendwende in der polnischen Einzelhandelsentwicklung. Erstmals seit der Wende sank die Zahl der Geschäfte (- 4,7 %), während im gleichen Jahr die Gesamtverkaufsfläche um 6,2 % weiter zunahm (vgl. Tab. 21, S. 96). Hier scheint sich eine Entwicklung anzudeuten, die im westeuropäischen Einzelhandel schon seit geraumer Zeit prägend und in Kapitel 2.1.1.2 als „Konzentrationsprozeß" ausführlich dargestellt worden ist.

Außer der Zunahme des Ladeneinzelhandels ist der enorm wachsende Markthandel eine typisches Transformationsmerkmal. So existieren im Jahre 1996 in Polen 102 953 Marktstände auf 2 418 permanenten Märkten mit einer Gesamtverkaufsfläche von 9,4 Mio. m^2 [42]. Der Markthandel erreicht damit 45 % der Verkaufsfläche des Ladeneinzelhandels und 31 % der Gesamtverkaufsfläche (nach GUS 1997: 49f.). Das Wachstum des Markthandels ist ungebrochen. So nahm die Zahl der Marktstände im Unterschied zum Ladeneinzelhandel nochmals um 9 % zu, was den Annahmen über „im Modernisierungsprozeß" zunehmende Konzentrationsgrade völlig entgegenläuft. Dieses Wachstum ist nur zum Teil mit Überführungen von schattenwirtschaftlichen in legale Handelstätigkeiten zu erklären. Die Ursachen für die nach wie vor hohe Bedeutung des Markthandels lassen sich mit der zumeist üblichen makroökonomischen Argumentation, die den Markthandel als das Ergebnis von Angebotslücken im Ladeneinzelhandel interpre-

---

[41] Der tatsächliche Wert muß etwas höher gelegen haben, da Angaben über die Verkaufsflächen der Betriebe bis 1989 nur für sozialistische Unternehmen ausgewiesen wurden. Im Falle der Gesamtverkaufsfläche dürften die in der Regel kleinflächigen Privatbetriebe aber nur geringfügig ins Gewicht gefallen sein.

[42] Hinzu kommen noch 4 605 periodische Märkte, die im polnischen Einzelhandel aber nur eine untergeordnete Rolle einnehmen und nicht weiter betrachtet werden. In dieser Arbeit beziehen sich alle Aussagen über den Markthandel daher nur auf den permanenten Markthandel.

tiert, nicht erfassen. Vielmehr ist zur Analyse des Markthandelswachstum ein mikroökonomischer Zugang erforderlich, der die Ursachen für das Gründungsgeschehen als Anpassungsprozeß der Haushalte an die veränderten sozioökonomischen Rahmenbedingungen auffaßt (s. u.).

Zudem muß die Bedeutung des Markthandels im Transformationsprozeß differenziert betrachtet werden. So können in Polen nach ihrer Funktion drei Typen von Märkten unterschieden werden. Diese sind untereinander in hohem Maße funktional verflochten und tragen Anzeichen einer in sich geschlossenen Distributionskette:

- Märkte mit Exportfunktion: Eine Vielzahl der polnischen Märkte basiert fast ausschließlich auf dem Verkauf von Waren an Ausländer. So verkauften 1995 alleine fünfzehn der umsatzstärksten polnischen Märkte Waren im Wert von umgerechnet etwa drei Mrd. DM an ausländische Kunden. Diese Märkte befinden sich vornehmlich an den westlichen und östlichen Grenzen des Landes. Die westpolnischen Märkte profitieren nahezu ausschließlich vom Einkaufstourismus deutscher Verbraucher, die den Preisvorteil bei Grundnahrungsmitteln, Zigaretten und Bekleidung nutzen. Die Märkte in Ostpolen werden demgegenüber überwiegend von Großhändlern aus den Nachfolgestaaten der Sowjetunion frequentiert, die vornehmlich westliche Produkte, Hausrat und Bekleidung erwerben (vgl. DĄBROWSKI 1996). Der größte Markt mit Exportfunktion befindet sich allerdings im „Stadio X-lecia" in Warschau, der 1995 Waren im geschätzten Wert von 350 Mio. $ „exportierte". Wäre der Basar nicht nur eine lockere Ansammlung von Straßenhändlern und Ständen, sondern ein Unternehmen, so würde dieses Unternehmen Polens fünftgrößten Exporteur darstellen" (OECD 1997: 182).
- Märkte mit Großhandelsfunktion: Die umsatzstärksten Märkte nehmen vornehmlich Großhandelsfunktion wahr und liegen am Rande fast jeder polnischen Großstadt. Hier kaufen lokale Einzelhändler, meistens aber Händler der innerstädtischen Märkte ihre Waren ein (vgl. Fallstudie). Außerdem existieren vor allem in Zentralpolen eine Reihe von großhandelsorientierten Märkten mit überregionaler Reichweite, auf denen die Händler der Grenzmärkte und der örtlichen Großhandelsmärkte ihre Waren beziehen (MIKUSIŃSKA-OZDOBIŃSKA 1997: 14).
- Märkte mit Versorgungsfunktion: Das Angebot der meisten polnischen Märkte richtet sich direkt an den polnischen Endverbraucher. Es handelt sich um Märkte, die unmittelbar seit dem Systemumbruch entstanden und seitdem kontinuierlich gewachsen sind. Vor allem in den Großwohngebieten der polnischen Großstädte, in denen aufgrund der mangelnden Planerfüllung in sozialistischer Zeit noch 1997 ein unzureichendes Angebot an Ladenlokalen besteht, nehmen diese Märkte mit ihrem häufig preisgünstigen Angebot wichtige Versorgungsfunktionen für immobile und arme Bevölkerungsschichten wahr (vgl. Fallstudie).

Regional unterschiedliche Entwicklungspfade

Die räumliche Verteilung von Ladenlokalen und Märkten in Polen belegt, daß deutliche Unterschiede zwischen den östlichen und westlichen Landesteilen sowie städtisch und ländlich geprägten Gebieten bestehen (vgl. Karte 1, Karte 2). So nimmt in Ostpolen der Markthandel mit einem Anteil von über 40 % an der Gesamtverkaufsfläche eine überragende Position ein, während er im Westen nur eine untergeordnete Rolle spielt. Hier wird die Einzelhandelsstruktur fast ausschließlich durch den Ladeneinzelhandel geprägt. Die Ursachen für diese signifikanten Unterschiede sind bei fehlender Datengrundlage nur hypothetisch über einen makroökonomischen Zugang und nicht monokausal zu erklären:

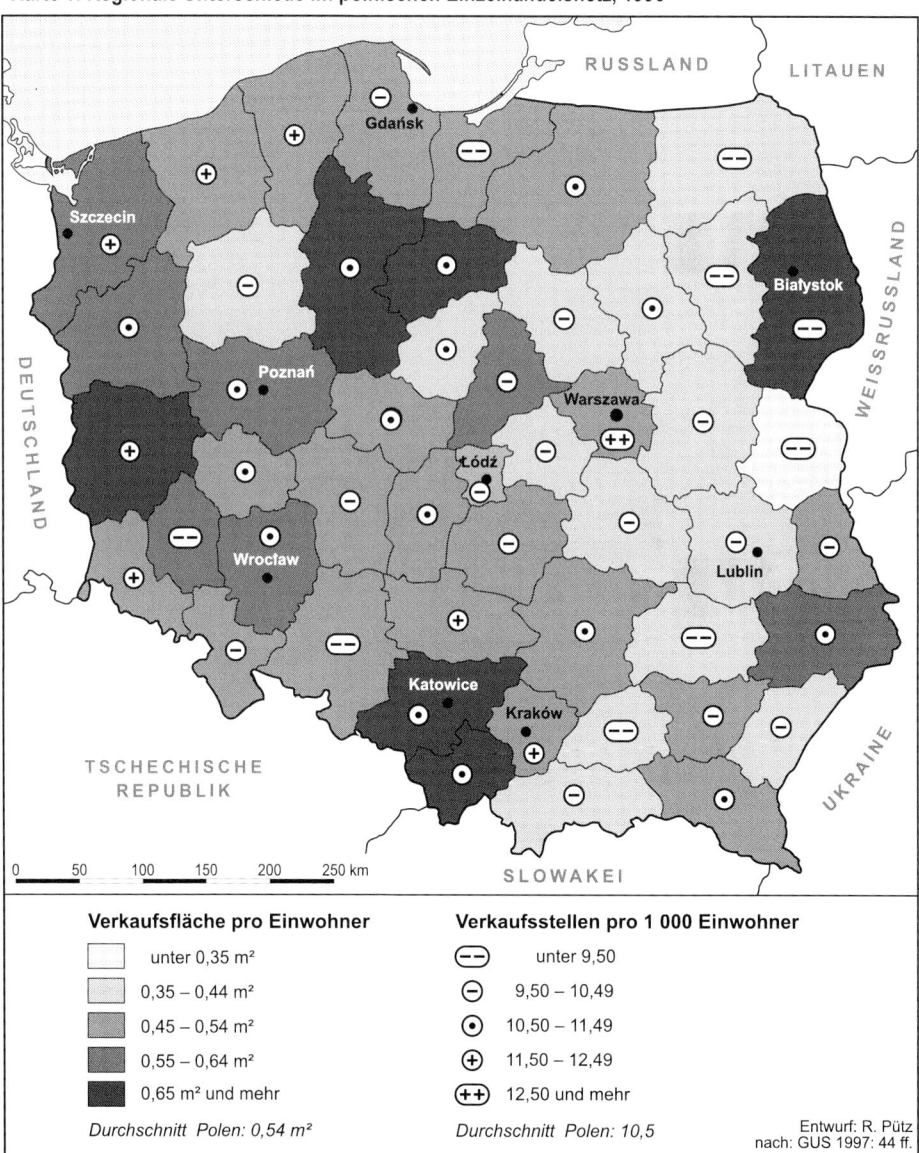

Karte 1: Regionale Unterschiede im polnischen Einzelhandelsnetz, 1996

Verkaufsfläche pro Einwohner	Verkaufsstellen pro 1 000 Einwohner
unter 0,35 m²	⊝⊝ unter 9,50
0,35 – 0,44 m²	⊝ 9,50 – 10,49
0,45 – 0,54 m²	⊙ 10,50 – 11,49
0,55 – 0,64 m²	⊕ 11,50 – 12,49
0,65 m² und mehr	⊕⊕ 12,50 und mehr
Durchschnitt Polen: 0,54 m²	*Durchschnitt Polen: 10,5*

Entwurf: R. Pütz
nach: GUS 1997: 44 ff.

- Die Zunahme des Ladeneinzelhandels verlief in städtischen und ländlich geprägten Regionen uneinheitlich, was sich in der räumlichen Verkaufsflächenausstattung der Woiwodschaften widerspiegelt. So entwickelte sich die Geschäftszahl in den polnischen Städten mit 210 % Wachstum zwischen 1990 und 1995 außerordentlich dy-

Karte 2: Regionale Bedeutung des Markthandels in Polen, 1996

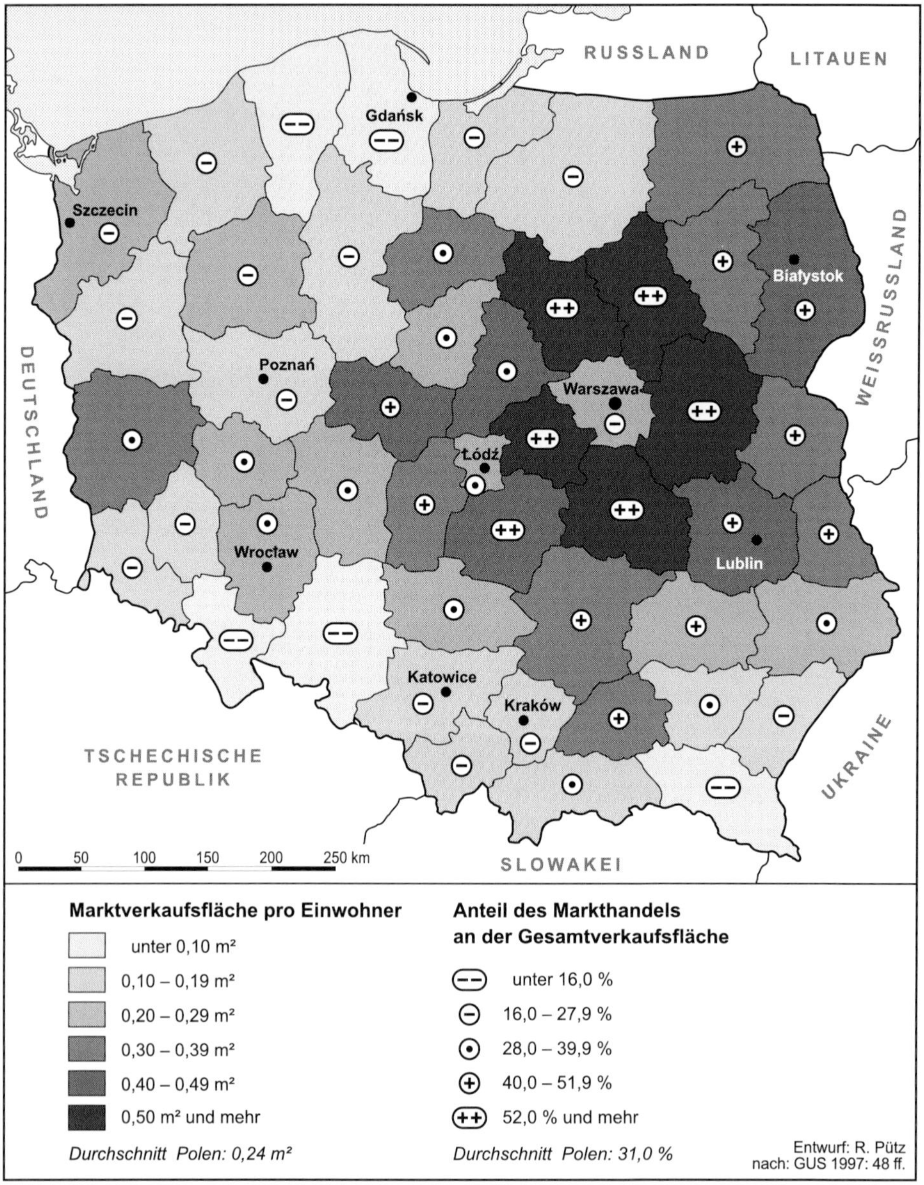

Marktverkaufsfläche pro Einwohner
- unter 0,10 m²
- 0,10 – 0,19 m²
- 0,20 – 0,29 m²
- 0,30 – 0,39 m²
- 0,40 – 0,49 m²
- 0,50 m² und mehr

Durchschnitt Polen: 0,24 m²

Anteil des Markthandels an der Gesamtverkaufsfläche
- (– –) unter 16,0 %
- (–) 16,0 – 27,9 %
- (·) 28,0 – 39,9 %
- (+) 40,0 – 51,9 %
- (++) 52,0 % und mehr

Durchschnitt Polen: 31,0 %

Entwurf: R. Pütz
nach: GUS 1997: 48 ff.

namisch. Das Einzelhandelswachstum in den ländlichen Regionen war demgegenüber mit einer Betriebszunahme von nur 110 % im gleichen Zeitraum viel geringer (GUS 1993: 14, 1996: 4). Außer der günstigeren Nachfragesituation in zentralen Orten, z. B. durch die höhere Bevölkerungsdichte, kann eine Ursache für diese Diskrepanzen auch in der größeren Verfügbarkeit von Ladenlokalen liegen. So konnte in den Städten auf im Sozialismus geschlossene Ladenlokale der Vorkriegszeit zurückgegriffen werden – in den ländlichen Regionen war dies weniger der Fall.

- Daneben dürfte die Persistenz der präsozialistischen infrastrukturellen Ausstattung bis heute die Einzelhandelsstruktur beeinflussen. Zur Zeit der polnischen Teilungen vor 1918 bildete sich eine deutliches Gefälle von den zu „Preußen/Deutschland gehörenden, in fast jeder Hinsicht hochentwickelten Westgebieten" zu dem „lange vernachlässigten Großteil des Landes", dem heute östlichen Polen, heraus (BUCHHOFER 1991: 329). Es ist anzunehmen, daß diese Ausstattungsunterschiede auch die Handelsinfrastruktur einschlossen, so daß in Westpolen ein dichteres Netz an Ladenlokalen bestand. Die Vernachlässigung des Konsumgütersektors im Sozialismus konnte diese Disparitäten nicht abbauen.
- Der Ladeneinzelhandel dominiert vor allem in den Landesteilen, die durch eine insgesamt günstigere Nachfragesituation aufgrund höherer Haushaltseinkommen gekennzeichnet sind (vgl. SZLACHTA 1995: 133). Hieraus lassen sich günstigere Rahmenbedingungen für Einzelhandelsbetriebe ableiten. Auf der anderen Seite können schlechtere ökonomische Rahmenbedingungen in den östlichen Landesteilen dazu führen, daß mehr Menschen ihre Einkommensverluste durch Nebenbeschäftigungen im Markthandel ausgleichen.
- Der Markthandel prägt die Einzelhandelsstruktur vornehmlich in den östlichen Landesteilen, in denen der Ladeneinzelhandel eine geringere Bedeutung hat. Hier dürften gegenseitige Abhängigkeiten bestehen. Zum einen kann vermutet werden, daß der Markthandel einen örtlichen Nachfrageüberhang abschöpft, der durch die unterdurchschnittliche Ausstattung mit Ladengeschäften entstanden ist. Zum anderen werden die östlichen Woiwodschaften stark vom „exportorientierten Markthandel" geprägt. Dessen Angebote nutzt jedoch auch die dort ansässige Bevölkerung, wodurch die Märkte zu Wettbewerbern für den lokalen Ladeneinzelhandel werden. Wie Untersuchungen von POWĘSKA belegen, führt dies auch zu einer Vielzahl von Geschäftsaufgaben (1995: 299). In den zentralen Landesteilen um Łódź und Warschau dürften die „Großhandelsmärkte" zu den hohen Marktanteilen beitragen.
- Das Verkaufsflächenwachstum in den polnischen Woiwodschaften korreliert in hohem Maße mit dem Ausmaß der Geschäftsgründungen im Einzelhandel. Eine möglicherweise stärkere Durchdringung sozioökonomisch begünstigter Gebiete von „modernen" Betriebsformen des großflächigen Einzelhandels schlägt sich somit auf makroanalytischer Ebene noch nicht nieder.

Die Frage, ob sich das Einkaufsverhalten der Bevölkerung räumlich differenziert in ein „westliches", das mehr auf stärker formalisierte Einkaufsstätten zielt, und ein „östliches", was eher auf informellere Kaufbeziehungen gerichtet ist, müßte durch umfangreiche qualitativ-sozialwissenschaftliche Studien erst belegt werden. Daß die Transformation im Bereich der Einzelhandelsentwicklung aufgrund des Spannungsfeldes zwischen nationalen (Liberalisierungs-) Strategien und regionalen Unterschieden in der Faktorausstattung vollkommen unterschiedliche regionale Entwicklungspfade hervorbringt, die teilweise bereits im Sozialismus bestehende Disparitäten verstärken oder überlagern, ist nach der makroanalytischen Analyse jedoch unbestreitbar.

4.3.1.2 Gründungsmotive und Auswirkungen auf die Einzelhandelsstruktur

Gründungsmotive und -restriktionen

Die aufgezeigten regionalen Entwicklungsunterschiede und die auf den ersten Blick widersprüchlichen Entwicklungstendenzen im Ladeneinzelhandel, bei dem seit 1996 Konzentrationstendenzen zutage treten, und im Markthandel, der durch einen ungebrochenen Gründungsboom und wachsende Dekonzentration gekennzeichnet ist, sind aus makroanalytischer Perspektive kaum zu erklären. Vielmehr müssen zusätzlich die lokale Ebene und handlungszentrierte Ansätze berücksichtigt werden. Dabei steht die Frage im Vordergrund, wie die Rahmenbedingungen einer jetzt liberalisierten Wirtschaft von den einzelnen Akteuren für unternehmerisches Engagement genutzt werden (vgl. detaillierter Fallstudie Wrocław).

Aus einem solchen mikroökonomischem Blickwinkel läßt sich bereits an dieser Stelle die These formulieren, daß der Gründungsboom im Ladeneinzelhandel und Markthandel nicht eine makroökonomisch begründete Folge der hohen Nachfrage ist, sondern vielmehr als eine Anpassungsstrategie der Haushalte an die veränderten wirtschaftlichen und gesellschaftlichen Rahmenbedingungen zu interpretieren ist. Aus dieser akteurzentrierten Perspektive kann der Gründungsboom mit den persönlichen Antriebskräften der Betroffenen für den Weg in die unternehmerische Tätigkeit erklärt werden. Hierbei lassen sich – auf der Grundlage der Untersuchungen in Wrocław – zwei gegensätzliche Motivationsstrukturen identifizieren: Die Handelstätigkeit als Überlebensstrategie und die Handelstätigkeit als Wohlstandsstrategie. Für die Art und Weise der unternehmerischen Betätigung und die Wahl der „Betriebsform" beim Markteintritt lassen sich die materiellen Restriktionen der Unternehmensgründer als dritter entscheidender Faktor ableiten:

- **Handelstätigkeit als Überlebensstrategie**: Mit dem Ende des Sozialismus wurde auch der sozialistische „Sozialkontrakt" hinfällig, der den Menschen ein verhältnismäßig hohes Maß an sozialer Sicherheit und Berechenbarkeit der Lebensumstände auf bescheidenem materiellen Niveau geboten hatte (LAGEMANN 1995: 7). Steigende Arbeitslosigkeit und sinkende Realeinkommen, die nur noch einer Minderheit der Bevölkerung die Sicherung ihres Lebensunterhaltes gewährleisten, sind ein Zeichen hierfür. Die Mehrheit der polnischen Bevölkerung zählt in materieller Hinsicht damit eindeutig zu den Transformationsverlierern und ist gezwungen, sich zusätzliche Einkommen zu erschließen, um wirtschaftlich überleben zu können. Das Gründungsgeschehen in Polen ist hierauf in hohem Maße zurückzuführen. Für diese Auffassung spricht auch der Vergleich mit Ostdeutschland: In den neuen Bundesländern war der Existenzgründungsdruck aufgrund der vom Westen übernommenen sozialen Sicherungssysteme und der jährlich mehrere Milliarden DM umfassenden Transferzahlungen sehr viel niedriger als in Polen, was sich auch in geringeren Gründungsaktivitäten im Einzelhandel niederschlug.

Unternehmensgründungen als Überlebensstrategie werden wegen der begrenzten materiellen Handlungsspielräume vor allem in Bereichen getätigt, die nur geringe Anfangsinvestitionen erfordern. Hierzu zählen vornehmlich Tätigkeiten im Dienstleistungssektor und dabei vor allem im Handel. Im Unterschied zum produzierenden Gewerbe sind hier außerdem keine beruflichen Vorqualifikationen zwingend erforderlich. Darüber hinaus ist davon auszugehen, daß diejenigen, die einen Arbeitsplatz haben, zunächst nur einen Nebenerwerbsbetrieb gründen werden. Der Sprung in die Selbständigkeit dürfte nur bei Arbeitslosigkeit erfolgen oder wenn die Selbständigkeit ein gesichertes und höheres Einkommen als das der bisherigen Beschäftigung erwarten läßt.

- **Handelstätigkeit als Wohlstandsstrategie**: Beim Übergang von der Plan- zur Marktwirtschaft werden beträchtliche Teile des volkswirtschaftlichen Vermögens neu verteilt. Der Transformationsprozeß bietet risikobereiten und unternehmerisch orientierten Menschen damit große Chancen des Vermögenserwerbs. Gleichzeitig war zu Beginn des Umbruchs eine Beschäftigung im Handelssektor überaus erfolgversprechend. Mit dem Ende der sozialistischen Zentralverwaltungswirtschaft wurde nämlich ein erheblicher Nachfrageüberhang nach Konsumgütern offenbar, der für den einzelnen hohe und schnelle Verdienstmöglichkeiten erwarten ließ.

- **Materielle Ressourcen als limitierender Faktor**: Die Art der unternehmerischen Aktivität wird zudem von den zur Verfügung stehenden materiellen Ressourcen, d. h. der Menge des investierbaren Kapitals geprägt. Die insgesamt große Kapitalarmut der Haushalte schlägt sich dabei in der Einzelhandelsstruktur Polens nieder, die durch Kleinstbetriebe bestimmt wird. Angesichts hoher Zinssätze der Banken kommt eine kreditfinanzierte Unternehmensgründung meistens nicht in Frage, weswegen Existenzgründer auf private Ersparnisse zurückgreifen müssen. Diese waren in Polen beim Eintritt in die Marktwirtschaft jedoch vergleichsweise hoch. So nutzten viele Polen die im Sozialismus bestehenden Reisemöglichkeiten dazu, periodisch im westlichen Ausland zu arbeiten und auf diesem Wege Ersparnisse zu bilden. Zudem kann davon ausgegangen werden, daß Einkünfte aus der Schattenwirtschaft in Hartwährungen angespart wurden und nach dem Ende der Zentralverwaltungswirtschaft für bescheidene Investitionen eingesetzt werden können.

Betriebstypendifferenzierung

Die unterschiedlichen Motive für die Aufnahme einer unternehmerischen Tätigkeit und die Menge an einsetzbarem Investitionskapital bilden sich in unterschiedlichen „Betriebstypen" im polnischen Einzelhandel ab, die sich aufgrund ihres Formalisierungsgrades und ihrer Kapitalintensität differenzieren lassen und zu denen der Markthandel und der Ladeneinzelhandel als wichtigste zählen (vgl. Abb. 17). Wie das Fallbeispiel konkreter zeigen wird, reicht das Betriebstypenspektrum von modernen Luxusgeschäften westlicher Investoren bis zu ausgesprochen transformationsspezifischen Betriebstypen wie dem ambulanten Straßenverkauf „aus der Hand", der für die meisten Händler eine existentielle Bedeutung einnimmt. Der Einzelhandel wird so zum Spiegelbild der

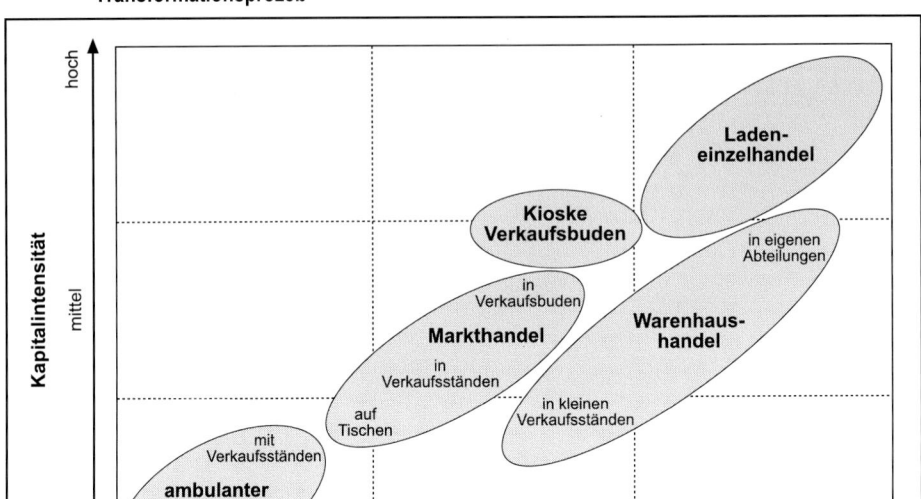

Abb. 17: Betriebstypendifferenzierung des einheimischen Einzelhandels im Transformationsprozeß

(Diagramm: Kapitalintensität [gering–mittel–hoch] vs. Formalisierungsgrad [gering–mittel–hoch]; Entwurf: R. Pütz)

- ambulanter Straßenhandel (ohne Verkaufsstände / mit Verkaufsständen)
- Markthandel (auf Tischen / in Verkaufsständen / in Verkaufsbuden)
- Kioske, Verkaufsbuden
- Warenhaushandel (in kleinen Verkaufsständen / in eigenen Abteilungen)
- Ladeneinzelhandel

gesellschaftlichen Polarisierung, die mit den Begriffen „Transformationsverlierer" und „Transformationsgewinner" beschrieben werden kann. Bereits an dieser Stelle kann damit festgehalten werden, daß der (endogene) Betriebsformenwandel im Transformationsprozeß in einem grundlegend anderen Begründungszusammenhang als in Westeuropa steht, wo der strategische Einsatz betrieblicher Handlungsparameter zur Differenzierung der Unternehmensleistung die Hauptursache für die Betriebsformenvielfalt ist.

Bei den „Transformationsverlierern" sind vor allem alte Menschen zu nennen, deren Renten zur Bestreitung des Lebensunterhalts kaum ausreichen und für die eine „formelle" und außerhalb der Schattenwirtschaft liegende unternehmerische Betätigung auch aufgrund der Gewöhnung an sozialistische Arbeitsverhältnisse nicht in Frage kommt. So bieten viele der „Ärmsten der Armen" noch 1997 ihre Waren an den Straßenrändern in der Innenstadt, vor den Toren großer Einkaufsmagneten oder auf den Gängen der Märkte zum Verkauf an: selbstgefertigte Produkte, Bekleidungsstücke oder Haushaltsgegenstände aus Privatbesitz, selbstgepflückte Blumen oder Erzeugnisse aus privat betriebenem Gartenanbau.

Eine Betätigung im Markthandel ist aufgrund von Kapitaleinsatz und mittlerweile weitgehender Legalisierung als unterste Stufe „formalisierter" Handelstätigkeiten anzusehen, wobei es auch hier erhebliche innere Differenzierungen von „Marktbetriebsformen" gibt. Sie reichen vom täglichen Anmieten kleiner Verkaufstische bis zum Betreiben fester Verkaufsbuden und können sogar den Aufbau eines Mehrbetriebsunternehmens mit Marktständen auf unterschiedlichen Marktplätzen einschließen. Der notwendige Mindestkapitaleinsatz im Markthandel ist minimal, da dieser zu großen Teilen ein „halbschattenwirtschaftlicher" Wirtschaftszweig ist: Viele Märkte operieren zwar illegal, werden aber von den kommunalen Behörden geduldet. Die einzelnen Verkaufsstände entrichten nämlich Abgaben an die Gemeinden, die täglich Angestellte zum Einsammeln von Marktgebühren zu den Händlern entsenden. Abgesehen von diesen Abgaben ist der Markthandel steuerfrei. Investitionen sind nur beim Kauf oder der Anmietung einer festen Verkaufsbude erforderlich. Insgesamt sind die Marktzutrittsschranken im Markthandel damit gering, womit dieser Betriebstyp für viele derjenigen, die als „Überlebensstrategie" eine Selbständigkeit eingehen, häufig die einzige gangbare Handlungsalternative darstellt. Hierin liegt eine wesentliche Ursache für die nach wie vor ungebrochene Gründungstätigkeit im Markthandel.

Die Eröffnung eines Ladens erfordert meist eine hauptberufliche Tätigkeit, viel einsetzbares Kapital sowie die Bereitschaft zu hohem unternehmerischen Risiko und ist damit die oberste Stufe der Verselbständigung im Handelssektor. Häufig steht die Eröffnung eines Ladenlokals am Ende einer „Karriere" im Markt- oder Warenhaushandel, in der das notwendige Grundkapital erworben wurde. Die dünne Eigenkapitaldecke der meisten Jungunternehmer im Einzelhandel ist verantwortlich dafür, daß nahezu ausschließlich kleinflächige Geschäfte eröffnet werden. Eröffnungen großflächiger Ladenlokale sind im einheimischen Einzelhandel eine seltene Ausnahme. Sie werden nur manchmal von Exilpolen getätigt, die im Ausland größere Vermögen erwerben konnten und nun in den polnischen Einzelhandel investieren.

In der Konsequenz dominieren Kleinstbetriebe die Betriebsgrößenstruktur im polnischen Einzelhandel: 91 % der Verkaufsstellen in Polen haben nur eine Verkaufsfläche von unter 50 m^2 (vgl. Tab. 25). Als Folge des Gründungsbooms und der kleinen Privatisierung ist der polnische Handel damit durch eine extreme Dekonzentration gekennzeichnet. Seit 1995 kehrt sich der Trend wachsender Dekonzentration allerdings um, und es zeigen sich erste, wenn auch schwache Konzentrationstendenzen auf Betriebsebene: Seit dieser Zeit nimmt die Zahl großflächiger Einzelhandelsbetriebe zu, was auf Erweiterungen bestehender Betriebe und Neuinvestitionen durch ausländische Handelsketten zurückzuführen ist. Der Rückgang bei den Verkaufsstellen ist dagegen ausschließlich auf Betriebsschließungen von kleinflächigen Ladenlokalen zurückzuführen. Wie das Beispiel Wrocław zeigen wird, werden diese in den meisten Fällen durch den

Tab. 25: Entwicklung der Betriebsgrößenstruktur im polnischen Einzelhandel, 1992-1996

Verkaufsfläche der Geschäfte	Anzahl der Geschäfte					Anteil an Geschäften (in %)				
	1992	1993	1994	1995	1996	1992	1993	1994	1995	1996
< 50 m²	317 424	347 650	383 064	391 297	369 926	90,0	91,4	92,2	91,9	91,2
50 bis 100 m²	21 243	19 875	19 421	20 268	20 661	6,0	5,2	4,7	4,8	5,1
101 bis 400 m²	11 862	11 131	10 970	11 804	12 416	3,4	2,9	2,6	2,8	3,1
> 400 m²	1 973	1 926	1 994	2 231	2 560	0,6	0,5	0,5	0,5	0,6

Quellen: GUS 1993: 37; 1994a: 56; 1995a: 49; 1996a: 41

Markteintritt ausländischer Handelsketten ausgelöst und beschränken sich fast immer auf Standorte in unmittelbarer Nachbarschaft zu den neuen Wettbewerbern.

4.3.2 Internationalisierung im polnischen Einzelhandel

Die Privatisierung des sozialistischen Handels und der Gründungsboom im privaten Einzelhandel sind unmittelbar mit dem Übergang von der Plan- zur Marktwirtschaft verknüpft. Sie vollziehen sich losgelöst von internationalen Verflechtungen und sind daher als Prozesse der „internen Restrukturierung" anzusehen. Parallel zu diesen internen Restrukturierungen wird die Einzelhandelsentwicklung aber zunehmend auch durch Internationalisierungsstrategien der westeuropäischen Einzelhandelsunternehmen geprägt, die sich in verstärktem Maße den ostmitteleuropäischen Märkten zuwenden.

4.3.2.1 Institutionelle und sozioökonomische Rahmenbedingungen der Internationalisierung

Das „going international" westeuropäischer Einzelhandelskonzerne beschleunigte sich mit der Öffnung der Reformstaaten eine erheblich. Nach REYNOLDS (1997) konzentrierten sich zwischen 1995 und 1997 mehr als 45 % aller ausländischen Markteintritte in Europa auf die Visegradstaaten Tschechien, Ungarn und Polen. Als Erklärung hierfür wird meist aus makroökonomischer Perspektive argumentiert und auf das wirtschaftliche Wachstum als wichtigstem Attraktivitätsfaktor für die westeuropäischen Unternehmen verwiesen. Als Erklärung für Internationalisierung ist diese Perspektive jedoch unzureichend, wie die großen Unterschiede zwischen den Reformstaaten belegen.

Anders als in den anderen ostmitteleuropäischen Reformstaaten begann die Expansion westeuropäischer Handelskonzerne in Polen nämlich erst relativ spät. Der Hauptgrund hierfür lag in der fehlenden Gelegenheit, sich im Rahmen der Privatisierung an polnischen Unternehmen zu beteiligen. Daß die institutionellen Rahmenbedingungen als Erklärungsfaktor für Internationalisierung damit weitaus wichtiger sind als die in Ostmitteleuropa vergleichsweise ähnlichen sozioökonomischen Verhältnisse, zeigt vor allem der Vergleich Polens mit Ungarn. Auch die meisten weiteren Gründe für die „verzögerte" Internationalisierung des Einzelhandels in Polen liegen in den institutionellen Rahmenbedingungen. Es sind dies:
- die lange Zeit instabilen politischen Machtverhältnisse mit vielen Regierungswechseln und häufig variierenden wirtschaftspolitischen Strategien,
- die unsicheren rechtlichen Rahmenbedingungen für ausländische Investoren, die aufgrund der häufigen Regierungswechsel eine geringe Kontinuität aufwiesen und
- die in der frühen Transformationsphase fehlende Möglichkeit, Gewinne in unbeschränktem Maße ins Ausland zu transferieren. Hinzu treten:
- die in der Frühphase ungünstigen sozioökonomischen Rahmenbedingungen,
- die nur eingeschränkte Verfügbarkeit von Informationen über den neuen Markt (Konsumentenverhalten, Wettbewerbssituation, rechtliche Rahmenbedingungen...).

Seit 1994 verbesserten sich die institutionellen Rahmenbedingungen für ausländische Investoren sukzessive, vor allem aufgrund der wachsenden politischen Stabilität und dem fortschreitenden Umbau im Rechtssystem. Zudem wurde Polen mit dem Erfolg der Wirtschaftsreformen und dem erheblichen Wirtschaftswachstum als Investitionsstandort attraktiver. Hierzu trägt auch der große Binnenmarkt Polens bei, der eine Bevölkerung von knapp 40 Mio. Einwohnern umfaßt.

Ein entscheidender Schritt zu mehr Rechtssicherheit war das Assoziierungsabkommen mit der Europäischen Union, das am 1. Februar 1994 in Kraft trat. Es erleichterte den freien Warenverkehrs erheblich (Artikel 7) und verpflichtete den polnischen Gesetzgeber darüber hinaus zur Anpassung des nationalen Rechts an das Europarecht (Artikel 68 und 69), was sich auf die Markteintrittsaktivitäten ausländischer Handelskonzerne auswirkte. So liberalisierte das polnische Devisengesetz am 31. Dezember 1994 den Kapitalverkehr. Seitdem besteht für ausländische Konzerne die Möglichkeit, Gewinne ohne Beschränkung ins Ausland zu transferieren. Zudem erleichterte der polnische Ministerrat im Juli 1994 die Niederlassung ausländischer Unternehmen und erfüllte damit Artikel 44 des Assoziierungsabkommens. Außerdem bedarf es seitdem keiner Genehmigung für Kapitalbeteiligungen an einheimischen Unternehmen mehr. Schließlich wurde die Expansion ausländischer Handelskonzerne dadurch gefördert, daß die Regierung im Frühjahr 1996 die Bestimmungen des Grundstückserwerbs durch Ausländer lockerte. Seitdem brauchen ausländische Unternehmen zum Grundstückskauf i. d. R. keine Genehmigung des Innenministeriums, wenn die Grundstücke nicht größer als 4 ha und unbebaut sind.

Mit der steigenden Attraktivität des polnischen Marktes und der Erleichterung des Marktzutritts nahm die Internationalisierung im polnischen Einzelhandel Mitte der 90er Jahre deutlich zu. Unternehmen wie *Metro*, die bis 1995 in Polen kaum investierten, erklärten nunmehr, daß das Land „absolute strategische Priorität" bei der Internationalisierung hätte[43]. Demnach plant das Unternehmen bis zum Jahr 2002 Investitionen in Höhe von 1,5 Mrd. DM in Polen. *Metro* arbeitet dabei mit der polnischen *Bank Handlowy* zusammen, die sich mit 25 % an den beiden *Metro*-Töchtern *Real Sp.z.o.o.* und *Tip-Discount Polska Sp.z.o.o.* beteiligte. Diese finanzielle Unterstützung der Expansion eines ausländischen Konzerns muß von einheimischen Einzelhändlern als „Schlag ins Gesicht" betrachtet werden, da die polnischen Geschäftsbanken von ihnen sehr hohe Zinssätze verlangen und so das Wachstum einheimischer Unternehmen verhindern (vgl. Fallstudie Wrocław). Die ausländischen Einzelhandelskonzerne können sich dagegen auf den internationalen Kapitalmärkten günstiger Kapital verschaffen. Ähnliche Expansionspläne wie *Metro* verfolgen fast alle großen Einzelhandelsketten Westeuropas.

Die Aufnahme Polens in die Europäische Union wird die Internationalisierung im Einzelhandel nochmals beschleunigen. Es stellt sich die Frage, inwieweit der polnische Einzelhandel, der bis dato fast ausnahmslos durch „interne Restrukturierungen" geprägt worden war, durch diese Entwicklungen überprägt wird. Mit dem Markteintritt westeuropäischer Einzelhandelskonzerne verbreiten sich in Polen nämlich Betriebsformen, die dort bislang unbekannt waren und auch bei den Neugründungen durch einheimische

---

[43] vgl.: „Warschauer Handlowy-Bank hilft bei der Expansion von Tip und Real". In: Handelsblatt vom 30.7.1997.

Einzelhändler keine Rolle spielten: Discounter, Verbrauchermärkte, SB-Warenhäuser und Fachmärkte.

4.3.2.2 Raum-zeitliche Gebundenheit von Markteintritts- und Marktbearbeitungsstrategien

Eine Analyse der Markteintrittschronologie in Polen zeigt, daß die Expansion von Betriebsformen des Lebensmitteleinzelhandels und des Non-food-Handels zeitlich und räumlich uneinheitlich verlief, wobei sich drei Phasen unterscheiden lassen:
1. Bereits kurz nach Einführung der Marktwirtschaft expandierten vor allem Einzelhandelsbetriebe des gehobenen Bedarfs. Dabei handelt es sich durchweg um Konzerne wie *Armani* oder *Laura Ashley*, die mit international profilierten Markenprodukten globale Nischenmärkte bearbeiten. Ein solches Marktsegment hatte sich auch in Polen innerhalb kurzer Zeit etabliert. Die in der Mehrzahl herstellergesteuerten Distributionssysteme zielen auf das außerordentlich kleine Nachfragesegment einkommensstarker Bevölkerungsschichten, die westlichen Luxuswaren einen hohen demonstrativen Konsumnutzen beimessen. Ihre Expansion beschränkt sich daher auf die polnischen Großstädte, wo sie vornehmlich in die 1a-Lagen der Innenstädte drängen. Dabei ist eine Diffusion von Warschau, wo westeuropäische Hersteller bereits 1990 erste Geschäfte eröffneten, abwärts der polnischen Städtehierarchie zu beobachten: So wies FALK für Krakau schon für 1993 eine große Anzahl von Fachgeschäften internationaler Einzelhandelsunternehmen rings um den zentralen Marktplatz nach (1994: 273). In Wrocław setzte die Expansion ausländischer Unternehmen erst nach 1993 ein (vgl. Kapitel 5.2.3).
2. Die Expansion des westeuropäischen Lebensmitteleinzelhandels begann erst später. Bis 1993 waren nur wenige „Pioniere" in Polen tätig, wie der belgische Konzern *GIP*, der bereits 1992 Hauptgesellschafter der *Globi Polish Retailing* wurde, oder die zur *Dohle-Gruppe* gehörende deutsche SB-Warenhauskette *Hit*, die 1993 ihre erste Niederlassung in Warschau gründete. Der eigentliche „Run" auf den neuen Markt erfolgte erst 1995, als die Reformerfolge der polnischen Regierung sich konsolidierten. Seitdem sind fast alle europäischen Lebensmittelkonzerne mit unterschiedlichen Betriebsformen im polnischen Einzelhandel vertreten (vgl. Tab. 26).

Hierbei zeigen Discounter sowie großflächige Verbrauchermärkte und SB-Warenhäuser besonders expansive Tendenzen. Diese profitieren von den fehlenden Standortbeschränkungen im polnischen Raumplanungsrecht. Aufgrund ihrer Niedrigpreisorientierung und der angespannten ökonomischen Situation der Haushalte stoßen sie zudem auf eine hohe Akzeptanz. Aber auch Supermärkte, die in den westeuropäischen Ländern bereits die Reifephase ihres Lebenszyklusses erreicht haben, erleben in Polen einen neuen Aufschwung. Für die polnischen Verbraucher verknüpfen sie die Vorteile eines Vollsortimenters mit denen eines Nahversorgers, was insbesondere bei der geringen Pkw-Verfügbarkeit der Haushalte eine große Rolle spielt.

Tab. 26: Westliche Handelskonzerne im polnischen Lebensmitteleinzelhandel (Auswahl)

Unternehmen	Land	Markteintritt		Anzahl Betriebe	
		Jahr	Form	Betriebsform	1.4.98	geplant

Unternehmen	Land	Jahr	Form	Betriebsform	1.4.98	geplant
Aldi	D	1993	Eigenaufbau	Discounter	1	?
Auchan	F					
Docks de France *Übernahme*		1995	Übernahme *Robert*	Supermärkte	11	70 (-2000)
Mammouth		1995	Eigenaufbau	SB-Warenhäuser	1	35 (-2007)
Carrefour	F	1997	Eigenaufbau	SB-Warenhäuser	1	4 (-1999)
Casino	F					
Géant		1996	Eigenaufbau	SB-Warenhäuser	3	15 (-2000)
Costcutter	GB					
Costcutter		1997	Eigenaufbau	Discounter	1	40 (-1999)
Dohle	D					
Hit		1993	Eigenaufbau	SB-Warenhäuser	5	20 (-2000)
Edeka	D					
E-Discount		1997	Übernahme *MDA*	Discounter	24	150 (-1999)
GIP	B	1992	Übernahme *GPR*	Supermärkte	15	100 (-2002)
Leclerc	F	1992	Eigenaufbau	SB-Warenhäuser	1	?
Mainl	AU	1997	Übernahme *Major*	Supermärkte	5	40 (-2000)
Metro-Gruppe	D					
Allkauf & Ahold (NL) *Joint-vent.*		1995	Eigenaufbau	Discounter *Sezam*	45	Ausbau
		1995	Übernahme *Mitex*	Supermärkte *Max*	6	18 (-2000)
		1995	Eigenaufbau	SB-Warenhäuser	2	12 (-2000)
Real		1995	Eigenaufbau	SB-Warenhäuser	4	25 (-2000)
Tip		1994	Eigenaufbau	Discounter	37	Ausbau
Metro & SHV (NL) *Joint-vent.*		1993	Eigenaufbau	CC-Großmärkte	13	18 (-2000)
Reitangruppen AS (Rema)	N	1993	Franchising	Supermärkte	20	30 (-2000)
Rewe	D					
Billa (AU) *Übernahme*		1992	Joint-vent. *Polmarck*	Supermärkte	10	40 (-2000)
MiniMal		1996	Eigenaufbau	Supermärkte	7	10 (-1999)
Penny		1996	Eigenaufbau	Discounter	1	Ausbau
Safeway	USA	1994	Joint-vent. *Marc-Pol*	Supermärkte	61	?
Spar	D					
Eurospar		1996	Eigenaufbau	Supermärkte	12	Ausbau
Selbständige Einzelhändler		1992	Eigenaufbau	SB-Geschäfte	60	160 (-2000)
Tengelmann	D					
Plus		1995	Eigenaufbau	Discounter	51	1000 (2002)
Tesco	GB	1995	Übernahme *Savia*	Supermärkte	36	Ausbau

Quelle: Zusammenstellung Pütz, nach: polnische Fachpresse, Unternehmensangaben

Das Engagement des westlichen Lebensmitteleinzelhandels ist 1997 insgesamt noch bescheiden, alle am Markt vertretenen Unternehmen haben jedoch z. T. erhebliche Expansionsabsichten. Schätzungen gehen daher davon aus, daß sich der Anteil

ausländischer Konzerne am Umsatz im Lebensmitteleinzelhandel von 1996 noch 11,5 % in den kommenden vier Jahren mehr als verdoppeln wird[44].
3. Als aktuellste Entwicklung der Internationalisierung ist ein verstärktes Vordringen von Fachmärkten zu beobachten. In diesem Betriebsformensegment nimmt das schwedische Unternehmen *Ikea* ein Vorreiterrolle ein, das im November 1996 mit dem Standort in Wrocław bereits seine fünfte Niederlassung in Polen eröffnete. Nach *Ikea* hegen fast alle in Westeuropa erfolgreichen Fachmärkte Expansionspläne. Dies betrifft insbesondere etablierte Fachmarktkonzepte wie Baumärkte (z. B. *Praktiker*), Möbelmärkte (*Möbel Walther - Sconto*), Drogeriemärkte (*Rossmann*), Bekleidungsmärkte (*Adler*), Fachmärkte im Bereich der Unterhaltungselektronik (*Media Markt*) und des Bürobedarfs (*Office Depot*).

Die westeuropäischen Einzelhandelskonzerne treten durch Franchising, Kooperation (Joint-ventures), Akquisition (Übernahme, Mehrheitsbeteiligung) und interne Expansion (Aufbau eigener Filialnetze) in den polnischen Markt ein. Diese Markteintrittsstrategien können schematisch nach dem Grad der Kontrolle über das Distributionssystem im Zielmarkt und der Dauer vom Markteintritt bis zur Markterschließung differenziert werden (vgl. Abb. 18, und Kapitel 2.1.2.1).

Demnach werden Globalisierungsstrategien einerseits von Lifestyle-Unternehmen und Anbietern von Luxusbedarf verfolgt, andererseits von discountorientierten Ange-

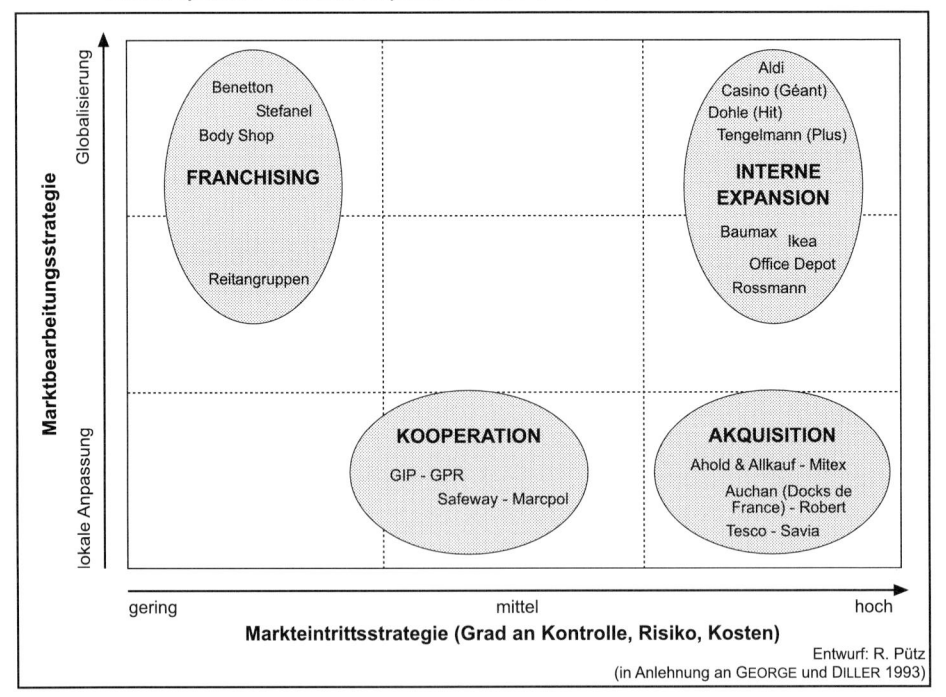

Abb. 18: Schema der Markteintritts- und Marktbearbeitungsstrategien ausgewählter westeuropäischer Konzerne im polnischen Einzelhandel

[44] vgl. „Noch kaufen die meisten Polen nach wie vor im Laden an der Ecke". In: FAZ vom 10.3.97.

botsformen, vornehmlich im Lebensmittelbereich. Beide Handelskonzepte stoßen auf länderübergreifende Attraktivitätsfaktoren bei den Konsumenten, weswegen ein Markteintritt auf dem Wege der Multiplikation erfolgversprechend ist. Mit dem Franchising und der internen Expansion werden bei der Globalisierungsstrategie Markteintrittsformen gewählt, die entgegengesetzte Pole von „Markt" und „Hierarchie" im Distributionsweg besetzen:

- Globalisierungsstrategien von international agierenden Lifestyle-Unternehmen basieren auf der Existenz länderübergreifender Nischenmärkte, die mit international profilierten Produkten bearbeitet werden können. Von wenigen Ausnahmen abgesehen (*Laura Ashley*) erfolgt der Markteintritt in Polen ausschließlich durch **Franchising**. Diese „vertikale Kooperation" zwischen rechtlich unabhängigen Unternehmen hat den Vorteil vergleichsweise niedriger Transaktionskosten (FISCHER 1993: 252). Aufgrund der Aufteilung von Verfügungsrechten zwischen Franchisegeber und -nehmer an den Inputfaktoren erfordert sie zudem nur einen relativ geringen Kapitaleinsatz und eine niedrige Bindung von Managementkapazität. Neue Märkte können deshalb innerhalb kurzer Zeit erschlossen werden. Für den polnischen Markt kommt hinzu, daß – bei der vorherrschenden Vergabe von Ladenlokalen auf kommunaler Ebene – die Kooperation mit einem selbständigen lokalen Unternehmen den Markteintritt erheblich erleichtert. Erfolgt Franchising im Lebensmitteleinzelhandel durch Supermärkte, die weniger auf länderübergreifend homogene Nachfragepräferenzen stoßen (z. B. *Reitangruppen*), kann neben der schnellen Markterschließung das „lokale Wissen" des Kooperationspartners über lokale Marktstrukturen und Konsumpräferenzen als vorteilhaft angesehen werden.

- Die Markteintrittsstrategie der **internen Expansion** basiert auf der länderübergreifenden Existenz von Märkten für Güter der Massenkonsumtion, in Polen bislang primär im Bereich des discountorientierten Lebensmitteleinzelhandels. Außer dem hohen Kontrollgrad über das Distributionssystem liegen die Vorteile des Eigenaufbaus vor allem in der Kostendegression durch gemeinsam genutzte Ressourcen im Bereich Einkauf, Logistik und (zentralisierter) Verwaltung. Außerdem ist die interne Expansion in Polen bei vielen Handelskonzepten der einzig gangbare Weg des Markteintritts: Insbesondere großflächige Betriebsformen wie Verbrauchermärkte, SB-Warenhäuser und Fachmärkte finden in Polen keine geeigneten Filialnetze für eine mögliche Übernahme vor. Mögliche Kooperationspartner verfügen zudem selten über genügendes Kapital. Wie das Beispiel *Hit* in Wrocław zeigen wird, ist eine „reine" Multiplikationsstrategie bei der internen Expansion aber selten, da in der Regel Anpassungen an die lokalen Marktstrukturen vorgenommen werden müssen. Diese betreffen die Standortwahl, die sich in Polen eher an den Wohnstandorten der Verbraucher orientiert, und ebenfalls die Sortimentspolitik, die neben Konsumpräferenzen vor allem im Lebensmittelbereich auch die Produktionsstrukturen auf lokaler Ebene berücksichtigen muß.

Strategien der Kooperation und Akquisition haben gegenüber der internen Expansion den Vorteil, daß Märkte innerhalb kürzester Zeit erschlossen werden können[45]. Die-

---

[45] Die Ausführungen beschränken sich auf Akquisitionen von bzw. Kooperationen mit polnischen Unternehmen. Daneben werden zum Markteintritt in Ostmitteleuropa auch häufig strategische Allianzen zwischen

sem Vorteil steht gegenüber, daß ausländische Unternehmen in Polen zumeist eine veraltete Handelsinfrastruktur des kooperierenden bzw. akquirierten Unternehmens übernehmen, deren Modernisierung mit hohen Investitionskosten verbunden ist. Zudem beschränken sich Kooperations- und Akquisitionsstrategien auf solche Betriebsformen, die im polnischen Einzelhandel bereits eingeführt sind – im Lebensmittelbereich betrifft dies vor allem Supermärkte und SB-Geschäfte. Darüber hinaus waren Akquisitionen aufgrund der fehlenden Beteiligungsmöglichkeiten im Rahmen der Privatisierung bislang selten und erfolgten in der Regel erst nach der Privatisierung an Mitarbeitergesellschaften oder inländische Investoren.

Betriebsformendifferenzierung und räumlich differenzierter Markteintritt

Mit dem Markteintritt westlicher Handelsunternehmen kommt es in Polen zur Verbreitung von Betriebsformen, die dort bislang unbekannt waren. Diese orientieren sich in der Frühphase der Transformation an den Wohnstandorten der Bevölkerung und festigen somit die Standortstruktur, die bereits im Sozialismus vorherrschte. Im Zuge eines allgemeinen Einkommensanstieges und größerer Pkw-Verfügbarkeit werden jedoch auch zunehmend nichtintegrierte Standorte gewählt. Hiermit kommt es zu einer Koexistenz der Standortstruktur des einheimischen Einzelhandels und dem Standortmuster ausländischer Handelskonzepte (vgl. Kapitel 5.2.3).

Der Markteintritt vollzieht sich jedoch räumlich unterschiedlich, d. h. auf wenige Orte begrenzt: Fast alle ausländischen Konzerne konzentrieren ihre Standortsuche beim Markteintritt auf Gebiete, die durch eine vergleichsweise hohe Kaufkraft und eine hohe Bevölkerungsdichte gekennzeichnet sind. Dies sind vor allem die polnischen Großstädte, wobei sich eine Diffusion der modernen Betriebsformen abwärts der polnischen Städtehierarchie vollzieht. Insbesondere hochpreisige Geschäfte konzentrieren sich fast alle in Warschau und sind ansonsten nur in den Großstädten zu finden.

Wie die späteren Ausführungen zu Wrocław zeigen werden, führt der Markteintritt ausländischer Unternehmen auf der lokalen Ebene zu erheblichen Anpassungsstrategien im einheimischen Einzelhandel und trägt so zu einem beschleunigten und zunächst räumlich begrenzten Strukturwandel des Einzelhandels bei. Unmittelbare Anpassungsprozesse liegen dabei in Betriebsschließungen durch polnische Händler. Der Grund hierfür liegt darin, daß der einheimische Einzelhandel in hohem Maße zersplittert und aufgrund der bislang fehlenden Kapitalakkumulation kaum konkurrenzfähig ist. Die fehlende Möglichkeit des kleingewerblichen Einzelhandels, economies of scale zu erreichen, ist auch der fehlenden Institutionenbildung im Einzelhandel zuzuschreiben:

---

westeuropäischen Einzelhandelskonzernen geknüpft, die auf Kostenreduktion durch economies of scale und Streuung des Risikos beim Markteintritt gerichtet sind. Diese strategischen Allianzen betreffen neben dem Lebensmitteleinzelhandel (z. B. Joint-venture von *Allkauf* und *Ahold*) auch den Non-food-Handel. So gründete *Rossmann* ein Joint-venture unter dem Namen *R&R* mit dem niederländischen Unternehmen *Rollmann* (*Groenwoudt-Gruppe*). Ziel der Allianz ist die Erschließung des osteuropäischen Marktes, wozu *Rollmann* seine bisherigen Tochtergesellschaften in Polen (13 Drogeriemärkte), der CSFR (12) und Ungarn (13) in die neue Unternehmung einbrachte. Auch Akquisitionen von westlichen Unternehmen werden zunehmend vor dem Hintergrund des Markteintritts nach Osteuropa getätigt. So galten bei der Übernahme von *Billa* durch *Rewe* im Sommer 1996 die Osteuropaaktivitäten von *Billa* (darunter 11 Supermärkte in Polen) – neben der starken Marktposition in Österreich – als zentrales Übernahmeziel.

Angesichts der gerade erst gewonnenen „Freiheit" ist es für viele Händler noch undenkbar, sich zu Einkaufskooperationen zusammenzuschließen. Ähnliches gilt für die Bildung von Interessenverbänden, mit denen der einheimische Einzelhandel seine Interessen gegen ein „übermäßiges" Wachstum des großflächigen Einzelhandels artikulieren könnte.

Die Institutionenbildung wird durch den Markteintritt westlicher Konzerne aber erheblich beschleunigt (vgl. Fallstudie, Kapitel 5.2.3.3). Einerseits sind vermehrt horizontale und vertikale Kooperationen zu beobachten, die vor allem vom Großhandel ausgehen. Andererseits wird der institutionelle Umbau im politisch-administrativen System forciert, weil sich die Diskussion um eine adäquate Erweiterung des rechtlichen Instrumentariums erheblich intensiviert. Dies ist auch ein Ergebnis der beschleunigten Lobbybildung auf der Angebotsseite: Einheimische Einzelhändler schließen sich als Reaktion auf den Markteintritt ausländischer Unternehmen bereitwilliger als bisher zusammen und artikulieren ihre Interessen gegenüber politisch-administrativen Gremien.

1997 besitzen die lokalen Planungsgremien in Polen aufgrund des institutionellen Umbaus und der institutionellen Lücke in der räumlichen Planung kaum eine Handhabe zur Steuerung der Einzelhandelsentwicklung (vgl. Kapitel 4.1.2). Insbesondere fehlen Bestimmungen zur Ansiedlung großflächiger Betriebsformen. Als Reaktion auf den Druck durch einheimische Einzelhändler befaßt sich das polnische *Wirtschafts*ministerium seit Frühjahr 1997 aber mit der Ausarbeitung eines entsprechenden Gesetzes, welches Vorschriften zur Standortbestimmung großflächiger Handelsstätten (Einzelhandelsgeschäfte ab 400 m^2 und Einkaufszentren ab 1 000 m^2) enthalten soll. Demnach sollen für großflächige Betriebsformen gesonderte Genehmigungen des Gemeinderates erforderlich werden. Wenn sich dieses Gesetz – wie derzeit geplant – aber nur auf die kommunalen Grundstücke beschränkt, deren Bebauung ohnehin leichter beeinflußbar ist, werden die Gemeinden hierdurch kaum größere Gestaltungsmöglichkeiten erhalten.

5 Bedeutung lokaler Regulierungsmechanismen für die Einzelhandelsentwicklung. Beispiel Wrocław (Breslau)

Im vorangegangenen Kapitel wurden auf makroanalytischer Ebene die wesentlichen Einflußfaktoren der Einzelhandelsentwicklung im Transformationsprozeß vorgestellt und die Grundtendenzen der Einzelhandelsentwicklung in Polen analysiert. In der folgenden Fallstudie sollen diese Elemente der Dezentralisierung, Privatisierung und Liberalisierung aus mikroanalytischer Perspektive durchleuchtet werden. Dies entspricht zugleich einem Fokus auf die lokalen Regulierungsmechanismen, womit der räumlichen Gebundenheit von Transformationsprozessen Rechnung getragen wird. Zudem werden auf Basis empirischer Erhebungen die Anpassungsstrategien der relevanten Akteure unter geänderten sozioökonomischen und institutionellen Rahmenbedingungen untersucht und deren Konsequenzen für den Wandel der Standortstruktur des Einzelhandels analysiert. Hiermit soll den aufgezeigten Schwächen eines rein makroökonomischen Zugangs begegnet und das Wechselspiel zwischen den aufgezeigten institutionellen Rahmenbedingungen und den individuellen Strategien lokaler Akteure untersucht werden. Darüber hinaus wird detaillierter auf den Aspekt von „Modernisierung" durch Internationalisierung eingegangen und geprüft, ob sich diese Modernisierung kleinräumig disparitär vollzieht.

Die Fallstudie weicht dabei von dem Analyseschema des Kapitels 2 ab, welches die Einfluß*faktoren* der Einzelhandelsentwicklung betonte, und gliedert sich in Anlehnung an die *Prozesse* des Strukturwandels im Einzelhandel. Dabei wird nach „Privatisierung", „Gründungsboom" und „Internationalisierung" unterschieden, da dies nach den Vorüberlegungen in Kapitel 3.2 die wichtigsten Aspekte der Einzelhandelsentwicklung im Transformationsprozeß sind. Durch die Hinzuziehung von Untersuchungsergebnissen zum Einkaufsverhalten der Bevölkerung sowie zur politisch-administrativen Steuerung findet dabei ein regelmäßiger Perspektivenwechsel zwischen *Prozeß* und Einfluß*faktoren* statt. Ein Großteil der folgenden Ausführungen konzentriert sich auf ausgewählte Fallbeispiele, die gut dafür geeignet erscheinen, das Zusammenspiel unterschiedlicher handelsexogener und -endogener Faktoren zu analysieren.

Zur Einordnung des Untersuchungsgebietes soll zunächst ein kurzer Überblick über die Wrocławer Stadtentwicklung gegeben werden. Dies ist auch deshalb relevant, weil bauliche Persistenzen die unternehmerischen Anpassungsprozesse im Transformationsprozeß limitieren.

Karte 3: Siedlungsetappen Wrocławs bis zur Neuzeit

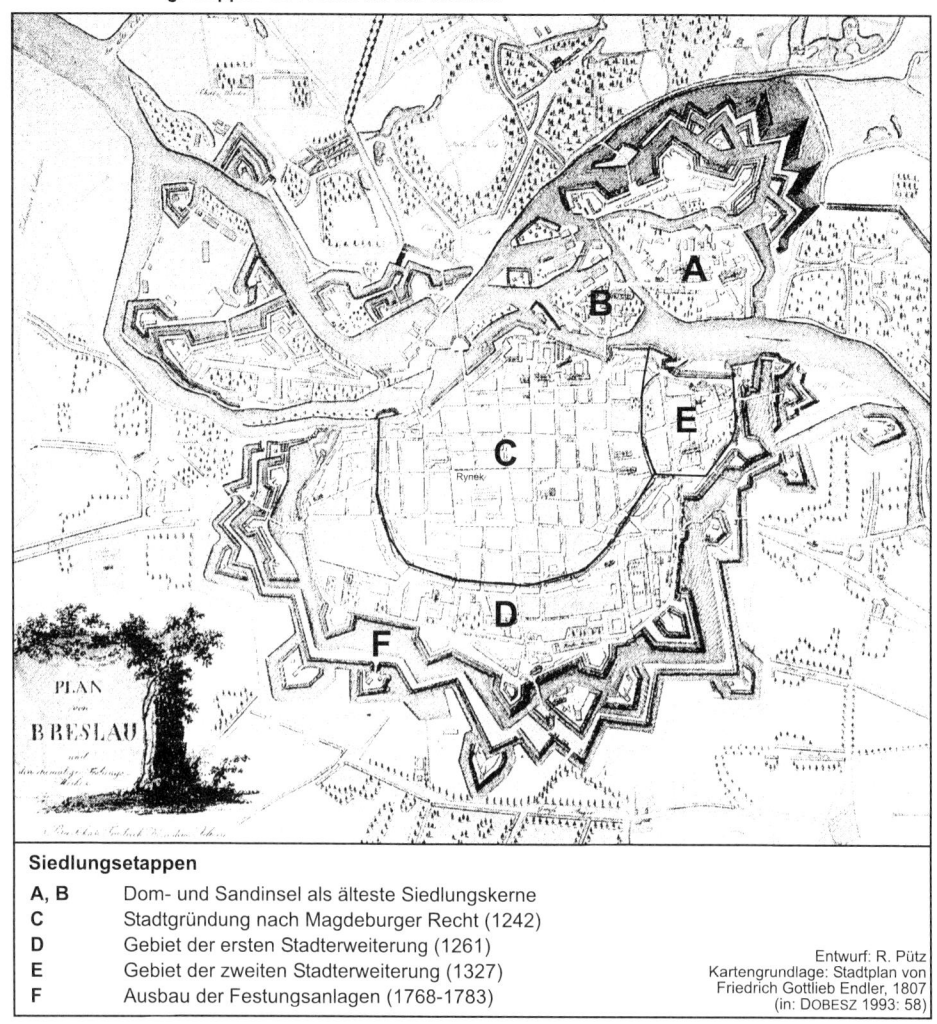

Siedlungsetappen

A, B	Dom- und Sandinsel als älteste Siedlungskerne
C	Stadtgründung nach Magdeburger Recht (1242)
D	Gebiet der ersten Stadterweiterung (1261)
E	Gebiet der zweiten Stadterweiterung (1327)
F	Ausbau der Festungsanlagen (1768-1783)

Entwurf: R. Pütz
Kartengrundlage: Stadtplan von
Friedrich Gottlieb Endler, 1807
(in: DOBESZ 1993: 58)

Wrocławer Stadtentwicklung im Überblick

Der erste urkundliche Nachweis einer festen Ansiedlung in Wrocław datiert auf das Jahr 1000, als der spätere polnische König Boleslaus auf der Dominsel den Sitz eines Bistums gründete („A" in Karte 3)[46]. Die günstige Furtlage und der erleichterte Oderübergang bildeten die Grundlage für das rasche Wachstum der Siedlung, die neben den alten Siedlungskernen auf der Dom- und der Sandinsel („B" in Karte 3) schon frühzeitig eine Handwerkersiedlung auf dem südlichen Oderufer umfaßte. Seit 1226 tritt diese als „Ci-

---

[46] Zur historischen Entwicklung Wrocławs vgl. detaillierter: ENDERWITZ 1925, PETRY 1984, VON PETZ 1987, MAŁACHOWICZ 1992 und KOZACZEWSKA-GOLASZ 1995.

vitas Vratislavia" in den Urkunden auf. Im Jahr 1241 eroberten die Mongolen Wrocław und zerstörten die Stadt vollständig, die häufig als „erstes Wrocław" bezeichnet wird.

Der heutige Grundriß wird durch die Neuanlage Wrocławs nach Magdeburger Stadtrecht im Jahr 1242 geprägt, als die Stadt gezielt zur Erschließung des Ostens neu begründet wurde. In für Städtegründungen der Ostkolonisation typischer Weise wurde Wrocław im planmäßigen Schachbrettgrundriß angelegt (vgl. Karte 3). Das Stadtzentrum bildete der Ring (Rynek), der das Rathaus und die mittelalterlichen Tuch- und Kaufhallen umschloß. Um den Rynek herum befanden sich die Handels- und Wohnhäuser der Fernhandelskaufleute. Der Neumarkt im Nordosten und der Salzmarkt im Südwesten des Ryneks waren weitere bedeutende Handelsplätze, die bis heute die Physiognomie Wrocławs bestimmen.

Im Jahr 1261 wurde das Stadtgebiet erweitert. 1327 fand die zweite Stadterweiterung statt, und die 1263 im Osten der Stadt gegründete Neustadt fiel an Wrocław. Drei Jahre später sicherte eine neue Mauer das nun auf 133 ha angewachsene Stadtgebiet, das in dieser Größe bis ins 18. Jahrhundert bestehen blieb. 1335 wurde Wrocław der böhmischen Krone einverleibt.

Die Erweiterung der Befestigungsanlagen nach dem Prinzip sternförmiger Bastionen begann 1768, 26 Jahre nachdem Wrocław an Preußen gefallen war, und dauerte bis 1783 an. Die neuen Befestigungen konnten die Einnahme der Stadt durch napoleonische Truppen 1807 jedoch nicht verhindern. Im Jahr 1808 wurden die Stadtbefestigungen ge-

Tab. 27: Flächen- und Einwohnerentwicklung Wrocławs

Jahr	Fläche (in ha)	Einwohner
1350	133	13 000
1520	133	23 000
1750	133	50 000
1811	133	62 000
1842	2 060	100 000
1880	3 032	260 600
1900	3 032	428 000
1924	4 920	560 000
1940	4 920	630 000
1950	22 500	308 900
1960	22 500	435 400
1970	22 900	526 000
1980	29 280	617 700
1990	29 280	643 200
1996	29 280	642 084

Quellen: VON PETZ 1987: 69; GÓRCZYŃSKA u. a. 1971: 78, 83; ŁOBODA 1989: 213; JERKIEWICZ 1996: 204; Urząd Stat. Wrocławiu 1996: 9

schleift, womit eine wesentliche Grundlage für das Wachstum der Stadt im Industriezeitalter geschaffen worden war. Die Einwohnerzahl Wrocławs stieg im Zuge der Industrialisierung um mehr als das Fünffache, wobei sich vor allem in der zweiten Hälfte des 19. Jahrhunderts eine explosionsartige Zunahme vollzog (vgl. Tab. 27). Mit dem Bevölkerungswachstum entstanden um die mittelalterliche Stadt ausgedehnte gründerzeitliche Wohngebiete mit außerordentlich hohen Bevölkerungsdichten von bis zu 1 000 Einwohnern pro ha. Die Mietskasernenviertel waren durchsetzt mit Industrieflächen, die sich an den seit 1842 angelegten Eisenbahnlinien orientierten (vgl. Karte 5, S. 131). Im Süden der Stadt bildeten sich mit der einsetzenden Suburbanisierung der Oberschicht große Villenkolonien.

Parallel zum Großstadtwachstum setzte die Citybildung ein. Nach der Niederlegung der Wallanlagen und dem Bau des Hauptbahnhofs Mitte des 19. Jh. im Süden der historischen Innenstadt wurde die vom Rynek nach Süden verlaufende ul. Świdnicka (Schweidnitzer Str.) zur wichtigsten Geschäftsstraße. Hier befanden sich die meisten Banken, Hotels, Theater und die größten Kaufhäuser Wrocławs. Die ul. Kuźnicza (Schmiedebrücke) als nördliche Verlängerung der ul. Świdnicka, sowie die ul. Oławska (Ohlauer Str.) und ul. Ruska (Reuschestr.) als Ost-West-Achsen entwickelten sich zu weiteren Hauptgeschäftsstraßen (KIRSCHKE und KIRSCHKE 1995; vgl. Karte 15, nach S. 278).

Der Zweite Weltkrieg bedeutete für die Stadtentwicklung eine doppelte Zäsur. Einerseits fiel die Stadt an das nunmehr sozialistische Polen, womit ihre weitere städtebauliche Entwicklung von den Leitbildern des sozialistischen Städtebaus bestimmt wurde. Andererseits erlitt Wrocław vor allem in den letzten Kriegsmonaten schwere Kriegsschäden. In der Stadt wurden 68 % der Gebäude zerstört. Am stärksten traf es die gründerzeitlichen Wohn- und Industriegebiete südlich und westlich der Innenstadt, in denen nur 10 % der Gebäude erhalten blieben. Im Stadtzentrum blieb etwa die Hälfte der Gebäude vom Krieg verschont, vornehmlich im westlichen Teil. Die östliche Innenstadt wurde dagegen nahezu vollständig zerstört (vgl. Karte 4).

Nach der Trümmerräumung hatten die Sicherung der Sakralbauten und der Wiederaufbau der Wrocławer Innenstadt Priorität. Dabei wurde der Rynek weitgehend erhalten und die hier stehenden Bürgerhäuser im ursprünglichen Stil wiedererrichtet. Der Aufbau im übrigen Stadtgebiet stand demgegenüber unter dem Einfluß des sozialistischen Städtebaus, der dem Erhalt des historischen Bauerbes nur einen geringen Stellenwert einräumte. So wurde die östliche Innenstadt, die bis 1939 am intensivsten von der Citybildung erfaßt worden war (KÜHN und KNIPPING 1936: 166), zu einem fast reinen Wohngebiet in industrieller Bauweise umgestaltet und den mittleren und westlichen Bereichen mit nach wie vor zentralen Funktionen gegenübergestellt. Zerstörung und Wiederaufbau führten so zu einer funktionalen und baulichen Zweiteilung der Innenstadt, die sich auch im Transformationsprozeß in einer unterschiedlichen Einzelhandelsentwicklung niederschlägt[47].

---

[47] Der während der ersten Hälfte der 50er Jahre in Osteuropa verbreitete stalinzeitliche Städtebau (sozialistischer Realismus) findet sich in Wrocław nur im Süden der Altstadt, auf der ul. Świdnicka zwischen dem pl. Kościuszki und der ul. Piłsudskiego. Zur städtebaulichen Entwicklung Wrocławs im Sozialismus vgl. auch MAŁACHOWICZ 1985, ŁOBODA 1989 und CZERWIŃSKI 1993.

Karte 4: Bauliche Polarisierung der Wrocławer Innenstadt durch Kriegszerstörungen im Zweiten Weltkrieg

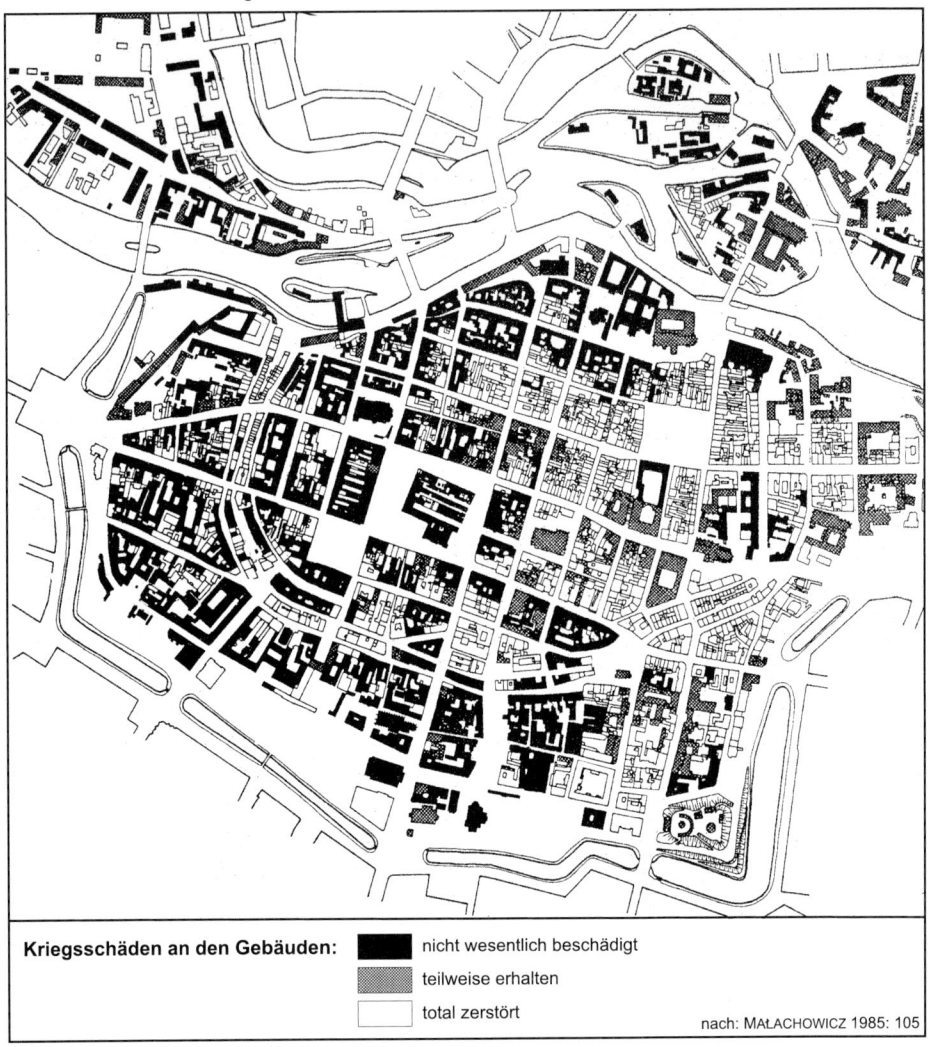

Kriegsschäden an den Gebäuden:
- ■ nicht wesentlich beschädigt
- ▨ teilweise erhalten
- □ total zerstört

nach: MAŁACHOWICZ 1985: 105

Auch die Entwicklung außerhalb des Stadtzentrums war durch sozialistische Städtebaupolitik geprägt. Seit den 60er entstanden – vornehmlich in peripherer Lage – Großwohnsiedlungen, die aufgrund der Verwendung minderwertiger Bauteile und schlechter Fertigung, ihrer fehlenden städtebaulichen Einbindung, ihrer Monotonie durch endlos wiederholte Wohnblöcke, ihrer Monofunktionalität und ihrer mangelnden infrastrukturellen Ausstattung heute erhebliche Probleme aufweisen (MISIAK 1993). Das Diktat des Funktionalismus wurde erst seit Ende der 70er Jahre schrittweise aufgegeben. Seitdem wurden Neubausiedlungen errichtet, die sich durch abwechslungsreichere Bauformen und Gebäudeanordnung stärker an den Wohnbedürfnissen der Bevölkerung orientierten (z. B. Kozanów).

Seit den 80er Jahren wandten sich die Stadtplaner wieder den innerstädtischen Quartieren zu und schlossen durch den Krieg entstandene Baulücken durch „Plomben". Hierbei wurden architektonisch anspruchsvollere und individuelle Entwürfe mit angepaßten Baumethoden umgesetzt. Insgesamt aber vernachlässigte die Stadtplanung während der gesamten sozialistischen Epoche die überkommene Bausubstanz. Bis auf die Erhaltung bedeutender Kulturdenkmäler flossen die meisten Investitionen in die Errichtung von Neubaugebieten, und die Gebäude in den gründerzeitlichen Vierteln verfielen zunehmend.

Aufgrund der unterschiedlichen Überprägung durch die sozialistische Stadt- und Einzelhandelsplanung unterscheidet sich die Einzelhandelsstruktur in den Wrocławer Stadtgebieten erheblich. Außer der Kartierung, die das gesamte Stadtgebiet umfaßte, wurden die empirischen Erhebungen daher schwerpunktmäßig in drei Stadtteiltypen durchgeführt (vgl. Karte 5): in der Innenstadt, in den gründerzeitlichen Mietskasernenviertel Śródmieście und ok. Traugutta, welche die einzigen im Zweiten Weltkrieg zu-

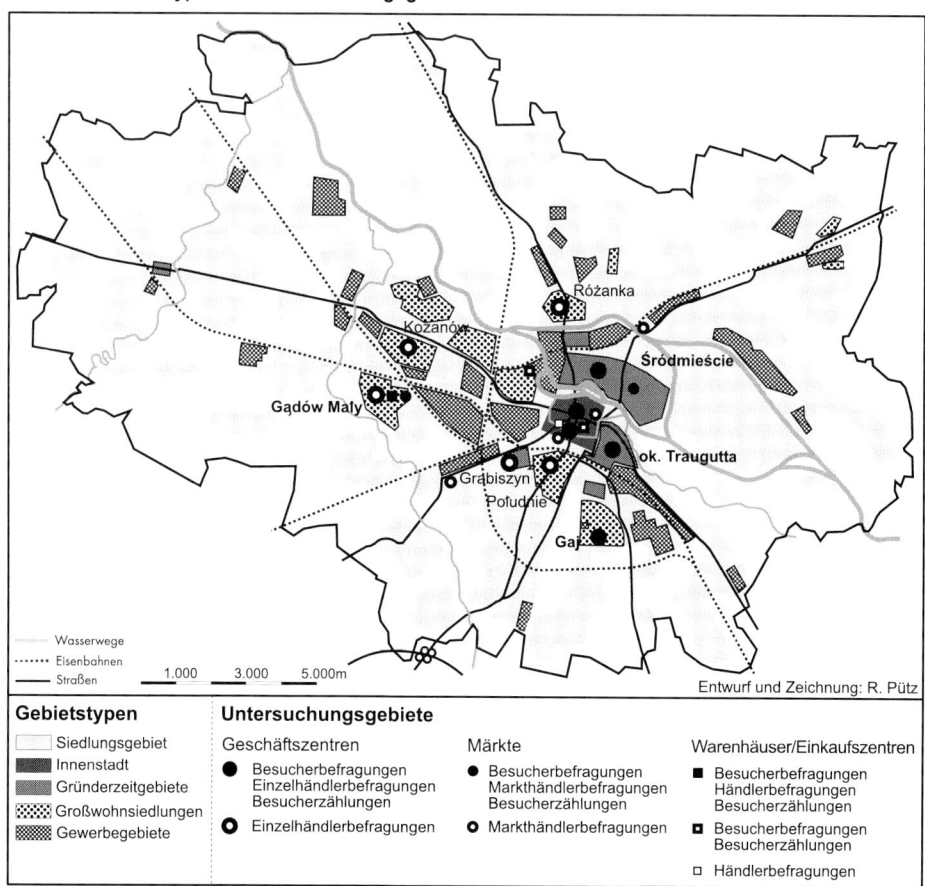

Karte 5: Gebietstypen und Untersuchungsgebiete in Wrocław

Gebietstypen	Untersuchungsgebiete		
Siedlungsgebiet	Geschäftszentren	Märkte	Warenhäuser/Einkaufszentren
Innenstadt	● Besucherbefragungen Einzelhändlerbefragungen Besucherzählungen	● Besucherbefragungen Markthändlerbefragungen Besucherzählungen	■ Besucherbefragungen Händlerbefragungen Besucherzählungen
Gründerzeitgebiete			
Großwohnsiedlungen	○ Einzelhändlerbefragungen	◐ Markthändlerbefragungen	▫ Besucherbefragungen Besucherzählungen
Gewerbegebiete			▢ Händlerbefragungen

Entwurf und Zeichnung: R. Pütz

sammenhängend erhaltenen Wohnviertel sind, und in den Großwohnsiedlungen Gaj und Gądów Mały, die mit mehr als 60 000 bzw. mehr als 30 000 Einwohnern zu den größten Neubausiedlungen Wrocławs zählen und die idealtypisch den Leitbildwandel im sozialistischen Städtebau und in der Einzelhandelsplanung verkörpern. Ergänzend führte der Autor Untersuchungen zur Angebotssituation (Einzel- und Markthändlerbefragungen) in weiteren Großwohnsiedlungen und kleinen Gründerzeitgebieten der Stadt durch (vgl. Karte 5). Stellvertretend für das Wachstum nichtintegrierter Lagen wurde das randlich eines Gewerbegebietes gelegene SB-Warenhaus *Hit* ausgewählt.

5.1 Lokale Regulierung bei der Privatisierung des Einzelhandels

5.1.1 Durchsetzung sozialistischer Eigentumsverhältnisse nach dem Zweiten Weltkrieg

Ähnlich wie in ganz Polen (vgl. Kapitel 2.2.2.1) wurden in Wrocław während der „bitwa o handel" (Schlacht um den Handel) binnen acht Jahren mehr als 2 500 private Einzelhandelsbetriebe geschlossen, so daß 1955 nur noch 50 private Geschäfte existierten. Die Zahl der Einzelhandelsbetriebe insgesamt sank hierdurch seit 1947 um mehr als die Hälfte – im Vergleich zur Vorkriegszeit nahm die Zahl der Geschäfte sogar um mehr als das sechsfache ab (vgl. Tab. 28).

Die Eliminierung des privaten Handels geschah überwiegend durch Schließungen. Diese betrafen meistens kleinflächige Ladenlokale in den gründerzeitlichen Wohnvierteln, aber auch Großbetriebe in der Innenstadt. Hier widmeten die Behörden große

Tab. 28: Wandel der Eigentumsverhältnisse im Wrocławer Einzelhandel im Sozialismus

Jahr	Anzahl Geschäfte	Sozialistischer Einzelhandel		Privater Einzelhandel	
		Anzahl Geschäfte	Anteil an Geschäften	Anzahl Geschäfte	Anteil an Geschäften
1939	7 774	-	-	7 774	100,0 %
1947	2 506	198	7,9 %	2 308	92,1 %
1950	1 445	884	61,2 %	561	38,8 %
1955	1 193	1 143	95,8 %	50	4,2 %
1960	1 761	1 523	86,5 %	238	13,5 %
1970	1 771	1 598	90,2 %	173	9,8 %
1990[1]	1 572/1 829	1 448 / 1 597	92,1 % / 87,3 %	124 / 232	7,9 % / 12,7 %

[1] Stand vor der kleinen Privatisierung, Angaben Stadtverwaltung / *eigene Hochrechnung*
Quelle: eigene Berechnungen nach: BAHR und KÖNIG 1967: 250; FIRKO u. a. 1971: 147; Urząd... 1990, eigene Erhebungen 1996, eigene Befragungen 1996

Kaufhäuser um, die bis zum Ende des Sozialismus als Büroflächen (z. B. das ehemalige *C&A*-Kaufhaus), öffentliche Gebäude (z. B. ehemaliges Kaufhaus *Schottländer*) oder Produktions- oder Lagerstätten (z. B. das heutige Kaufhaus *Otis*) genutzt werden. Andere großflächige Geschäfte wurden verstaatlicht oder den Konsumgenossenschaften übergeben. So beherbergt das ehemalige Kaufhaus *Wertheim* in der ul. Świdnicka ein staatliches *Centrum*-Warenhaus. Die Konsumgenossenschaft *Społem* bekam das Kaufhaus *Schneider* (heute *Podwale*) und das am Rynek gelegene Warenhaus der *Gebrüder Barasch* (heute *PSS Feniks*) zugesprochen (vgl. KIRSCHKE und KIRSCHKE 1995, BIŃKOWSKA 1993).

Aufgrund des zentralistischen Planungssystems folgte die Nachkriegsentwicklung im Wrocławer Einzelhandel den landesweiten wirtschaftspolitischen Leitlinien. Vor allem die Krisen Ende der 50er und Anfang der 80er Jahre führten dazu, daß die Gründung privater Einzelhandelsbetriebe erleichtert wurde. Dies schlug sich auch in Wrocław jeweils in wachsenden Anteilen des Privatsektors nieder, der kurz vor Einsetzen der kleinen Privatisierung fast 13 % an den Ladenlokalen erreichte (vgl. Tab. 28)[48]. Besonders stark vertreten waren kleinflächige Privatgeschäfte in den Gründerzeitgebieten.

Insgesamt dominierten Betriebe des sozialistischen Einzelhandels, wobei staatliche Unternehmen gegenüber den Konsumgenossenschaften im Vergleich zu ganz Polen überdurchschnittlich stark vertreten waren (vgl. Tab. 7, S. 46). Der Grund hierfür lag in der branchenmäßigen Spezialisierung der sozialistischen Ketten. Während staatliche Konsumgenossenschaften vorwiegend der Sicherung der Grundversorgung mit Lebensmitteln dienten, nahmen staatliche Unternehmen die Versorgung mit höherwertigen Waren wahr. Dementsprechend konzentrierten sich die staatlichen Ketten überdurchschnittlich stark auf die zentralen Orte, während die Konsumgenossenschaften auf dem Lande relativ stärker vertreten waren.

5.1.2 Bedeutung von lokalen Akteurskonstellationen für die Privatisierung

Zerschlagung der sozialistischen Handelsketten

Mit dem Übergang zur Marktwirtschaft vollzog sich im Wrocławer Einzelhandel zum zweiten Mal innerhalb von 45 Jahren ein radikaler Wandel der Eigentumsverhältnisse:

---

[48] Die Angaben der Wrocławer Stadtverwaltung zur Einzelhandelsstruktur in Tab. 28 weisen einen systematischen Fehler auf, der mit der Zielsetzung bei Auflistung der Betriebe zu begründen ist (vgl. S. 132). Die Befragungen des Autors unter den Wrocławer Einzelhändlern ergaben, daß im privaten Sektor 87,5 % der befragten Privatbetriebe nicht in der Auflistung der Stadtverwaltung aufgeführt waren, obwohl sie zum fraglichen Zeitpunkt bereits existierten. Bei den Betrieben des sozialistischen Einzelhandels lag diese Quote bei 11,8 %. In Tab. 28 wurden die Ergebnisse der Befragung den offiziellen Angaben der Stadtverwaltung hinzugefügt, da diese Befragungsergebnisse als gesichert angesehen werden konnten, woraus sich die Werte von 1 448 Betriebe des sozialistischen Handels und 124 Betriebe des privaten Handels ergeben. Diese Werte werden für alle weiteren Ausführungen zugrundegelegt. Dabei ist zu beachten, daß die Zahl der Privatbetriebe für das Jahr 1990 immer noch etwa 53 % zu niedrig sein dürfte (aufgrund der Kleinflächigkeit der Betriebe ist die Fehlerquote bei den Verkaufsflächenangaben erheblich geringer), die entsprechende Fehlerquote bei Betrieben des sozialistischen Handels ist dagegen mit etwa 9 % zu veranschlagen (vgl. Hochrechnungen des Autors auf Grundlage der Befragungsergebnisse in Tab. 28).

Zwischen April 1990 und September 1992 stieg der Anteil des privaten Einzelhandels an den Ladenlokalen von knapp 8 % auf fast 80 % an – vier Jahre später betrieben private Händler bereits 96,5 % der Verkaufsstellen in der Stadt (vgl. Tab. 29). Das Wachstum des Anteils des privaten Einzelhandels ist in erster Linie auf Betriebsneugründungen im Zuge der Liberalisierungsmaßnahmen zurückzuführen. Hierdurch erhöhte sich die Verkaufsfläche in der Stadt von 0,2 auf 0,6 m^2 pro Einwohner (inkl. Markthandel).

Tab. 29: Wandel der Eigentumsverhältnisse im Wrocławer Einzelhandel im Transformationsprozeß

	Anzahl Geschäfte			Verkaufsfläche (in m^2)		
	1990	1992	1996	1990	1992	1996
Staatlicher Einzelhandel[1]	720	366	71	67 529	49 339	20 915
Genossenschaften	728	188	93	64 306	36 957	30 014
Privater Einzelhandel	124	2 141	4 568	5 114	92 420	271 057
davon ausländ. Unternehm.	-	1	63	-	990	36 089
Wrocław insgesamt	1 572	2 695	4 732	136 949	178 716	321 986
	Anteil an Geschäften (in %)			Anteil an Verkaufsfläche (in %)		
	1990	1992	1996	1990	1992	1996
Staatlicher Einzelhandel[1]	45,8	13,6	1,5	49,3	27,6	6,5
Genossenschaften	46,3	7,0	2,0	47,0	20,7	9,3
Privater Einzelhandel	7,9	79,4	96,5	3,7	51,7	84,2
davon ausländ. Unternehm.	-	0,0	1,3	-	0,6	11,2

[1] inkl. Sonstiger Sozialistischer Handel – ohne ambulanten Handel, Markthandel, Warenhaushandel Einzelhandel
Quelle: eigene Berechnungen nach: Urząd... 1990, 1992; eigene Erhebungen 1995, 1996

Außer den Gründungsaktivitäten war die Privatisierung der zweite Faktor, der den Wandel der Eigentumsverhältnisse herbeiführte. Durch sie verloren die sozialistischen Ketten zwischen 1990 und 1996 fast 90 % ihrer Betriebe und über 61 % ihrer Verkaufsfläche – vornehmlich während der „kleine Privatisierung" zwischen 1990 und 1992. In dieser raschen Privatisierungsgeschwindigkeit schlagen sich die auf nationaler Ebene verfolgte strategische Dezentralisierung des Privatisierungsverfahrens und die institutionelle Trennung von Unternehmens- und Immobilienprivatisierung nieder. Die erfolgreiche Umwandlung der Eigentumsverhältnisse ist nämlich nur wenig auf die eigentlichen Privatisierungsprogramme in Polen zurückzuführen, sondern vielmehr auf den Transfer von Eigentumsrechten an den Ladenlokalen dieser Unternehmen vom Staat an die polnischen Kommunen (vgl. Kapitel 4.2.1).

Die Stadt Wrocław war durch diese „Kommunalisierung" staatlichen Eigentums im September 1992 Eigentümer von 1 615 Ladenlokalen in der Stadt, dies entsprach fast 60 % aller Geschäfte. Hinzu traten die Wohnungsbaugenossenschaften, denen knapp

20 % der Verkaufsstellen gehörten (vgl. Tab. 30)[49]. Die Vergabepraxis von Ladenlokalen durch die kommunalen Behörden wurde damit zu einem entscheidenden Einflußfaktor für den Verlauf des Privatisierungsprozesses. Gleichzeitig stellt sich die Frage nach unterschiedlichen Vergabepraktiken der Kommune und der Wohnungsbaugenossenschaften. Das Eigentum an den Ladenlokalen ist infolge der in Polen verfolgten Strategie bei der Aufteilung des staatlichen Eigentums (vgl. Kapitel 4.1.2) nämlich räumlich differenziert: Während die Wohnungsbaugenossenschaften überwiegend Eigentümer der Gebäude in den Großwohnsiedlungen sind, konzentriert sich der Immobilienbesitz der Gemeinde auf die Innenstadt und die Viertel gründerzeitlicher Mietshäuser[50]. Dieses Phänomen ist in Wrocław besonders stark ausgeprägt, weil nach dem Zweiten Weltkrieg der gesamte vormals deutsche Grundbesitz an die staatlichen Wohnungsbewirtschaftungsunternehmen bzw. 1990 an die Gemeinde fiel und eine Rückgabe an Alteigentümer in den „Westgebieten" ausgeschlossen ist.

Tab. 30: Eigentum der Stadt Wrocław und Wohnungsbaugenossenschaften an Ladenlokalen

Eigentümer	Anzahl Ladenlokale	
	1990	1992
Stadt Wrocław	1 058	1 615
Wohnungsbaugenossenschaften	239	527

Quelle: eigene Berechnungen nach: Urząd... 1990, 1992

Eine Analyse der Privatisierungspraxis in Wrocław zeigt die Bedeutung von lokalen Akteurskonstellationen deutlich. So waren hier, wie in den meisten anderen polnischen Gemeinden, die gewandelten Machtverhältnisse im Stadtrat der entscheidende Impuls zur Auflösung der Filialnetze des sozialistischen Einzelhandels. Die Kommunalwahlen im Mai 1990 hatten in Wrocław einen überwältigenden Erfolg für das Wahlbündnis der Gewerkschaftsbewegung Solidarność gebracht, das seitdem 67 der 70 Stadtratssitze stellt (KURCZ 1996: 130)[51]. Diese Stadträte nutzten ihre neugewonnenen Entscheidungsbefugnisse zur Zerschlagung der sozialistischen Einzelhandelsketten. Zu den zentralstaatlich geleiteten Handelsunternehmen und Konsumgenossenschaften bestanden kaum Kontakte auf lokaler Ebene. Zudem galten sie als Protagonisten des von der Solidarność bekämpften kommunistischen Systems, das es so schnell und umfassend wie möglich zu beseitigen galt.

---

[49] Die Zunahme der Betriebe im kommunalen und wohnungsbaugenossenschaftlichen Eigentum zwischen 1990 und 1992 ist auf Betriebsneugründungen zurückzuführen. Auch 1996 dominiert kommunales und wohnungsbaugenossenschaftliches Eigentum an den Ladenlokalen. Die Befragungen des Autors unter den Einzelhändlern ergaben, daß neben der Stadt Wrocław (44,4 %) und den Wohnungsbaugenossenschaften (20,1 %) die Geschäfte selber mit 17 % eine wichtige Eigentümergruppe stellen. Hierzu zählen vermehrt einheimische Produktionsbetriebe, die Produktionsflächen in Verkaufsräume umwidmeten und mit einem Engagement im Einzelhandel den Absatz ihrer Produkte sicherstellen wollen.

[50] Die Stadt Wrocław war 1994 Eigentümer von etwa 84 000 der ca. 205 000 Wohnungen in der Stadt (KURCZ 1996: 139), 13 500 dieser Wohnungen sind seit 1990 von den Mietern erworben worden (MISIAK 1996: 221).

[51] Bei den zweiten polnischen Kommunalwahlen 1994 wurden die meisten dieser Stadträte wiedergewählt, obwohl sie sich zuvor von der Solidarność getrennt hatten (KURCZ 1996: 130).

In der Folge mußten die Konsumgenossenschaften und die staatlichen Handelsunternehmen all jene Betriebe aufgeben, deren Ladenlokale sich im Eigentum der Gemeinde Wrocław befanden. Sie konnten nur diejenigen Lokale weiterführen, die sie in den vergangenen Jahren selbst errichtet hatten, in die sie in der Vergangenheit umfangreich investiert hatten oder die nach dem „Gesetz über die Änderung des Gesetz über die Grundstücksbewirtschaftung..." (vgl. Kapitel 4.1.2) dem staatlichen Fiskus oder anderen Rechtsnachfolgern des Staates zufielen. Die Konsumgenossenschaft *Spolem*, die bis 1990 über das größte Filialnetz in Wrocław verfügt hatte, verlor durch diese kleine Privatisierung 85 % ihrer Verkaufsstellen in der Stadt. Ähnliche Einbrüche in ihren Filialnetzen mußten auch die staatlichen Handelskonzerne verzeichnen – und zwar ohne daß die Unternehmen selbst bereits privatisiert worden waren (vgl. Tab. 31).

Tab. 31: Entwicklung der Filialnetze ausgewählter Unternehmen des sozialistischen Einzelhandels in Wrocław, 1990-1996

Unternehmen	Anzahl Geschäfte			Verkaufsfläche			Veränderung 1990-1996 (in %)	
	1990	1992	1996	1990	1992	1996	Geschäfte	Verkaufsfläche
Genossenschaften								
PSS Społem	559	128	86	55 899	31 050	29 483	- 84,6 %	- 47,3 %
W.S.R.H.	56	32	7	3 981	2 730	531	- 87,5 %	- 86,7 %
Staatliche Ketten								
PHU Otex	207	1	-	13 856	90	-	-	-
Arpis	48	-	-	2 720	-	-	-	-
Dom Książki*	45	17	11	2 880	1 167	583	- 75,6 %	- 79,6 %
Domar	39	4	2	7 228	3 800	12 400	- 94,9 %	+ 71,6 %
P.H.S.*	27	14	9	4 179	2 413	1 719	- 66,7 %	- 58,9 %

* 1997 noch nicht privatisiert
W.S.R.H.: Wrocławska Spółdzielnia Rolniczo Handlowa; P.H.S.: Przedsiębiorstwo Hurtu Spożywczego
Quelle: eigene Berechnungen nach: Urząd... 1990, 1992; eigene Erhebungen 1995, 1996

Nutznießer der Privatisierung und Aushandlung der Privatisierungsstrategie zwischen lokalen Akteuren

Wie auch in den meisten anderen polnischen Gemeinden war die „kleine Privatisierung" in Wrocław überwiegend eine Insider-Privatisierung an die ehemaligen Verkaufsstellenleiter und Belegschaften. Die Ausgestaltung der lokalen Regulierungsmechanismen war neben der Institutionalisierung des Privatisierungsverfahrens auf kommunaler Ebene hierfür von ausschlaggebender Bedeutung. Die Insider-Privatisierungen waren nämlich nicht das Ergebnis einer einheitlich konzipierten kommunalen Privatisierungsstrategie des Wrocławer Stadtrates. Vielmehr resultierten sie aus einem langwierigen „trial and error"-Prozeß, der wesentlich durch Konflikte und Aushandlungsprozesse zwischen den beteiligten Akteurgruppen Händler und Politiker gekennzeichnet war. Die folgende Analyse der Privatisierungschronologie zeigt dies deutlich[52].

Der erste Privatisierungsplan wurde im April 1990 noch von der Wrocławer Woiwodschaftsbehörde erarbeitet, also kurz vor den Kommunalwahlen in Polen. Die Strategie der Woiwodschaft sah vor, daß alle Einzelhandelsbetriebe, deren Ladenlokale von der Kommune verwaltet wurden, bis zum 30. September 1990 in private Hände übergeben werden sollten. Dabei schlugen die Behörden ein gestaffeltes Vorkaufsrecht vor, wonach die Pächter der nach dem Agenturprinzip arbeitenden Geschäfte das Erstkaufsrecht genießen sollten. In allen anderen Geschäften sollten die Belegschaften das Recht auf Ersterwerb erhalten. Für den Fall, daß diese Gruppen nicht an einer Übernahme des Ladenlokals interessiert waren, sollten zunächst Übernahmeangebote einzelner Angestellter berücksichtigt werden. Erst wenn keiner der solchermaßen Begünstigten den Betrieb übernehmen wollte, sollte das Lokal in eine öffentliche Versteigerung gelangen[(1)]. Im polnischen Staatsaufbau sind die Woiwodschaften nicht als „eigenständige" Gebietskörperschaften anzusehen, sondern sie dienen lediglich der operativen Umsetzung der Regierungspolitik auf regionaler Ebene. Vor diesem Hintergrund wird deutlich, daß der Privatisierungsplan der Woiwodschaft ausschließlich den Strategien der polnischen Regierung *MAZOWIECKI* entstammte, die wiederum wesentlich von der Gewerkschaft Solidarność geprägt wurde.

Mit der Einführung der territorialen Selbstverwaltung wechselten die Entscheidungsbefugnisse über die kleine Privatisierung von der staatlichen auf die kommunale Ebene. Damit änderte sich zugleich die Zielsetzung bei der Privatisierung des Wrocławer Einzelhandels. So erging am 7.7.1990 eine Entschließung des Stadtrats, nach der alle zu privatisierenden Ladenlokale öffentlich versteigert werden sollten – zugleich wurden sie grundsätzlich nicht verkauft, sondern lediglich vermietet. Das einzige Zugeständnis an die Belegschaften war, daß diese nach der Versteigerung „ihr" Ladenlokal zu dem marktlich festgestellten Mietpreis übernehmen durften[(2)].

Die Wrocławer Privatisierungsstrategie deckte sich zum damaligen Zeitpunkt weitgehend mit den Empfehlungen westlicher Politikberater, die nur durch eine Vergabe „über den Markt" eine optimale Allokation von Betrieben gewährleistet sahen. Hierin lag jedoch nicht die Motivation für die kommunalen Stadträte. Diese sahen in der Vermietung vielmehr ein Mittel zur Erzielung langfristiger Einnahmen, das angesichts der hohen Inflation auch ökonomisch günstiger als ein Verkauf erschien und durch die meistbietende Versteigerung maximal ausgeschöpft werden sollte. Seit der Wiedereinführung der kommunalen Selbstverwaltung müssen die Gemeinden nämlich große Teile

---

[52] Die Privatisierungschronologie stützt sich dabei auf eine Analyse der Berichterstattung in der Wrocławer Tagespresse, in der auch Bekanntmachungen des Wrocławer Stadtrats abgedruckt wurden (Angaben in Klammern werden im Text zitiert): (1) „Prywatne hurtownie, prywatne sklepy" (Privater Großhandel, private Geschäfte). In: „Wieczór Wrocławia vom 2.5.1990. (2) „Obradowała Rada Miejska" (Beratung des Stadtrats). In: Wieczór Wrocławia vom 10.9.1990. (3) „Żale i obawy handlowców" (Klagen und Ängste der Händler). In: Wieczór Wrocławia vom 20.7.1990. (4) „Kłopoty z prywatyzacją" (Streit um die Privatisierung). In: Wieczór Wrocławia vom 27.7.1990. (5) „Pierwszy przetarg" (Erste Versteigerungen). In: Wieczór Wrocławia vom 4.9.1990. (6) „Nie tylko przetargi" (Nicht ausschließlich Versteigerungen). In: Wieczór Wrocławia vom 13.4.1992. (7) „Społem a reforma – I co dalej?" (Reformen bei Społem – Und wie weiter?). In: Wieczór Wrocławia vom 4.1.1989.

ihres Haushalts aus eigenen Einnahmen decken (Artikel 54 GütS); Mieteinnahmen zählen dabei zu den wichtigsten Einnahmequellen[53].

Die marktorientierte Privatisierungsstrategie des Stadtrats stieß bei den Mitarbeitern der betroffenen Betriebe auf heftigen Widerstand. Diese klagten, daß sie aufgrund der geringen Umsätze keine Chance bei den Versteigerungen besäßen[(3)]. Hinzu käme, daß die Situation der Händler aufgrund steigender Einkaufspreise ohnehin angespannt sei und Mietsteigerungen über höhere Preise auf die Konsumenten abgewälzt werden müßten. In der Folge schlossen sich die Belegschaften der staatlichen Unternehmen und Konsumgenossenschaften zusammen und artikulierten ihre Interessen über die lokalen Medien. Darüber hinaus plakatierten die Mitarbeiter von *Społem* und den größten staatlichen Unternehmen wie *P.H.S.* ihre Geschäfte und Schaufenster mit Protestplakaten gegen die Privatisierungsstrategie der Stadtverwaltung[(4)].

Daß die Befürchtungen der Händler berechtigt waren, zeigten die ersten Versteigerungen von Ladenlokalen. So wurde am 3.9.1990 das erste Geschäft in Wrocław versteigert. Das Eingangsgebot für den 29 m^2 großen Betrieb am Rynek lag bei einer Monatsmiete von umgerechnet etwa 135 DM (4,65 DM pro m^2 Verkaufsfläche). Versteigert wurde das Geschäft für eine Miete von etwa 2 900 DM (100 DM pro m^2). Der ursprünglich angesetzte Mietpreis stieg so im Laufe der Versteigerung um das 21fache[(5)].

In Reaktion auf Händlerproteste und nach mehrfachen Verhandlungen zwischen Händlern und Politikern gab der Wrocławer Stadtrat seine anfängliche Privatisierungsstrategie wieder auf. Am 8.9.1990 erging ein Beschluß, nachdem die Belegschaften das Recht auf eine Erstbelegung der Betriebe erhielten, wenn sie eine neue Gesellschaft gründeten, an der mindestens die Hälfte der Belegschaft vom 30.6.1990 beteiligt sein mußte[54]. Mit diesen Betrieben wurden für die Dauer von 1,5 bis 2,5 Jahren Mietverträge zu günstigen Mietkonditionen geschlossen, die sich nach einem kommunalen Mietenschlüssel richtete[(6)]. Die Regelung, nach der die Belegschaft das Erstbelegungsrecht zu einem *per Versteigerung* ermittelten Marktpreis erhält, wurde nur noch in der Innenstadt beibehalten. Somit kam es zu einer differenzierten Privatisierungspraxis in Abhängigkeit von der Lage des Ladenlokals: Während innerstädtische Betriebe „über den Markt" privatisiert wurden, operierten Geschäfte außerhalb des Stadtzentrums in einem geschützten Markt. Die Folge waren unterschiedliche Transformationsgeschwindigkeiten beim Strukturwandel des Einzelhandels in den verschiedenen Standortlagen.

Zum Einlenken des Wrocławer Stadtrats trug bei, daß die meisten Mitarbeiter der sozialistischen Handelsunternehmen in lokalen Gruppen der Gewerkschaftsbewegung Solidarność organisiert waren, die wiederum eng mit den neuen Stadträten verflochten waren. Eine breit angelegte Kampagne in mehr als 1 000 Ladenlokalen gegen drohende Arbeitsplatzverluste aufgrund „kapitalistischer" und unsozialer, da an den Interessen der Arbeitnehmer vorbeigehender Privatisierungsstrategien konnten sich die aus der Solidarność-Bewegung hervorgegangenen Stadträte Wrocławs kaum leisten. Als Folge des

---

[53] So erzielte die Stadt Wrocław 1994 Einnahmen in Höhe von 354 097 Mio. zł durch die Vermietung kommunaler Räumlichkeiten sowie die Verpachtung von Liegenschaften zum ewigen Nießbrauch. Dies entsprach mehr als 26 % der „eigenen Einnahmen" der Stadt (eigene Berechnungen nach KURCZ 1996: 145).

[54] Die Stadtverwaltung transferierte hiermit ähnlich lautende Rechtsvorschriften des Staates über die „Privatisierung durch Liquidation" (insbesondere Artikel 58 PrivG bzw. Artikel 51 PrivG96) in ihre Verwaltungspraxis.

Protestes der Belegschaften und der ehemaligen Verkaufsstellenleiter war die kleine Privatisierung im Wrocławer Einzelhandel im wesentlichen eine „Insider-Privatisierung". Befragungen des Autors ergaben, daß 71 % der Betriebsbesitzer, die im Laufe der Privatisierung ein Ladenlokal übernommen hatten, schon vor der Privatisierung im selben Ladenlokal beschäftigt gewesen waren (vgl. Abb. 19).

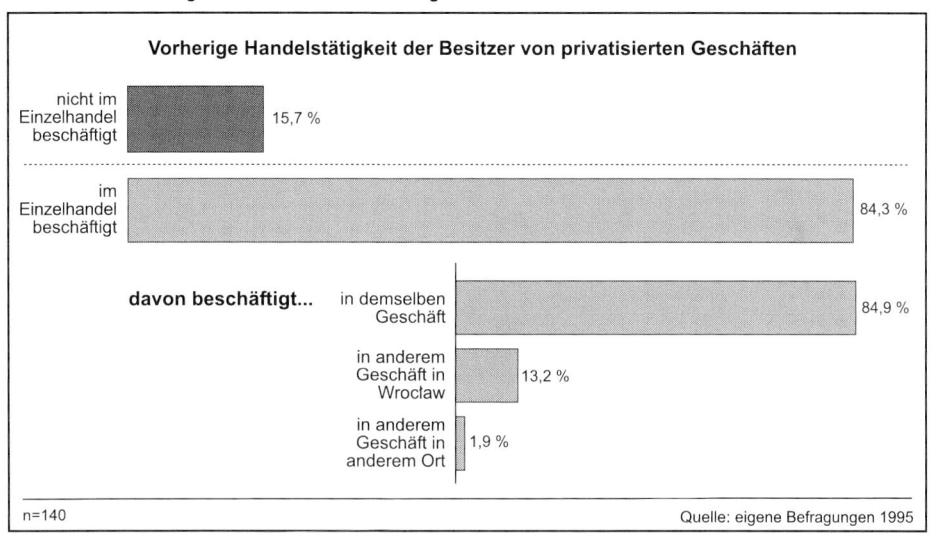

Abb. 19: Bedeutung von Insider-Privatisierungen im Wrocławer Einzelhandel

Vorherige Handelstätigkeit der Besitzer von privatisierten Geschäften

- nicht im Einzelhandel beschäftigt: 15,7 %
- im Einzelhandel beschäftigt: 84,3 %

davon beschäftigt...
- in demselben Geschäft: 84,9 %
- in anderem Geschäft in Wrocław: 13,2 %
- in anderem Geschäft in anderem Ort: 1,9 %

n=140   Quelle: eigene Befragungen 1995

5.1.3 Anpassungsstrategien der privatisierten Unternehmen. Beispiel *PSS Społem*

Die weitgehende Auflösung der staatlichen Ketten und Konsumgenossenschaften im Zuge der kleinen Privatisierung und der in Wrocław verfolgte Privatisierungsweg haben die Wettbewerbssituation grundlegend verändert. Es stellt sich die Frage nach den Konsequenzen der Privatisierung für die staatlichen Unternehmen und die Konsumgenossenschaften. Wie beeinflußt die Privatisierung deren Wettbewerbfähigkeit und welche Strategien verfolgen die Unternehmen, um sich den marktwirtschaftlichen Rahmenbedingungen anzupassen? Diesen Fragen wird im folgenden anhand des größten Wrocławer Einzelhandelsunternehmens, der Konsumgenossenschaft *PSS Społem*, nachgegangen. Ergebnisse von Interviews mit den Betriebsleitern des ehemals staatlichen Handels werden dabei zur Ergänzung herangezogen.

5.1.3.1 *PSS Społem* im Sozialismus

Die Konsumgenossenschaft *Powszechna Spółdzielnia Spożywców (PSS) Społem we Wrocławiu* wurde im September 1945 begründet. Im selben Jahr eröffnete das Unternehmen neun Lebensmittelgeschäfte in der Stadt und erhielt das Warenhaus *Feniks* am Rynek zugesprochen (WALASEK, PAWLIKOWSKI und GOGAŁA 1985: 53f.). Der Aufschwung von *Społem* zum bedeutendsten Distributionsunternehmen Wrocławs setzte 1948 ein, als in ganz Polen die lokalen Konsumgenossenschaften zu übergeordneten Verbänden zusammengeschlossen wurden. In Wrocław betraf dies 16 schon vor dem Krieg bestehende Genossenschaften, nach deren Auflösung und Zusammenschließung zu *Społem* ein Filialunternehmen mit 161 Geschäften, 4 Großhandelslagern, 14 Bäckereien, 2 Metzgereien und zahlreichen Gastronomiebetrieben entstand. Durch weitere angeordnete Zusammenschlüsse und Enteignungen privater Betriebe wuchs die Zahl der Einzelhandelsgeschäfte *Społems* bis 1952 auf 298 an.

Das Jahr 1976 brachte eine Konzentration der Geschäftstätigkeiten: Nach der Neugliederung der Administrativräume in Polen wurden die drei städtischen Konsumgenossenschaften *PSS Północ* („Nord"), *PSS Południe* („Süd") und *PSS Centrum* mit Genossenschaften der umliegenden Gemeinden auf der Ebene der neuen Woiwodschaft Wrocław zusammengefaßt. *Społem* in Wrocław verfügte zu diesem Zeitpunkt bereits über 429 Geschäfte, darunter ein Warenhaus und ein Kaufhaus. Das Wachstum des Filialnetzes hatte sich bis dahin maßgeblich dadurch gespeist, daß im Zuge der landesweit stattfindenden Unternehmenskonzentrationen zur „Vermeidung ressourcenverschwendenden Wettbewerbs" zahlreiche staatlich geführte Lebensmittelbetriebe an *Społem* übertragen worden waren.

Die organisatorischen Änderungen der 70er Jahre waren die letzten, die eine Zentralisierung der unternehmerischen Aktivitäten mit sich brachten. Seit den frühen 80er Jahren und dem Inkrafttreten des wirtschaftspolitischen Reformwerks „odnowa" (Erneuerung) setzte die polnische Führung verstärkt auf die Dezentralisierung von Planungsprozessen (vgl. Kapitel 2.2.2.3) und verlagerte Entscheidungskompetenzen sukzessive auf die einzelbetriebliche und lokale Ebene. Diese nationalen Strategien tangierten auch die Organisationsstruktur von *Społem* in Wrocław und die Einzelhandelsentwicklung in der Stadt. Als Folge der Entscheidung des polnischen Ministerrates über die Umstrukturierung des Einzelhandels mußte *Społem* 1981 zahlreiche Verkaufsstellen an neue staatliche „Wettbewerber" abtreten. Hierzu zählten 17 Alkoholverkaufsstellen, die an das staatliche Unternehmen *Ponal* fielen, 9 Metzgereien, die dem staatlichen Lebensmittelkonzern *PPM* zugesprochen wurden, und ein Großhandelslager, das an das neugegründete Unternehmen *P.H.S.* übertragen wurde.

Im Januar 1983 kam es zu einem erneuten Dezentralisierungsschub im polnischen Wirtschaftssystem, in dessen Verlauf *Społem* in der Woiwodschaft Wrocław in 12 Geschäftsbereiche unterteilt wurde, darunter in Wrocław in die Einzelhandelsbereiche *PSS Południe*, *PSS Północ* und *PSS Centrum* mit eigenen Filialnetzen sowie *PSS Feniks* als Warenhaus. Das 1985 fertiggestellte Warenhaus *PSS Astra* in der Großwohnsiedlung Gądów Mały trat zwei Jahre später als fünfter Geschäftsbereich hinzu.

Diese Geschäftsbereiche erhielten im Laufe der 80er Jahre zunehmende Entscheidungsfreiheiten, bis sie im Dezember 1988, als Folge des „Gesetzes über staatliche Unternehmen", vollständige Entscheidungsautonomie erlangten. Erstmals war es den lokalen Konsumgenossenschaften als „juristischen Personen" nun gestattet, eigenständig über die Verwendung der von ihnen erzielten Gewinne zu entscheiden, Investitionen vorzunehmen und neue Einzelhandelsstandorte zu erschließen. Die größere Selbständigkeit hatte jedoch nicht nur positive Effekte. Die Zentralverbände hatten nämlich auch als Koordinations- und Dienstleistungszentrum für ihre Mitglieder fungiert: Sie gewährleisteten die Versorgung mit technischen Dienstleistungen und Know-how und organisierten den Groß- und Außenhandel. Mit dem Wegbrechen dieser Distributionskanäle mußten die Genossenschaften eigenverantwortlich handeln, wobei es vom Geschick des einzelnen Managers abhing, sich auf die neuen Bedingungen umzustellen.

Die Verselbständigung der lokalen Konsumgenossenschaften zeigte bald Auswirkungen auf die Einzelhandelsstruktur in Wrocław. Nachdem das „Gesetz über staatliche Unternehmen" die Gleichstellung der Eigentumsformen festgeschrieben hatte, lösten sich die meisten der Agenturbetriebe von *Społem* und machten sich selbständig. Für die Konsumgenossenschaften bedeutete dies erhebliche finanzielle Einbußen, da die Gesamteinnahmen sanken, die Kosten insbesondere aufgrund der (nun) überdimensionierten Verwaltung jedoch kaum zurückgingen[7]. Die fehlenden Einnahmen wurden nur teilweise ausgeglichen, da sich zugleich die Zahlungen an die übergeordneten Organisationseinheiten von *Społem* reduzierten.

Die Reduzierung des Filialnetzes forcierten die Konsumgenossenschaften auch selber. So nutzten einige Genossenschaften ihre neugewonnene Entscheidungsfreiheit dazu, sich von unrentabel arbeitenden Filialen zu trennen und ihre Geschäftstätigkeiten auf großflächige Verkaufsstellen zu konzentrieren. Auf diese Weise gelangten schon 1989 – kurz vor dem Zusammenbruch des kommunistischen Systems – 19 Geschäfte *Społems* an private Händler, welche die aufgegebenen und an die Stadtverwaltung „zurückgegebenen" Betriebe mieteten[55]. Insgesamt blieben die Auswirkungen der internen Umstrukturierungen von *Społem* auf die Wrocławer Einzelhandelsstruktur jedoch sehr gering, da die Zeit der Selbständigkeit im Sozialismus nur kurz währte. Ein Jahr nach der Verselbständigung der lokalen Konsumgenossenschaften endete das kommunistische System in Polen, und die Konsumgenossenschaften erfuhren im Zuge der „kleinen Privatisierung" eine tiefgreifende Umstrukturierung.

5.1.3.2 Wandel der Unternehmensstruktur im Privatisierungsprozeß

Das „Gesetz über die Restrukturierung der Genossenschaften" vom Januar 1990 schrieb die Verselbständigung der örtlichen Konsumgenossenschaften fest. Seitdem bestehen in Wrocław fünf unabhängige Konsumgenossenschaften im Bereich Einzelhandel und fünf weitere Genossenschaften, die aus anderen Geschäftsbereichen von *Społem* hervorgingen und nun auf Woiwodschaftsebene operieren (vgl. Abb. 20).

Die Kooperation zwischen den Einzelgenossenschaften und sogar ihre Fusion war durchaus zugelassen. Es zeigte sich aber, daß die neuen Konsumgenossenschaften angesichts der gerade erst gewonnenen unternehmerischen „Freiheiten" hieran kaum interessiert waren. Erst im Februar 1996 rangen sich vier der fünf Wrocławer *Społems* dazu durch, einen gemeinsamen Großhandel zur Erzielung günstigerer Einkaufspreise zu

---

[55] vgl. „W okolicy pl. Grunwaldzkiego wciąż ubywa sklepów spożywczych" (Der Schwund an Lebensmittelgeschäften hält an). In: Wieczór Wrocławia vom 28.6.1989; „PSS Północ miasta prekazuje sklepy" (PSS Północ übergibt der Stadt Geschäfte). In: Wieczór Wrocławia vom 18.9.1989.

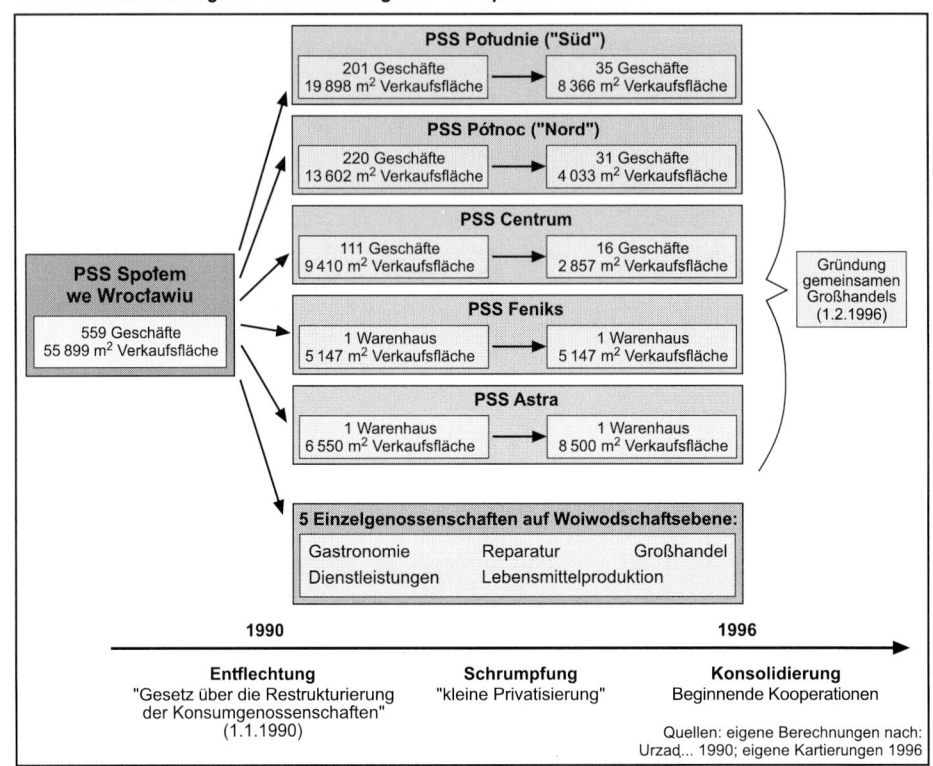

Abb. 20: Entflechtung und Privatisierung von *PSS Społem* in Wrocław

```
                          PSS Południe ("Süd")
                    ┌──────────────────┬──────────────────┐
                    │  201 Geschäfte   │  35 Geschäfte    │
                 ┌─▶│ 19 898 m² Ver-   │─▶│ 8 366 m² Ver- │
                 │  │  kaufsfläche     │  kaufsfläche     │
                 │  └──────────────────┴──────────────────┘
                 │         PSS Północ ("Nord")
                 │  ┌──────────────────┬──────────────────┐
                 │  │  220 Geschäfte   │  31 Geschäfte    │
                 ├─▶│ 13 602 m² Ver-   │─▶│ 4 033 m² Ver- │
                 │  │  kaufsfläche     │  kaufsfläche     │
                 │  └──────────────────┴──────────────────┘
                 │            PSS Centrum
 ┌─────────────┐ │  ┌──────────────────┬──────────────────┐  ┌──────────────┐
 │ PSS Społem  │ │  │  111 Geschäfte   │  16 Geschäfte    │  │   Gründung   │
 │ we Wrocławiu│─┼─▶│ 9 410 m² Ver-    │─▶│ 2 857 m² Ver- │  │  gemeinsamen │
 │             │ │  │  kaufsfläche     │  kaufsfläche     │  │  Großhandels │
 │ 559 Geschäfte│ │  └──────────────────┴──────────────────┘  │  (1.2.1996)  │
 │ 55 899 m²   │ │             PSS Feniks                     └──────────────┘
 │Verkaufsfläche│ │  ┌──────────────────┬──────────────────┐
 └─────────────┘ ├─▶│   1 Warenhaus    │   1 Warenhaus    │
                 │  │ 5 147 m² Ver-    │─▶│ 5 147 m² Ver- │
                 │  │  kaufsfläche     │  kaufsfläche     │
                 │  └──────────────────┴──────────────────┘
                 │             PSS Astra
                 │  ┌──────────────────┬──────────────────┐
                 └─▶│   1 Warenhaus    │   1 Warenhaus    │
                    │ 6 550 m² Ver-    │─▶│ 8 500 m² Ver- │
                    │  kaufsfläche     │  kaufsfläche     │
                    └──────────────────┴──────────────────┘

                    5 Einzelgenossenschaften auf Woiwodschaftsebene:
                    Gastronomie       Reparatur        Großhandel
                    Dienstleistungen  Lebensmittelproduktion

        1990                                          1996
        ─────────────────────────────────────────────────────▶
        Entflechtung          Schrumpfung        Konsolidierung
 "Gesetz über die Restruk-   "kleine Privati-    Beginnende Kooperationen
  turierung der Konsum-        sierung"
  genossenschaften"
      (1.1.1990)                             Quellen: eigene Berechnungen nach:
                                             Urząd... 1990; eigene Kartierungen 1996
```

gründen. Der höhere Wettbewerbsdruck, vor allem durch den Markteintritt ausländischer Handelsunternehmen, war hierbei ein entscheidender Antriebsfaktor. Gleichzeitig dient die Kooperation beim Einkauf der Vorbereitung einer intensiveren Zusammenarbeit. Daß es hierzu wahrscheinlich kommen wird, ist auch auf die persönlichen Kontakte zwischen den Managern der Konsumgenossenschaften zurückzuführen, die alle schon zu sozialistischen Zeiten leitende Positionen wahrnahmen. Nach der Restrukturierung wurden sie von den Genossenschaftsmitgliedern in ihren neuen Ämtern bestätigt.

Durch die kleine Privatisierung und die Schrumpfung der Filialnetze änderte sich die Netzstruktur der *Społem*-Genossenschaften. Dies betrifft insbesondere die Betriebsgrößenstruktur der Filialnetze, aber auch deren Branchen- und Standortstruktur (vgl. Tab. 32), was jeweils unterschiedlich zu bewertende Auswirkungen auf die zukünftige Wettbewerbsfähigkeit der Unternehmen hat:
1. Unabhängig vom Wandel der Filialnetzstruktur ist die Reduzierung von Geschäftszahl und Verkaufsfläche ein Kernproblem der mehrbetrieblichen Konsumgenossenschaften. Zwar ist mit dem Verlust von Filialen an die ehemalige Belegschaften auch die Zahl der angestellten Verkäufer zurückgegangen. Die Zahl der Angestellten in der Verwaltung hat sich aber nicht reduziert, womit sich das Verhältnis von Verkäufern zu Verwaltungsangestellten in Richtung letzterer verschob.

Tab. 32: Wandel der Filialnetzstruktur von *PSS Społem* im Privatisierungsprozeß

Merkmale der Filialnetzstruktur von *PSS Społem*	Anzahl Geschäfte		Verkaufsfläche (in m²)		Anteil an Geschäften (in %)		Anteil an Verkaufsfläche (in %)		durchschnittl. Verkaufsfläche (in m²)	
	1990	1996	1990	1996	1990	1996	1990	1996	1990	1996
Betriebsgrößenstruktur										
25 m² und weniger	21	3	2 417	55	21,6	3,5	4,3	0,2		
26-50 m²	217	17	7 985	647	38,8	19,8	14,3	2,2		
51-100 m²	21	17	8 564	1 237	21,6	19,8	15,3	4,2		
101-400 m²	80	36	14 934	6 817	14,3	41,9	26,7	23,1		
401-1 200 m²	17	10	9 002	4 980	3,1	11,6	16,1	16,9		
mehr als 1 200 m²	3	3	12 997	15 747	0,6	3,4	23,3	53,4		
Standortstruktur (1)										
Innenstadt	94	16	12 250	8 363	16,8	18,6	21,9	28,4	130	523
Gründerzeitgebiet	323	30	17 813	5 334	57,8	34,9	31,9	18,1	55	178
Großwohngebiet	89	28	23 322	14 775	15,9	32,6	41,7	50,1	262	528
Sonstige Lagen*	53	12	2 514	1 011	9,5	13,9	4,5	3,5	47	84
Standortstruktur (2)										
Hauptgeschäftszentren	110	7	13 573	9 274	19,7	8,1	24,3	31,5	123	1 325
Nebengeschäftszentren	59	10	11 753	9 874	10,6	11,6	21,0	33,5	199	987
Geschäftsstraßen	82	14	4 184	1 243	14,7	16,3	7,5	4,2	51	89
„kleine Konzentrationen"	166	31	13 742	5 628	29,7	36,0	24,6	19,1	83	182
Streulagen	142	24	12 647	3 464	25,4	27,9	22,6	11,7	89	144
Branchenstruktur										
Lebens-, Genußmittel	440	69	36 220	11 160	78,7	80,2	64,8	37,9	82	162
Bekleidung, Textilien	20	1	610	20	3,6	1,2	1,1	0,1	31	20
Hausrat	46	8	3 479	1 482	8,2	9,3	6,2	5,0	76	185
Körperpflege, Gesundheit	35	1	1 447	64	6,3	1,2	2,6	0,2	41	64
Warenhäuser	3	3	12 997	15 747	0,5	3,5	23,3	53,4	4 332	5 249
Sonstiges	15	4	1 146	1 010	2,7	4,6	2,0	3,4	76	252
Summe *PSS Społem*	559	86	55 899	29 483	100,0	100,0	100,0	100,0	100	343

* Dorfgebiete, Einfamilienhaussiedlungen, sonstige Wohngebiete, Gewerbegebiete und nichtintegrierte Lagen
Quelle: eigene Berechnungen nach: Urząd... 1990, 1992; eigene Erhebungen 1995, 1996

Die Konsumgenossenschaften sind daher durch einen enormen Personalüberhang belastet. Dieser ist vor allem deshalb problematisch, weil die Mitglieder der Konsumgenossenschaften nach dem polnischen Genossenschaftsrecht weitreichende

Mitbestimmungsrechte besitzen. Die Genossenschaftsmitglieder sind nämlich bei allen Personalentscheidungen abstimmungsberechtigt. Da die meisten Mitglieder aber gleichzeitig Angestellte der Unternehmen sind, besteht kaum Aussicht auf Abbau des Personalüberhangs.

2. Der Verlust *Społems* an Betrieben (- 85 %) war höher als der Verlust an Verkaufsfläche (- 47 %) (vgl. Tab. 32): Während *Społem* die meisten großflächigen Geschäfte mit mehr als 400 m^2 Verkaufsfläche behalten konnte, gingen fast alle Kleinstbetriebe unter 50 m^2 verloren. Die durchschnittliche Verkaufsfläche der Betriebe erhöhte sich hierdurch von 100 m^2 auf 343 m^2. Für diese Entwicklung, die – folgt man den Annahmen über die geringere Wettbewerbsfähigkeit kleinflächiger Unternehmen – die Marktposition von *Społem* langfristig sogar verbessern kann, waren im wesentlichen zwei Ursachen verantwortlich:

- Bei den Betrieben, die *Społem* zu sozialistischen Zeiten selber errichtet hatte, handelt es sich um größere Kaufhallen. Betriebe, die aus Zwangsvereinigunen von Genossenschaften oder Enteignungen privater Betriebe in den 50er Jahren stammen und im Zuge der Kommunalisierung an die Stadt Wrocław fielen, wurden demgegenüber bereits vor dem Krieg errichtet und sind durch kleine Verkaufsflächen gekennzeichnet.
- Die beiden großflächigen Warenhäuser *Feniks* und *Podwale* konnte *Społem* übernehmen, obwohl sie sich bis zur Wende in kommunalem Eigentum befanden. Der Grund hierfür liegt in den umfangreichen Renovierungsarbeiten, die *Społem* an diesen Gebäuden vornahm und die nun Rückerstattungen der Stadt erfordert hätten. Angesichts der knappen Haushaltsmittel entschieden sich die Stadträte daher für einen Verkauf der Warenhäuser an die Konsumgenossenschaften, welche die Kaufpreise über Ratenzahlungen finanzieren.

3. Außer der Betriebsgrößenstruktur änderte sich die Standortstruktur von *Społem* infolge der kleinen Privatisierung (vgl. Tab. 32):

- Einerseits verlor *Społem* signifikant mehr Geschäfte in den Gründerzeitgebieten als in den Großwohngebieten (vgl. Tab. 32), was mit der unterschiedlichen Privatisierungspraxis von Stadt und Wohnungsbaugenossenschaften zu erklären ist: Während die Stadträte das politische Ziel der Zerschlagung der sozialistischen Handelsketten verfolgte, handelten die Wohnungsbaugenossenschaften eher aus ökonomischen Erwägungen. Wenn die Konsumgenossenschaften zur Zahlung höherer Mieten bereit waren, sahen viele Wohnungsbaugenossenschaften von einer Kündigung des Mietvertrages ab. Ähnliches gilt für die staatlichen Mehrbetriebsunternehmen wie *P.H.S.*, die seit der Wende ebenfalls in den Großwohngebieten überdurchschnittlich stark vertreten sind.
- Hierzu trug auch bei, daß die Vermietung von Ladenlokalen in den Großwohngebieten zunehmend durch lokale Wohnungsbaugenossenschaften bestimmt wird, die sich von ihren übergeordneten Verbänden lossagten (vgl. Kapitel 5.3.1). Die Sicherung einer ausgewogenen Einzelhandelsstruktur „im Interesse der Bewohner" (= Genossenschaftsmitglieder) hat daher oberste Priorität bei der Vermietung. Bereits bestehende Lebensmittelbetriebe wurden hierbei häufig bevorzugt. Hierdurch konzentrierten sich die Geschäftstätigkeiten *Społems* auf die

Großwohngebiete, während die relative Bedeutung der Gründerzeitviertel, der sonstigen Lagen und der Innenstadt als Unternehmensstandorte sank. In der Innenstadt gilt dies allerdings nur für die Geschäftsanzahl. Bezogen auf die Verkaufsflächen erfuhr das Stadtzentrum aufgrund der Beibehaltung der Warenhäuser einen Bedeutungszuwachs.

- Andererseits konzentrieren sich die Geschäftstätigkeiten von *Spolem* auf langfristig als vorteilhaft einzuschätzende Standorte: Die Konsumgenossenschaften verloren kleinflächige Geschäfte in den Streulagen und „kleinen Geschäftskonzentrationen", während sie die großflächigen Ladenlokale in den begünstigten Lagen „Haupt- und Nebengeschäftszentrum" behielten. Hierin spiegelt sich die sozialistische Einzelhandelsnetzplanung wider, die eine Konzentration der Geschäfte in den Zentren der Wohngebiete vorantrieb. Dies galt insbesondere in den Neubaugebieten, während in den Gründerzeitgebieten vornehmlich die überkommene Handelsinfrastruktur genutzt wurde.

5.1.3.3 Anpassungsstrategien an marktwirtschaftliche Wettbewerbsverhältnisse

Die unterschiedliche Betroffenheit der Konsumgenossenschaften vom Privatisierungsprozeß wirkt sich langfristig auf deren Wettbewerbsfähigkeit aus. Es stellt sich die Frage, inwieweit sich dies in unterschiedlichen Anpassungsstrategien der Unternehmen an marktwirtschaftliche Rahmenbedingungen niederschlägt, da sich hieraus wesentliche Implikationen für die weitere Einzelhandelsentwicklung in der Stadt ergeben. Darüber hinaus ist zu prüfen, welche Rolle den verantwortlichen Managern zukommt. Zur Beantwortung dieser Fragen wurden aufgrund der unterschiedlichen Rahmenbedingungen und der unterschiedlichen strategischen Optionen die Mehrbetriebsgenossenschaften *PSS Południe* und *PSS Północ* sowie die Warenhausgenossenschaften *PSS Feniks* und *PSS Astra* exemplarisch untersucht.

Mehrbetriebsgenossenschaften: Restrukturierung der Filialnetze

Das Mehrbetriebsunternehmen **PSS Południe** befindet sich in einer vergleichsweise günstigen Situation. Das Unternehmen besitzt seine Filialen in den südlichen Stadtteilen Wrocławs, in denen sich die größten Neubaugebiete der Stadt befinden. Der Verlust an Ladenlokalen (- 83 %) und an Verkaufsfläche (- 58 %) war im Vergleich zu den anderen Konsumgenossenschaften daher geringer (vgl. Abb. 20, S. 142). Zudem verfügt *PSS Południe* mit dem Warenhaus *Podwale* an der ul. Świdnicka (1996: 2 100 m^2 Verkaufsfläche) über einen Einkaufsmagneten in zentraler Lage. Die wirtschaftliche Situation der Konsumgenossenschaft wird vom Management dementsprechend als zufriedenstellend beurteilt. Aus diesem Grund habe man sich auch nicht an der Gründung des gemeinsamen Großhandelsunternehmens von *Spolem* beteiligt.

Allerdings machte die Unternehmensleitung im gesamten Interview den Eindruck, eine Strategie der Abschottung zu verfolgen. Dies zeigt nicht nur die Ablehnung einer intensiveren Kooperation mit den anderen Konsumgenossenschaften, sondern auch die Tatsache, daß ein allzu unkritisches Bild über die Wettbewerbsposition des Unternehmens gezeichnet wurde, das sich „auch vor der neuen Konkurrenz aus dem Ausland" nicht zu fürchten brauche. Es wurde zu vermitteln versucht, daß sonderliche Innovationen für die Zukunft des Unternehmens nicht erforderlich seien. Allerdings war die interviewte Person, die vom Autor als erste der *Społem*-Manager und Managerinnen in Wrocław befragt wurde, außerordentlich zurückhaltend in ihren Äußerungen. Alle Angaben über Umsatzentwicklungen oder die Größe des Filialnetzes lehnte sie ebenso ab wie ein Gespräch über zukünftige Strategien des Unternehmens (es schien allerdings, als existierten solche Strategien nicht). Es bestand eine große Skepsis gegenüber der Integrität des Autors und die Sorge, mögliche Unternehmensinterna könnten an die neue westliche Konkurrenz verkauft werden.

Eine ähnliche Skepsis zeigte die Unternehmensleitung von **PSS Północ** bei der ersten telefonischen Kontaktaufnahme[56]. *PSS Północ* betreibt seine Betriebe im Norden der Stadt, wo sich die meisten der erhalten gebliebenen Gründerzeitviertel befinden. Der Verlust an Ladenlokalen (- 86 %) und Verkaufsfläche (- 70 %) gestaltete sich daher sehr viel ungünstiger als für *PSS Południe*. Zudem flossen aufgrund der einseitigen Investitionspolitik im Sozialismus, die den Aufbau von neuen Großwohngebieten begünstigte, kaum finanzielle Mittel in die Modernisierung der gründerzeitlichen Ladenlokale von *PSS Północ*, die 1996 durch eine veraltete Ausstattung gekennzeichnet sind.

Nach Aussage des Managements ist es ein großer Vorteil von *PSS Północ*, daß sich seine Mitglieder im Unterschied zu den anderen Konsumgenossenschaften zu 90 % aus Kunden zusammensetzen. Dies habe es ermöglicht, den Personalbestand um 10 % abzubauen. Bewährt habe sich auch, daß das Unternehmen den Filialleitern weitreichende Handlungsfreiheiten eingeräumt habe und diese z. B. über die Ladenöffnungszeiten ihres Betriebs eigenständig entscheiden könnten. Zukünftig werde das Unternehmen die Bezahlung der Filialleiter noch stärker als bisher an die Umsätze der Geschäfte knüpfen, da dies motivationssteigernd wirke.

Das größte Problem von *PSS Północ* besteht nach Aussagen des Managements in der dünnen Kapitaldecke – eine Aussage, die von allen interviewten Leitern der Konsumgenossenschaften und (ehemaligen) staatlichen Unternehmen stets an erster Stelle genannt wurde. Die polnischen Geschäftsbanken verlangten 1996 von den einheimischen Unternehmen nämlich Kreditzinsen von über 30 %. Ausländische Unternehmen können sich demgegenüber auf den internationalen Kapitalmärkten günstigere Kredite verschaffen und genießen auch bei den polnischen Geschäftsbanken eine bevorzugte Behandlung (vgl. Kapitel 4.3.2). Einerseits fehlten *PSS Północ* deshalb Mittel für eine dringend notwendige Modernisierung der veralteten Ladeneinrichtungen. Andererseits könne das Unternehmen so nicht expandieren. Im Unterschied zur Unternehmensleitung von *PSS Społem* hielt es die verantwortliche Interviewpartnerin von *PSS Północ*, die kurz zuvor von einem Erfahrungsaustausch mit ostdeutschen Konsumgenossenschaften aus Leipzig zurückgekehrt war, aber für dringend notwendig, sich bereits frühzeitig eine

---

[56] Entscheidend verbessernd auf die Interviewsituationen bei *Społem* wirkte sich das Interview mit der Geschäftsführung von *PSS Astra* aus. Der Gesprächspartner, der sich dem Autor gegenüber am „souveränsten" präsentierte und auch weniger Probleme beim Umgang mit den neuen marktwirtschaftlichen Verhältnissen zu haben schien, nimmt bei den informellen Kontakten zwischen den *Społem*-Genossenschaften eine führende Rolle ein: Bereits eine Stunde nach dem Interview bei *PSS Astra* wußten die anderen Interviewpartner von den Aktivitäten des Autors in der Stadt und waren sehr viel aufgeschlossener für Gespräche.

„günstige Ausgangsposition im zunehmend großflächig organisierten Einzelhandel" zu sichern.

Der Erfahrungsaustausch mit den ostdeutschen Konsumgenossenschaften wirkte sich wesentlich auf die Unternehmensstrategien von *PSS Pólnoc* aus. Nicht zuletzt erwarb die Unternehmensleitung hierdurch einen Erfahrungsvorsprung gegenüber ihren Kolleginnen und Kollegen und ist in der Lage, Entwicklungstendenzen besser antizipieren zu können und vorausschauend zu agieren. Die Strategie, die Kräfte zukünftig auf den Ausbau des großflächigen Einzelhandels zu bündeln, ist ein Kennzeichen hierfür[57]. Darüber hinaus schätzte das Management von *PSS Pólnoc* die westliche Konkurrenz als außerordentlich bedrohlich ein und schien sich – anders als die Leitung von *PSS Poludnie* – auch sonst intensiv mit der Zukunft seines Unternehmens auseinanderzusetzen. Die Angst vor dem gerade eröffneten SB-Warenhaus von *Hit* war beträchtlich und schlug sich in betont kampfeslustigen Kraftausdrücken wie „Keine Angst, die sollen uns kennenlernen" nieder. Häufig wurde betont, daß die Konkurrenz „an sich" gar nicht so schlimm sei. Nur daß es sich um ein westliches Unternehmen handelt, wird offensichtlich als schockierend erfunden.

Diese Tendenz zeigte sich auch bei den meisten anderen interviewten Managern. Häufig wird der Eindruck einer Ohnmachtssituation vermittelt. Man wolle sich nun etwas aufbauen, was von jemand Fremden kaputtgemacht werde. Viele Betroffene halten das – auch angesichts der ungleichen Startbedingungen – für eine große Ungerechtigkeit. Dies zeigen auch die Forderungen einheimischer Handelsverbände, ausländische Handelsunternehmen nur in begrenztem Umfange zuzulassen. Die Auflösung der Filialnetze durch die Privatisierungspolitik der Stadtverwaltung wird dagegen weitgehend hingenommen. Zwar wird beklagt, daß man durch die Stadt von den Versteigerungen von Ladenlokalen ausgeschlossen worden sei. Ansonsten aber wird die Zulassung ausländischer Wettbewerber als sehr viel ungerechter als die Rückgabe von Ladenlokalen an die Kommune empfunden.

Warenhausgenossenschaften: Zusatzeinnahmen durch Untervermietungen

Unterschiedliche Anpassungsstrategien aufgrund unterschiedlicher Ausgangssituationen und Unternehmerpersönlichkeiten kennzeichnen auch die konsumgenossenschaftlichen Warenhausunternehmen. Die Frage nach den Umstrukturierungen der Warenhäuser konzentriert sich in Wrocław dabei maßgeblich auf die Untervermietungspraktiken, die in allen Warenhäusern der Stadt und in vielen großflächigen Einzelhandelsbetrieben verfolgt werden.

So wurden vom Autor 1996 in Wrocław 409 Betriebe kartiert, die Verkaufsflächen in großflächigen Einzelhandelsbetrieben mieteten. Dabei handelt es sich zu 47 % um Bekleidungsbetriebe. Betriebe des Spezialbedarfs (vgl. Anhang) und des Elektrobedarfs sind mit jeweils 10 % der Betriebe die am zweithäufigsten vertretenen Branchen. Die Mehrzahl stellen private Einbetriebsunternehmen, deren Besitzer keine Erfahrung im

---

[57] Das Ziel, sich proaktiv im großflächigen Einzelhandel zu engagieren, verfolgen auch andere vormals sozialistische Mehrbetriebsunternehmen wie *P.H.S. Niederschlesien*, das, in Adaption der Distributionsstrategien westeuropäischer Lebensmittelfilialisten, der Verbrauchermarktschiene die größten Marktchancen einräumt. Konkrete Investitionen seien aufgrund der Kapitalknappheit jedoch noch nicht vorgenommen worden.

Einzelhandel haben (70 %) und sich die aufgrund von Arbeitslosigkeit (22 %) oder zur Erzielung eines Zusatzverdienstes (35 %) im Warenhaushandel selbständig machten. Fast ein Drittel der befragten Betriebe (n=75) gab jedoch an, noch weitere Filialen im Warenhaushandel zu betreiben. Hierunter befinden sich vor allem lokale Konsumgüterproduzenten, die sich durch den Aufbau eines Filialnetzes im Warenhaushandel bessere Absatzmöglichkeiten für ihre Produkte versprechen.

Für die Händler verknüpfen sich in den Warenhäusern mehrere Standortvorteile. Erstens sind die Marktzutrittsschranken hier vergleichsweise niedrig, weil im Unterschied zur Eröffnung eines eigenen Ladenlokals kaum Anfangsinvestitionen notwendig sind. Zweitens befinden sich die Warenhäuser in den Hauptgeschäftszentren der Stadt, wo sie die Hauptkundenmagneten sind. Vor allem für Anbieter von Waren des Zusatznutzens bieten sie damit attraktive Standortbedingungen, was von 40 % der befragten Händler unterstrichen wird.

Durch die Untervermietungen in Warenhäusern etabliert sich im Transformationsprozeß eine neue Betriebsform im polnischen Einzelhandel. Die Betriebsformendifferenzierung läuft aber nach grundlegend anderen Mechanismen ab, als z. B. im deutschen Warenhaushandel, in dem Untervermietungen ja ebenfalls an Bedeutung gewonnen haben. Die Aktivität von Fremdfirmen in deutschen Warenhäusern ist das Ergebnis gezielter Externalisierungsstrategien der Warenhausunternehmen, wobei das Verhältnis von Fremdfirmen zu Warenhäusern als strategisches Netzwerk anzusehen ist[58]. Untervermietungen werden zunehmend auch im großflächigen Einzelhandel (SB-Warenhäuser...) verfolgt, wo die Externalisierung von Arbeitsprozessen ein tragender Bestandteil der Entwicklung hin zu flexibleren Distributionssystemen ist (vgl. Kapitel 2.1.2.2).

In Wrocław dienen Untervermietungen dagegen vornehmlich der Erzielung zusätzlicher Einnahmen durch die meistbietende Vermietung bislang un- oder untergenutzter Verkaufsflächen. Strategische Externalisierungsaspekte spielen nur eine nachgeordnete Rolle. Damit kann der Betriebstyp „Warenhaushandel" als typisch für die Umstrukturierungsprozesse im Transformationsprozeß angesehen werden, womit völlig unterschiedliche Unternehmensstrategien in Polen und Deutschland zu ähnlichen Marktergebnissen führen. Hinsichtlich der bei der Untervermietung verfolgten Strategien und der Untervermietungspraxis bestehen allerdings merkliche Unterschiede zwischen den Warenhäusern, die maßgeblich auf die Innovationskraft des verantwortlichen Managements zurückzuführen sind. Dies zeigt ein Vergleich der aus *Społem* hervorgegangenen Warenhausunternehmen *PSS Feniks* und *PSS Astra*.

PSS Feniks betreibt das ehemalige Warenhaus der *Gebrüder Barasch* am Rynek. Nachdem sich die erste *Społem*-Niederlassung aufgrund der Kriegsschäden nur im Erdgeschoß befand, wurden durch kontinuierliche Ausbaumaßnahmen seit 1970 nach und nach alle fünf Geschosse des Warenhauses (wieder) der Einzelhandelsfunktion zugeführt. Die Verkaufsfläche wuchs hierdurch bis 1990 auf 5 147 m^2. Am 20.11.1994 erwarb *Feniks* das Gebäude von der Stadt Wrocław auf Kreditbasis. Der Kaufpreis betrug umgerechnet etwa fünf Mio. DM und wird von der Konsumgenossenschaft bis zum Jahr

---

[58] Hierzu kann auch das Galeria-Konzept von *Horten* gezählt werden, das in hohem Maße Fremdfirmen integriert (vgl. KLEIN 1997: 500).

2000 abbezahlt. Der Interviewpartner im Unternehmen ist seit den 60er Jahren bei *Spolem* beschäftigt und seit den 70er Jahren in leitender Funktion tätig.

PSS Feniks beschäftigt 1996 etwa 250 Angestellte und ist nach Aussage der Unternehmensleitung stark überbesetzt. Aufgrund der Entscheidungsstrukturen nach dem polnischen Genossenschaftsrecht seien Entlassungen aber auf keinen Fall durchzusetzen, was nach Ansicht des Interviewpartners das größte Problem des Unternehmens darstellt. Die Überbeschäftigung im Warenhaus bestimmt auch die zukünftige Unternehmensstrategie. So plant *Feniks* die Eröffnung weiterer Geschäfte in Wrocław, um die Beschäftigten auf mehr Einheiten verteilen zu können (dies sei der „einzige Grund"). Problematisch ist jedoch die Kapitalknappheit, die sich aufgrund der Zahlungen für den Gebäudekauf noch verschärft. Trotz des Kapitalmangels lehnt die Genossenschaft jegliche Beteiligungen anderer Unternehmen ab.

Im *Feniks*-Warenhaus werden seit 1990 das vierte und fünfte Geschoß an 63 private Händler vermietet, wobei es sich fast ausnahmslos um Einpersonenbetriebe handelt (vgl. Foto 1). Ausschließlicher Grund für die Vermietungen ist laut Geschäftsleitung der Kapitalmangel, wegen dem nicht die gesamte Warenhausfläche effizient bewirtschaftet werden könne. Langfristig strebt das Unternehmen aber eine Ausdehnung der Ge-

Foto 1: An Warenhaushändler vermietete Verkaufsflächen im Warenhaus *PSS Feniks*

Foto: H.-J. Büchner 1997

schäftsfelder an. Dies steht in krassem Gegensatz zu den Strategien von *PSS Astra* (s. u.) und läuft ebenso dem Trend im westeuropäischen Warenhaushandel entgegen. Auch die Praxis bei der Vergabe der Standplätze zeigt, daß die Vermietungen in *Feniks* kaum strategischen Überlegungen entspringen. So nennt der Verantwortliche auf die Nachfrage nach der Auswahl der Händler, die er zunächst als „völlig zufällig" bezeichnete, folgende Prioritätenliste:
1. Es sollen unter keinen Umständen Leerstände auftreten.
2. Es wird an denjenigen vermietet, der die höchsten Mieten bezahlen kann.
3. Es soll ein gewisser Branchenmix erreicht werden.

Das *Społem*-Nachfolgeunternehmen **PSS Astra** betreibt ein Warenhaus in der Großwohnsiedlung Gądów Mały, das 1985 eröffnet wurde. Da das *Astra*-Warenhaus von der Konsumgenossenschaft selber errichtet worden war, betraf die kleine Privatisierung das Unternehmen nicht. Der Interviewpartner des Unternehmens ist seit Mitte der 80er Jahre in leitender Position von *PSS Astra* tätig. Nach der Verselbständigung der Konsumgenossenschaft wurde er durch die Mitglieder in seinem Amt bestätigt.

Das *Astra*-Management hat von der Zukunft des Warenhauses klar umrissene Visionen und kann als die innovativste aller interviewten Unternehmensleitungen gelten. S forcierte der Interviewpartner von *Astra* auch maßgeblich die Gründung des gemeinsamen Großhandels der Wrocławer *Społem*-Genossenschaften – im informellen Netzwerk zwischen den Betriebsleitern ist er die treibende Kraft. Dementsprechend ist der gemeinsame Großhandel für das *Astra*-Management nur die Vorstufe für eine spätere Fusion, die notwendig sei, um sich im zunehmenden Wettbewerb behaupten zu können. Laut Aussage des Gesprächspartners bestehen „bei den anderen" für diesen Schritt aber Hemmungen, da sie wohl erst mal ihre „neue Freiheit genießen" wollten.

Die Vermietung von Verkaufsflächen ist ein zentraler Bestandteil der Unternehmensstrategien von *Astra*. Es hat seine Verkaufsfläche seit 1990 durch die Umwandlung von Lager- in Verkaufsflächen von 7 000 m^2 auf 8 500 m^2 ausgedehnt. Zum gleichen Zeitpunkt begann *Astra* damit, bislang ungenutzte Verkaufsflächen zu vermieten. Im Jahr 1996 waren davon 20 % der Verkaufsfläche betroffen, auf der 58 Privatbetriebe arbeiteten. Hierzu zählten vornehmlich Einpersonenbetriebe, die sich in offenen Ständen in den bislang ungenutzten Gängen des Warenhauses befanden (vgl. Karte 10, S. 274). Daneben vermietet *Astra* eigene Ladenlokale an einheimische Konsumgüterproduzenten.

Die Geschäftsleitung wählt die Untermieter von *Astra* ausschließlich nach der Branche aus. Die Mietpreise sind für alle Stände gleich und spielen keine Rolle bei der Auswahl der Geschäftspartner. Ziel der Vermietungen ist eine „maximale Vielfalt des Warenangebotes". Problematisch wirkt sich aber die mit durchschnittlich zehn jährlichen Mieterwechseln hohe Fluktuation unter den Warenhaushändlern aus. Die meisten Händler geben wegen wirtschaftlicher Erfolgslosigkeit auf; nur wenige bewältigen den Sprung in die Selbständigkeit und mieten eigene Ladenlokale an.

Wegen der hohen Fluktuation strebt die Unternehmensleitung eine intensivere Kooperation mit etablierten Unternehmen an, die den Branchen- und Betriebstypenmixes im Warenhaus langfristig attraktiver machen. Im Gegensatz zu den anderen Konsumgenossenschaften und Warenhäusern möchte *Astra* seine Geschäftsfelder nämlich nicht erweitern, sondern sich auf die Kernbereiche Lebensmittel und Haushaltswaren konzentrieren. Bereits 1996 kooperiert *Astra* mit dem westdeutschen Unternehmen *Quick-Schuh*. Annäherungen an die von westeuropäischen Warenhäusern verfolgten Externalisierungsstrategien sind hier unverkennbar.

Außer der Kooperation mit Unternehmen anderer Branchen sucht *Astra* kapitalstarke Partner für die Modernisierung des Warenhauses. Geplant ist der Bau eines Parkhauses mit zwei weiteren Etagen für Geschäfte, der „bei der derzeitig dünnen Eigenkapitaldecke" des Unternehmens nicht alleine zu leisten ist. Dabei kommen für die Geschäftsleitung auch Mehrheitsbeteiligungen ausländischer Investoren in Frage, „wenn es der Sache dient". Für alle anderen interviewten Managementvertreter ist dies undenkbar.

Die beiden einzigen anderen Wrocławer Unternehmen, die ihre Untermieter – wie *Astra* – nach strategischen Gesichtspunkten auswählen, sind das 1994 unter ausländischer Beteiligung eröffnete *Solpol*-Warenhaus und das *Centrum*-Warenhaus, beide in der ul. Świdnicka[59]. So betreffen die Untervermietungen im *Centrum*-Warenhaus etwa 10 % der Verkaufsfläche, die an 66 Stände vermietet werden – darunter knapp ein Drittel Bekleidungshändler. Das Unternehmen vergibt Stände nach festen Monatsmieten, die je nach Branchenzugehörigkeit zwischen umgerechnet 48 und 90 DM pro Monat variieren, und hat „strikte Anforderungen" an den Branchenmix. Bei den meisten Untervermietungen in *Centrum* handelt es sich nach Erhebungen des Autors um Niederlassungen örtlicher Produktionsbetriebe, insbesondere der Bekleidungsindustrie, die im zentralen Warenhaus günstige Absatzchancen für ihre Produkte sehen. Dies erklärt auch die nach Aussage der Unternehmensleitung „außerordentlich geringe" Fluktuation unter den Händlern. Zu den Untermietern im *Centrum*-Warenhaus zählen auch vier ausländische Unternehmen. Ähnliches gilt für *Solpol*, das ausschließlich durch eingemietete Unternehmen genutzt wird, darunter von drei Filialen einheimischer Produktionsbetriebe und von zwei Filialen ausländischer Handelsketten.

Für die Warenhäuser erhöht die Präsenz ausländischer Unternehmen die Standortattraktivität. Für die ausländischen Unternehmen bietet die Einmietung in zentral gelegene Einkaufsmagneten eine Möglichkeit zum raschen Markteintritt, die bei der eingeschränkten Information über die lokalen Immobilienmärkte, fehlenden Möglichkeiten, sich im Zuge der „Insider-Privatisierungen" Verkaufsstellen zu sichern, und der Notwendigkeit lokaler Kontakte bei der Vermietung von Ladenlokalen durch die Stadtverwaltung ansonsten schwierig ist. Finden die Unternehmen „eigene" Geschäftsräume, wird das Warenhaus wieder verlassen. Ein Beispiel hierfür ist die aufgegebene Niederlassung von *Reno* im Warenhaus *Otis*.

---

[59] Informationen über die Kapitalgeber von **Solpol** liegen nicht vor, da die Geschäftsleitung mehrere Interviewtermine absagte. Die Tatsache, daß das Kaufhaus mit ausländischem Kapital errichtet wurde geht aber aus dem Namen „*Solpol, Przedsiębiorstwo Zagranicznego* (ausländisches Unternehmen)" hervor. Die Wrocławer **Centrum**-Niederlassung wurde 1949 eröffnet. Seit der Überführung in eine staatliche Aktiengesellschaft trifft das Wrocławer Geschäft alle Investitionsentscheidungen selbst und muß sich die notwendigen Mittel auf dem Kapitalmarkt verschaffen. Das Warenhaus, nach Erweiterung der Verkaufsfläche seit 1990 auf ca. 15 000 m^2 das größte Geschäft in der Stadt, ist nach Aussagen der Geschäftsführung finanziell „außerordentlich gut" gestellt, was umfangreiche Modernisierungsmaßnahmen erlaubt habe.

Zwischenfazit

Die Institutionalisierung des Privatisierungsverfahrens auf der kommunalen Ebene und die Aufteilung staatlichen Eigentums auf unterschiedliche Rechtsnachfolger führten dazu, daß für die Privatisierung des Einzelhandels in Polen lokale Regulierungsmechanismen und Akteurskonstellationen ausschlaggebend wurden. In Wrocław hat die von den Solidarność-Stadträten verfolgte „Strategie" der Privatisierung, die bei der Frage nach den Nutznießern wesentlich von Aushandlungsmechanismen zwischen den beteiligten politisch-administrativen Akteuren und den Händlern bestimmt wurde, die Einzelhandelsstruktur in der Stadt nachhaltig beeinflußt, weil sie zu einer erheblichen Dekonzentration auf Unternehmensseite führte. Gleichzeitig beeinflußten die räumlich ungleich verteilten Eigentumsrechte an Ladenlokalen und die unterschiedlichen „Privatisierungsstrategien" der Haupteigentümer Kommune und Wohnungsbaugenossenschaften die Standortstruktur im Einzelhandel: Daraus resultiert, daß sich die Tätigkeit von vormals staatlichen Mehrbetriebsunternehmen auf die Großwohnsiedlungen konzentriert, was dort zu einer höheren Filialisierungsrate beiträgt (vgl. Kapitel 5.3.1).

Die Konsequenzen der Privatisierung für die verbliebenen staatlichen Unternehmen und Konsumgenossenschaften und deren Anpassungsstrategien können dagegen nicht eindeutig benannt werden. Die gegenwärtige Wettbewerbsposition der Handelsketten wird in hohem Maße von historischen „Zufälligkeiten" geprägt, die sich aus der Organisationsstruktur der Unternehmen im Sozialismus und daraus ergaben, in welchem Maße kommunale Ladenlokale in Anspruch genommen wurden, – Fragen, die im Sozialismus keine Rolle spielten. Gleichermaßen „zufällig" erscheint die Anpassungsfähigkeit der Unternehmen an Wettbewerbsbedingungen. Die Überlebensfähigkeit der Unternehmen konzentriert sich hier auf die Wandlungs- und Innovationsfähigkeit der verantwortlichen Betriebsleiter, die im Sozialismus in der Regel nach politischen Vorgaben eingesetzt worden waren und die nun nach wirtschaftlichen Kriterien entscheiden müssen.

5.2 Gründungsboom im Einzel- und Markthandel: Interne Restrukturierung versus Internationalisierung auf lokaler Ebene

Für die Herstellung marktwirtschaftlicher Wettbewerbsbedingungen im Wrocławer Einzelhandel sind die Gründungsaktivitäten privater Händler weitaus wichtiger als die Privatisierung. Dies gilt zunächst für die Bedeutung der Neugründungen bei der Etablierung privater Eigentumsverhältnisse: So betrug das Verhältnis von Privatisierung zu Neugründung beim Wachstum des Privatsektors im Ladeneinzelhandel etwa 1:2,5. Darüber hinaus werden die bislang in branchenmäßigen Monopolen agierenden sozialistischen Ketten erst durch den privaten Einzelhandel einem Wettbewerb ausgesetzt, der sie zwingt, ihre Distributionsstrategien auf marktwirtschaftliche Verhältnisse auszurichten.

Tab. 33: Betriebstypenstruktur im Wrocławer Einzelhandel, 1996

Betriebstyp	Anzahl Betriebe	Anteil an Betrieben	Summe Verkaufsfläche (in m²)	Anteil an Verkaufsfläche
Geschäfte	4 732	52,6 %	308 284	84,8 %
Markthandel*	3 106	34,5 %	37 053	9,8 %
Kioske und Verkaufsbuden	702	7,8 %	7 018	1,8 %
Stände in Warenhäusern	461	4,1 %	13 702	3,6 %
Ambulanter Handel: in Verkaufsständen ohne Verkaufsstände	30 94			
Summe Wrocław	9 001	100,0 %	366 057	100,0 %

* Markthandel beinhaltet auch Agglomerationen von mehr als zehn ambulanten Verkaufsständen.
Quelle: eigene Erhebungen 1996

In Kapitel 4.3.1 wurde aufgezeigt, daß es im Transformationsprozeß zu einer Ausdifferenzierung unterschiedlicher „Betriebstypen" kommt, die sich hinsichtlich Kapitalintensität und Formalisierungsgrad voneinander unterscheiden (vgl. Abb. 17, S. 116). Eine solche Ausdifferenzierung von Betriebstypen vollzog sich auch in Wrocław, wobei die einzelnen Betriebstypen in unterschiedlicher Intensität die Einzelhandelsstruktur prägen. Dabei dominieren der Markthandel und der Ladeneinzelhandel hinsichtlich Betriebsanzahl und Verkaufsfläche den Strukturwandel im Einzelhandel (vgl. Tab. 33) und werden im folgenden getrennt voneinander analysiert. Die anderen transformationsspezifischen Betriebstypen werden ergänzend untersucht. Hierbei handelt es sich um „Kioske und Verkaufsbuden" (vgl. Anmerkungen in Kapitel 5.3.1), „Warenhaushandel" (Kapitel 5.1.3.3) und „ambulanten Straßenhandel" (Kapitel 5.3.1).

5.2.1 Entwicklungen im transformationsspezifischen Markthandel

Der Markthandel nahm schon zu sozialistischen Zeiten eine wichtige Rolle in Polen ein, weil er dazu beitrug, die Versorgungslücken des Ladeneinzelhandels zu schließen. So existierten in Wrocław bereits vor der Wende drei Märkte, die von der Konsumgenossenschaft *Społem* organisiert wurden und auf deren Grundstücken operierten. Diese offiziellen Märkte wurden zumeist von bäuerlichen Privatbetrieben aus dem Umland bestückt oder dienten als „Trödelmärkte" dem Handel mit Gebrauchtwaren. Daneben bestand in Wrocław – wie in ganz Polen – eine florierende Schattenwirtschaft, die sich auch im illegalen Markt- und Straßenhandel äußerte.

Schon am Vorabend des Zusammenbruchs des sozialistischen Systems setzte in Wrocław ein massives Wachstum dieser Handelsformen ein, was durch die hohen Inflationsraten, die Versorgungsengpässe im offiziellen sozialistischen Einzelhandel und durch die zunehmende Destabilisierung der politisch-administrativen Steuerung begünstigt wurde. Bereits im September 1989 boten mehrere hundert Händler trotz Verbotes auf der Haupteinkaufsstraße ul. Świdnicka ihre Waren an. Die Tatsache, daß „die Preise hier weit unter denen der benachbarten Geschäfte" lagen, weist auf die hohe Bedeutung dieser Handelsformen für die Etablierung marktwirtschaftlicher Verhältnisse hin: In der Frühphase des Transformationsprozesses waren es insbesondere der ambulante Straßenhandel und der Markthandel, der die Monopolstellung der staatlichen und konsumgenossenschaftlichen Unternehmen aushebelte und in kurzer Zeit Wettbewerbsbedingungen herstellte.

In Kapitel 4.3.1.1 wurde herausgestellt, daß der Transformationsprozeß unterschiedliche Markttypen hervorbringt. Angelehnt an diese Überlegungen sind in Wrocław zwei Markttypen zu unterscheiden, die sich auch hier bereits kurz nach der Wende herauskristallisierten: Zwei „Märkte mit Großhandelsfunktion", die in einem Exkurs (Kapitel 5.2.3.1) kurz besprochen werden, und zwanzig „Märkte mit Versorgungsfunktion", denen mit 2 443 der 3 106 Marktstände in Wrocław (= 88,7 %) die größte Bedeutung zukommt. „Märkte mit Exportfunktion" existieren in Wrocław nicht.

Im folgenden werden die Versorgungsmärkte in Wrocław anhand der Erhebungen des Autors genauer untersucht. Dabei wird zunächst der Frage nachgegangen, inwieweit das Gründungsgeschehen eher von unternehmerischen „Wohlstandsstrategien" oder eher von persönlichen Krisensituationen der Markthändler geprägt wird, da sich hieraus Aussagen über die Entwicklungsperspektiven des Markthandels ableiten lassen. Mit der gleichen Zielsetzung werden die Ergebnisse von Besucherbefragungen herangezogen, die Aufschluß darüber geben, ob der Markthandel „als solcher" eine von den Konsumenten bevorzugte Betriebsform darstellt oder ein temporäres Transformationsphänomen ist, das nur mangels anderer Einkaufsalternativen existieren kann. Anschließend wird die Überführung des Markthandels aus der Schattenwirtschaft untersucht, wobei die Frage im Vordergrund steht, inwieweit die Standortstruktur des Markthandels von der kommunalen politisch-administrativen Steuerung geprägt wird. Abschließend werden die Entwicklungsperspektiven des Markthandels beleuchtet.

5.2.1.1 Gründungsgeschehen, Betriebsformendifferenzierung und Standortwahl

Gründungsmotive: Wohlstands- versus Überlebensstrategien

Das Gründungsgeschehen im Markthandel unterscheidet sich signifikant von dem im Ladeneinzelhandel (vgl. Kapitel 5.2.2). Dies betrifft sowohl die Motivation zum Gang in die Selbständigkeit als auch die berufliche Herkunft der Betriebsgründer:

- Für den Großteil der Betriebsgründer entsprang die Entscheidung, sich im Markthandel selbständig zu machen, einer Krisensituation. Fast 40 % aller Betriebsgründer haben ihren bisherigen Arbeitsplatz verloren und verfolgen gemäß der in Kapitel 4.3.1.2 getroffenen Annahmen eine „Überlebensstrategie" (vgl. Abb. 21). Vor allem für handwerklich ausgebildete Beschäftigte, die insgesamt 28 % aller Marktgründer stellen, war der Verlust der bisherigen Arbeit das wichtigste Motiv für die Verselbständigung oder Beschäftigung im Markthandel (48 % aller Nennungen dieser Berufsgruppe). Meistens war fehlendes Investitionskapital der Grund dafür, einen Marktstand zu eröffnen, anstatt sich im Ladeneinzelhandel zu engagieren. Darüber hinaus trug die geringe Kapitalbindung im weniger „formellen" Markthandel dazu

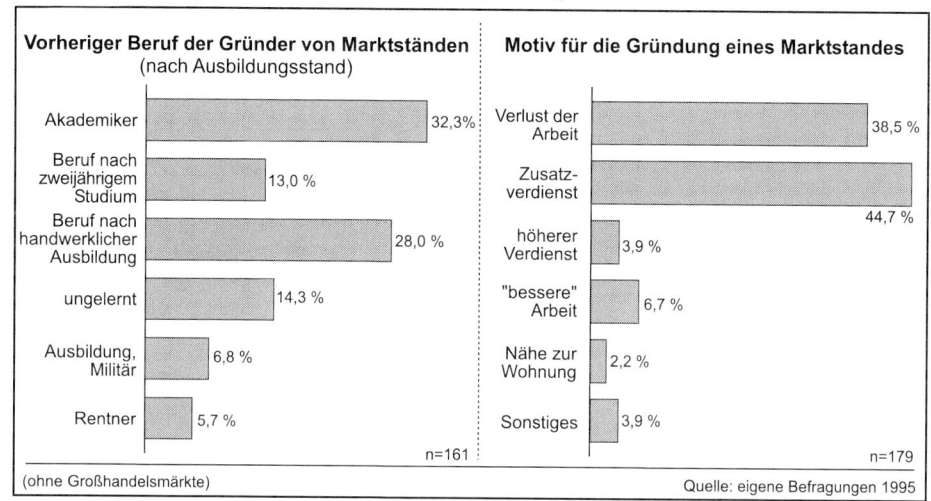

Abb. 21: Motive für die Aufnahme einer selbständigen Tätigkeit im Markthandel

Vorheriger Beruf der Gründer von Marktständen (nach Ausbildungsstand)		Motiv für die Gründung eines Marktstandes	
Akademiker	32,3 %	Verlust der Arbeit	38,5 %
Beruf nach zweijährigem Studium	13,0 %	Zusatzverdienst	44,7 %
Beruf nach handwerklicher Ausbildung	28,0 %	höherer Verdienst	3,9 %
ungelernt	14,3 %	"bessere" Arbeit	6,7 %
Ausbildung, Militär	6,8 %	Nähe zur Wohnung	2,2 %
Rentner	5,7 %	Sonstiges	3,9 %
n=161		n=179	
(ohne Großhandelsmärkte)		Quelle: eigene Befragungen 1995	

bei, hier zunächst die persönlichen Chancen der Selbständigkeit im Handelssektor zu testen und, bei erfolgreichem Verlauf, erst später eine Selbständigkeit im Ladeneinzelhandel zu wagen, die ein größeres finanzielle Risiko hat.

- Mit 44,7 % betreiben die meisten der befragten Markthändler ihre Selbständigkeit zur Erhöhung ihrer „regulären" Einkommen. Der Zusatzverdienst ist insbesondere für akademisch ausgebildete die Hauptmotivation, sich im Markthandel zu betätigen. Hierunter befinden sich auch viele Beschäftigte des öffentlichen Dienstes, in dem die Gehälter weit unter denen der Privatwirtschaft liegen[60]. Es wurde darauf hingewiesen, daß noch 1994 nur etwa ein Drittel der polnischen Bevölkerung seinen Lebensunterhalt aus regulären Hauptbeschäftigungen decken konnte und gezwungen ist, zusätzliche Einnahmequellen zu erschließen (vgl. Kapitel 4.1.3). Die Befragungsergebnisse zeigen, daß diese für viele der Betroffenen im Markthandel liegen, den aufgrund der geringen Kapitalbindung und fehlender notwendiger Vorqualifikationen außerordentlich niedrige Marktzutrittsschranken auszeichnen und der zudem – vor allem zu Beginn des Transformationsprozesses – günstige wirtschaftliche Perspektiven besaß.

- Nur 10,6 % der Selbständigen üben ihre Tätigkeit im Markthandel im Sinne einer „Wohlstandsstrategie" aus, da sie sich hierbei entweder einen „höheren Verdienst" oder aber eine „bessere Arbeit" versprechen. Bereits an dieser Stelle kann auf einen signifikanten Unterschied zu den Wrocławer Großmarkthändlern hingewiesen werden (vgl. Kapitel 5.2.1.3), von denen ein Drittel „freiwillig" ihre bisherigen beruflichen Tätigkeiten aufgab. Dies verweist auf die hohen Verdienstchancen, die im Großhandel vor allem in der Frühphase der Transformation erwartet wurden (64 % der befragten Marktgroßhändler eröffneten ihren Betrieb zwischen 1990 und 1992).

---

[60] Wichtiger als für die Geschäftsgründer ist der Grund „Zusatzverdienst" naturgemäß für die Mitarbeiter im Markthandel mit fast der Hälfte aller Nennungen.

Die Großhandelstätigkeit, die anfangs eng mit illegalen „Importaktivitäten" verbunden war und somit höheres unternehmerisches Geschick und höhere Risikobereitschaft erforderte, wurde damit eher als „Wohlstandsstrategie" verfolgt, während die Tätigkeit im Markthandel eher als „Überlebensstrategie" anzusehen ist.

Es ist jedoch davon auszugehen, daß auch im Versorgungsmarkthandel der Anteil derjenigen, die sich im Markthandel bessere Verdienstmöglichkeiten versprechen, zu Beginn des Transformationsprozesses sehr viel höher war. Die Gespräche des Autors mit Markthändlern und Vertretern der Marktbehörden zeigten, daß viele der damals Erfolgreichen ihr Kapital später in den Ladeneinzelhandel investierten. Zudem stieg die Arbeitslosigkeit erst ab 1991, was für die Frühphase der Transformation höhere Anteile von „freiwillig" Selbständigen annehmen läßt. Außerdem bestanden vor allem 1989/1990 für innovative Geschäftsgründer erhebliche Verdienstmöglichkeiten im Markthandel, der rasch auf die sich gewandelte Nachfrage reagieren konnte, beträchtliche Kaufkraftüberhänge aus sozialistischen Zeiten abschöpfen konnte und aufgrund des langsameren Wachstums im privaten Einzelhandel günstige Wettbewerbschancen besaß. Hierzu trug auch bei, daß der Markthandel anfangs kaum registriert war und daher nicht mit Steuern oder anderen Abgaben belegt wurde, weswegen seine Preise unter denen des Ladeneinzelhandels lagen[61].

Untersuchungen zum Markthandel im Transformationsprozeß begründen das Wachstum des Markthandels gemeinhin aus makroökonomischen Blickwinkel mit dem enormen Nachfrageüberhang. Die niedrigen Investitionskosten und das geringe finanzielle Risiko, die kaum notwendigen Vorqualifikationen, die Unabhängigkeit von der vorgegebenen Ladeninfrastruktur und die hohe Flexibilität sind weitere Faktoren, die aus ökonomischer Perspektive das Wachstum des Markthandels begünstigen. Die Analyse des Gründungsgeschehens im Wrocławer Markthandel zeigt aber, daß nur für eine Minderheit der Händler strategisches unternehmerisches Handeln angenommen werden kann: Für die Mehrzahl entsprang die Motivation zur Selbständigkeit einer persönlichen Krisensituation, wobei die Betätigung im Markthandel häufig die einzige gangbare Handlungsalternative war. Dies gilt insbesondere für Frauen, die bei der zunehmenden Segmentierung des Arbeitsmarktes schwieriger eine Arbeitsstelle finden und die 44 % aller Marktstandbesitzer stellen. Wie die Befragungen zeigen, betreiben Frauen Markthandel eher als Überlebensstrategie als Männer.

Betriebsformendifferenzierung im Markthandel

Nur wenige Existenzgründer können sich langfristig im Markthandel behaupten: 35 % der vom Autor befragten Markthändler haben ihren Betrieb erst im Befragungsjahr neu eröffnet, weitere 10 % hatten ihren Marktstand ein Jahr zuvor gegründet. Außer Betriebsschließungen aus ökonomischen Gründen tragen Abwanderungen erfolgreicher Markthändler in den Ladeneinzelhandel zu diesen hohen Fluktuationsraten bei. Die Spaltung des Markthandels in erfolglose und erfolgreiche, ihre Handelstätigkeiten ausbauende Händler ist erheblich: 35 % der befragten Markthändler gaben an, mehrere

---

[61] Preisvorteile für die Konsumenten im Markthandel registrierte z.B. die Tageszeitung Wieczór Wrocławia bei von ihr angestellten Preisvergleichen, vgl. z.B. Bericht vom 2.2.1990: „Handel obwoźny wygrywa ze sklepami" (Handel unter freiem Himmel gewinnt gegen Geschäfte).

Marktstände in Wrocław zu betreiben. Davon unterhielten 58 % noch einen weiteren Stand, 32 % zwei bis drei weitere Stände, und 10 % betrieben sogar ein „Filialnetz" von mehr als drei Marktständen.

Der unterschiedliche wirtschaftliche Erfolg der Markthändler spiegelt sich in der Ausdifferenzierung von Marktbetriebsformen wider, die mit der Menge investierbaren Kapitals korrespondiert:
- Auf der einen Seite bestehen spezialisierte Mehrbetriebsunternehmen wie Marktstandnetze örtlicher Fleischereibetriebe, die in festen Verkaufsbuden mit „moderner" Ladeninfrastruktur (Kühltruhen) operieren, die z. T. mehr als zehn Mitarbeiter mit offiziellen Arbeitsverträgen beschäftigen, die einheitliche Ladenöffnungszeiten und Verkaufsraumgestaltungen besitzen, die bereits feste Stammkundenbeziehungen aufbauen konnten und die in den selbstverwalteten Marktleitungen involviert sind und so die Entwicklung des Markthandels maßgeblich mitbestimmen (s. u.).
- Auf der anderen Seite operieren viele Händler auf einfachen Verkaufstischen, die sie unregelmäßig und tageweise von den Marktbetreibern anmieten. Hierbei handelt es sich größtenteils noch um schattenwirtschaftliche Aktivitäten: Viele der Händler haben kein Gewerbe angemeldet und führen lediglich täglich Marktgebühren an die Gemeinde ab. Gerade bei diesen Händlern, die über kein Investitionskapital für eine formellere Betriebsform verfügen oder das Investitionsrisiko scheuen (z. B. weil sie noch über eine andere Anstellung verfügen), ist sowohl der Anteil derjenigen, die sich aus Motiven einer „Überlebensstrategie" selbständig machten, als auch die Fluktuationsrate sehr hoch.

Standortwahl der Märkte mit Großhandels- und Versorgungsfunktion

Die Wrocławer Großhandelsmärkte (vgl. Kapitel 5.2.1.3) und die Versorgungsmärkte sind an spezifische Lageparameter gebunden. Sie prägen damit in unterschiedlicher Weise die Standortstruktur des Einzelhandels und die lokale Wettbewerbssituation in den Wrocławer Stadtteilen. So befinden sich die beiden Großhandelsmärkte an Ausfallstraßen an der Peripherie. Die Hälfte der Versorgungsmarktstände konzentriert sich demgegenüber auf die Großwohnsiedlungen Wrocławs. Weitere 21 % der Marktbetriebe liegen in gründerzeitlichen Wohngebieten, 16 % in der Innenstadt und 13 % in sonstigen Wohngebieten (vgl. Karte 6). Der Grund für diese räumliche Konzentration des Markthandels auf die Großwohnsiedlungen rührt daher, daß sich für die Markthändler hier wesentliche Standortvorteile verknüpfen:
- Als Folge der sozialistischen Einzelhandelsplanung, die in den Neubaugebieten zwar pro Einwohner 0,3 m^2 Ladenverkaufsfläche vorschrieb, diese jedoch nur selten realisierte, bestanden hier die größten Versorgungsdefizite, was den Markthändlern günstige Absatzmöglichkeiten versprach.
- Gleichzeitig existierten ausreichende Freiflächen zur Ansiedlung von Marktständen, was in den Gründerzeitgebieten häufig nicht gegeben war. Dies erlaubte die Etablierung von Marktplätzen, die aufgrund ihrer Größe und ihrer externen Kopplungspotentiale eine hohe Anziehungskraft auf die Konsumenten ausüben. In dicht bebauten Gebieten orientierten sich die Neugründungen demgegenüber in Einzellagen auf die Hauptgeschäftsstraßen.

Karte 6: Räumliche Verteilung des Markthandels in Wrocław, März 1996

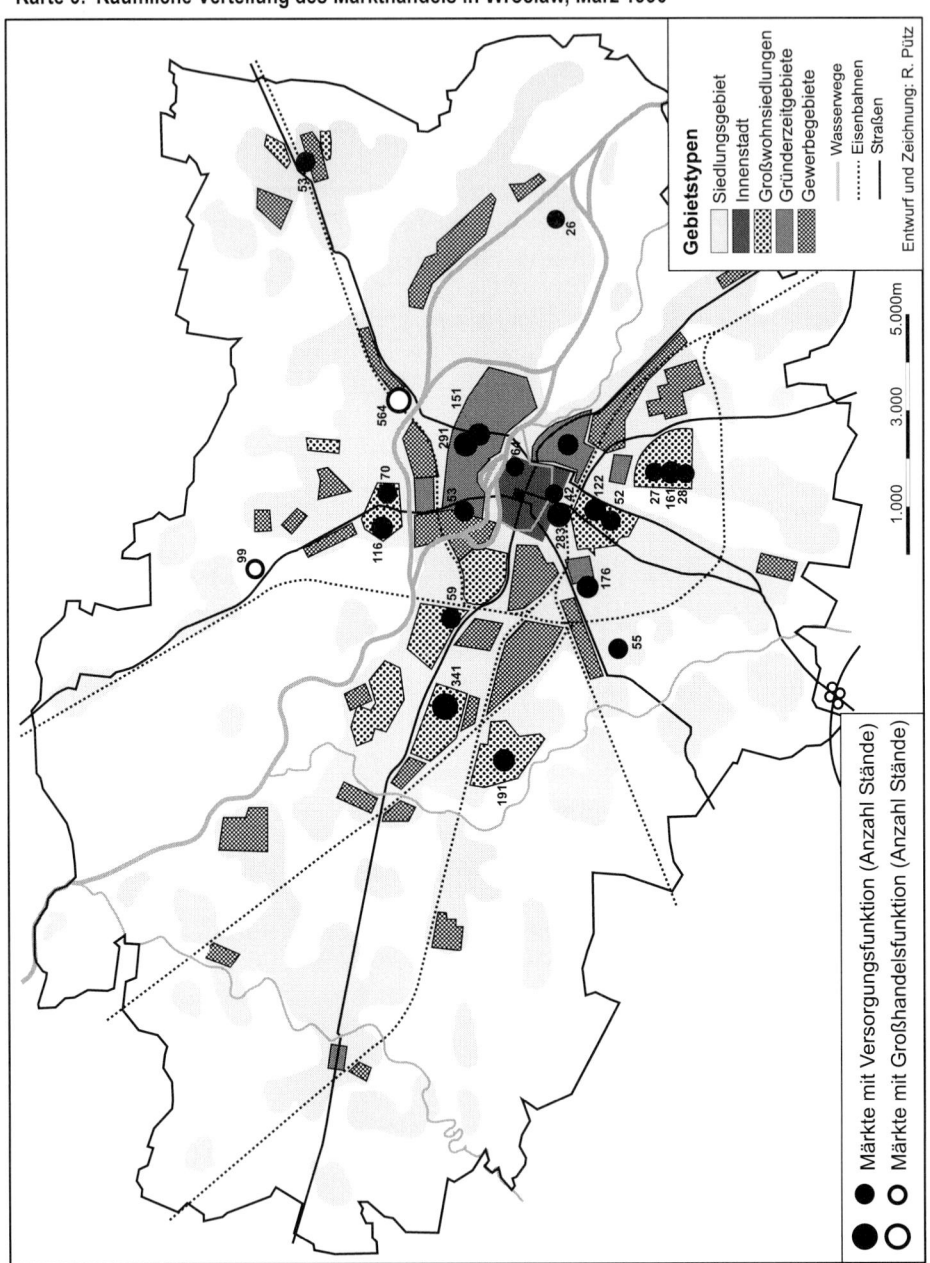

- Die Standortvorteile „hohe Nachfrage" und „Freiflächen" bestanden schon zu sozialistischen Zeiten, weshalb schon damals – in geringem Umfang – ungenehmigter ambulanter Handel in den Großwohnsiedlungen stattfand. Dieser diente oft als Kristallisationspunkt für das spätere Wachstum.

5.2.1.2 Strukturwandel und Überführung aus der Schattenwirtschaft

Der Markthandel war in der Frühphase der Transformation ausschließlich der Schattenwirtschaft zuzurechnen. So entstanden in Wrocław alle neuen Märkte spontan und illegal. Die Stadtverwaltung griff erst Anfang 1991 in die lokale Marktentwicklung ein. Die Steuerung durch die kommunalen Behörden begann dabei jedoch nicht schlagartig und umfassend, sondern erstreckte sich über mehrere Jahre und erfaßte die Wrocławer Märkte in unterschiedlicher Intensität. Sie tangierte dabei in erster Linie die Organisationsstruktur der betroffenen Märkte und beschleunigte durch verstärkte Kontrollen die Überführung des Markthandels aus der Schattenwirtschaft in legale Handelsaktivitäten. Daneben griff die Stadtverwaltung in die Standortstruktur des Markthandels ein, wie im folgenden anhand der Fallbeispiele *Astra-targ* und *Zielińskiego-targ* (Namensgebungen durch den Autor: „targ" = Markt) gezeigt werden soll.

Standortwahl und Angebotsstruktur

Der Markt *Astra-targ* liegt in der Großwohnsiedlung Gądów Mały und verdeutlicht exemplarisch die Ursachen, die zum Wachstum des Markthandels in den sozialistischen Neubaugebieten führten. So war die Einzelhandelssituation in Gądów Mały im Sozialismus durch erhebliche Defizite gekennzeichnet, da die vorgesehenen Verkaufsflächen nicht realisiert worden waren. Zudem verteilten sich die Verkaufsflächen innerhalb der Siedlung sehr ungleichmäßig. Die Einzelhandelsnetzplanung der 70er Jahre sah im Unterschied zu vorangegangenen Leitbildern nämlich eine räumliche Konzentration der Handelseinrichtungen vor, weshalb sich 1996 fast die gesamte Verkaufsfläche im Warenhaus *Astra* ballt (vgl. Karte 11, S. 275).

Diese Rahmenbedingungen begünstigten nach 1989 ein Wachstum der transformationsspezifischen Betriebstypen „Kioske und Verkaufsbuden" und „ambulanter Straßenhandel" in Gądów Mały (vgl. Karte 11, S. 275 und Kapitel 5.3.1). Daneben entstand in Osten der Siedlung, unmittelbar neben dem Warenhaus *PSS Astra,* 1990 der Markt *Astra-targ* (vgl. Foto 2). Schon zu sozialistischen Zeiten konzentrierte sich an dieser Stelle der illegale ambulante Handel. Diese schattenwirtschaftlichen Aktivitäten waren der lokale Ausgangspunkt für das Wachstum des Markthandels.

Im Jahr 1996 stehen auf *Astra-targ* 341 Verkaufsstände mit einer gesamten Verkaufsfläche von 4 261 m^2 – damit befindet sich hier die Hälfte der Ladenverkaufsfläche von Gądów Mały. *Astra-targ* beinhaltet das gesamte Betriebsformenspektrum des Markthandels: Feste Buden in Containerbauweise mit bis zu 40 m^2 Verkaufsfläche, „offene Verkaufstische", die von der Marktverwaltung täglich vermietet werden und den bis dahin verbreiteten Handel „aus der Hand" kanalisieren sollen, und 3 m^2 große aufklappbare Verkaufsbuden, die längerfristig vermietet werden. Die Branchenstruktur wird von der Lebensmittel- und der Bekleidungsbranche dominiert. Dabei besteht eine Branchensortierung, die zunächst ungeplant entstand und später von der Marktverwaltung gefördert wurde (vgl. Karte 12, S. 276).

Foto 2: Das Warenhaus *PSS Astra* und der benachbarte Markt in der Großwohnsiedlung Gądów Mały

Foto: R. Pütz 1996

Mit dem Schwerpunkt der Lebensmittelbranche entspricht die Branchenstruktur von *Astra-targ* weitgehend der des Markthandels in ganz Wrocław (vgl. Tab. 34). Allerdings korrespondiert die Branchenstruktur der Wrocławer Märkte in hohem Maße mit der zentralörtlichen Bedeutung des jeweiligen Standortes. Diesen Zusammenhang zeigt am deutlichsten *Zielińskiego-targ*, der – randlich der Wrocławer Innenstadt gelegen – kaum Nahversorgungsfunktionen wahrnimmt. Auch in *Astra-targ* ist der Verkaufsflächenanteil an Haushaltswaren und „sonstigen Branchen" (vgl. Karte 12, S. 276) größer als auf anderen Märkten, was mit der Lage des Marktes neben *PSS Astra* zusammenhängt: *PSS Astra* ist der größte Einzelhandelsbetrieb im Westen Wrocławs und zählt zu den am stärksten frequentierten Einkaufsstandorten in der Stadt (vgl. Abb. 22, S. 164). Von dieser zentralörtlichen Bedeutung profitiert *Astra-targ*, auf dem auch seltener nachgefragte Warengruppen aufgrund des überlokalen Einzugsbereichs rentabel angeboten werden können.

Die Branchenstruktur von *Astra-targ* hat sich im Transformationsprozeß aber verändert[62]. Vor allem in der Frühphase nach der Wende boten die meisten Markthändler höherwertige Konsumgüter (Unterhaltungselektronik, Küchengeräte) aus dem westlichen Ausland an. Dabei handelte es sich überwiegend um illegal und daher zollfrei importierte Waren, für deren Verkauf die Händler auch keine Steuern oder Abgaben entrichteten. Hierdurch bestand ein erheblicher Kostenvorteil, der über niedrigere Preise an die

---

[62] Über die Branchenstruktur der Wrocławer Märkte zu Beginn der 90er Jahre liegen keine Daten vor. Die Aussagen über den Wandel der Branchenstruktur stützen sich daher auf Gespräche des Autors mit der Geschäftsführung von *PSS Astra*, die den Wettbewerber intensiv beobachtete.

Tab. 34: Branchenstruktur des Wrocławer Markthandels, 1996

Branchengruppe	Alle Märkte*		Astra-targ (Großwohnsiedlung)		ul. Zielińskiego-targ (Innenstadt)	
	Anteil an Betrieben	Anteil an Verkaufsfläche	Anteil an Betrieben	Anteil an Verkaufsfläche	Anteil an Betrieben	Anteil an Verkaufsfläche
Lebens- und Genußmittel	46,0 %	50,3 %	37,9 %	37,6 %	22,9 %	25,7 %
Bekleidung, Schuhe	36,7 %	33,8 %	36,0 %	36,5 %	66,0 %	64,1 %
Hausrat	5,7 %	3,4 %	11,8 %	6,5 %	0,4 %	0,7 %
Körperpflege, Gesundheit	4,3 %	5,3 %	5,7 %	8,1 %	3,6 %	3,4 %
Sonstige Branchen	7,3 %	7,2 %	8,6 %	11,3 %	8,1 %	6,1 %

* ohne Großhandelsmärkte
Quelle: eigene Erhebungen 1996

Konsumenten weitergegeben werden konnte. Gleichzeitig traf dieses Angebot auf eine ausgesprochen hohe Nachfrage und konnte einen beträchtlichen Kaufkraftüberhang der Bevölkerung aus Sparguthaben abschöpfen. In der Folge verzeichnete der Ladeneinzelhandel erhebliche Kaufkraftverluste: *PSS Astra* verlor nach Aussage des Managements in den frühen 90er Jahren viele seiner Kunden an den benachbarten Markt.

Erst später, als der Schmuggel westlicher Konsumgüter effektiver eingedämmt wurde und auch die lokalen Behörden die Marktbetriebe stärker kontrollierten, ging der Wettbewerbsvorteil des Markthandels bei höherwertigen Importwaren verloren, und die Konsumenten wandten sich wieder vermehrt dem Ladeneinzelhandel zu. Dieser hatte sein Sortiment mittlerweile den veränderten Konsumentenwünschen angepaßt und bot zudem bessere Beratungs- und Serviceleistungen. Seitdem der Markthandel seine Waren zu „echten Preisen" anbietet, hat sich auch die Bewertung von *Astra-targ* durch das Management von *PSS Astra* geändert. Dieses sieht in dem Markt nunmehr ein Element zur Attraktivitätssteigerung des gesamten Einzelhandelsstandortes.

Beeinflussung der lokalen Wettbewerbsverhältnisse

Der Versorgungsmarkthandel nimmt bei den Einkäufen der Wrocławer einen hohen Stellenwert ein. Dies bestätigen die Befragungen des Autors unter 2 005 Passanten und Besuchern von Einkaufsstätten: So gaben insgesamt 56 % aller Befragten an, „in der letzten Woche" Einkäufe im Markthandel getätigt zu haben, wobei keine signifikanten Unterschiede zwischen den Befragungsstandorten bestanden. Die von den Konsumenten nachgefragten Waren unterstreichen dabei, daß der Markthandel seine führende Position im Bereich westlicher Konsumgüter verloren hat. So hatten 78 % der Befragten im Markthandel Lebensmittel gekauft, weitere 13 % erwarben Bekleidungsgegenstände. Während der Einkauf von Lebensmitteln vor allem für ältere Menschen eine große Bedeutung hat (86 % der „über 65jährigen"), kaufen Jugendliche überdurchschnittlich häufig Bekleidungsartikel im Markthandel ein (17 % der „15- bis 24jährigen). Insbesondere westeuropäische Markenprodukte im Bereich Jeans und Sportbekleidung, denen viele der jüngeren Konsumenten einen hohen demonstrativen Konsumnutzen beimessen,

Tab. 35: Einkommen und Einkaufsverhalten der Besucher von *PSS Astra* und dem Markt *Astra-targ*

	PSS Astra	Astra-targ
Haushaltseinkommen		
weniger als 400 zł. (~ 240 DM)	4,6 %	18,2 %
mehr als 1 500 zł. (~ 900 DM)	21,8 %	12,2 %
Verkehrsmittelwahl		
PKW	43,1 %	23,6 %
öffentlicher Nahverkehr	11,3 %	11,1 %
zu Fuß	38,7 %	58,3 %
gekaufte Waren		
Lebensmittel	48,4 %	75,3 %
Bekleidung	13,3 %	6,5 %
ausgegebene Summe		
weniger als 25 zł. (~ 15 DM)	43,5 %	71,4 %
mehr als 100 zł. (~ 60 DM)	30,6 %	4,8 %
Aufenthaltsdauer		
weniger als 30 Minuten	45,0 %	36,6 %
30 bis 59 Minuten	39,0 %	31,0 %
60 bis 119 Minuten	14,0 %	28,2 %
Einkaufshäufigkeit		
mehr als 2 mal in der Woche	28,3 %	52,1 %
1-2 mal in der Woche	23,4 %	21,1 %

Astra (n=204), *Astra-targ* (n=72)
Quelle: eigene Befragungen 1995

werden im einheimischen Ladeneinzelhandel nämlich noch vergleichsweise selten angeboten. Allerdings handelt es sich bei einem Großteil der „Markenware" um Bekleidungsstücke mit gefälschten Herstelleretiketten.

Aufgrund der Nachbarschaft des Warenhauses *PSS Astra* und des Marktes *Astra-targ* sind die beiden Einkaufsstätten besonders geeignet, exemplarisch die Sozialstruktur der Konsumenten und ihr Einkaufsverhalten in unterschiedlichen Betriebstypen des Einzelhandels zu analysieren. Wie die Befragungen ergaben, bestehen hierbei erhebliche Differenzen: So dient das Warenhaus als überlokales Einkaufszentrum, das von der Bevölkerung außerhalb Gądów Małys vornehmlich zum Kauf höherwertiger Konsumgüter genutzt wird[63]. Gleichzeitig wird das Warenhaus zu großen Teilen von Beziehern höherer Einkommen aufgesucht. Den Markt *Astra-targ* frequentieren dagegen vornehmlich Konsumenten aus der Nachbarschaft zum täglichen Einkauf, wobei der Markt überwiegend von einkommensschwachen Bevölkerungsschichten aufgesucht wird (vgl. Tab. 35). Gleichzeitig unterscheiden sich die Aktionsräume der Konsumentengruppen

---

[63] Dies belegen unterschiedliche Befragungsergebnisse. Im Vergleich zu den Besuchern anderer Einkaufsstätten kommt zu *PSS Astra* eine überdurchschnittliche Zahl an Besuchern mit dem Pkw (43 % gegenüber 24 % für Wrocław). Sie kaufen unterdurchschnittlich viel Lebensmittel ein (48 % gegenüber 62 %) und geben überdurchschnittlich hohe Summen beim Einkauf aus (31 % über 100 zł gegenüber 23 %).

bei der Einkaufsstättenwahl, und zwar unabhängig von ihrer Pkw-Verfügbarkeit: 63 % der Besucher von *PSS Astra* (n=194) besuchen bei ihrem Einkauf auch den Markt *Astra-targ*, während die Einkaufsstättenwahl der Marktbesucher mit nur 51 % „Warenhausbesucher" stärker eingeschränkt ist. Diese Abhängigkeit der Einkaufsstättenwahl von der Sozialgruppenzugehörigkeit bestätigen auch die Befragungen auf den anderen Märkten (vgl. Tab. 36). Das ist vor allem deshalb bemerkenswert, weil der Preisvorteil des Markthandels immer mehr an Bedeutung verloren hat. Bereits an dieser Stelle kann festgehalten werden, daß sich besserverdienende Bevölkerungsschichten eher formelleren Betriebsformen zuwenden und schneller „westliche" Konsummuster ausprägen.

Tab. 36: Sozialstruktur der Besucher im Markthandel

	Befragte im Markthandel*	alle Befragten**
über 65jährige	14,0 %	6,3 %
Rentner	31,0 %	14,0 %
Arbeitslose	3,3 %	2,9 %
unter 400 zł. (~ 240 DM) Haushaltseinkommen	20,7 %	10,8 %

* *Astra-targ* und ul. *Zielińskiego-targ* (n=243)
** außer Marktbesuchern (n=1736)
Quelle: eigene Befragungen 1995

Die große Bedeutung der Märkte im Wrocławer Einzelhandel zeigt sich auch im hohen Besucheraufkommen. Dieses liegt auf dem *Zielińskiego-targ* im Wochendurchschnitt bei mehr als 1 100 Kunden pro Stunde und übertrifft damit das Kundenaufkommen des zentralen Warenhauses *PSS Feniks* deutlich (vgl. Abb. 22). Die beiden anderen von den Zählungen erfaßten Marktstandorte, *Goliat* und *Hala targowa* (s. u.), besitzen eine ähnlich hohe Anziehungskraft. Dies ist besonders bemerkenswert, weil die meisten Märkte abseits der Haupteinkaufsstraßen liegen und der Anteil der „Nichtkunden" gering ist. Die Besucherzahlen der größten Märkte werden nur vom Warenhaus *PSS Astra* und dem Verbrauchermarkt *Hit* der *Dohle-Gruppe* übertroffen. Zwar konnten bei den Zählungen aus Kapazitätsgründen nicht alle großflächigen Einzelhandelsbetriebe und Marktstandorte berücksichtigt werden. Beobachtungen des Autors und Stichprobenzählungen ergaben aber, daß im Bereich großflächiger Einzelhandel nur noch das staatliche *Centrum*-Warenhaus in der ul. Świdnicka und der *Marino*-Verbrauchermarkt im Norden der Stadt Kundenzahlen in der Größenordnung von *PSS Astra* oder *Hit* erreichen. Alle anderen Einzelhandelsbetriebe werden deutlich weniger frequentiert als das *Feniks*-Warenhaus. Ähnlich exponiert ist die Stellung der erfaßten Märkte: Lediglich *Astra-targ*, ein Markt in der ul. Skłodowskiej-Curie (Śródmieście) und ein Markt in der Großwohnsiedlung Gaj (vgl. Karte 14, S. 278) dürften Besucherzahlen in der Größenordnung zwischen *Hala targowa* und *Zielińskiego-targ* erreichen.

Durch ihre Größe beeinflussen die Märkte die durch Kleinstbetriebe gekennzeichnete Einzelhandelsstruktur Polens erheblich, da von ihnen Entzugseffekte auf den Ladeneinzelhandel ausgehen. Dies gilt aufgrund des spezifischen Angebotsprofils und der Zielgruppenorientierung des Markthandels allerdings vornehmlich auf der mikroräumlichen Ebene, d. h. nur für die unmittelbare Nachbarschaft. Nicht zuletzt war der Markt-

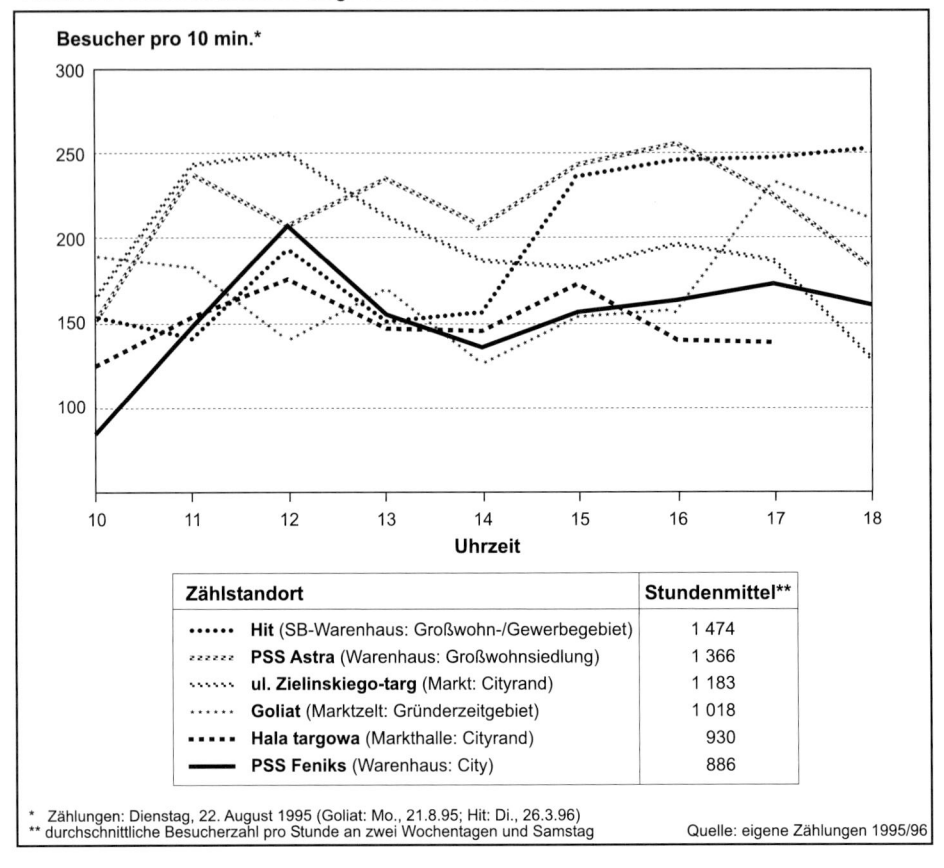

Abb. 22: Besucheraufkommen ausgewählter Einkaufsstätten in Wrocław

Zählstandort	Stundenmittel**
●●●●● Hit (SB-Warenhaus: Großwohn-/Gewerbegebiet)	1 474
⸻ PSS Astra (Warenhaus: Großwohnsiedlung)	1 366
⸻ ul. Zielinskiego-targ (Markt: Cityrand)	1 183
⸺ Goliat (Marktzelt: Gründerzeitgebiet)	1 018
▪▪▪▪ Hala targowa (Markthalle: Cityrand)	930
▬▬▬ PSS Feniks (Warenhaus: City)	886

* Zählungen: Dienstag, 22. August 1995 (Goliat: Mo., 21.8.95; Hit: Di., 26.3.96)
** durchschnittliche Besucherzahl pro Stunde an zwei Wochentagen und Samstag

Quelle: eigene Zählungen 1995/96

handel nach Einschätzung der Einzelhändler bis Mitte der 90er Jahre der größte Wettbewerber für den Ladeneinzelhandel – eine Rolle, die erst seit etwa 1995 vermehrt von westeuropäischen Handelsketten eingenommen wird.

Die Entzugseffekte des Markthandels auf den benachbarten Einzelhandel zeigt das Beispiel von *Zielińskiego-targ*. Dessen Besucheraufkommen hat sich nach Befragungen des Autors unter den Markthändlern seit der Verlagerung an den Innenstadtrand erheblich reduziert. Immer noch verfügt der Markt aber über eine so große Anziehungskraft, daß er die Kundenströme in der Nachbarschaft umlenkt, was sich in der mikroräumlichen Einzelhandelsstruktur niederschlägt: Kurz nach der Marktverlagerung schlossen drei Lebensmittelgeschäfte in nahegelegenen Nebenstraßen, darunter eines des lokalen Mehrbetriebsunternehmens *Hewea*, da das Kundenaufkommen sank[64]. Gleichzeitig gewannen die bis dahin leerstehenden Räumlichkeiten in den Gewölben des benachbarten Bahndamms an Standortgunst und wurden binnen eines Jahres sämtlich in Ladenlokale für den Einzelhandel umgewandelt (vgl. Karte 15, nach S. 278).

---

[64] vgl. auch „Nie tylko sklepy" (Nicht nur Geschäfte). In: Handel (1996) 4, S. 42-43.

Überführung aus der Schattenwirtschaft und Einfluß der politisch-administrativen Steuerung

Nachdem *Astra-targ* in der Anfangsphase des Transformationsprozesses ungeplant und unkontrolliert gewachsen war, begann die Stadt Wrocław Ende 1990 damit, in die Marktentwicklung einzugreifen und von den Händlern Marktgebühren zu erheben. Die Einnahmen aus diesen Gebühren wuchsen außerordentlich rasch von 60 Mio. (1990) auf 33 Mrd. alte zł. (1993)(WASZKIEWICZ 1994: 76), was weniger mit dem Wachstum des Markthandels als vielmehr mit der effektiveren kommunalen Aufsicht zu erklären ist.

Gleichzeitig bemühte sich die Stadtverwaltung darum, die Marktentwicklung stärker zu ordnen. Ansatzpunkte für die kommunalen Behörden waren dabei vor allem die fehlende technische Infrastruktur (so befand sich auf *Astra-targ* nur ein einziger Müllcontainer, weswegen die Händler ihren Abfall auf die Mülltonnen der umliegenden Wohngebäude verteilten), die mangelnden hygienischen Verhältnisse beim Handel mit Fleisch- und Milchprodukten, unzureichende Sicherheitseinrichtungen durch zu enge Standbebauungen sowie fehlende befestigte Wege.

Die kommunalen Behörden drohten in der Regel mit einer Räumung des Marktplatzes. Die Händler, die vormals nur jeder für sich operiert hatten, reagierten hierauf meist mit der Bildung von Interessengemeinschaften. So gründeten die Händler auf *Astra-targ* im Sommer 1993 die Händlergenossenschaft *Spółdzielnia Kupców „Ostani Grosz"*, die anschließend in Verhandlungen mit den kommunalen Behörden trat. Als Ergebnis der Gespräche organisiert diese Händlergenossenschaft seitdem den Markt von der Vermietung von Standplätzen über die Errichtung von sanitären Anlagen und technischer Infrastruktur (befestigte Wege, Strom) bis zur Aufstellung eigener befestigter Verkaufsstände, die anschließend an Händler weitervermietet werden. Im Gegenzug für die Marktorganisation erhielt die Genossenschaft von der Stadtverwaltung im August 1993 einen legalen Pachtvertrag für das Marktgelände, der, da die Marktorganisation seither „nicht zu beanstanden" war, 1995 für zwei weitere Jahre verlängert wurde. Eine Weiterführung des Pachtvertrages über 1997 hinaus ist angestrebt (Urząd... 1995: 3).

Eine solche konsensorientierte Aushandlung von Pachtverträgen und relativ reibungslose Überführung der schattenwirtschaftlichen in legale Aktivitäten war nicht bei allen Märkten gegeben. Oft dauerten die Auseinandersetzungen zwischen Behörden und Markthändlern mehrere Jahre und waren durch schwere Konflikte gekennzeichnet, in die sich teilweise auch Anwohner einschalteten. So sammelten die Händler eines Marktes im Großwohngebiet südlich der Innenstadt im April 1992 mehr als 5000 Unterschriften von Anwohnern, die sich gegen die von der Stadtverwaltung verfügte Marktschließung aussprachen. Die Bevölkerung befürchtete, daß sich mit der Schließung des Marktes die Nahversorgungssituation verschlechtern würde[65]. Als Ergebnis der Bürgerproteste verschob die Stadtverwaltung die Marktschließung auf unbestimmte Zeit.

Ähnlich konfliktreich, aber mit der Stadtverwaltung als „Gewinnerin" der Auseinandersetzungen, verlief die Verlagerung des größten Wrocławer Marktes aus dem Hauptgeschäftszentrum an den Rand der Innenstadt (vgl. Karte 15, nach S. 278). Dieser

---

[65] vgl. „Dla kogo są targowiska?" (Für wen sind die Märkte da?) In: Wieczór Wrocławia vom 6.4.1992.

Markt entstand im Frühjahr 1990, nachdem der Handel in der benachbarten ul. Świdnicka von der Stadtverwaltung am 1. Februar verboten worden war und sich die über 100 betroffenen Händler nach einem neuen zentralen Standort umsahen. Auf dem pl. Wolności, wenige Meter von der ul. Świdnicka entfernt, wuchs der Markthandel jedoch so stark, daß er schon bald auf Ablehnung bei der Stadtverwaltung stieß, die den Platz kurz zuvor noch als „für den Markthandel geeignet" ausgewiesen hatte.

Bereits im Juni 1991 wurde die Marktverwaltung von einer Händlervereinigung übernommen. Aufgrund der chaotischen Zustände auf dem pl. Wolności, wo sich auf einer Grundfläche von etwa 8 000 m^2 mehr als 400 Stände drängten (vgl. hierzu die 340 Verkaufsstände auf *Astra-targ* auf über 16 000 m^2 Grundfläche und Foto 2, S. 160), beschloß die Stadtverwaltung im Januar 1992 die Schließung des Marktplatzes und die Verlagerung der Stände an die ul. Zielińskiego im Süden der Innenstadt. Dies löste vor allem bei den nicht in der Händlervereinigung organisierten Markthändlern heftige Proteste aus. Da der neue Platz kleiner war als der bisherige, befürchteten diese Händler, auf dem neuen Standplatz nicht mehr berücksichtigt zu werden. Trotz der Händlerproteste schloß die Händlervereinigung vom pl. Wolności im Sommer 1992 einen Vertrag mit der Stadt, nach dem sie die Bauarbeiten auf dem neuen Platz an der ul. Zielińskiego eigenverantwortlich durchzuführen hatte und von der Stadt dafür einen langfristigen Pachtvertrag bis zum Jahre 2004 erhielt.

Nach langwierigen Bauarbeiten fand am 1. Juli 1995 unter großem Polizeiaufgebot der Umzug des Marktes zum neuen Standort statt. Hieran konnten aber nur 285 der 1995 vom Autor auf dem pl. Wolności 434 kartierten Stände teilnehmen. Die anderen – vornehmlich Kleinhändler auf Tischen und in offenen Ständen, die nicht über das notwendige Kapital zum Erwerb einer eigenen Verkaufsbude verfügten oder die höheren Mieten nicht bezahlen konnten – mußten sich nach anderen Standplätzen umsehen.

Bis 1992 wurden in Wrocław 13 von 25 Märkten durch die Aushandlung von Pachtverträgen legalisiert. Von den restlichen zwölf Märkten wurden bis 1996 sechs in legale Marktplätze überführt und einer geschlossen. Noch 1996 existieren damit weiterhin fünf illegale Märkte, darunter der größte mit 154 Ständen in der Großwohnsiedlung Nowy Dwór (vgl. Foto 3). Aus drei Gründen toleriert die Stadtverwaltung diese Märkte noch 1997 und strebt mittelfristig ihre Überführung in legale Rechtsformen an:
- Die Märkte nehmen vor allem in den Großwohnsiedlungen nach wie vor wichtige Versorgungsfunktionen für die Bewohner wahr. Hier werden auf den Märkten derzeit überwiegend Warengruppen der unteren Preiskategorie angeboten, vornehmlich in den Branchen Lebensmittel und Bekleidung, S. 160). Dies spiegelt auch die Kundenstruktur der Märkte wider: Arbeitslose, Rentner und Menschen mit geringen Löhnen nutzen überdurchschnittlich stark die preiswerten Angebote des Markthandels (vgl. Tab. 36, S. 163).
- Wie die Befragungen des Autors ergaben, ist die Verselbständigung oder Beschäftigung im Markthandel für viele Menschen eine Überlebensstrategie (vgl. Abb. 21, S. 155). Der Markthandel dient so als ein Auffangbecken für Arbeitslose und als Existenzgrundlage für Tausende Wrocławer Einwohner. Auf diesen sozialen Aspekt der Duldung illegaler Marktplätze weisen alle befragten Verantwortlichen in der Wrocławer Stadtverwaltung hin.

Foto 3: Illegaler Markt in der Großwohnsiedlung Nowy Dwór, 1996

Foto: R. Pütz 1996

- In der Schließung von Marktplätzen liegt ein erhebliches soziales Konfliktpotential, dem insbesondere die gewählten Ratsvertreter ausweichen wollen. Daß hierzu auch der hohe Organisationsgrad der Markthändler beiträgt, die in vielen Fällen die Bevölkerung der Nachbarschaft und die Printmedien auf ihre Seite zu ziehen vermochten, dokumentieren die zahlreichen gescheiterten Versuche, nicht genehmigte Märkte aufzulösen.

5.2.1.3 Bedeutungswandel der Märkte mit Großhandelsfunktion. Beispiel *Targpiast*

Wie in Kapitel 4.3.1.1 gezeigt, kam es in Polen beim Übergang zur Marktwirtschaft zu einer funktionalen Differenzierung des Markthandels in Märkte mit Versorgungs-, Großhandels- und Exportfunktion, wobei zwischen den einzelnen Markttypen enge Verflechtungen bestehen. Dies läßt sich am Beispiel Wrocławs verdeutlichen. So liegen 1996 in der Wrocławer Peripherie zwei Märkte, die nahezu ausschließlich Großhandelsfunktionen wahrnehmen; der größere der beiden Märkte, *Targpiast* an der nordöstlichen Ausfallstraße (vgl. Foto 4 und Karte 6, S. 158), ist mit 564 Verkaufsständen und 8 725 m^2 Verkaufsfläche der größte Markt in der Stadt überhaupt. Bereits in der Umbruchperiode 1989/1990 bildete sich hier ein nichtregistrierter Markt mit Großhandelsfunktion heraus, auf dem Bauern aus der Umgebung ihre Waren an private Einzelhändler und Straßen- bzw. Markthändler in der Stadt verkauften. Gleichzeitig etablierte sich einige

Foto 4: Verkaufsstände in ausrangierten Lkws auf dem Großhandelsmarkt *Targpiast*

Foto: R. Pütz 1996

Kilometer stadteinwärts an der ul. Kromera ein Großhandelsmarkt, auf dem fast nur Importwaren angeboten wurden.

Im Gegensatz zu den „Märkten mit Versorgungsfunktion" bemühte sich die Stadt Wrocław schon frühzeitig darum, die Großhandelsmärkte zu organisieren. So gründete sie bereits am 1. Juli 1990, also nur drei Monate, nachdem ihr dies mit dem „Gesetz über territoriale Selbstverwaltung" gestattet worden war, die Gesellschaft *Targpiast*, die mit der Organisation des Marktgroßhandels betraut wurde. Am 1. Dezember 1991 schloß die Stadtverwaltung den Großhandelsmarkt auf der ul. Kromera und verlagerte die Händler auf das Marktgelände an der ul. Krzywoustego, das *Targpiast* zuvor als Eigentum übertragen worden war.

Der Umsatz von *Targpiast* betrug 1993 nach Angaben der Marktverwaltung umgerechnet rund 400 Mio. DM. Dies überstieg damals die Umsätze der größten landesweit (!) operierenden Großhandelsketten bei weitem und veranschaulicht die Rolle, die diese Märkte nach dem Zusammenbruch der überkommenen Warenbeschaffungskanäle im polnischen Großhandel einnahmen. Im Sozialismus existierten nämlich ausschließlich staatliche oder konsumgenossenschaftliche Großhandelsunternehmen. Die seit der Wende wachsende Nachfrage konnten diese Unternehmen nicht decken. Selbst wenn die überkommenen Hersteller-Händler-Beziehungen durch Liquidierung oder Privatisierung nicht auseinandergebrochen waren, waren sie nicht in der Lage, den plötzlich gewandelten Konsumbedürfnissen Rechnung zu tragen. Deswegen konnte sich rasch ein privater Großhandel etablieren, der – wie im Einzelhandel – aufgrund der Kapitalknappheit der Unternehmensgründer durch Kleinstbetriebe gekennzeichnet war, die in ihrer Gesamtheit allerdings erhebliche Marktanteile gewinnen konnten.

Seit Mitte der 90er Jahre erleidet der Marktgroßhandel in Polen aber einen Bedeutungsverlust. Dieser steht in engem Zusammenhang mit dem Markteintritt ausländischer Großhandelsketten und den hierdurch ausgelösten „Modernisierungsprozessen" im Großhandel. Nahezu in jeder polnischen Großstadt befindet sich 1997 eine Filiale westeuropäischer Cash & Carry Großmärkte, die innerhalb kürzester Zeit zu den umsatzstärksten Großhandelsunternehmen im Land aufgestiegen sind. Die Zersplitterung des polnischen Einzelhandels begünstigte den Aufschwung dieser Betriebsform im Großhandel, die in Westeuropa aufgrund der zunehmenden Konzentration im Einzelhandel Umsatzrückgänge verzeichnet und deren Lebenszyklus nun durch die Expansion nach Osteuropa verlängert wird. Auch in Wrocław konnte der Cash & Carry-Markt von *Makro* rasch Marktanteile gewinnen, was zu einem Bedeutungsverlust des Marktgroßhandels *Targpiast* führte. Dies äußert sich sowohl in einem Rückgang an Betrieben als auch in einem deutlichen Wandel in der Branchenstruktur.

So zählte die Marktverwaltung von *Targpiast* im Frühjahr 1993 noch 850 Marktstände auf dem Marktgelände, von denen 350 (= 41 %) mit Importwaren und Bekleidung handelten und der Rest Großhandel mit Lebensmitteln betrieb. 1996 befinden sich auf dem Marktgelände nur noch 564 Stände, darunter 550, die mit Lebensmitteln handeln, und nur noch 14, die Waren anderer Branchengruppen anbieten (= 2,4 %). Von den 550 Lebensmittelgroßhändlern haben sich 439 auf den Handel mit Obst und Gemüse konzentriert. Diese Homogenisierung der Angebotsstruktur war auch bereits im Wrocławer Versorgungsmarkthandel zu beobachten, allerdings in sehr viel geringerem Maße.

Den Bedeutungsverlust des Marktgroßhandels, der sich sehr viel rascher vollzieht als im Versorgungsmarkthandel, belegen auch die Befragungen des Autors bei *Targpiast* (n=76):

- So hat sich die wirtschaftliche Situation der Händler auf *Targpiast* seit Anfang der 90er Jahre erheblich verschlechtert. 58,3 % der befragten Großhändler beklagten, daß das Kundenaufkommen zwischen 1994 und 1995 abgenommen habe, im Versorgungsmarkthandel gaben dies nur 46,2 % an.
- 45 % der Händler von *Targpiast* erzielen „mehr als 90 %" ihres Umsatzes durch Großhandel. Ein weiteres Drittel der Händler erwirtschaftet „zwischen 75 % und 90 %" des Umsatzes im Großhandel, und nur 22 % der Händler erzielen mehr als ein Viertel ihres Umsatzes im Einzelhandel. Gleichzeitig beschreibt aber ein Drittel der auf Großhandel fixierten Händler seine wirtschaftliche Situation 1995 mit „schlecht". Von den Händlern, die ihre Waren in kleineren Mengen abgeben und damit auch Endverbraucher erreichen, sind dies nur 16,7 %.

Angesichts dieser Zahlen kann für die Zukunft ein weiterer Bedeutungsverlust der Großhandelsmärkte prognostiziert werden. Außer der „Modernisierung" des Großhandels liegt die Ursache hierfür auch in der zunehmenden Formalisierung von Hersteller-Händler-Beziehungen: In der Frühphase der Wende war der gesamte Markthandel ausschließlich der Schattenwirtschaft zuzurechnen, und zwischen den unterschiedlichen

Markttypen bestanden intensive Austauschbeziehungen: *Targpiast* in Wrocław wird deutlich mehr von Markthändlern als von Einzelhändlern frequentiert. Auch die Versorgungsmarkthändler beziehen ihre Waren seit dem Wegfall des Preisvorteils der nunmehr zu realen Preisen handelnden Marktgroßhändler aber vermehrt in C & C-Märkten von *Makro*. Dem Marktgroßhandel dürfte dann nur noch der Verkauf von Obst und Gemüse aus der näheren Umgebung Wettbewerbschancen bieten.

5.2.1.4 Entwicklungsperspektiven des Markthandels

Bedeutungsverlust des Markthandels

Wie die Befragungen und die Frequenzzählungen ergaben, hat der Versorgungsmarkthandel 1997 eine wichtige Stellung beim Einkaufsverhalten der Wrocławer Bevölkerung und ist prägend für die Einzelhandelsstruktur in der Stadt. Die Untersuchungen zeigen aber auch, daß der Markthandel ein typisches Transformationsphänomen ist und daß er zukünftig einen Bedeutungsverlust erleiden wird – dieser wird sich allerdings langsamer als im Marktgroßhandel vollziehen. Schon 1995 klagen 40,3 % der Markthändler darüber, daß das Besucheraufkommen auf den Märkten „seit 1994" rückläufig sei, und 46,2 % konstatieren einen Rückgang des Kundenaufkommens am eigenen Marktstand. Im Einzelhandel liegen die entsprechenden Aussagen mit 18,4 % (Rückgang der Passantenzahl am Betriebsstandort) bzw. 28,9 % sehr viel niedriger (vgl. Tab. 39, S. 191). Mit der wachsenden Konsolidierung im Ladeneinzelhandel und vor allem aufgrund der zunehmenden Bedeutung großflächiger Handelseinrichtungen, die – wie bislang nur der Markthandel – wegen ihrer großen internen Kopplungspotentiale eine hohe Anziehungskraft auf die Konsumenten ausüben, wird der Markthandel zukünftig Marktanteile verlieren.

Für diese Prognose sprechen auch die Vorteile, welche die Wrocławer Konsumenten dem Markthandel beimessen: So sehen etwas mehr als die Hälfte der befragten Wrocławer die „günstigen Preise" als Hauptvorteil des Markthandels gegenüber dem Ladeneinzelhandel an. Preisvergleiche des Autors belegen jedoch, daß diese Preisvorteile kaum noch bestehen und mit der Unterbindung schattenwirtschaftlicher Aktivitäten vermutlich gänzlich verschwinden bzw. sich auf „Schnäppchen" bei Gebrauchtwaren beschränken werden. Auch die „leichte Erreichbarkeit", in der 23 % der Befragten einen Attraktivitätsfaktor sehen, ist ein „transformationsbedingter" Wettbewerbsvorteil des Markthandels, der mit dem Ausbau des Ladeneinzelhandels in den Großwohngebieten an Bedeutung verlieren wird.

Mit der „großen Angebotsvielfalt" aufgrund der Vielzahl an Ständen (angegeben von 10 % der befragten Konsumenten), der „Möglichkeit zu handeln" (7 %) und der „schönen Marktatmosphäre" (4 %) bezieht sich nur ein gutes Fünftel aller genannten „Wettbewerbsvorteile" des Markthandels auf unmittelbar mit dieser Handelsform verknüpfte Merkmale. Allerdings konnte gezeigt werden, daß der Markthandel überwiegend von einkommensschwächeren Bevölkerungsschichten frequentiert wird. Zugleich wurde die Hypothese aufgestellt, daß sich – ausgehend von der Gruppe der Besserverdienenden – ein Wandel im Einkaufsverhalten vollzieht, das „formellere" und „modernere" Betriebsformen begünstigt. Hieraus ist langfristig ein weiterer Attraktivitätsverlust des Markthandels zu prognostizieren, der sich über sinkende Marktanteile und rückläufige Umsätze auch in einer Verringerung der Zahl an Märkten und Marktbetrieben niederschlagen wird.

Die bisherigen Untersuchungen belegen jedoch, daß die Entwicklung des Markthandels nicht nur nachfragebestimmt ist: Ebenso wie das Wachstum des Markthandels nicht nur aus makroökonomischer Perspektive mit dem großen Nachfrageüberhang zu erklären ist, ist nicht allein aus dem zu erwartenden Nachfragerückgang ein Schrumpfungsprozeß abzuleiten. Der Markthandel spielt im Transformationsprozeß nämlich eine wesentliche Rolle als Nebenerwerbsquelle und als Existenzgrundlage für Menschen mit niedrigem Einkommen. Solange die polnische Wirtschaft keine aussichtsreicheren Arbeitsangebote bereitstellt und die staatlichen Sozial- und Arbeitslosenhilfen nicht erhöht werden, wird sich an diesem Existenzgründungsdruck wenig ändern.

Zunehmende Polarisierung der Marktbetriebsformen

Als Ergebnis der Untersuchungen ist zu erwarten, daß sich nur ein Teil des Markthandels mittelfristig im polnischen Einzelhandel etablieren wird, wobei es zu einer wachsenden Polarisierung der Marktbetriebsformen kommen wird. Außer in ihrer Zahl abnehmenden offenen Marktplätzen, die größtenteils den Betriebsgründungsdruck im Markthandel auffangen, wird sich eine wesentlich „formellere" Marktbetriebsform herausbilden, die mit einer Professionalisierung der Distributionsstrategien erfolgreicher Markthändler einhergeht. So planen einige Wrocławer Markthändlervereinigungen die Errichtung fester Markthallen unter architektonisch ansprechenden Glaskuppeln. Hierdurch soll einerseits den Hauptmängeln des Markthandels begegnet werden, die von 43 % der befragten Passanten mit „Dreck" und „unhygienischen Verhältnissen" beschrieben werden, und andererseits auf den Wandel des Einkaufsverhaltens reagiert werden, das verstärkt formelle Betriebsformen bevorzugt. Daß die Errichtung von Markthallen durchaus erfolgreich verlaufen kann, zeigen die *Hala targowa* und das Marktzelt *Goliat*, die bereits seit 1991 in Wrocław operieren bzw. operierten:

Die Markthalle **Hala targowa** (vgl. Foto 5) wurde um die Jahrhundertwende am östlichen Rand der Wrocławer Innenstadt errichtet, um den im Zuge des Bevölkerungswachstums zunehmenden ambulanten Handel einzudämmen und „die Versorgung der Stadt mit Lebensmitteln in hygienischer Beziehung zu verbessern" (FRIESE 1908: 17). Nach langer Zeit des Leerstandes nach dem Zweiten Weltkrieg kaufte die Konsumgenossenschaft *PSS Społem Północ* die Markthalle 1976 vom polnischen Finanzministerium und bewirtschaftete bis zur Wende die festen Ladenlokale rings um den eigentlichen Verkaufsplatz in der Hallenmitte.

Nach 1990 wuchs nach Aussage der Markthallenverwaltung zunächst ein wilder und unkontrollierter Markt heran, auf dem „vornehmlich Schwarzhandel mit geschmuggelten Importwaren" betrieben wurde. Seitdem *Północ* die Markthalle 1990 neu organisierte, liegt der Branchenschwerpunkt der *Hala targowa* auf Obst/Gemüse und Fleischwaren; die Ladenlokale rings um den Markt und auf der Galerie ergänzen das Branchenprofil um Konsumgüter des mittelfristigen Bedarfs.

Die branchenmäßige Spezialisierung der *Hala targowa* erwies sich als außerordentlich vorteilhaft für ihre wirtschaftliche Entwicklung. Wie die Befragungen des Autors

Foto 5: Die *Hala targowa* am Rande der Wrocławer Innenstadt

Foto: R. Pütz, 1996

ergaben, wird die Markthalle von den Konsumenten als der Einkaufsstandort, an dem „die besten Frischwaren in Wrocław" angeboten werden, sehr hoch geschätzt. Dies zeigen auch die vergleichsweise weiten Wege, welche die Kunden zum Einkauf in der Markthalle zurücklegen: Nur 31 % der befragten Besucher (n=108) wohnen in der Innenstadt, der Rest kommt aus weiter entfernten Stadtteilen. Die Attraktivität der *Hala targowa* schlägt sich neben ihrer hohen Frequentierung durch stündlich mehr als 900 Besucher (vgl. Abb. 22, S. 164) in der wirtschaftlichen Situation der Marktstände nieder. Diese wird von 42 % der befragten Betriebe (n=33) als „sehr gut" oder „gut" bezeichnet; im restlichen Versorgungsmarkthandel Wrocławs liegt der entsprechende Wert mit 17,8 % weitaus niedriger. Die große Nachfrage erhöht die wirtschaftliche „Überlebensquote" der Marktstände, deren Fluktuation nach Aussagen der Marktleitung „praktisch gleich null" ist.

Das Marktzelt ***Goliat*** im gründerzeitlichen Stadtteil Śródmieście (vgl. Foto 6) wurde im April 1991 von einem Wrocławer Unternehmer gegründet, der bis zum damaligen Zeitpunkt über keine Erfahrungen im Einzelhandel verfügte. Dieser ist als ein echtes „Multitalent" zu bezeichnen. Nach seiner Ausbildung zum Bauleiter war er 15 Jahre lang als ranghoher Beamter im Ministerium für Bauwesen in Warschau beschäftigt und Funktionär in der sozialistischen Partei PZPR. Nach seinem Umzug nach Wrocław um 1990 organisierte er die Betreuung der Gäste des Papstbesuches, betätigte sich als Designer von Damenmode, die er von angestellten Schneiderinnen nähen ließ, und eröffnete die erste Diskothek in der Stadt. Die Idee zur Gründung eines Zeltes, in dem der nach der Wende florierende ambulante Handel und der Markthandel gebündelt werden sollte,

Foto 6: Das Marktzelt *Goliat* im gründerzeitlichen Stadtteilzentrum in Śródmieście

Foto: R. Pütz 1996

kam dem Jungunternehmer auf einer Autofahrt nach Warschau, auf der er auch den Namen *Goliat* kreierte.

In dem Marktzelt, das der Eigentümer von einer Warschauer Firma mietete, befanden sich 1996 159 Verkaufsstände, deren Betreiber durchschnittlich 530 zł (320,- DM) Miete im Monat entrichteten. Die Standvergabe vollzog sich dabei willkürlich und richtete sich nicht nach einem vorgegebenen Branchenmix. Bereits nach kurzer Zeit spezialisierte sich *Goliat* jedoch auf die Bekleidungsbranche – 1995 handelten 68 % der Stände mit Bekleidungsartikeln, die von vielen der Standbesitzer selbst produziert wurden. Der primäre Grund für die Branchenspezialisierung wird darin gelegen haben, daß das Zelt für den Verkauf von Lebensmitteln ungeeignet ist, da hier im Sommer außerordentlich hohe Temperaturen auftreten. Später entstanden Agglomerationsvorteile, die eine weitere Spezialisierung von *Goliat* auf Bekleidungsgegenstände begünstigten.

Die wirtschaftliche Situation der Markthändler in *Goliat* war überdurchschnittlich gut – nach den Unterlagen des Unternehmens wechselten pro Jahr maximal 10 Stände ihren Besitzer (= 6,3 %); dies liegt unter den Werten im restlichen Wrocławer Markthandel (s. o.). Gleichzeitig beurteilten 33 % der Händler (n=46) ihre wirtschaftliche Situation als „sehr gut" oder „gut", was ebenfalls hoch ist. Aufgrund des wirtschaftlichen Erfolgs von *Goliat* plant der Unternehmer die Ausweitung seiner unternehmerischen Aktivitäten. Bereits seit 1996 betreibt er zwei Markthallen an der polnisch-deutschen Grenze und polnisch-weißrussischen Grenze, in denen der Jungunternehmer die grenzüberschreitende Nachfrage ausländischer Konsumenten abschöpft. Noch 1997 soll eine weitere Markthalle in Wałbrzych eröffnet werden. Alle drei Projekte folgen einem neuen Bautyps mit Stahlträger-Glas-Konstruktion. Zum Bau dieser und der weiteren geplanten Markthallen gründete der Unternehmer bereits 1993 eine Firma in Litauen, in der die benötigten Bauteile produziert werden. Nicht zuletzt aufgrund des wirtschaftlichen Erfolgs von *Goliat*, der zu großen Teilen auf die hier erfolgte Angebotsspezialisierung zurückzuführen ist, will der Marktbetreiber für die kommenden Projekte einen eng umrissenen Branchen„mix" zugrundelegen. Dabei sollen nicht nur das Angebot auf eine Kernbranche festgelegt werden, sondern auch „ausschließlich Produkte polnischer Herkunft" verkauft werden[66].

Im April 1996 wurde *Goliat* nach langwierigem Rechtsstreit von der Wrocławer Stadtverwaltung geschlossen. Diese hatte schon kurz nach der Eröffnung des Zeltes seine Schließung verlangt, da es ohne Baugenehmigung errichtet worden sei[67]. Der Unternehmer sieht die Ursache für den Konflikt mit der Stadtverwaltung dagegen in seiner politischen Vergangenheit begründet. Die mehr als 500 Händler und Angestellten der Stände in *Goliat*, die mit Plakatierungen wie „Bronimy miejsc pracy" („Wir verteidigen unsere Arbeitsplätze", vgl. Foto 6) um den Erhalt des Marktzeltes kämpften, bekamen nach der Liquidierung von *Goliat* Standplätze auf einem anderen Markt.

Der Eigentümer von *Goliat* sucht seit dessen Auflösung nach einem Grundstück in Privatbesitz, möglichst in zentraler Lage, auf dem er eine neue Markthalle in Stahl-Glas-Konstruktion errichten möchte. Ähnliche Investitionsabsichten verfolgen neben zahlreichen Händlervereinigungen auch andere Investoren, die bislang noch nicht im Einzelhandel aktiv waren, im Betreiben von Markthallen jedoch günstige Entwicklungsperspektiven sehen. Der erfolgreiche Weg der *Hala targowa* in die Marktwirtschaft und die wirtschaftliche Situation der Händler in *Goliat* zeigen, daß für diese Aufwertung des Markthandels durch Markthallen durchaus Potentiale bestehen.

5.2.2 Transformation im einheimischen Ladeneinzelhandel

Unmittelbar nach den Liberalisierungsmaßnahmen der Regierung setzte in Wrocław ein Gründungsboom im Ladeneinzelhandel ein. Innerhalb von sechs Jahren eröffneten in der Stadt effektiv fast 3 000 neue Geschäfte (angesichts der hohen Fluktuationsrate dürfte die Zahl der tatsächlichen Betriebsgründungen weitaus höher liegen), womit die Verkaufsfläche pro Einwohner im Ladeneinzelhandel von 0,2 m^2 auf 0,5 m^2 stieg.

5.2.2.1 Gründungsgeschehen und Betriebsformendifferenzierung

Das Gründungsgeschehen wird überwiegend von ortsansässigen Jungunternehmern geprägt, die über keine Erfahrung im Einzelhandel verfügen (vgl. Abb. 23): Nur etwas

---

[66] Hiermit folgt der Unternehmer der Kampagne „teraz Polska" (jetzt Polen), die im Frühjahr 1996 von zahlreichen polnischen Einzelhändlern initiiert wurde und die Konsumenten zum Kauf einheimischer Waren in einheimischen Geschäften anregen sollte.

[67] vgl. „Goliat wyszedł obronną ręką". In: Wieczór Wrocławia vom 20.3.1991; „Goliat na Olimpie" (Goliat auf dem Olymp). In: Gazeta Wyborcza vom 25.1.1996; „Kiedy runie Goliat?" (Wohin läuft Goliat?). In: Wieczór Wrocławia vom 27.2.1996; „Goliat słania się" (Goliat schwankt). In: Wieczór Wrocławia vom 29.2.1996; „Koniec końców". In: Wieczór Wrocławia vom 23.4.1996.

Abb. 23: Berufliche Herkunft der Gründer von Geschäften im Wrocławer Einzelhandel

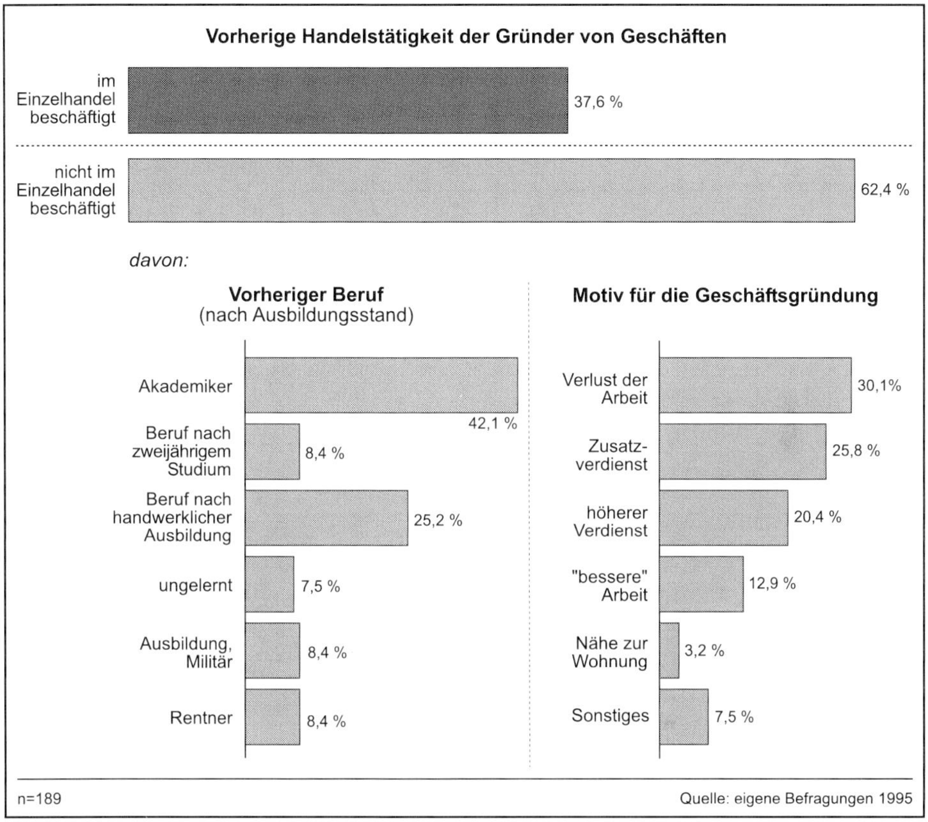

Vorherige Handelstätigkeit der Gründer von Geschäften

- im Einzelhandel beschäftigt: 37,6 %
- nicht im Einzelhandel beschäftigt: 62,4 %

davon:

Vorheriger Beruf (nach Ausbildungsstand)

- Akademiker: 42,1 %
- Beruf nach zweijährigem Studium: 8,4 %
- Beruf nach handwerklicher Ausbildung: 25,2 %
- ungelernt: 7,5 %
- Ausbildung, Militär: 8,4 %
- Rentner: 8,4 %

Motiv für die Geschäftsgründung

- Verlust der Arbeit: 30,1 %
- Zusatzverdienst: 25,8 %
- höherer Verdienst: 20,4 %
- "bessere" Arbeit: 12,9 %
- Nähe zur Wohnung: 3,2 %
- Sonstiges: 7,5 %

n=189   Quelle: eigene Befragungen 1995

mehr als ein Drittel der privaten Einzelhändler waren schon vor der Gründung ihres Geschäftes im Handel aktiv. Und auch von diesen „Erfahrenen" können nur wenige auf eine längere Tätigkeit im Handelssektor zurückgreifen. Viele Händler haben nach der Wende zunächst eine erfolgreiche Karriere im Markthandel begonnen, in der sie das notwendige Startkapital für die Eröffnung eines eigenen Geschäftes erwarben.

Auch Einkünfte, die in der Schattenwirtschaft erzielt wurden, waren eine wichtige Grundlage für die Finanzierung eines Ladenlokals. Die betroffenen Händler gaben über die Bedeutung illegal erzielter Einkommen für die Geschäftsgründung verständlicherweise keine Auskunft. Häufig wurde aber betont, daß „andere Händler" hierdurch das notwendige Startkapital erworben hätten. Ähnlich äußerten sich die Angestellten des Amtes für Handelskontrolle in einem Gruppengespräch mit dem Autor. Diese verfolgen in den ihnen zugewiesenen Stadtteilen bzw. Branchen die Handelsentwicklung seit Einführung der Marktwirtschaft intensiv und können Händlerkarrieren gut nachvollziehen. Demnach habe „die Mehrzahl" der heute erfolgreichsten Wrocławer Einzelhändler ihr Grundkapital in der Schattenwirtschaft erworben.

Insgesamt ist die Schattenwirtschaft für ihre Bedeutung im Transformationsprozeß damit unterschiedlich zu beurteilen. Einerseits entzieht sie dem Staat Steuereinnahmen und verzerrt durch die Nichtanrechnung von Kosten den Wettbewerb. Andererseits aber ist sie ein wichtiges Auffangbecken für Arbeitslose und ein nicht zu unterschätzendes Sprungbrett in eine spätere legale unternehmerische Tätigkeit.

Gründungsmotive

Die berufliche Herkunft der Geschäftsgründer im Einzelhandel unterscheidet sich mit einem höheren Anteil an Akademikern von der Herkunft der Gründer von Marktständen. Gleiches gilt für die Motive zur Gründung eines Betriebes (vgl. Abb. 23):

- Gemäß der in Kapitel 4.3.1.2 eingeführten Typologie kann für knapp ein Drittel der Befragten der Sprung in die Selbständigkeit im Handelssektor als „Überlebensstrategie" angesehen werden: Diese Händler haben ihren bisherigen Arbeitsplatz verloren und sehen im Einzelhandel die günstigsten beruflichen Perspektiven. Allerdings setzt eine Selbständigkeit im Einzelhandel ein höheres Investitionskapital als im Markthandel voraus, weswegen sie auf „privilegierte" Kreise mit ausreichenden Sparguthaben beschränkt ist.
- Ein Drittel der Händler verfolgt eine „Wohlstandsstrategie" und hat die bisherige Tätigkeit zugunsten der unternehmerischen Selbständigkeit freiwillig aufgegeben – im Markthandel liegt der entsprechende Wert nur bei 10,6 %. Angesichts der beschriebenen Verläufe von „Händlerkarrieren" mit dem häufig anzutreffenden Wechsel vom Markt- in den Ladeneinzelhandel ist dieser hohe Anteil im Vergleich zu den Selbständigen im Markthandel verständlich.
- Etwas mehr als ein Viertel der befragten Händler behielt den bisherigen Arbeitsplatz

Abb. 24: „Überlebensdauer" neugegründeter Geschäfte in Wrocław und vorherige Nutzung ihrer Ladenlokale

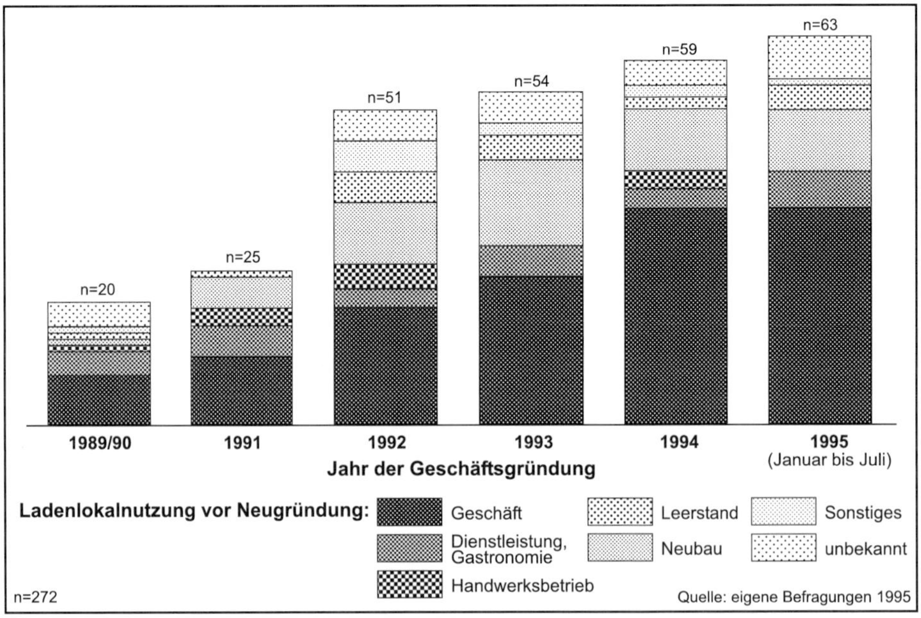

Quelle: eigene Befragungen 1995

und betreibt Ladeneinzelhandel zur Erzielung zusätzlicher Einkommen. In den meisten Fällen handelt es sich um Familienbetriebe. Es ist anzunehmen, daß der endgültige Sprung in die Selbständigkeit nur dann erfolgt, wenn das Haushaltseinkommen mit der Geschäftstätigkeit gesichert werden kann oder das im Einzelhandel erzielte Einkommen für einen längeren Zeitraum über dem der bisherigen Beschäftigung liegt.

Die „Überlebensquoten" im Wrocławer Ladeneinzelhandel sind allerdings außerordentlich gering, was sich auch mit anderen Studien zu den Gründungsaktivitäten in Polen deckt (vgl. Kapitel 4.3.1.2). Zwar ließen sich im Rahmen der einmaligen Befragung des Autors keine exakten Fluktuationsraten im Wrocławer Einzelhandel ermitteln. Die Tatsache, daß von den befragten 272 neugegründeten Betrieben in Wrocław 23 % erst in den letzten sechs Monaten vor der Befragung gegründet worden waren (vgl. Abb. 24) und daß dies nicht dem allgemeinen Trend der Zunahme an Ladenlokalen entsprach, belegt jedoch, daß sehr viele der Jungunternehmer schon frühzeitig wieder aus dem Markt ausscheiden. Insbesondere beim insgesamt deutlich wachsenden Marktvolumen ist diese hohe Fluktuation bemerkenswert.

Die Mehrzahl der Betriebsaufgaben ist auf die Unerfahrenheit der Jungunternehmer im Einzelhandel und ihren Mangel an grundlegenden betriebswirtschaftlichen Kenntnissen zurückzuführen. Vor allem ihre Fähigkeit zur Mietzahlung überschätzten viele Händler häufig, so daß sie bei den in Wrocław üblichen meistbietenden Versteigerungen von Mietverträgen (vgl. Kapitel 5.2.2.3) oftmals Mietpreise jenseits der Rentabilitätsgrenze geboten haben und ihr Geschäft frühzeitig wieder schließen mußten.

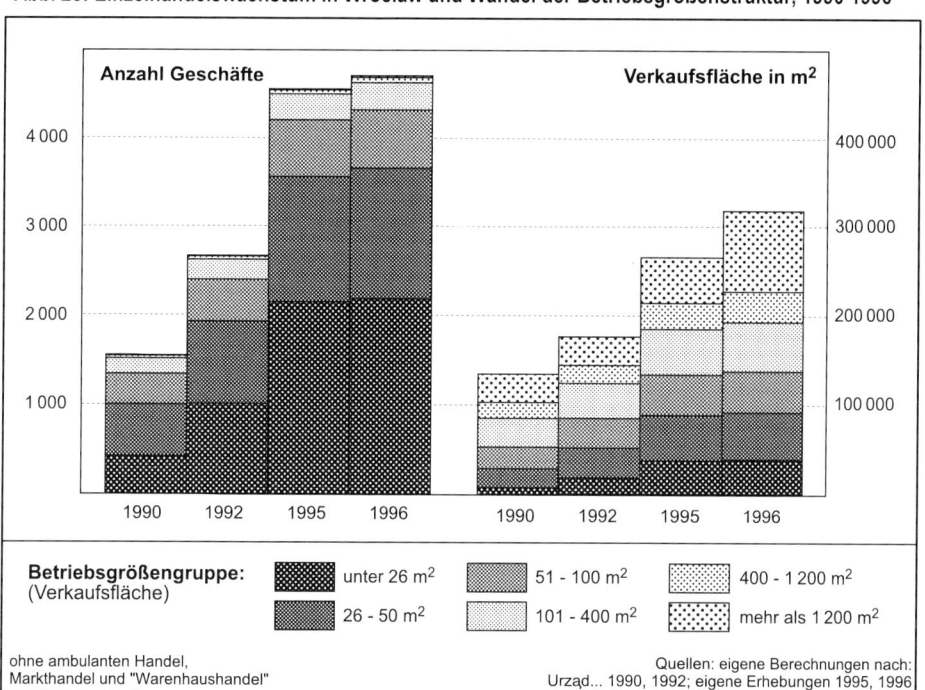

Abb. 25: Einzelhandelswachstum in Wrocław und Wandel der Betriebsgrößenstruktur, 1990-1996

Betriebsgrößengruppe: (Verkaufsfläche)
- unter 26 m²
- 26 - 50 m²
- 51 - 100 m²
- 101 - 400 m²
- 400 - 1 200 m²
- mehr als 1 200 m²

ohne ambulanten Handel, Markthandel und "Warenhaushandel"

Quellen: eigene Berechnungen nach: Urząd... 1990, 1992; eigene Erhebungen 1995, 1996

Dekonzentrationsprozesse im Ladeneinzelhandel

Das Gründungsgeschehen wird in Wrocław durch Kleinstbetriebe geprägt. So hat sich die Anzahl der Geschäfte zwischen 1990 und 1996 von knapp 1 500 auf über 4 700 mehr als verdreifacht, während sich die gesamte Verkaufsfläche in der Stadt von 137 000 auf 322 000 m^2 nur etwas mehr als verdoppelte (vgl. Abb. 25). Damit einhergehend sank die durchschnittliche Verkaufsfläche pro Betrieb von 87 auf 68 m^2 und verdreifachte sich der Anteil kleinflächiger Betriebe mit weniger als 25 m^2 Verkaufsfläche von 15,4 % auf 46,7 %. Ähnliche Entwicklungstendenzen, welche die Konzentrationsprozesse im westeuropäischen Einzelhandel konterkarieren, sind polenweit festzustellen (vgl. Kapitel 4.3.1.2).

Foto 7: Neues Ladenlokal im Eingang eines Wohngebäudes (Großwohnsiedlung Gaj)

Foto: R. Pütz 1996

Für die Kleinbetrieblichkeit der Neugründungen, die zu einer Dekonzentration im Einzelhandel führt, sind zwei Gründe zu nennen:
- Persistente bauliche Strukturen und hiermit verbundene persistente Geschäftsflächengrößen limitieren die unternehmerischen Anpassungsprozesse im Transformationsprozeß. Dies gilt sowohl für überkommene Einzelhandelsbetriebe als auch für Neugründungen. In den gründerzeitlichen Gebieten konnten die Jungunternehmer geschlossene Ladenlokale nutzen, die – resultierend aus den zur Jahrhundertwende anderen Anforderungen an Ladenausstattungen – außerordentlich klein sind. In den Großwohngebieten war die Ausgangssituation anders: Aufgrund der Einzelhandelsnetzplanung im Sozialismus waren hier pro Einwohner maximal 0,3 m^2 Verkaufsflä-

che errichtet und der Rest der Gebäude mit Wohnraum ausgestattet worden. Nach der Wende wurden in diesen Gebieten daher zahlreiche Einzelhandelsbetriebe in umgewidmeten Abstellräumen (vgl. Foto 7), umgebauten Wohnungen (vgl. Foto 8) oder umfunktionierten Garagen eröffnet.
- Die meisten Jungunternehmer können nur wenig Investitionskapital einsetzen, die sie als Sparguthaben im Sozialismus, über schattenwirtschaftliche Aktivitäten oder aber bei temporären Beschäftigungen im westlichen Ausland erworben haben. Gleichzeitig können sie kaum Bankkredite nutzen, da die Zinsen für die meisten zu hoch sind. In der Folge konnten die einheimischen Einzelhändler bislang kaum genügend Kapital akkumulieren, um ein großflächiges Geschäft zu errichten.

Foto 8: Neues Ladenlokal in umgebauter Wohnung in Gaj

Foto: R. Pütz 1996

Neueröffnungen von großflächigen Ladenlokale durch Einheimische sind die Ausnahme. Wenn großflächige Betriebe gebaut werden, stammt das Investitionskapital häufig von Auslandspolen, die nach dem Ende des Sozialismus in ihrem Heimatland investieren. Dies kann entweder über Verwandtschaftsbeziehungen oder aber auf „direktem" Wege erfolgen, wie bei der „Privatisierung" des ehemaligen *Merkur*-Kaufhauses in der ul. Świdnicka: Das Geschäftshaus der Bekleidungskette *Otex* stand seit deren Konkursliquidierung leer. Die Verkaufsfläche betrug damals 523 m². Das Gebäude wurde als eines der ersten Kaufhäuser in Wrocław von der Woiwodschaft (als Gründungsorgan von *Otex* und Eigentümer des Gebäudes) zum Verkauf freigegeben und am 24. März 1993 versteigert. Für 1,3 Mio. DM erhielt der Auslandspole Ludwik *WASECKI* den Zuschlag, der in Berlin eine Privatklinik betreibt und Inhaber einer Firma für die Ausstattung von Zahnarztpraxen ist. Nach umfangreichen Modernisierungsmaßnahmen wurde *Merkur* im Dezember 1996 mit erweiterter Verkaufsfläche neu eröffnet.

Wandel der Branchenstruktur

Im Unterschied zum Wandel der Betriebsgrößenstruktur veränderte sich die Branchenstruktur im Wrocławer Einzelhandel nur geringfügig. Zwar verringerte sich der Anteil der Lebensmittelbranche seit 1990 leicht, mit 47 % Anteil an allen Geschäften und 34 % Anteil an der gesamten Ladenverkaufsfläche bestimmt sie aber immer noch die Angebotsstruktur in der Stadt (vgl. Abb. 26). Vor allem außerhalb des Stadtzentrums haben sich nur wenige Geschäfte mit höherwertigen Angeboten angesiedelt; die Lebensmittel-

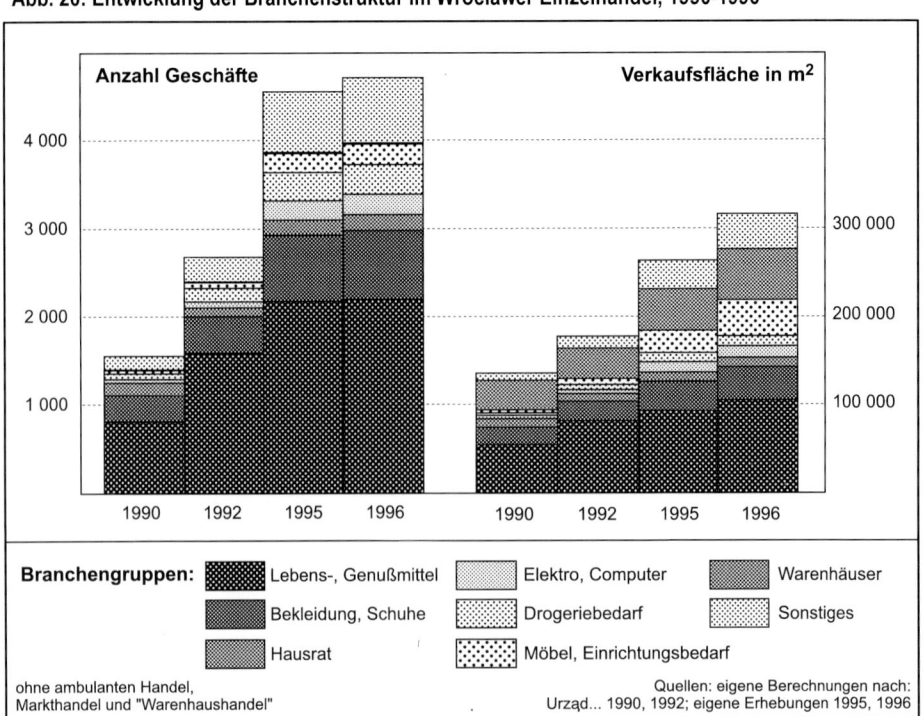

Abb. 26: Entwicklung der Branchenstruktur im Wrocławer Einzelhandel, 1990-1996

branche nimmt hier bis zu 90 % der Gesamtverkaufsfläche ein (vgl. Karte 7). Die dominierende Bedeutung der Lebensmittelbranche, die auch in ganz Polen vorherrscht, ist eine Folge der seit Einführung der Marktwirtschaft sinkenden Realeinkommen: Die Mehrheit der Haushalte reagierte hierauf mit Konsumverzicht bei den Waren, die nicht der Grundversorgung dienen (vgl. auch BESKID, MILIC-CZERNIAK und SUFIN 1995).

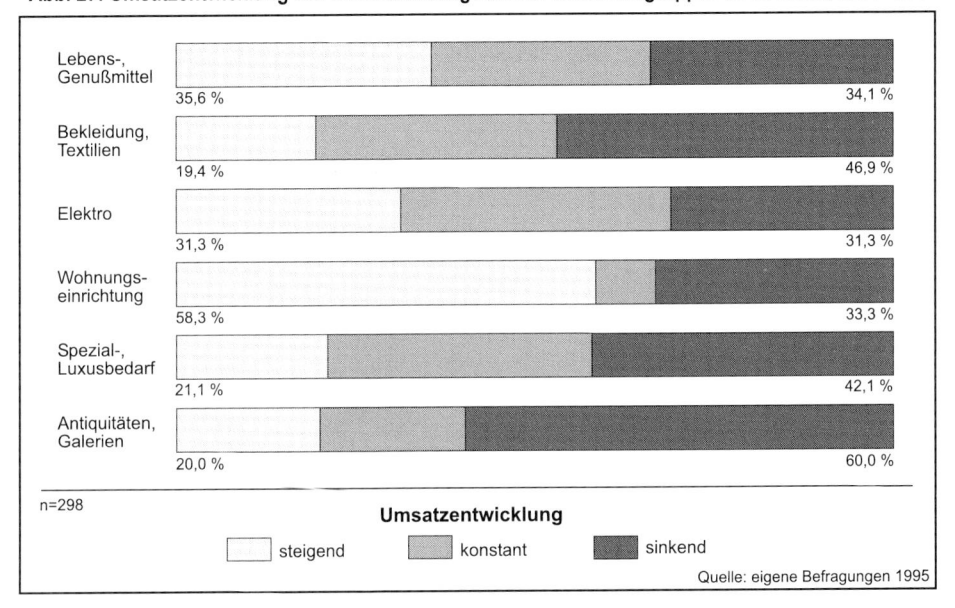

Abb. 27: Umsatzentwicklung der Geschäfte ausgewählter Branchengruppen in Wrocław, 1994-1995

Branche	steigend	konstant	sinkend
Lebens-, Genußmittel	35,6 %		34,1 %
Bekleidung, Textilien	19,4 %		46,9 %
Elektro	31,3 %		31,3 %
Wohnungseinrichtung	58,3 %		33,3 %
Spezial-, Luxusbedarf	21,1 %		42,1 %
Antiquitäten, Galerien	20,0 %		60,0 %

n=298

Quelle: eigene Befragungen 1995

Die Nachfrage nach Waren des Zusatznutzens ist jedoch nicht branchenübergreifend niedrig, wie die Umsatzentwicklung der Betriebe unterschiedlicher Branchen zeigt (vgl. Abb. 27): Außer der Lebensmittelbranche verzeichnen insbesondere die Elektrobranche (vorw. Unterhaltungselektronik) und Wohnungseinrichtungsbedarf Umsatzsteigerungen, was mit den eingeschränkten Konsummöglichkeiten in diesen Bereichen im Sozialismus und dem daraus resultierenden Nachfrageüberhang zu erklären ist. In überdurchschnittlichen Zuwächsen bei den Verkaufsflächen schlägt sich die steigende Nachfrage aber nur in der Branche „Möbel und Wohnungseinrichtungsbedarf" nieder, in der als erstes der Trend zu großflächigen Angebotsformen zum Tragen kommt. Branchen des Luxusbedarfs wie „Antiquitäten, Galerien" verzeichnen demgegenüber erhebliche Umsatzrückgänge. Gleiches gilt für Bekleidungsgeschäfte, deren Angebot die Verbraucher offenbar nur einen geringen Zusatznutzen für den Lebensstandard zusprechen.

Allerdings spiegelt eine Branchendifferenzierung, die sich nach dem Umsatzschwerpunkt der Betriebe richtet, den Wandel im Warenangebot des Wrocławer Einzelhandels nur eingeschränkt wider. Insbesondere die kleinflächigen Neugründungen sind dadurch gekennzeichnet, daß sie keinen ausgesprochenen Branchenschwerpunkt besitzen. Vielmehr findet sich hier ein breites Randsortiment, das die Händler kurzfristig und flexibel an sich im Transformationsprozeß ändernde Nachfragesituationen anpassen.

Karte 7: Anteil der Lebensmittelbranche an der Verkaufsfläche in den Wrocławer Stadtteilen, 1996

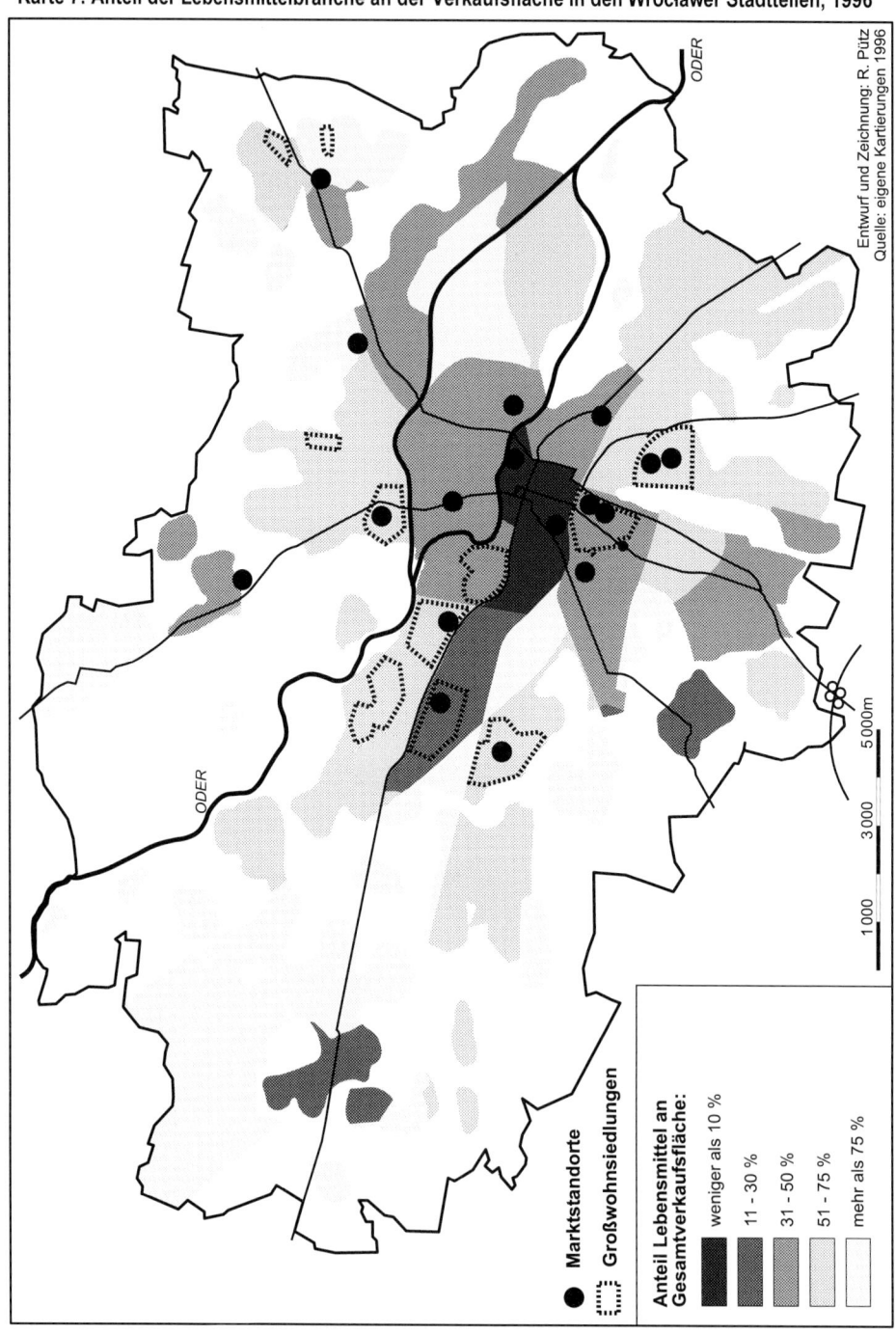

Hierin liegt ein erheblicher Wettbewerbsvorteil des privaten Einzelhandels gegenüber den überkommenen Mehrbetriebsunternehmen. Daß die Flexibilität möglich ist, liegt an den kaum institutionalisierten Händler-Großhändler- bzw. Händler-Hersteller-Beziehungen. Nach Befragungen des Autors bezieht nur etwas mehr als ein Drittel der Einzelhändler seine Waren über feste Lieferverträge vom Großhandel (28,5 %) und vom Hersteller (9,6 %). Alle anderen Händler kaufen ihre Waren selber bei unterschiedlichen Bezugsquellen ein.

Gemischtwarenbetriebe, bei denen der Anteil solcher „Randsortimente" mindestens die Hälfte der Verkaufsfläche einnimmt, sind mit 231 Betrieben besonders häufig in der Lebensmittelbranche anzutreffen (= 11,1 % aller Lebensmittelgeschäfte). Bei Kiosken und Verkaufsbuden stellen Gemischtwarenkioske sogar die Hälfte aller Betriebe. Eine ausgesprochen lose Bindung an das Kernsortiment ist aber auch in anderen Branchen zu beobachten: So bot der Wrocławer Franchisenehmer von *Benetton* im Frühjahr 1995 auf fast der Hälfte der Verkaufsfläche Küchengeräte an. Im Herbst desselben Jahres ergänzten Haushaltswaren (Tupper-Ware) das eigentliche Kernsortiment Bekleidung (vgl. Foto 9).

Foto 9: *Benetton* in der ul. Piłsudskiego

Foto: R. Pütz 1996

5.2.2.2 Einfluß auf die Standortstruktur des Einzelhandels

Staatliche Ketten und Konsumgenossenschaften haben bis 1996 keine Investitionen in die Neueröffnung von Einzelhandelsbetrieben getätigt. Der Wandel in der Standortstruktur wird damit fast ausschließlich durch die Gründungsaktivitäten im privaten Einzelhandel bestimmt; hinzu kommen die Geschäfte ausländischer Unternehmen, deren Bedeutung seit 1995 zunimmt (vgl. Kapitel 5.2.3).

Die bisherigen Ausführungen belegen, daß sich die im westeuropäischen Einzelhandel vollziehenden Konzentrationsprozesse auf Unternehmens- und Betriebsseite in Wrocław umkehren. Gleichermaßen verhält es sich mit dem Wandel der Standortstruktur. So kann von dem in Westeuropa bekannten Konflikt zwischen Innenstadt und nichtintegrierten Standorten in Wrocław bislang noch kaum die Rede sein (vgl. Karte 8). Periphere Lagen wurden bislang nur vereinzelt entlang der Hauptausfallstraßen erschlossen. Dabei handelt es sich nur in einem Falle um einen stark frequentierten Verbrauchermarkt (*Marino* unter italienischer Beteiligung im Norden Wrocławs), ansonsten aber um zwei Baumärkte (*BauSpezi* im Nordosten und *Raab Karcher* im Südwesten) und Autohäuser ausländischer Hersteller (im Süden) (vgl. auch Karte 9, S. 195). Von dem Verkaufsflächenwachstum profitieren in erster Linie das Wrocławer Stadtzentrum und die innenstadtnahen Wohnviertel.

Auch nach Lagetypen unterscheidet sich das Wachstum des Einzelhandels in Wrocław grundlegend von dem in Westeuropa (vgl. Abb. 28): Der Gründungsboom erfaßt am stärksten die Streulagen in den Gründerzeitquartieren und Großwohngebieten, also Standorte, die in ostdeutschen Großstädten durch eine Vielzahl von Betriebsaufgaben gekennzeichnet sind (vgl. MEYER und PÜTZ 1997). In Ostdeutschland bestimmen westdeutsche Mehrbetriebsunternehmen und großflächige Geschäfte die räumliche Ordnung im Einzelhandel. In Wrocław wie in ganz Polen wird die Einzelhandelsstruktur demgegenüber von einheimischen und kleinen Einbetriebsunternehmen dominiert, was sich aufgrund deren unterschiedlicher Standortwahl in der Standortstruktur räumlich niederschlägt: Die bereits erwähnten Gründe „räumlich ungleiche Verfügbarkeit an Ladenlokalen" und „fehlendes Kapital, um Einzelhandelsstandorte zu erschließen, die aufgrund ihrer Größe nicht auf externe Kopplungspotentiale angewiesen sind" führen dazu, daß sich die Standortwahl der Jungunternehmer auf das lokale Nachfragepotential richtet. Die geringe Pkw-Verfügbarkeit der Konsumenten und deren Präferenz für den täglichen Einkauf begünstigen das Wachstum von wohnungsnahen Standorten.

Außer den Streulagen in den Wohngebieten verzeichnet die Wrocławer Innenstadt vor allem in den Randlagen ein hohes Einzelhandelswachstum, wodurch sich das Hauptgeschäftszentrums ausdehnt (vgl. Kapitel 5.3.2). Das Wachstum nichtintegrierter Standorte, die im Sozialismus bedeutungslos waren, konzentriert sich in der Frühphase des Transformationsprozesses auf die Gewerbegebiete der Stadt. Im Untersuchungszeitraum wurde es hauptsächlich von der Erweiterung der ehemaligen Produktionsstätten von *Domar* um 7 000 m^2 Verkaufsfläche bestimmt und darüber hinaus in hohem Maße durch Investitionen westeuropäischer Einzelhandelskonzerne dominiert. Neugründungen von Geschäften in nichtintegrierten Standorten auf der grünen Wiese sind bis 1996 demgegenüber die Ausnahme.

Erst 1997, nach Abschluß der letzten Erhebungen durch den Autor, werden hier vermehrt großflächige Einzelhandelsbetriebe errichtet, womit der Wrocławer Einzelhandel hinsichtlich des Wandels der Standortstruktur in eine neue Phase eintritt (vgl. Kapitel 6.3). Insgesamt erfährt die bis zur Wende stark zentralörtlich orientierte Standortstruktur des Einzelhandels eine erhebliche Dezentralisierung, und zwar unter Beibehaltung der klassischen Standortlagen „innerstädtische Zentren" und „integrierte Streulagen".

Karte 8: Räumliche Verteilung des Verkaufsflächenzuwachses in Wrocław, 1990-1996

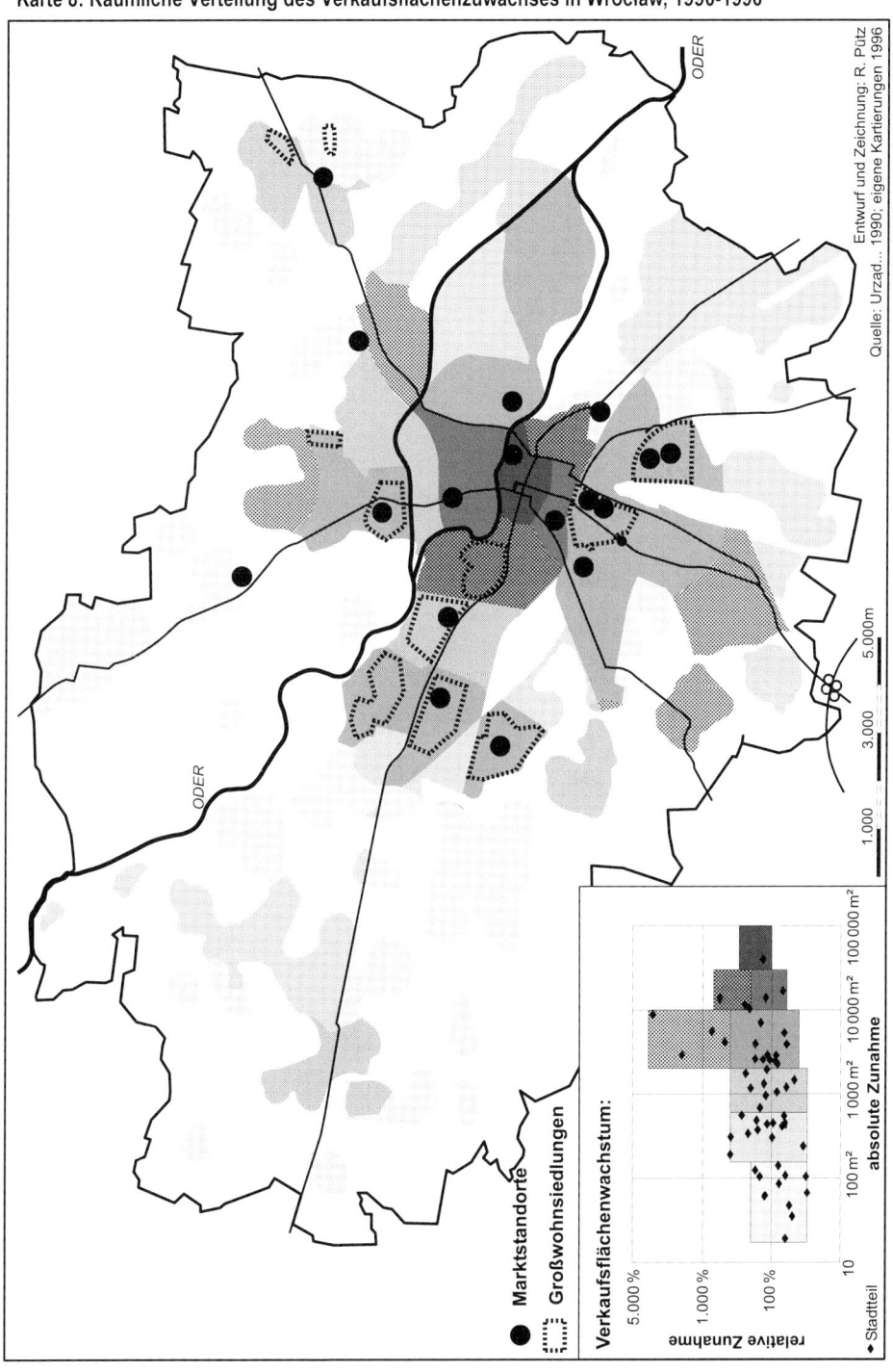

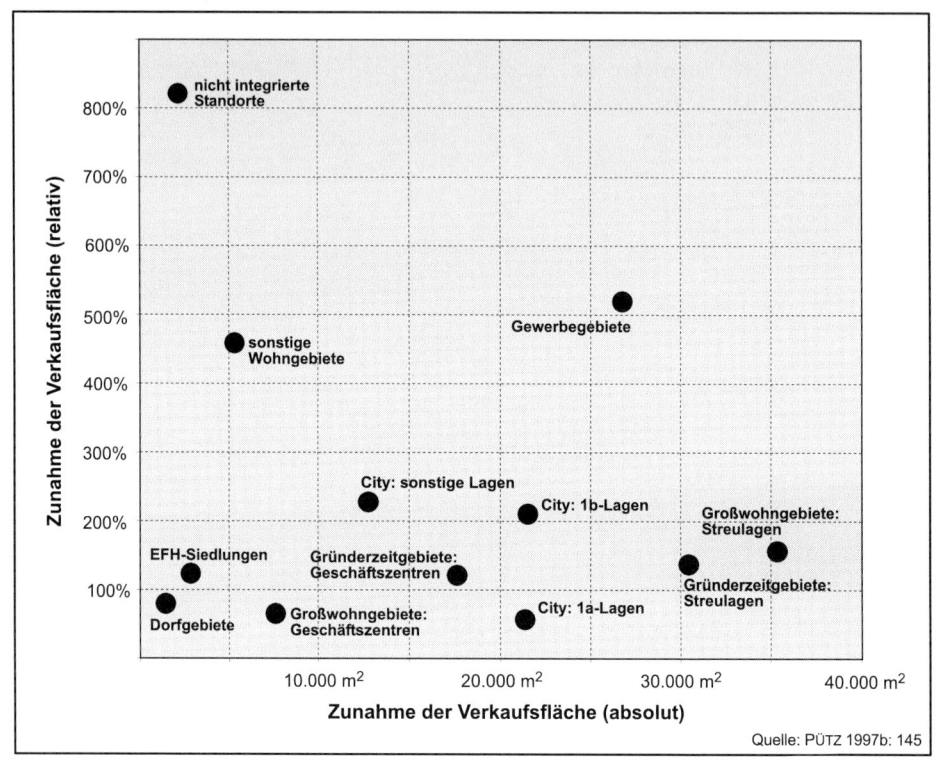

Abb. 28: Verkaufsflächenentwicklung in unterschiedlichen Standortlagen des Einzelhandels in Wrocław, 1990-1996

Quelle: PÜTZ 1997b: 145

5.2.2.3 Einfluß des Immobilienmarktes auf die Standortstruktur des Ladeneinzelhandels

Die Möglichkeiten politisch-administrativer Gremien, die Einzelhandelsentwicklung zu beeinflussen, unterliegen im Transformationsprozeß einem tiefgreifenden Wandel (vgl. detaillierter Kapitel 4.1.2): Auf der einen Seite sind die Steuerungsmöglichkeiten durch die Wiederherstellung des Marktpreismechanismus rapide gesunken. Mit der Liberalisierung der Faktormärkte ist zugleich eine „Wiederkehr" von räumlich differenzierten Lagerenten zu erwarten, welche die Standortstruktur des Einzelhandels stärker als die bislang dominierenden Funktionszuweisungen durch Planungsgremien beeinflussen. Auf der anderen Seite aber haben die kommunalen Gremien durch das „Gesetz über die territoriale Selbstverwaltung" erheblich an Gestaltungskraft gewonnen: Erstens erhielten sie die Planungshoheit in ihrem Gemeindegebiet – problematisch ist hierbei, daß die Gremien, die zur Umsetzung der neuen Entscheidungsbefugnisse notwendig sind, häufig noch gar nicht existieren (vgl. Kapitel 5.2.3.4). Zweitens sind sie durch die Kommunalisierung zum wichtigsten Eigentümer von Ladenlokalen geworden (vgl. Tab. 30, S. 135) und können die lokale Bodenmarktentwicklung maßgeblich beeinflussen.

Inwieweit die Stadtverwaltung von diesem Instrument Gebrauch macht, um die Standortstruktur des Einzelhandels zu steuern, wird im folgenden am Beispiel der Vergabepraxis von Ladenlokalen in kommunalem Eigentum analysiert. Dabei ist vorwegzuschicken, daß die Stadt Wrocław die Ladenlokale in ihrem Eigentum bis 1995 ausschließlich vermietete und nicht verkaufte. Hiervon versprach sie sich die Sicherung langfristiger Einnahmen und wollte zudem Verluste vermeiden, die sich aus einem Verkauf der Ladenlokale in einer Phase hoher Inflation ergeben hätten. Die Praxis bei der Vergabe von Mietverträgen änderte sich im Laufe des Transformationsprozesses dabei mehrfach (vgl. Tab. 37).

Tab. 37: Wandel der kommunalen Vergabemodalitäten von Ladenlokalen in Wrocław

Bis 1989:	staatlich fixierte Einheitsmieten
Ende 1989:	kommunale Fixierung von Mieten in staatlich vorgegebenem Rahmen
Sommer 1990:	kommunale Fixierung von Mieten: - 2 Gebietskategorien (Innenstadt, Außenbezirke) - 4 Branchenkategorien
Frühjahr 1991:	kommunale Fixierung von Mieten: - 6 Gebietskategorien (City, Innenstadt, Außenbezirke: jeweils Zentren- und Streulagen) - 8 Branchenkategorien
seit 1993:	zunehmend meistbietende Versteigerung von Mietverträgen (vor allem in Innenstadt)
seit 1995:	zunehmend Verkauf von Immobilien und Ladenlokalen

Quellen: Pressemitteilungen des Rates und Presseberichte in Wrocławer Tageszeitungen, eigene Interviews mit Behördenvertretern

Kommunale Immobilienmarktregulierung bis 1993

Im Sozialismus besaß die Kommune keine Möglichkeit, eigenständig über die Nutzung ihrer Ladenlokale zu entscheiden. Der Staat besaß die Option, jedes Ladenlokal für sich zu beanspruchen, wenn in diesem ein Betrieb des sozialistischen Einzelhandels etabliert werden sollte. Zudem bestand ein zentralstaatlich festgelegtes Mietensystem, das – je nach Nutzungsart – die Mieten für die betreffenden Ladenlokale fixierte. Erste Dezentralisierungen der Entscheidungsbefugnisse setzten im April 1989 ein, als der polnische Ministerrat den Gemeinden freistellte, innerhalb vorgegebener Grenzen Mieten nach eigenem Ermessen festzusetzen. Gleichzeitig erhöhte der Ministerrat die obere Mietgrenze von 150 zł. auf 1 000 zł. pro m^2 Geschäftsfläche. Die gewachsenen Entscheidungsspielräume nutzte der Wrocławer Stadtrat zur Einführung einer gestaffelten Miete, nach der in der Innenstadt sowie in den angrenzenden innenstadtnahen Wohnvierteln 1 000 zł. und in den peripheren Stadtteilen 500 zł. pro Quadratmeter Geschäftsfläche erhoben wurden. Diese Mieten galten gleichermaßen für Einzelhandel, Großhandel und Gastronomie.

Mit der Verabschiedung der „Ergänzungen zum Wohnbaugesetz von 1974" vom 1. Juni 1990 endete das zentralstaatlich vorgegebene Mietensystem. Die polnischen Gemeinden können seitdem Mieten nach eigenem Ermessen festsetzen. In der Folge verfeinerte die Wrocławer Stadtverwaltung das System räumlich und branchenmäßig gestaffelter Mietpreise, bis im Frühjahr 1991 ein Mietenkatalog mit sechs Gebiets- und 19

Nutzungskategorien – darunter fünf Branchenkategorien für den Einzelhandel – verabschiedet wurde (vgl. Tab. 38).

Tab. 38: Räumlich und branchenmäßig differenzierte Mietpreise für kommunale Ladenlokale, 1991

Branche	Mietpreise pro m² (in zł.)					
	„City"		„Innenstadt"		„Außenbezirke"	
	Zone I a	Zone I b	Zone II a	Zone II b	Zone III a	Zone III b
Einzelhandelsbetriebe						
Lebensmittelläden	160 - 320	30 - 200	40 - 160	20 - 80	20 - 60	10 - 50
Apotheken	80 - 120	60 - 100	50 - 80	40 - 70	20 - 60	10 - 50
Blumenläden, Buchhandlungen, Kioske	60 - 100	30 - 60	30 - 50	20 - 30	10 - 20	10 - 20
Antiquitätenhandel, Galerien, Antiquariate	10 - 20	5 - 10	5 - 10	5 - 10	5 - 10	5 - 10
sonstige Branchen	200 - 320	50 - 250	50 - 160	30 - 120	20 - 80	10 - 20
Dienstleistungsbetriebe (Auswahl)						
Gastronomie	160 - 320	30 - 200	20 - 160	10 - 80	10 - 60	10 - 40
Banken, Versicherungen, Reisebüros,	60 - 320	30 - 160	20 - 100	10 - 80	10 - 50	10 - 30
Bibliotheken, kulturelle Einrichtungen	5	5	5	5	5	5

Zone I a: **Hauptgeschäftsstraßen im Stadtzentrum**: Rynek, pl. Solny, ul. Oławska, ul. Ruska, ul. Wita Stwosza, ul. Kuźnicza, ul. Świdnicka, pl. Kościuszki, ul. Piłsudskiego, ul. Kołłątaja (Südteil)
Zone I b: **Altstadt** (Grenze: Alter Stadtgraben) und **Nebengeschäftsstraßen im Stadtzentrum** (ul. Kościuszki, ul. Rejtana, ul. Sądowa, ul. Bałuckiego, ul. Kołłątaja, ul. Piotra Skargi, ul. Gwarna, ul. Stawowa, pl. Czerwony, pl. Orląt Lwowskich)
Zone II a: **restliche Straßen im Stadtzentrum** und **Hauptgeschäftsstraßen in den innenstadtnahen Stadtteilzentren** Śródmieście (ul. Jedności Narodowej, pl. Grunwaldzki, ul. Szczytnicka, ul. Drobnera, ul. Dubois, ul. Chrobrego, ok. Traugutta (ul. Traugutta, ul. Dworcowa), Wrocław Süd (ul. Powstańców Śląskich) und Grabiszyń (ul. Pereca)
Zone II b: **restliche Straßen in den innenstadtnahen Wohngebieten** und **Hauptgeschäftsstraßen in den peripheren Stadtteilzentren** (ul. Trzebnicka, ul. Kraszewskiego, ul. Kieczkowska, ul. Żmigrodzka, ul. Kwiatowa, ul. Bezpieczna, ul. Zawalna, ul. Kromera, ul. Krzywoustego)
Zone III a: **restliche Straßen in den peripheren Stadtteilzentren**
Zone III b: **restliche Streulagen**
Quelle: Bekanntmachung der Stadtverwaltung Wrocław in: Wieczór Wrocławia vom 13.2.1991

Die kommunale Staffelung fixer Mietpreise kann als Versuch betrachtet werden, marktwirtschaftliche mit zentralverwaltungswirtschaftlichen Steuerungsmechanismen zu verknüpfen. Einerseits sollte den räumlich differenzierten Lagerenten und der unterschiedlichen Rentabilität der verschiedenen Branchen Rechnung getragen werden, indem die Miethöhen an geschätzte Marktpreise angenähert wurden. Andererseits sollte steuernd in die räumlich-funktionale Ordnung eingegriffen werden, indem solche Nutzungen, die der Stadtrat als erstrebenswert für eine zentrale Lage ansah, aus dem simulierten Marktpreismechanismus herausgenommen wurden. Im Einzelhandel betraf dies Antiquitätenhandlungen, Galerien und Antiquariate, die – nach Aussage des Stadtdirektors Bogdan ZDROJEWSKI – als förderlich für das Image Wrocławs als kulturelles Zentrum galten. Da die Künstler aber in der Regel „kein Geld" hätten und sich die steigenden Mieten im Stadtzentrum nicht leisten könnten, sollte im Westen des Ryneks eine Passage für Galerien und Kunsthandwerk eingerichtet werden, deren Mieten von der Stadt subventioniert werden sollten (vgl. auch Kapitel 5.3.2).

Gesteuerter versus freier Immobilienmarkt seit 1993

1993 stieg die Differenzierung der Mietpreise von Ladenlokalen im kommunalen Eigentum erheblich. Im Februar dieses Jahres nahm der Stadtrat nämlich vom Prinzip fixierter Preise Abstand und beschloß, Mietverträge über Versteigerungen meistbietend zu vergeben. Diese Vergabepraxis wird vornehmlich in der Innenstadt angewendet und betrifft hier gleichermaßen Geschäftsneugründungen und Privatisierungen. Hierdurch kam es zu einer Zweiteilung des Immobilienmarktes in Abhängigkeit von der Lage.

Erklärte Absicht der Gemeindevertreter ist es, in der Innenstadt die Citybildung zu forcieren, was gegenüber dem Autor auf die Formel „mehr hochwertige Geschäfte, mehr Gastronomie, mehr Dienstleistungen" gebracht wurde. Die vollständige Deregulierung des Immobilienmarktes galt als das probate Mittel zur Umsetzung dieses „Leitbildes". Lediglich die schon länger als zehn Jahre existierenden Privatbetriebe erhielten günstigere Mietkonditionen. Das bestätigen auch die Befragungen des Autors. Demnach bezahlten 1995 35,1 % der privaten Altunternehmen weniger als umgerechnet 6 DM Miete pro m^2 und weitere 48,6 % zwischen 6 und 15 DM. Bei privaten Neugründungen und privatisierten Unternehmen lagen die entsprechenden Werte mit 12,7 % bzw. 38,5 % sehr viel niedriger.

Außerhalb der Innenstadt wurde das Prinzip fixierter Mieten in Abhängigkeit von Lage und Branche weitgehend beibehalten. Einerseits sollte hierdurch die Verdrängung von weniger rentablen Einzelhandels- und Dienstleistungsbranchen gemindert werden, andererseits aber hätte eine Versteigerung jedes einzelnen Ladenlokals einen erheblichen Verwaltungsaufwand bedeutet. Daß dieser die Herstellung marktwirtschaftlicher Rahmenbedingungen im Einzelhandel verzögern kann, zeigt das Beispiel Tschechien, dessen Regierung konsequent am Prinzip der „marktgerechten" Allokation von Ladenlokalen durch Versteigerungen festhielt (vgl. Kapitel 4.2.2).

Konsequenzen für die Einzelhandelsstruktur

Die Zweiteilung des Immobilienmarktes hatte merkliche Folgen für den Strukturwandel im Einzelhandel, was insbesondere für die Innenstadt gilt (vgl. detaillierter Kapitel 5.3.2):
- Sie erhöhte die Fluktuation, da viele Einzelhändler aus Überschätzung ihrer Mietzahlungsfähigkeit Mietzinse jenseits der Rentabilitätsgrenze boten und frühzeitig wieder aus dem Markt ausscheiden mußten.
- Sie führte zu einer standortspezifischen Angebotsspezialisierung, da einerseits die weniger mietzahlungsfähigen Betriebe in periphere Lagen verdrängt wurden und andererseits zahlreiche Betriebe ihr Sortiment auf „rentablere Branchen" umstellten, was durch die hohe Flexibilität beim Warenbezug ermöglicht wurde.

Die standortspezifischen Anpassungsprozesse nehmen seit Mitte der 90er Jahre auch deshalb zu, weil immer mehr preislich fixierte Mietverträge auslaufen und auch die Vergünstigungen für „insider-privatisierte" Betriebe mit Ablauf der auf maximal zwei Jahre befristeten Mietverträge erlöschen. Außerdem beschloß der Stadtrat im Juli 1995, Ladenlokale vermehrt zu verkaufen statt zu vermieten. Damit werden die Mieten von immer mehr Ladenlokalen über den Marktpreismechanismus ermittelt, was zu einer weiteren Spreizung des Mietspiegels führen wird. Bereits 1996 liegen die von Privat-

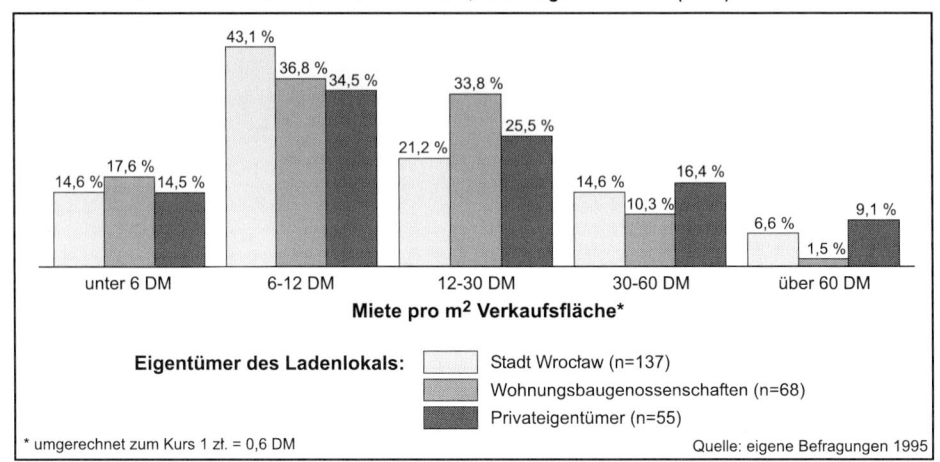

Abb. 29: Mieten im Wrocławer Ladeneinzelhandel, nach Eigentumsform (1996)

[Balkendiagramm mit folgenden Werten:]

Miete pro m² Verkaufsfläche*	Stadt Wrocław (n=137)	Wohnungsbaugenossenschaften (n=68)	Privateigentümer (n=55)
unter 6 DM	14,6 %	17,6 %	14,5 %
6-12 DM	43,1 %	36,8 %	34,5 %
12-30 DM	21,2 %	33,8 %	25,5 %
30-60 DM	14,6 %	10,3 %	16,4 %
über 60 DM	6,6 %	1,5 %	9,1 %

* umgerechnet zum Kurs 1 zł. = 0,6 DM   Quelle: eigene Befragungen 1995

Die Aussage der Graphik, daß die Mieten kommunaler Ladenlokale niedriger sind, verstärkt sich dadurch, daß sich überdurchschnittlich viele der befragten Betriebe in kommunalen Ladenlokalen im Stadtzentrum (mit potentiell hohem Mietniveau) befanden. Gleichzeitig war der Anteil von befragten Betrieben im Eigentum von Wohnungsbaugenossenschaften und Privateigentümern außerhalb des Stadtzentrums besonders hoch, also dort, wo die Mieten grundsätzlich niedriger liegen.

eigentümern erhobenen Mieten nämlich über denen der Wohnungsbaugenossenschaften und diese wieder über denen, welche die Stadt Wrocław verlangt (vgl. Abb. 29). Der Grund hierfür sind die unterschiedlichen Interessen bei der Vermietung der Ladenlokale. Während Privateigentümer, hierzu zählen auch privatisierte staatliche Unternehmen, aus an einer Maximierung der Mieteinnahmen interessiert sind, vergeben Wohnungsbaugenossenschaften ihre Ladenlokale häufig auch an weniger mietzahlungsfähige Betriebe, um eine Branchenstruktur in den Wohngebieten nach den Vorstellungen ihrer Mitglieder aufrechterhalten zu können (vgl. Kapitel 5.3.1).

Bereits an dieser Stelle wird auch deutlich, daß die Einzelhandelssteuerung durch Bodenmarktregulierung nur eingeschränkt möglich war, womit die These einer „Dualität" des Immobilienmarktes nur teilweise aufrecht erhalten werden kann. Dies gilt vornehmlich in den Großwohnsiedlungen, hier waren die Wohnungsbaugenossenschaften die wichtigsten Eigentümer, und in Gewerbegebieten der Stadt, dort blieb der Staat Eigentümer oder waren die staatlichen Unternehmer die Eigentümer ihrer Immobilien geworden. Wie zu sehen sein wird, schlug sich die räumlich ungleiche Verteilung des Immobilieneigentums aufgrund der unterschiedlichen Interessen bei der Vermietung der Ladenlokale auch in der Einzelhandelsentwicklung vor allem in den Gewerbegebieten nieder (vgl. Kapitel 5.3.3).

5.2.2.4 Betriebstypenwandel und Entwicklungsperspektiven im Ladeneinzelhandel

Es wurde bereits aufgezeigt, daß sich beim Übergang von der Plan- zur Marktwirtschaft transformationsspezifische Betriebstypen nach Formalisierungsgrad und Kapitalintensität ausdifferenzieren, zu denen als wichtigste Markthandel, Handel in Kiosken und

Verkaufsbuden und Warenhaushandel zählen. Hier stellt sich die Frage, wie erfolgreich diese Betriebstypen im Vergleich zum Ladeneinzelhandel den steigenden Wettbewerb bewältigen, der nicht nur durch die wachsende Zahl an einheimischen Anbietern, sondern vor allem auch durch die seit Mitte der 90er Jahre vermehrten Markteintritte westeuropäischer Handelsketten zunimmt (vgl. Kapitel 4.3.2).

In Kapitel 5.2.1 wurde bereits prognostiziert, daß der Markthandel zukünftig einen Bedeutungsverlust erleiden wird: Nur für einen kleinen Teil der Verbraucher bearbeitet er ein Marktsegment, das der Ladeneinzelhandel auch langfristig nicht abdecken kann. Auch die Betriebsbefragungen zeigen, daß die Konsumenten ihre Einkaufsgewohnheiten ändern und sie sich zunehmend vom Markthandel ab- und vermehrt den formelleren Betriebstypen zuwenden (vgl. Tab. 39). Der Einbruch des Passanten- und Kundenaufkommens im Markthandel belegt dies nachdrücklich. Gewinner der Umorientierung bei der Einkaufsstättenwahl sind der Ladeneinzelhandel und vor allem der Warenhaushandel. Letzterer ist besonders hervorzuheben, weil er die Vorteile des Ladeneinzelhandels wie „Sauberkeit und Hygiene" und des Markthandels wie „Angebotsvielfalt" miteinander verknüpft. Außerdem schafft der Warenhaushandel eine Einkaufsatmosphäre, wie sie – aufgrund der Vielzahl an kleinen Buden – der des Markthandels entspricht; im Vergleich zu diesem allerdings in einer sehr viel „formelleren" Art und Weise.

Tab. 39: Wirtschaftliche Situation und Nachfrageentwicklung ausgewählter Betriebstypen im Wrocławer Einzelhandel, 1995

	Laden-einzelhandel (n=527)	Markt-handel[1] (n=309)	Warenhaus-handel (n=75)
Wirtschaftliche Situation (Angaben in %)			
„gut"	26,2	27,5	30,9
„befriedigend"	46,0	47,0	54,4
„schlecht"	27,8	25,5	14,7
Nachfragesituation (Angaben in %)			
Entwicklung des **Passantenaufkommens**[2] seit 1994: „gestiegen"	12,6	19,5	23,9
„gesunken"	18,4	40,3	20,9
Entwicklung des **Kundenaufkommens** seit 1994: „gestiegen"	27,5	20,5	29,4
„gesunken"	28,9	46,2	22,1

[1] ohne Großhandelsmärkte, ohne Straßenhandel
[2] bei Warenhaushandel: Entwicklung Besucheraufkommen im Warenhaus
Quelle: eigene Befragungen 1995

Im betriebswirtschaftlichen Erfolg schlägt sich der Wandel des Einkaufsverhaltens bislang allerdings nur bedingt nieder. Vor allem im Ladeneinzelhandel entspricht die wirtschaftliche Situation der Betriebe nicht deren verbesserter Nachfragesituation. Aufgrund der bisherigen Analyse muß davon ausgegangen werden, daß hierfür insbesondere die höhere Kostenbelastung von Geschäften im Vergleich zum Markthandel vor allem durch die enorm gestiegenen Mietpreise verantwortlich sind.

Die steigenden Passanten- und Kundenzahlen im Warenhaushandel zeigen auch, daß sich die Verbraucher vermehrt Betriebsformen mit großen **Verkaufsflächen** zuwenden. Dies bestätigen auch Befragungen im Ladeneinzelhandel (vgl. Tab. 40): Größere Ge-

Tab. 40: Wirtschaftliche Situation des Ladeneinzelhandels in Wrocław, 1995 (in %)

	Betriebs-größe (Durch-schnitt Ver-kaufsflä-che[1])	Filialunternehmen				Einzelunternehmen				Summe
		staatl. (n=22)	genoss. (n=11)	privat[2] (n=34)	Summe	Neu-grün-dung (n=272)	privati-siert (n=166)	Alt-Betrieb (n=22)	Summe	
Wirtschaftliche Situation[3]										
„sehr gut"	156 m² (19)									
„gut"	100 m² (112)	25,0	18,2	60,6	42,2	31,0	17,7	15,1	25,6	26,2
„befriedigend"	54 m² (230)	55,0	45,5	33,3	42,2	47,2	46,3	45,2	45,5	46,0
„schlecht"	52 m² (85)	20,0	36,4	6,1	15,6	21,8	36,1	39,7	28,9	27,8
„sehr schlecht"	46 m² (54)									
Umsatzentwick-lung seit 1994[4]										
„stark gestiegen"	123 m² (23)									
„gestiegen"	72 m² (105)	36,8	22,2	42,3	37,0	34,2	23,5	19,1	27,8	29,0
„unverändert"	59 m² (156)	42,1	44,4	30,8	37,0	37,5	33,1	32,4	35,1	35,3
„gesunken"	64 m² (78)	21,1	33,3	26,9	25,9	28,3	43,4	48,5	37,1	35,7
„stark gesunken"	51 m² (80)									

[1] in Klammern: Anzahl Nennungen
[2] inkl. Filialen privater Industrieunternehmen
[3] „sehr gut" ist zusammengefaßt mit „gut", „sehr schlecht" mit „schlecht"
[4] „stark gestiegen" ist zusammengefaßt mit „gestiegen", „stark gesunken" mit „gesunken"

Quelle: eigene Befragungen 1995

schäfte geben weitaus häufiger als kleinflächige Ladenlokale an, steigende Umsätze und eine günstige wirtschaftliche Situation zu verzeichnen. Dieser Trend ist auf zweierlei zurückzuführen. Erstens trug die Größe der „Verkaufsfläche" im Sozialismus nur wenig zur Attraktivität eines Unternehmens bei, da normierte und enge Sortimente bestanden und leere Regale die Verkaufsflächen füllten. Zweitens konnten solche Angebotslücken im Sozialismus gerade kleine Privatbetriebe aufgrund ihrer anderen Warenbeschaffungskanäle bearbeiten. Mit der Einführung marktwirtschaftlicher Bedingungen ging dieser Wettbewerbsvorteil „Marktnischenbearbeitung" verloren: Die Angebotspalette im polnischen Einzelhandel hat sich seit der Wende vertieft und verbreitert, was größtenteils auf die Deregulierung des Imports westlicher Konsumgüter zurückzuführen ist. Mitte der 90er Jahre wird das Angebot fast aller Geschäfte durch Waren westlicher Hersteller geprägt. Durch diese Ausweitung des Warenangebots wurde die Verkaufsfläche wieder zu einem wichtigen Wettbewerbsfaktor.

Der Erfolg großflächiger Betriebe schlägt sich auch in der besseren wirtschaftlichen Situation von **Filialunternehmen** nieder (vgl. Tab. 40): Nach den Erhebungen des Autors haben Einzelunternehmen 1996 eine durchschnittliche Verkaufsfläche von 49,9 m² – die Verkaufsfläche von Filialen beträgt dagegen durchschnittlich 332,6 m². Hier bestehen allerdings gegenseitige Abhängigkeiten: Filialunternehmen verfügen außer über größere Verkaufsflächen auch über günstigere Einkaufskonditionen und damit größere Handelsspannen. Es sind dies Faktoren, die im Sozialismus nicht relevant waren, aber beim Übergang zur Marktwirtschaft über den wirtschaftlichen Erfolg der Unternehmen entscheiden. Wirtschaftlich am erfolgreichsten entwickeln sich private Filialunternehmen. Hierzu zählen privatisierte Mehrbetriebsunternehmen und Konsumgüterproduzenten, die eigene Filialnetze aufbauen. Einerseits ist die Kostensituation der Privatunternehmen aufgrund des geringeren Personalbestandes günstiger als die der Rumpfbetriebe des sozialistischen Einzelhandels. Andererseits scheint die Umstellung eingefahrener Warenverteilungsmechanismen auf wettbewerbsorientierte Distributionsstrategien schwerer zu fallen als der völlige Neueinstieg in den Einzelhandel.

Daß Umstellung problematischer sein kann als Neueinstieg, zeigt auch der wirtschaftliche Erfolg von neugegründeten, privatisierten und „alten", d. h. schon im Sozialismus privaten **Einbetriebsunternehmen** (vgl. Tab. 40): Insbesondere die privatisierten Betriebe verzeichnen eine ungünstige wirtschaftliche Situation. Die alten Bezugswege sind mit dem „Austritt" aus dem Mutterunternehmen weggebrochen, und die Betriebe müssen nun eigenständig über Wareneinkauf, Angebotspalette, Investitionen, Ladenöffnungszeiten und Marketingmaßnahmen entscheiden, wodurch die fachliche Qualifikation des Betriebsleiters zum entscheidenden Kriterium für den wirtschaftlichen Erfolg des Geschäftes wird – ein Kriterium, das bei der Stellenbesetzung im Sozialismus nur eine untergeordnete Rolle spielte. Bis auf den letztgenannten Punkt treffen die genannten Umstellungsprobleme sämtlich auch für Altbetriebe zu, die im Transformationsprozeß den größten Umsatzeinbruch verzeichnen. Wettbewerbsorientiertes Marktverhalten war bei den geringen Handlungsfreiheiten im Sozialismus nicht möglich und wegen des damaligen Wettbewerbsvorteils „Marktnischenbearbeitung" auch nicht nötig. Nach dem Übergang zur Marktwirtschaft entfiel dieser Wettbewerbsvorteil.

Wie sehr unternehmerische Fähigkeiten über den ökonomischen Erfolg entscheiden, offenbart auch die wirtschaftliche Situation **neugegründeter Unternehmen**. Nur 16 % der Ladenbesitzer, die Selbständigkeit als „Überlebensstrategie" verfolgten, können auf eine gute wirtschaftliche Situation verweisen. Bei denjenigen, die eine Wohlstandsstrategie verfolgten, liegt der entsprechende Anteil mit 35 % sehr viel höher. Noch deutlicher zeigen sich die Diskrepanzen bei der Umsatzentwicklung: Während nur 19 % der „zwangsweise" in den Einzelhandel gewechselten positive Umsatzentwicklungen verzeichnen, sind es bei den „freiwillig" gewechselten Händlern 50 % der Befragten. Diese Ergebnisse zeigen deutlich, daß die unterschiedliche Motivation zur Betriebsgründung in Wechselwirkung steht mit der besseren Fähigkeit zu unternehmerischem Handeln und der besseren Adaption des Verhaltens im Wettbewerb, was sich letztlich in wirtschaftlichem Erfolg niederschlägt.

5.2.3 Internationalisierung im Wrocławer Einzelhandel

Die Internationalisierung im Wrocławer Einzelhandel setzte im Vergleich zu anderen ostmitteleuropäischen Großstädten relativ spät ein, was dem Trend in ganz Polen entspricht (vgl. Kapitel 4.3.2). Im März 1992 eröffnete mit einem 990 m² großen Baumarkt des deutschen Unternehmens *BauSpezi* an der nordöstlichen Ausfallstraße Wrocławs das erste Geschäft eines ausländischen Investors. In der Folge nahmen die Gründungsaktivitäten kontinuierlich zu, und im Sommer 1996 existierten in Wrocław bereits 63

Tab. 41: Branchenstruktur der Filialen ausländischer Handelsketten und Unternehmen mit ausländischer Beteiligung in Wrocław, 1996

Branchengruppe[1]	Anzahl Betriebe	Anteil an allen Betrieben (in %)	Summe Verkaufsfläche (in m^2)	Anteil an Verkaufsfläche (in m^2)	Durchschnitt Verkaufsfläche (in m^2)
Lebens-, Genußmittel	6	8,3	18 070	48,9	3 012
Bekleidung, Textilien	26	36,1	3 355	9,1	129
Elektro, Computer	7	9,7	731	2,0	104
Kfz, Kfz-Bedarf	18	25,0	4 500	12,2	250
Kaufhaus	1	1,4	6 000	16,2	6 000
Summe Wrocław	72	100,0	36 924	100,0	513

[1] Geschäfte und Warenhaushandel
Quelle: eigene Erhebungen 1996

Geschäfte westeuropäischer Handelsketten (inkl. polnische Unternehmen mit ausländischer Mehrheitsbeteiligung). Hinzu kamen neun Filialen, die Verkaufsflächen in Kauf- und Warenhäusern polnischer Unternehmen anmieteten. Hinsichtlich der Zahl an Betriebsgründungen durch ausländische Unternehmen dominiert die Bekleidungsbranche mit 36,1 % aller Geschäftsneueröffnungen – die größten Verkaufsflächenanteile nimmt dagegen mit Abstand die Lebensmittelbranche ein (vgl. Tab. 41).

5.2.3.1 Markteintritt und Standortwahl

Markteintrittsphasen und Betriebsformendifferenzierung

In Anlehnung an die Ausführungen zur Betriebsformendifferenzierung infolge der Internationalisierung (Kapitel 4.3.2) läßt sich der Markteintritt ausländischer Handelsunternehmen in vier Phasen untergliedern, die durch spezifische Branchen- und Betriebsformenmerkmale und eine unterschiedliche Standortwahl gekennzeichnet sind: Die Expansion von Fachgeschäften in innerstädtischen Lagen, der später einsetzende Markteintritt des großflächigen Lebensmitteleinzelhandels in wohnungsnahen Lagen, das sich seit 1996 vollziehende Wachstum großflächiger Fachmärkte in nichtintegrierten Lagen und die 1998 beginnende Etablierung von Shopping-Centern:

- In den Jahren 1993 bis 1994 eröffneten in Wrocław fast ausschließlich **Fachgeschäfte** des gehobenen Bedarfs, vornehmlich der Bekleidungsbranche. Diese bis in die Gegenwart zahlenmäßig zunehmenden Betriebe – häufig handelt es sich um Niederlassungen westlicher Produktionsfirmen, die in Polen eigene Distributionsnetze aufbauen – richten ihre Marktbearbeitungsstrategien an die kleine Schicht einkommensstarker Bevölkerungsschichten, die westlichen Bekleidungs- und Luxusartikeln einen hohen Konsumnutzen zumessen. In Wrocław zählen hierzu neben *Stefanel*, *Deni Cler* (Mode) und *Guerlain* (Parfümerie) Unternehmen mit jungen Zielgruppen wie *Benetton* und *Levis* bzw. *Adidas* im Sportartikelsegment. Außerdem expandierten frühzeitig Fachgeschäfte für Computer wie *Escom* und *Vobis*, die mit preisgünstigen Angeboten eine hohe Nachfrage abschöpfen konnten.

Karte 9: Räumliche Verteilung ausländischer Investitionen im Wrocławer Einzelhandel, 1997

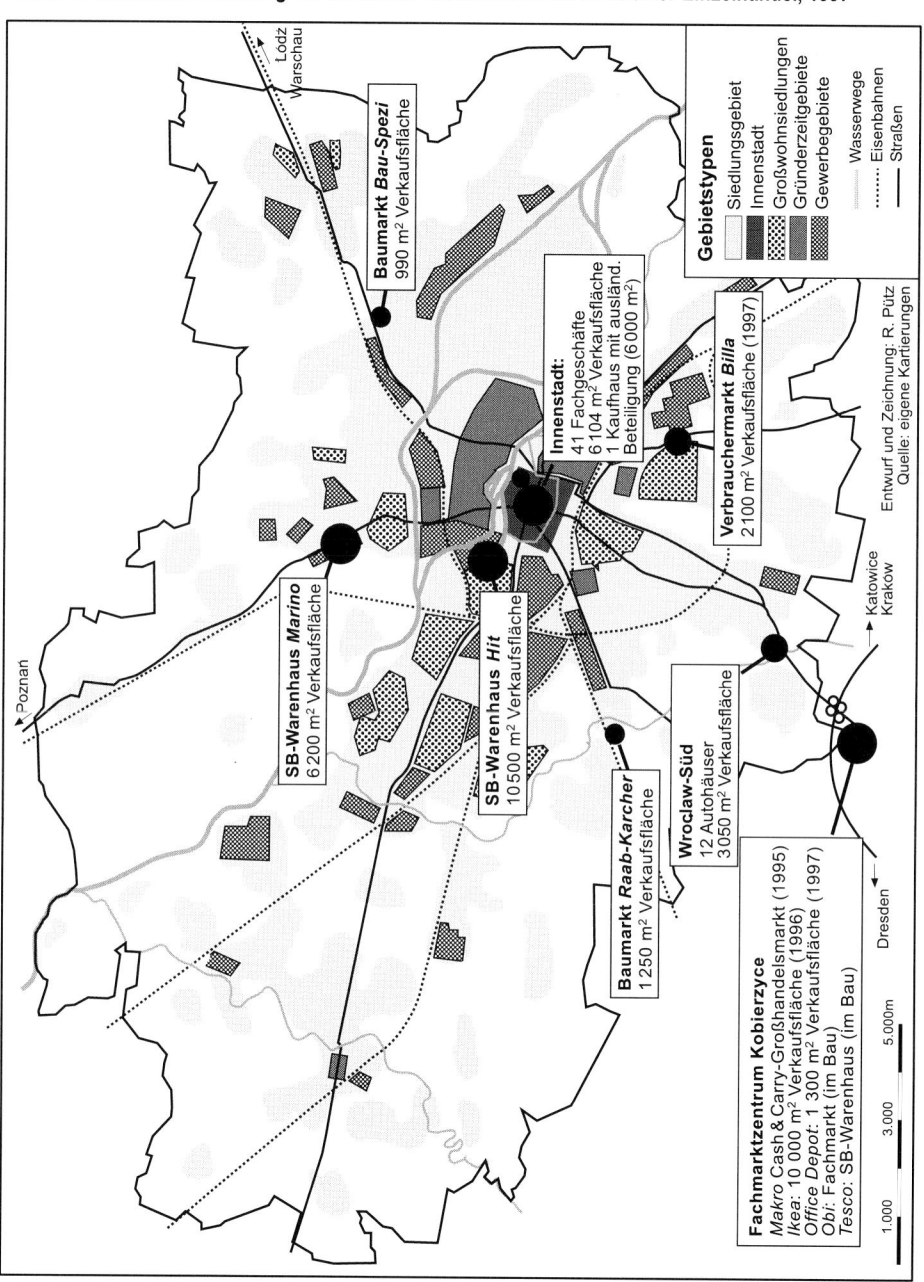

Bekleidungsgeschäfte des gehobenen Bedarfs wählen nahezu ausschließlich Standorte in den schon vor dem Sozialismus besten Lauflagen der Wrocławer Innenstadt, wo sie 1996 mit 41 Betrieben auf über 6 000 m² Verkaufsfläche vertreten sind (vgl. Karte 9). Hinzu kommt das Kaufhaus *Solpol*, das Ende 1993 mit ausländischer Beteiligung eröffnet wurde und ca. 6 000 m² Verkaufsfläche umfaßt. Im Wettbewerb um zentrale Standorte können sich die ausländischen Niederlassungen aufgrund ihrer höheren Mietzahlungsfähigkeit im deregulierten Immobilienmarkt durchsetzen und tragen zu einer „nachholenden Citybildung" in der Wrocławer Innenstadt bei (vgl. Kapitel 5.3.2).

- 1995 setzte in Wrocław mit der Expansion des großflächigen **Lebensmitteleinzelhandels** die zweite Phase der Internationalisierung ein. In diesem Jahr eröffneten die beiden SB-Warenhäuser *Marino*, das unter Beteiligung italienischen Kapitals an der nördlichen Ausfallstraße entstand, und *Hit* (*Dohle*-Gruppe) westlich der Wrocławer Innenstadt. Im September 1996 kam der Verbrauchermarkt von *Billa* (*Rewe*-Gruppe) als dritte Neugründung hinzu. Weitere Eröffnungen westeuropäischer Lebensmittelfilialen sind geplant.

  Die Standortwahl der Lebensmittelfilialisten orientiert sich an überlokal bedeutenden Verkehrsachsen bei zugleich enger räumlicher Anbindung an hohe Bevölkerungskonzentrationen (vgl. Karte 9). In Wrocław wurden bis 1997 ausschließlich Standorte in oder am Rande von Gewerbegebieten genutzt, in denen durch Schließungen von Industriebetrieben Flächen freigeworden waren und die randlich zu großen Neubausiedlungen lagen. Der Standortvorteil „überlokal gute Erreichbarkeit" verknüpft sich hier mit einem hohen lokalen Nachfragepotential. Angesichts des in Polen bislang dominierenden täglichen Lebensmitteleinkaufs und der geringen Pkw-Verfügbarkeit ist dies ein wichtiger Standortfaktor. Die westeuropäischen Unternehmen kaufen die Flächen in Gewerbegebieten oft von liquidierten oder staatlichen Unternehmen oder privatisierten Unternehmen (häufig handelt es sich auch um bislang ungenutzte Freiflächen) und entziehen sich damit dem planerischen Zugriff der kommunalen Behörden (vgl. Kapitel 5.2.3.4).

- Mit der zunehmenden Expansion von **Fachmärkten** an nichtintegrierten Standorten setzt Ende 1996 in Wrocław die dritte Phase der Internationalisierung ein. Zu diesem Zeitpunkt, wenige Monate nach den Erhebungen des Autors, eröffnete *Ikea* ein 10 000 m² großes Einrichtungshaus in Kobierzyce südlich der Wrocławer Stadtgrenze (vgl. Karte 9). Mit der Eröffnung eines Büroartikelfachmarktes der amerikanischen Kette *Office Depot* (1997) und den im Bau befindlichen großflächigen Einzelhandelsbetrieben von *Obi* und *Tesco* wird sich hier auf der „grünen Wiese", in verkehrsgünstiger Lage an der Autobahn mittelfristig ein – ungeplantes – Fachmarktzentrum etablieren.

  Ähnliche Einzelhandelsgroßprojekte an nichtintegrierten Standorten planen auch andere ausländische Investoren. So erwarb *Obi* nach Presseberichten[68] im Sommer 1996 ein 13 ha großes Grundstück an der Fernstraße nach Łódź-Warschau, auf dem ein Fachmarktzentrum mit vier Fachmärkten, einem SB-Warenhaus sowie Gastronomiebetrieben auf insgesamt 50 000 m² Verkaufsfläche entstehen soll. Investitionspläne in ähnlichem Umfang verfolgt der französische Konzern *Leclerc*.

- 1998 beginnt mit der Eröffnung von **Shopping-Centern** eine vierte Phase in der Internationalisierung, die – außerhalb des Stadtzentrums – erstmals nicht nur auf den

---

[68] vgl. „Pięc hitów w jednym" (Fünf Hits in einem). In: Gazeta Wyborcza vom 5.8.1996; „Gigantów coraz więcej" (Giganten nehmen weiter zu). In: Gazeta Wyborcza vom 30.5.1996.

grundnutzenorientierten Einkauf zielt. Die Expansion von Shopping-Centern wird vor allem von international agierenden Entwicklungsgesellschaften vorangetrieben, die nun auch in Polen eine günstige Kapitalverzinsung erwarten. So kaufte die dänische Developer-Gesellschaft *Thorkild Kristensen* im Januar 1997 ein 9 ha großes Gelände aus Privatbesitz im Wrocławer Stadtteil Zakrzów, unmittelbar vor der Stadtgrenze an der Hauptstraße nach Warschau. An dieser Stelle sollen 1998 800 Mio. Dollar in ein Einkaufszentrum mit SB-Warenhaus und mehr als 50 Geschäften investiert werden. Mit 18 000 m^2 Verkaufsfläche und der Integration von Multiplexkinos, Sportstätten und gastronomischen Einrichtungen wird das Einkaufszentrum auch „Erlebniseinkäufer" ansprechen, ein Nachfragesegment, das im polnischen Einzelhandel derzeit noch unbedeutend ist. 1997 verhandelt das Unternehmen mit interessierten Einzelhandelsfirmen, darunter auch lokale Händler, die sich in dem Shopping-Center einmieten wollen und an deren Bedürfnissen sich die endgültige Raumaufteilung orientieren wird.

Traditionelle versus „moderne" Standortlagen

Mit dem Markteintritt ausländischer Handelsketten kommt es in Wrocław zur Verbreitung von Betriebsformen, die im einheimischen Einzelhandel bislang unbekannt waren. Dabei ist bis 1997 eine ausgesprochene Polarisierung festzustellen: Wenigen hochpreisigen Unternehmen des Top-Segments steht eine Vielzahl niedrigpreisiger Betriebsformen gegenüber. Insgesamt ist der Anteil ausländischer Betriebe an den Geschäften in Wrocław mit 1,3 % noch gering. Aufgrund der großflächigen Betriebsformen beträgt ihr Anteil an der Verkaufsfläche jedoch schon mehr als 10 %. Die Standortwahl ist dabei ausgesprochen selektiv und richtet sich fast ausschließlich auf drei Stadtteiltypen (vgl. Tab. 42):

- 54 % aller Betriebsneugründungen westeuropäischer Einzelhandelsunternehmen und 31,3 % der hierdurch verwirklichten Verkaufsflächen richten sich auf die Innenstadt, wo die Unternehmen von der marktorientierten Ladenlokalvergabe der Gemeinde profitieren. Ausländische Handelsketten stellen hier insgesamt 3,5 % aller Betriebe und 10,4 % der Verkaufsfläche. Die stärkste Expansion findet dabei in den Lagen statt, die bereits vor dem Krieg die Hauptgeschäftsstraßen waren. In diesen „erneuerten" 1a-Lagen der City nehmen Niederlassungen westeuropäischer Unternehmen bereits 15,7 % der Verkaufsfläche ein.
- 12,7 % der Betriebsneugründungen und 35,4 % der Verkaufsflächen ausländischer Ketten liegen in den Großwohnsiedlungen. Im Unterschied zur Innenstadt, wo auf vorhandene Ladenlokale zurückgegriffen werden konnte, mußten ausländische Unternehmen hier erst Neubauten errichten, weswegen der Anteil an der Gesamtzahl der Betriebe 1996 gering ist. Aufgrund ihrer Großflächigkeit nehmen sie aber bereits 16,4 % der Verkaufsflächen ein.
- 23,8 % der Betriebsneugründungen und 31,6 % der Verkaufsflächen ausländischer Ketten richteten sich auf die Gewerbegebiete und andere nichtintegrierten Lagen. Die Unternehmen profitieren hier davon, daß sich das Immobilieneigentum im Besitz des Staates oder staatlicher Unternehmen befindet und dem Einfluß kommunaler

Tab. 42: Filialisierungsgrad des Einzelhandels in den Wrocławer Stadtteiltypen, 1996

Stadtteiltyp	Anteil an Betrieben (in %)			Anteil an Verkaufsfläche (in %)		
	polnische Ketten	ausländische Ketten	Einzelunternehmen	polnische Ketten	ausländische Ketten	Einzelunternehmen
Innenstadt	6,2	3,5	90,3	18,6	10,4	71,0
Gründerzeitgebiete	4,1	0,2	95,7	13,0	0,6	86,4
Großwohngebiete	5,6	0,7	93,7	24,8	16,4	58,8
Alte Dorfgebiete	7,9	1,0	91,1	13,1	1,9	85,0
EFH²-Siedlungen	3,9	-	96,1	13,8	-	86,2
Sonstige Wohngebiete	6,1	-	93,9	5,8	-	94,2
Gewerbegebiete	6,8	11,1	82,1	34,7	32,7	32,6
Nichtintegrierte Lagen	-	9,5	90,5	-	39,5	60,8
Summe Wrocław	5,0	1,3	93,6	19,7	11,2	69,1

¹ nur Geschäfte
² Einfamilienhaus
Quelle: eigene Erhebungen 1996

Planungsgremien so entzogen ist. In diesen Lagen stellen westeuropäische Handelskonzerne 1996 bereits mehr als ein Drittel der Verkaufsflächen.

Die Standortstruktur ausländischer Einzelhandelsunternehmen überlagert in Wrocław das Standortmuster, das sich aus dem Gründungsboom einheimischer Geschäftsgründer entwickelt hat. Mit dem Markteintritt ausländischer Unternehmen hat sich zugleich die Wettbewerbssituation im Wrocławer Einzelhandel grundlegend geändert. Aufgrund der spezifischen Betriebsformen und Standorttypen lassen dabei zwei Formen der Wettbewerbsverschärfung feststellen:

- Unternehmen des gehobenen Fachhandels zielen vorwiegend auf die kleine Schicht der Besserverdienenden. Sie erhöhen weniger den Wettbewerb um Marktanteile als vielmehr den Wettbewerb um zentrale Standorte in der Innenstadt (vgl. Kapitel 5.3.2).
- Großflächige Betriebsformen des Lebensmitteleinzelhandels und Fachmärkte zielen auf die Nachfrage nach Gütern der Massenkonsumtion und sprechen breite Bevölkerungsschichten an. Von ihnen geht ein besonders starker Wettbewerbsdruck um Marktanteile auf den einheimischen Einzelhandel aus.

In Kapitel 4.3.2 wurde bereits ausgeführt, daß die von der Internationalisierung ausgehenden Impulse in Richtung einer „Modernisierung" des polnischen Einzelhandels räumlich disparitär verlaufen, da die westeuropäischen Konzerne bislang nur in polnischen Großstädten expandieren, die durch eine vergleichsweise hohe Kaufkraft und Bevölkerungsdichte geprägt sind. Bei der geringen Pkw-Verfügbarkeit der Verbraucher ist für die Betriebe des großflächigen Lebensmitteleinzelhandels darüber hinaus zu erwarten, daß auch auf der kommunalen Ebene der Wettbewerb zunächst kleinräumig begrenzt zunimmt und sich auf die von westlichen Unternehmen bevorzugten Standortlagen beschränkt. Ob dies zutrifft und sich die in Kapitel 2.1.2.2 angenommene „Modernisierung" auch auf der lokalen Ebene räumlich differenziert vollzieht, wird im folgenden untersucht. Am Beispiel des westdeutschen Unternehmens *Hit* werden dabei zunächst die durch den Markteintritt verursachten Veränderungen der Wettbewerbsverhältnisse analysiert. Anschließend werden die Folgen des Markteintritts hinsichtlich einer „Modernisierung" des lokalen Einzelhandels untersucht, und es wird beleuchtet, welche Rolle die politisch-administrativen Steuerung beim Wandel der Standortstruktur im Wrocławer Einzelhandel einnimmt.

5.2.3.2 Einfluß auf lokale Wettbewerbsverhältnisse. Beispiel *Hit*

Eintritt auf den polnischen Markt

Die SB-Warenhauskette *Hit* (*Dohle*-Gruppe) ist ein Vorreiter bei der Expansion des westeuropäischen Lebensmitteleinzelhandels auf dem polnischen Markt. Als das Unternehmen Ende 1993 sein erstes SB-Warenhaus in Warschau eröffnete, hatten zuvor nur die belgische *GIP* und das französische Unternehmen *Leclerc* großflächige Lebensmitteleinzelhandelsbetriebe in Polen gegründet. Die meisten anderen westeuropäischen Lebensmittelketten expandierten erst 1995, als ein wahrer Boom der Internationalisierung einsetzte (vgl. Tab. 26, S. 121).

Die Niederlassung von *Hit* in Wrocław wurde am 29.11.1995 als zweites SB-Warenhaus des Unternehmens in Polen eröffnet. Zwei Jahre später unterhielt *Hit* bereits sechs Standorte im Land. Im Jahr 2000 will das Unternehmen nach Aussage des Managements 20 Filialen in den größten polnischen Städten betreiben. Beim Markteintritt in Polen, der ausschließlich auf dem Wege der „internen Expansion" erfolgt, überträgt *Hit* seinen in Westdeutschland erprobten Sortimentsmix „ohne Abstriche oder Anpassungen" auf den polnischen Markt. Die Warenbelieferung erfolgt dabei direkt vom Produzenten, wobei die Unternehmensleitung betont, daß 80 % des Warenwertes mittlerweile in Polen hergestellt würden. Lediglich Milchprodukte und Backwaren würden dabei von lokalen Produzenten bezogen, der Rest der Ware werde von allen polnischen *Hit*-Märkten bei jeweils einem zentralen Produzenten eingekauft. Im Unterschied zur Sortimentsstruktur und der Warenplazierung sei im Vergleich zu den deutschen Märkten nur die Bauweise der SB-Warenhäuser modifiziert worden: Diese würden in einer eigens für den polnischen Markt entwickelten Container-Fertigbauweise errichtet, die gegenüber den in Deutschland verwendeten Bauten einfacher gestaltet und aufgrund ihrer Normierung erheblich preiswerter sei.

Hit in Wrocław

Die Wrocławer Filiale hat eine Verkaufsfläche von 10 500 m^2, wovon mehr als 70 % dem niedrigpreisorientierten Verkauf von Lebensmitteln dienen. Nach Erhebungen des Autors handelt es sich dabei überwiegend um in Polen produzierte Waren westeuropäischer Hersteller. Hinzu kommen 630 m^2 Verkaufsfläche in sieben kleineren Ladenlokalen einer „Mall" im Eingangsbereich von *Hit*, von denen vier an andere Unternehmen untervermietet sind. Darunter befinden sich mit *Ruch* und *Foto Joker* (mit Beteiligung von *Agfa*) zwei landesweit operierende Ketten, mit denen *Hit* auch in Warschau zusammenarbeitet. Weitere Ladenlokale betreiben das Wrocławer Unternehmen *Nabuk* (Bekleidung) sowie ein örtliches Schuhgeschäft.

Die Standortwahl von *Hit* in Wrocław entspricht laut Unternehmensleitung den Standortstrategien, die das Unternehmen in ganz Polen verfolgt. Aufgrund der geringen Pkw-Verfügbarkeit der Bevölkerung und deren Bevorzugung des täglichen Einkaufs in Wohnungsnähe suche *Hit* seine Standorte grundsätzlich in der Nähe von Stadtzentren oder/und hohen Bevölkerungskonzentrationen. Nach den Ausführungen in Kapitel 4.3.2 liegt hierin die einzige wesentliche Anpassung an polnische Marktbedingungen bei einer ansonsten unmodifizierten Multiplikation des erprobten Distributionskonzeptes.

In Wrocław fand *Hit* für seine Zwecke optimale Standortbedingungen in einem Gewerbegebiet am Rande der Großwohnsiedlung Szczepin, knapp einen Kilometer von der Wrocławer Innenstadt entfernt (vgl. Karte 9). Hier liegt das Gelände eines 1988 stillgelegten Industriebetriebes, das *Hit* 1994 von der Stadt erwarb. Auf dem Gelände waren schon in den Regionalplänen der 80er Jahre Handelsfunktionen zugelassen worden, weswegen für die Ansiedlung von *Hit* keine planungsrechtlichen Hindernisse bestanden. Die Stadt ihrerseits, die zum damaligen Zeitpunkt noch über keine Erfahrungen mit großflächigen Handelseinrichtungen verfügte und noch kein Leitbild zur Einzelhandelsentwicklung im Stadtgebiet erarbeitet hatte, machte dem Unternehmen nach Aussage des Managements keine Vorschriften hinsichtlich Verkaufsfläche, Bauweise, Infrastrukturausstattung oder ähnlichem.

Im Jahr 1996 beschäftigte *Hit* in Wrocław 500 Mitarbeiter, deren Zahl nach einigen Monaten auf 440 reduziert wurde. Die Marktleitung besteht aus einem Team mit fünf deutschen Mitarbeitern, die schon in Deutschland zusammenarbeiteten. Nach einer „Anlaufzeit" sei geplant, die Filialleitung einem Zweierteam, bestehend aus einem Deutschen und einem Polen, zu übergeben. Wie auch andere Untersuchungen zum Markteintritt westlicher Konzerne in Osteuropa bestätigen (z. B. REYNOLDS 1997), sei es jedoch das größte Problem, qualifizierte polnische Mitarbeiter zu finden.

Außerdem beschäftigt *Hit* 38 Angestellte einer privaten Sicherheitsfirma, welche die Ladeneingänge und die Kassenbereiche kontrollieren und ständig über das gesamte Gelände patrouillieren. Der Grund für diese umfangreichen Sicherheitsmaßnahmen liegt nach Aussage der Unternehmensleitung darin, daß bei *Hit* täglich Bomben- und sogar Morddrohungen eingingen. Zudem vergehe kein Tag, an dem die kommunalen Behörden nicht „irgendwelche Kontrollen" durchführten, was das Unternehmen auf Anzeigen von Inhabern benachbarter Geschäfte und einer örtlichen Händlervereinigung zurückführt (s. u.). Auch ufere die Kampagne der polnischen Einzelhändler „teraz Polska" dergestalt aus, daß die Werbeträger des Unternehmens im ganzen Stadtgebiet durch Graffities mit deutschfeindlichen Ressentiments verunstaltet würden. Die Aufschrift „Polaku nie kupuj u *Hit*lera" (Pole, kauf nicht bei *Hit*ler) konnte auch der Autor häufig beobachten.

Nachfragesituation und Beeinflussung der lokalen Wettbewerbsverhältnisse

Die wirtschaftliche Situation von *Hit* bezeichnet die Unternehmensleitung als „außerordentlich gut". Das SB-Warenhaus werde von der Wrocławer Bevölkerung voll angenommen und zähle wöchentlich mehr als 70 000 Kunden. Die Zielsetzungen des Unternehmens, in Polen pro Woche etwa 10 % der Bevölkerung einer Stadt zu erreichen, werde hierdurch sogar noch übertroffen. Den Erfolg des Unternehmens zeigen auch die Besucherzählungen des Autors im Frühjahr 1996. Demnach gehört *Hit* zu den am meisten frequentierten Einzelhandelsstandorten in der Stadt (vgl. Abb. 22, S. 164). Aufgrund seiner Nähe zur Großwohnsiedlung Szczepin kann das SB-Warenhaus auch von Konsumenten aufgesucht werden, die nicht über einen Pkw verfügen. Es erreicht deshalb – wie Stichprobenzählungen ergaben – höhere Besucherfrequenzen als das SB-Warenhaus *Marino*, das 25 Fußminuten nördlich der Neubausiedlung Różanka liegt.

Trotz des hohen Anteils an Besuchern aus der Nachbarschaft wird das SB-Warenhaus stark von der Bevölkerung anderer Stadtteile frequentiert. Der Vergleich des Einkaufsverhaltens der Besucher von *Hit* mit dem der Besucher anderer Einkaufsstätten zeigt überdies deutlich, daß die von vielen befragten Experten postulierte „Präferenz für den täglichen Einkauf in Wohngebietsnähe" für *Hit* nicht zutrifft: Obwohl *Hit* – im Vergleich zu den anderen Einkaufsstätten – überdurchschnittlich viel zum Einkauf von Lebensmitteln genutzt wird, kommt eine überdurchschnittlich große Anzahl an Besuchern aus „anderen Stadtbezirken" und gibt überdurchschnittlich hohe Summen beim Einkauf aus. Diese Vergleichsdaten belegen – wie auch die häufigere Nutzung des Pkws für den Einkauf – eindeutig einen Trend zum Wochengroßeinkauf (vgl. Tab. 43).

Die Befragungsergebnisse zeigen, daß sich das Einkaufsverhalten der Bevölkerung im Transformationsprozeß wandelt. Einerseits wurde das Einkaufsverhalten bislang stärker von den eingeschränkten Konsummöglichkeiten im Sozialismus mit preislich und qualitativ kaum differenziertem Warenangebot geprägt – dieses „erzwungene" Einkaufsverhalten wird in der Marktwirtschaft nicht lange Bestand haben. Andererseits adaptieren wachsende Anteile der Bevölkerung „westliche" Konsummuster und Einkaufsgewohnheiten – dies wird sich verstärken mit steigendem Realeinkommen und der Möglichkeit, individuelle Konsumpräferenzen auszubilden. Schon 1996 wird *Hit* überproportional von Beziehern höherer Einkommen frequentiert, die ein „moderneres" Einkaufsverhalten als die ärmeren Bevölkerungsschichten pflegen: Sie besuchen weitaus seltener den Markthandel, der aufgrund seiner schon im Sozialismus hohen Bedeutung eine größere Verhaltenssicherheit für traditionell orientierte Bevölkerungsgruppen bieten dürfte, als das bislang unbekannte, westlich gestaltete SB-Warenhaus. Einen Wandel im Einkaufsverhalten der Polen belegt auch eine repräsentative Stichprobenumfrage (n=1 000) des Marktforschungsinstituts *Pentor* im Jahre 1995: Bei der Frage nach den „wichtigsten Faktoren für die Wahl des Geschäftes" nannten 48 % der Befragten die „Nähe zur Wohnung". Bei einer ähnlichen Umfrage 1992 waren dies noch 54 %. Als Entscheidungskriterien für die Einkaufsstättenwahl gewannen mit „niedrige Preise" (1995: 55 %; 1992: 48 %) und „Sortimentsbreite" (36 %; 25 %) Faktoren an Bedeutung, die eindeutig großflächigen, niedrigpreisorientierten Angebotsformen wie *Hit* zugute kommen.

Durch die Eröffnung von *Hit*, das innerhalb kurzer Zeit große Marktanteile gewinnen konnte, nahm der Wettbewerbsdruck auf den einheimischen Einzelhandel erheblich zu. Dies gilt zunächst für die kleinräumige Ebene: Wenn ein Fünftel der Besucher von *Hit* zu Fuß in das Geschäft kommt, bedeutet dies, daß wöchentlich etwa 14 000 Einkaufsgänge der Bewohner der Großwohnsiedlung Szczepin zu *Hit* führen und daß den

Tab. 43: Einkommen und Einkaufsverhalten der Besucher von *Hit* im Vergleich zu den Besuchern anderer Einkaufsstätten

Merkmale der Besucher	Hit	alle übrigen Befragten
Haushaltseinkommen		
weniger als 400 zł. (~ 240 DM)	1,4 %	14,2 %
mehr als 1 500 zł. (~ 900 DM)	41,1%	17,3 %
Verkehrsmittelwahl		
PKW	59,8 %	18,9 %
öffentlicher Nahverkehr	19,7 %	32,3 %
zu Fuß	20,1 %	44,3 %
Wohnort in Nachbarschaft*	26,5 %	47,7 %
gekaufte Waren		
Lebensmittel	72,4 %	59,2 %
Drogeriebedarf	13,6 %	6,2 %
Bekleidung	4,2 %	17,6 %
ausgegebene Summe		
weniger als 25 zł. (~ 15 DM)	13,4 %	43,7 %
mehr als 100 zł. (~ 60 DM)	35,0 %	21,0 %
Einkaufshäufigkeit		
mehr als 2 mal in der Woche	19,2 %	46,4 %
1-2 mal in der Woche	34,7 %	23,1 %
Besuch des Markthandels in der „vergangenen Woche"	40,8 %	58,2 %

* Bezirk des Befragungsortes
Hit (n=229), alle übrigen Befragten (n=1 777)
Quelle: eigene Befragung

Händlern dort damit erhebliche Marktanteile entzogen werden. Bereits vier Monate nach der Eröffnung von *Hit* mußten fünf kleine Lebensmittelbetriebe in der benachbarten Großwohnsiedlung schließen. Mit den Markteintritten weiterer westeuropäischer Lebensmittelfilialisten werden solche Betriebsschließungen des kleinflächigen Einzelhandels erheblich zunehmen. Vor dem Hintergrund des gesunkenen Realeinkommens der Bevölkerung ist der Preis nämlich eines der entscheidenden Wettbewerbsmerkmale im polnische Einzelhandel, bei dem der einheimische Einzelhandel in seiner derzeitigen Struktur kaum konkurrenzfähig ist.

5.2.3.3 Anpassungsstrategien und „Modernisierung" des lokalen Einzelhandels

Die Zahl der Betriebsaufgaben im einheimischen Einzelhandel wird mit der wachsenden Expansion großflächiger Lebensmittelfilialisten steigen. Die „Modernisierung" durch Betriebsschließungen beschränkt sich dabei zunächst auf die unmittelbare Nachbarschaft zu den neuen Konkurrenten und verläuft damit räumlich unterschiedlich. Bei zunehmender Pkw-Verfügbarkeit und dem gezeigten Trend zum Wochengroßeinkauf ist aber eine räumliche Diffusion der „Modernisierung" zu erwarten. Mit der Expansion von Fachmärkten, die ebenfalls auf Güter der Massennachfrage zielen und über ähnliche Wettbewerbsvorteile wie der großflächige Lebensmitteleinzelhandel verfügen, werden sich Betriebsschließungen auch auf andere Branchen ausweiten.

Bereits Mitte der 90er Jahre beschränkte sich die „Modernisierung" im polnischen Einzelhandel nicht nur auf Betriebsschließungen, sondern der Markteintritt ausländischer Handelskonzerne löste Anpassungsstrategien im einheimischen Einzelhandel aus. Nach der vorliegenden Untersuchung können dabei drei Bereiche unterschieden werden: „innerbetriebliche Modernisierung", zwischenbetriebliche „horizontale und vertikale Kooperation" und „Institutionenbildung im Einzelhandel".

Innerbetriebliche Modernisierung

Ausgelöst durch den Markteintritt ausländischer Handelskonzerne beginnt der einheimische Einzelhandel damit, deren erfolgreiche Einkaufs- und Distributionsstrategien nachzuahmen und die modernen Betriebstypen zu kopieren. Dies gilt bislang vornehmlich für die überkommenen Mehrbetriebsunternehmen, die über höheres Investitionskapital als neugegründete Einbetriebsunternehmen verfügen. Wie gezeigt, bestehen in Abhängigkeit von der Innovationsfähigkeit des Managements allerdings große Unterschiede hinsichtlich der innerbetrieblichen Modernisierungsmaßnahmen (vgl. Kapitel 5.1.3.3), die insgesamt aufgrund der geringen Kapitalausstattung noch begrenzt sind. Als Beispiele für innerbetriebliche Modernisierungsprozesse können aufgeführt werden:

- Die Imitation neuer Betriebsformen im großflächigen Lebensmitteleinzelhandel, die im einheimischen Einzelhandel bislang unbekannt waren (z. B. der geplante Aufbau einer Verbrauchermarktschiene durch *P.H.S.*).
- Die Konzentration auf Kernbranchen durch großflächige Einzelhandelsbetriebe und die gleichzeitige Externalisierung von Handelsdienstleistungen in anderen Branchen (z. B. die Untervermietung von Verkaufsflächen an ausgewählter Betriebe im *Centrum*-Warenhaus).
- Die Übernahme moderner Distributionsstrategien wie die Ausgabe von Kundenkarten, auf die beim Einkauf Rabatte gewährt werden, um eine höhere Kundenbindung zu erzielen (z. B. durch *PSS Feniks* in Nachahmung von *Marino*).
- Die Imitation moderner Organisationsstrategien (z. B. die Einführung einer erfolgsorientierten Entlohnung der Filialleiter bei *PSS Północ*).
- Der Aufbau von Filialnetzen durch erfolgreiche ortsansässige Einzelhändler auf dem Wege der internen Expansion (z. B. Mehrbetriebsunternehmen *Hewea* mit 1996 drei Standorten in Wrocław).
- Der Aufbau herstellergesteuerter Filialnetze zur Absatzsicherung (z. B. Computerhersteller *Optymus* mit Niederlassungen in fast allen Wrocławer Warenhäusern, Bekleidungsunternehmen *Intermoda* mit der Eröffnung eines innerstädtischen Kaufhauses im ehemaligen Produktionsbetrieb)

Horizontale und vertikale Kooperation

Der private Einzelhandel ist in zahlreiche Kleinstbetriebe zersplittert und dadurch nicht in der Lage, economies of scale beim Einkauf zu erreichen. Gleichzeitig konnte er bislang kaum genügend Kapital akkumulieren, um auf dem Wege der Akquisition Marktanteile und damit Größenvorteile zu gewinnen. Auch die Filialisierung durch interne Expansion stellt die Ausnahme dar. Ein höherer Stellenwert kommt damit der horizontalen und vertikalen Kooperation zu, die ein geringeres Eigenkapital erfordert und gleichermaßen von Mehr- wie Einbetriebsunternehmen verfolgt wird. Hierzu zählen:

- Die horizontale Kooperation der örtlichen Konsumgenossenschaften, die sich bislang auf die Gründung eines gemeinsamen Großhandelsunternehmens zur Erzielung von Größenvorteilen beim Einkauf beschränkt und langfristig vermutlich in einer Fusion münden wird.
- Joint-ventures mit Partnerunternehmen – auch aus dem Ausland –, um das für Erweiterungs- und Modernisierungsmaßnahmen notwendige Investitionskapital zu erreichen (z. B. geplant von *PSS Astra*).
- Die horizontale Kooperation und vertikale Integration durch Bildung von Händlergenossenschaften oder Einkaufsgemeinschaften war in Wrocław bis 1995 noch unbedeutend (nur 2,7 % der befragten Einzelhändler gaben an, in freiwilligen Einkaufsverbänden organisiert zu sein), gewann nach Abschluß der empirischen Erhebungen jedoch erheblich an Bedeutung. So wurde im Oktober 1996 in Wrocław die freiwillige Handelskette *Lider* gegründet, der sich bis September 1997 bereits 43 private Lebensmittelhändler angeschlossen haben. Das Hauptziel der Kette, die auch schon Mitglieder in anderen polnischen Städten besitzt[69], ist die Erzielung günstiger Einkaufspreise und damit eine höhere Wettbewerbsfähigkeit gegenüber ausländischen Handelsketten. Das Unternehmen organisiert auch Promotionsveranstaltungen für seine Mitglieder und bietet diesen Beratungsdienstleistungen an. 1998 wird *Lider* zum Zwecke der Kapitalerhöhung in eine Aktiengesellschaft umgewandelt, an der die beteiligten Einzelhändler Anteile erwerben können. Dabei sollen auch die mit *Lider* kooperierenden Großhandelsunternehmen integriert werden.

Die meisten Impulse zur Gründung von Einkaufskooperationen gehen in Polen jedoch vom Großhandel aus. So schlossen sich 1995 mehrere Drogeriegroßhändler zu der Aktiengesellschaft *Delko* zusammen, die seitdem versucht, den Einzelhandel an sich zu binden. In Wrocław sind der Kette bis Ende 1996 bereits 32 Drogeriegeschäfte beigetreten, um von den günstigeren Einkaufspreisen und den von *Delko* organisierten Marketingaktivitäten (z. B. Postwurfsendungen) profitieren[70]. Der Beitritt von Einzelhändlern zu *Delko* erfolgt – wie bei *Lider* – über den Erwerb von Aktien. Diese in Polen offensichtliche bevorzugte Integrationsform kommt der Kapitalknappheit der polnischen Unternehmen entgegen und unterscheidet sich grundlegend von den vertikalen Integrationen in Westeuropa, die vornehmlich durch Akquisition erfolgen.

Beschleunigte Institutionenbildung

Ein dritter Aspekt der Anpassungsstrategien, die durch den Markteintritt ausländischer Handelsunternehmen ausgelöst werden, ist die Institutionenbildung im Einzelhandel

---

[69] Hierzu zählen 30 Geschäfte in Poznań, 30 Läden in Toruń, 15 in Białystok und 10 in Szczecin (vgl. Handel 9/97: 24).

[70] vgl. „Powstał Handel 2000" (Gründung von Handel 2000) und „Hurt organizuje detal" (Großhandel organisiert Einzelhandel): In: Handel (1996) 11, S. 6, S. 12-14.

durch die Gründung von Interessenvertretungen und Einzelhandelsverbänden[71]. Diese Institutionenbildung steckt Mitte der 90er Jahre noch in den Kinderschuhen, erfährt durch die Internationalisierung im Einzelhandel jedoch eine erhebliche Beschleunigung. Dies zeigt das Beispiel des *Zrzeszenie Prywatnego Handlu i Usług (ZPHiU)* in Wrocław:

Der „Verband privater Einzelhandels- und Dienstleistungsunternehmen" war 1947 als Vertretung des Privathandels in Polen gegründet worden, wobei die Mitgliedschaft von der Regierung für alle privaten Händler vorgeschrieben wurde. Im Jahre 1989 endete für die Privathändler die Pflichtmitgliedschaft; die Zahl der Mitglieder in der Woiwodschaft Wrocław sank daraufhin von etwa 2 500 auf knapp 500[72]. Der Mitgliederschwund ist dabei nicht nur als ein Zeichen der „neuen Freiheit" der privaten Händler zu interpretieren, die sich von den überkommenen „sozialistischen" Institutionen lossagen wollten, sondern auch auf die Entstehung anderer Interessenvertretungen zurückzuführen: In Wrocław bestehen 1996 vier Einzelhandelsverbände, die jeweils etwa 300 Mitglieder haben.

ZPHiU nimmt nach Aussage seines Präsidenten drei Aufgabenbereiche wahr: Erstens führe der Verband Weiterbildungsveranstaltungen durch, die seine Mitglieder in die „neuen" Erfordernisse von Abrechnungswesen, Buchhaltung und Logistik einführen und mit der Handhabe der sich ändernden Rechtsvorschriften vertraut machen sollen. Zweitens unterrichte der Verband seine Mitglieder über neu ausgeschriebene Mietverträge der Stadtverwaltung und der Wohnungsbaugenossenschaften und berate die Händler bei der Vertragsaushandlung. Drittens sieht der Verband seine Hauptaufgabe in der Vertretung der Interessen kleiner Händler gegenüber der Verwaltung.

Die Verbandsarbeit gestaltet sich nach JARZYNA aufgrund der Konkurrenz zwischen den lokalen Verbänden jedoch als schwierig. Hierdurch fehle der Stadtverwaltung ein fester Ansprechpartner und den Einzelhändlern eine Lobby. Zudem sei die geringe Mitgliederzahl und der damit schwache Rückhalt der Verbandsarbeit bei den Einzelhändlern problematisch. In der Regel kämpften die privaten Einzelhändler in Wrocław „jeder gegen jeden" und lehnten jegliche Zusammenarbeit ab, da sie eine Beschneidung ihrer „neuen Freiheit" oder ökonomische Nachteile durch Offenlegung ihrer Betriebsergebnisse befürchteten.

Der Markteintritt von *Hit* in Wrocław hat die Position von *ZPHiU* entscheidend verbessert. Die Eröffnung des SB-Warenhauses mit einer Verkaufsfläche, die mehr als das Zehnfache über den bisher bekannten Supermärkten lag, hatte bei den Einzelhändlern in der Stadt eine wahrhaft schockierende Wirkung. Das fast ohnmächtige Gefühl, dem neuen Wettbewerber nichts entgegensetzen zu können, erhöhte den Wunsch nach Zusammenarbeit mit anderen Einzelhändlern erheblich. In der Folge stieg die Mitgliederzahl in der *ZPHiU* seit Ende 1995 um mehr als die Hälfte von knapp 500 auf etwa 800. Der Verband hatte nämlich gleichzeitig damit begonnen, seine Verbandspolitik auf die

---

[71] Bei enger Auslegung des Institutionenbegriffes ist auch die Entstehung neuer Betriebsformen oder die Kooperation von Einzelhändlern und Großhändlern in neuen Organisationsformen als Institutionenbildung aufzufassen.

[72] Alle Ausführungen zur Entwicklung des *Zrzeszenie Prywatnego Handlu i Usług* beziehen sich auf Aussagen des Wrocławer Verbandspräsidenten, Zbigniew JARZYNA, in einem Gespräch mit dem Autor.

Abwehr großflächiger Betriebsformen zu konzentrieren. Die Hypothese, daß der Markteintritt ausländischer Handelskonzerne die Institutionenbildung im einheimischen Handel beschleunigt, kann hiermit bestätigt werden.

Das Bestreben der Abwehr großflächiger Betriebsformen richtet sich aber ausschließlich gegen Betriebe im Wrocławer Stadtgebiet. Gerade die räumliche Nähe zu den lokalen Einzelhändlern wird als besonders bedrohlich empfunden. Die zu erwartende Absorption von Kaufkraft durch periphere Ansiedlungen wie das Fachmarktzentrum von *Castorama* wurde von der *ZPHiU* nicht wahrgenommen. Der Verbandspräsident betonte ausdrücklich, daß sich seine Tätigkeiten ausschließlich auf Wrocław beschränkten und ihn Ansiedlungen im Umland „nicht interessieren". Darstellungen des Autors über die Situation in Ostdeutschland, wo gerade die nichtintegrierten Lagen die Entwicklung des Einzelhandels in den Städten gefährden, waren unbekannt und stießen auf großes Erstaunen.

Bis zur Eröffnung von *Hit* hat die Stadtverwaltung nach Aussage JARZYNAs nie Kontakt zum Einzelhandelsverband aufgenommen, sondern immer sei *ZPHiU* der aktive Verhandlungspartner gewesen. Aus diesem Grunde habe man von der geplanten *Hit*-Ansiedlung keine Kenntnis gehabt, weswegen alle Aktivitäten gegen *Hit* erst nach dessen Eröffnung einsetzen konnten. Es waren dies Anzeigen an die städtischen Kontrollbehörden wegen vermuteter Verstöße gegen Hygienebestimmungen sowie ein Gerichtsstreit gegen *Hit* wegen unlauteren Wettbewerbs durch Dumping, den der Einzelhandelsverband allerdings verlor. Der größte Erfolg der Verbandsaktivitäten liegt nach Ansicht seines Präsidenten in der Sensibilisierung der Stadtverwaltung für die Probleme des kleinflächigen Einzelhandels. So sei bei den kommunalen Behörden ein gewisses Umdenken erfolgt, nachdem ein offener Brief der Händler an den Vizepräsident der Stadt Wrocław, Adam GREHL, die konkurrenzlos niedrigen Preise von *Hit* als Bedrohung für den einheimischen Handel herausgestellt habe.

5.2.3.4 Kommunale Steuerungsmöglichkeiten der Internationalisierung

Auch die Wrocławer Planungsbehörden trafen die nach der Eröffnung von *Hit* einsetzenden Betriebsschließungen und die Händlerproteste völlig überraschend und unvorbereitet. Dies zeigten alle Interviews des Autors mit Vertretern des Wirtschaftsdezernates. Bei den Gesprächen, in denen Zielsetzung, Art und Maß der kommunalen Einzelhandelssteuerung eruiert werden sollten, sah sich der Autor häufig in die Rolle des „Experten" versetzt, der von den Erfahrungen in West- und Ostdeutschland mit großflächigen Handelseinrichtungen berichten und vor allem Handlungsmöglichkeiten aufzeigen sollte, wie deren Expansion „gelenkt" werden könnte.

Wie auch die Einzelhandelsverbände hatten sich die Wrocławer Planungsbehörden bis zur Eröffnung von *Hit* nicht mit der Problematik großflächiger Einzelhandelsbetriebe auseinandergesetzt. Als Reaktion auf die beginnende Expansion beschlossen die Behörden, solange keine weiteren großflächigen Einzelhandelsbetriebe mehr zuzulassen, bis ein Einzelhandelsentwicklungskonzept verabschiedet ist. Diese Absicht äußerten nicht nur die Vertreter der Stadtplanung gegenüber dem Autor, sondern versicherte auch der Vizepräsident der Stadt Wrocław, Adam GREHL, den Wrocławer Händlern in einem

Gespräch, das diese mit ihrem offenen Brief herbeigeführt hatten[73]. Es zeigte sich jedoch, daß die beiden wichtigsten Steuerungsmöglichkeiten der Stadtverwaltung, nämlich die Stadtentwicklungsplanung auf Grundlage des polnischen Planungsrechtes und die kommunale Verfügbarkeit an Grundstücken und Ladenlokalen, zur Begrenzung der Expansion großflächiger Handelsbetriebe ungeeignet waren:

- Wie in Kapitel 4.1.2 über die Rechtsgrundlagen der räumlichen Planung in Polen bereits ausgeführt, müssen sich Entscheidungen der kommunalen Behörden über die Grundstücksnutzung nach den Festlegungen in den örtlichen Bauleitplänen richten. Investitionsvorhaben, die diesen Plänen nicht widersprechen, können von den Planungsbehörden nicht abgelehnt werden. Die Stadt Wrocław konnte im Zuge des institutionellen Umbaus bislang aber noch keine „neuen" Planwerke erstellen, wofür zwei Gründe verantwortlich sind. Erstens schuf das „Raumbewirtschaftungsgesetz" erst am 1. Januar 1995 die rechtlichen Grundlagen für die Aufstellung neuer Pläne, und zweitens waren die für die Planerstellung notwendigen Institutionen noch nicht funktionsfähig. So befand sich das Wrocławer Amt für Stadtentwicklungsplanung Ende 1995 erst im Aufbau, und die Kompetenzverteilung zwischen diesem neuen Amt und dem bislang zuständigen Wirtschaftsdezernat war noch im Gange[74]. Drittens bestanden noch keine Leitbilder über die Gestaltung des Einzelhandelsnetzes, die in konkrete Pläne hätten umgesetzt werden können. Hierfür fehlten nicht nur die Erfahrungen über mögliche Folgewirkungen großflächiger Handelsbetriebe, sondern auch die notwendige Datengrundlage, die erst durch die Erhebungen des Autors hergestellt wurde.

  Es trat so die Situation ein, daß die Entscheidungen der Stadtentwicklungsplanung noch an die „alten" Raumbewirtschaftungspläne gebunden waren. Im Sozialismus herrschten jedoch vollkommen andere Rahmenbedingungen: Aufgrund der zentralen Steuerung der Raumplanung und des Wirtschaftsgeschehens waren keine Investitionsvorhaben zu befürchten, die den Entwicklungsvorstellungen widersprochen hätten. Nach dem Übergang zur Marktwirtschaft zeigte sich, daß die alten Planwerke unbrauchbar zur Abwehr großflächiger Handelseinrichtungen waren. Nach Aussage der kommunalen Gesprächspartner waren diese Pläne nämlich ausgesprochen allgemein gehalten. Und wenn in ihnen „unter anderem" Handel als mögliche Funktion an einem Standort vorgesehen ist, besteht keine Möglichkeit zur Steuerung mehr. So kann beispielsweise kein Einfluß darauf genommen werden, ob auf jenem Standort ein Kiosk oder ein 10 000 m^2 großes SB-Warenhaus gebaut wird.

- Die Steuerungsmöglichkeiten der kommunalen Planung beschränken sich daher auf die kommunalen Grundstücke und Ladenlokale bzw. auf die Modalitäten bei der Vergabe derselben. Auch hier zeigt sich jedoch, daß das umfangreiche Eigentum der

---

[73] vgl. auch „Wrocławskie protesty" (Wrocławer Proteste). In: Handel (1996) 2, S. 8; Hitowy protesty - Handlowcy skarżą się na nowy hipermarket (Proteste gegen *Hit* - Händler fürchten sich vor neuem Hypermarkt). In: Gazeta Wyborcza vom 8.12.1995.

[74] Dies dokumentieren auch die Verhandlungen des Autors über eine Beteiligung der Stadt Wrocław an den Kosten der umfangreichen Befragungen. Erste Vorverhandlungen hierüber wurden mit dem Bürgermeister geführt. Die Entscheidung über die finanzielle Beteiligung der Stadtverwaltung traf später das Wirtschaftsdezernat. Die endgültige Vertragsunterzeichnung erfolgte dann – nach erneuten Verhandlungen – mit dem Leiter des Amtes für Stadtentwicklungsplanung, das zwischenzeitlich gegründet worden war.

Stadt Wrocław die Entwicklung großflächiger Betriebsformen nicht steuern konnte. Durch die Aufteilung des staatlichen Vermögens bekam die Stadt Wrocław zwar große Teile des vormals staatlichen Eigentums zugesprochen, dieses beschränkte sich aber im wesentlichen auf die kommunale Wohnungswirtschaft. Damit erhielt die Stadt nur die Verfügungsmacht über Immobilien, die für Unternehmen des großflächigen Einzelhandels ohnehin uninteressant waren (kleinflächige Ladenlokale in Wohngebäuden).

Attraktive Standortvoraussetzungen boten demgegenüber Flächen in Gewerbegebieten, die in der Nähe von großen Bevölkerungskonzentrationen lagen, und Standorte an überregional bedeutenden Verkehrsachsen, häufig auf der „grünen Wiese". Eigentümer dieser Flächen waren entweder Privatpersonen, zumeist aber staatliche und privatisierte Unternehmen oder deren Gründungsorgane, also in den meisten Fällen die Woiwodschaft. Die Interessen dieser Eigentümer unterschieden sich deutlich von denen der Stadtverwaltung. Privateigentümer sowie staatliche oder privatisierte Unternehmen folgten vornehmlich kommerziellen Interessen, die Woiwodschaften orientierten sich bei ihren Entscheidungen an den makroökonomischen Strategien und Leitlinien der Zentralregierung. Alle drei Interessenkonstellationen hatten aber häufig ähnliche Resultate, wie Beispiele aus Wrocław belegen, mit denen in die kommunale Stadtentwicklungsplanung eingegriffen wurde:

- Ende 1995 erwarb die *Rewe*-Tochter *Billa* das Gelände einer Nudelfabrik in der Großwohnsiedlung Gaj, auf dem im September 1996 ein 2 100 m^2 großer Verbrauchermarkt eröffnet wurde.
- Im Januar 1997 kaufte die dänische Developer-Gesellschaft *Thorkild Kristensen* ein 9 ha großes Gelände aus Privatbesitz an der Hauptstraße nach Warschau, auf dem ein Einkaufszentrum mit über 20 000 m^2 Verkaufsfläche entstehen wird (s. o.).
- Im Februar 1997 übernahm die Gesellschaft *Imoscar* für umgerechnet knapp 7 Mio. DM das liquidierte Unternehmen *Wrocławskie Zakłady Motorizacyjne* (Lastwagenproduktion) an der ul. Hallera, einer Hauptstraße im Süden Wrocławs. Hauptanteilseigner an *Imoscar* ist der französische Handelskonzern *Carrefour*, der an dieser Stelle ein SB-Warenhaus mit angeschlossener Ladenpassage bauen wird. *Carrefour* verpflichtete sich, für ein Jahr 500 Mitarbeiter zu beschäftigen, darunter 36 des übernommenen Betriebes. Dies war Voraussetzung dafür, daß die zuständige Woiwodschaftsbehörde in den Kaufvertrag einwilligte.

Aus Sicht der kommunalen Planungsbehörden wird es angesichts der aufgezeigten Entwicklungen zur Gretchenfrage, ob und wie schnell der staatliche Gesetzgeber Planungsinstrumente schafft, mit denen die Gemeinde adäquat auf die Expansion des großflächigen Einzelhandels reagieren kann. Beim derzeitigen Stand der Diskussion (Ende 1997), die durch den Markteintritt ausländischer Handelsunternehmen erheblich verschärft wurde, ist noch kein Ergebnis in Sicht (vgl. Kapitel 4.3.2). Es zeichnet sich aber ab, daß der Gesetzgeber kein Instrumentarium schaffen wird, das Eingriffsmöglichkeiten wie etwa die deutsche Baunutzungsverordnung schafft. Deshalb ist in Anbetracht der Expansionspläne westlicher Konzerne (vgl. Tab. 26, S. 121) eine deutliche Zunahme großflächiger Betriebsformen in nichtintegrierten Lagen zu prognostizieren.

5.3 Wandel der Standortstruktur des Einzelhandels im Transformationsprozeß

Die bislang aufgezeigten Entwicklungs*prozesse* des Einzelhandel im Transformationsprozeß lassen sich folgendermaßen skizzieren: Beim Übergang zur Marktwirtschaft nimmt die Zahl der Einzelhandelsbetriebe erheblich zu, was sich in Wrocław im Wachstum der Gesamtverkaufsfläche um das 2,8fache zwischen 1990 und 1996 niederschlägt (vgl. Tab. 44). Aus makroökonomischer Perspektive resultiert dieses Wachstum aus einem Nachfrageüberhang, der mit der unzureichenden Einzelhandelsversorgung im Sozialismus begründet ist. Diese Position muß nach der vorliegenden Untersuchung ergänzt werden um einen mikroökonomischen Zugang: Demnach speist sich die Geschäftszunahme wesentlich aus einem „Betriebsgründungsdruck", der auf persönliche Krisensituationen der Betriebsgründer zurückzuführen ist.

Tab. 44: Einzelhandelswachstum und Betriebstypenstruktur in Wrocławer Stadtteiltypen, 1990-1996

Wachstums- und Strukturmerkmale (Angaben in %)	Innen-stadt	Gründer-zeitviertel	Groß-wohn-gebiete	sonstige Wohn-gebiete	nicht-integrierte Lagen[1]	Wrocław (Durch-schnitt)
Einzelhandelsentwicklung 1990-1996						
Verkaufsflächenwachstum	2,3fach	2,5fach	2,8fach	2,9fach	8,2fach	2,8fach
Anteil an Verkaufsflächenwachstum	29,7	24,2	25,7	4,1	16,3	100,0
Anteil an Gesamtverkaufsfläche, 1990	38,6	27,9	25,7	3,9	3,9	100,0
1996	32,8	25,6	25,7	4,1	11,8	100,0
Anteil an Wrocławer Geschäften, 1990	26,3	48,3	15,8	5,6	1,7	100,0
1996	20,7	45,6	24,0	6,8	2,9	100,0
Betriebstypenstruktur 1996						
Anteil Markthandel[2] an Betrieben	24,3	20,2	49,2	-	79,1	34,7
an Verkaufsfläche	4,6	6,2	15,7	-	22,1	9,8
Anteil Kioske/Verkaufsbuden an Betrieben	6,3	8,6	7,4	21,5	3,1	7,8
an Verkaufsfläche	0,8	2,8	2,2	5,6	0,6	1,8

[1] inkl. Gewerbegebiete
[2] inkl. ambulanter Straßenhandel mit Verkaufsständen
Quellen: Urząd... 1990; eigene Erhebungen 1996

Das Einzelhandelswachstum wird in hohem Maße von transformationsspezifischen Betriebstypen getragen, die bei Transformationsbeginn meist der Schattenwirtschaft zuzurechnen waren und durch eine geringe Kapitalbindung gekennzeichnet sind. Hierzu zählen vor allem der Markthandel, der 1996 mehr ein Drittel aller Einzelhandelsbetriebe und fast 10 % der Gesamtverkaufsfläche in Wrocław stellt, sowie Kioske und Verkaufsbuden, zu denen 8 % aller Betriebe und 1,8 % der Gesamtverkaufsfläche zählen.

Kleinflächigkeit zeichnet auch den Ladeneinzelhandel aus: Fast die Hälfte aller Betriebe ist kleiner als 25 m^2 Verkaufsfläche und würde damit nach bundesdeutschen Maßstäben kaum die zur langfristigen Marktexistenz notwendige Mindestbetriebsgröße erreichen (vgl. Tab. 45). Der Ladeneinzelhandel wird dabei von Einbetriebsunternehmen dominiert. Die Filialisierungsrate ist wegen des Gründungsbooms von Einzelpersonen und der verfolgten Privatisierungsstrategie gering. Gemessen an den Geschäften liegt sie bei nur 6,4 %; gemessen an der Verkaufsfläche dagegen bei 30,2 %, was auf die Großflächigkeit der in staatlichem bzw. konsumgenossenschaftlichen Eigentum verbliebene Ladenlokale und die überwiegend großflächigen Betriebsneugründungen durch ausländische Handelsketten zurückzuführen ist. Als Ergebnis von Gründungsboom und Privatisierung ist der Wrocławer Einzelhandel durch eine Dekonzentration auf Unternehmens- und Betriebsseite gekennzeichnet.

Tab. 45: Strukturmerkmale des Einzelhandels (Geschäfte) in Wrocławer Stadtteiltypen, 1996

Strukturmerkmale des Einzelhandels (alle Angaben in %)	Innenstadt	Gründerzeitviertel	Großwohngebiete	sonstige Wohngebiete	nicht-integrierte Lagen[1]	Wrocław (Durchschnitt)
Betriebsgrößenstruktur						
Anteil Geschäfte < 25 m² an Geschäften	34,1	48,9	51,4	62,6	26,1	46,7
an Verkaufsfläche	5,3	22,7	12,9	20,8	1,7	12,1
Anteil Geschäfte > 1 200 m² an Geschäften	1,5	-	0,2	0,3	2,9	0,5
an Verkaufsfläche	46,1	-	24,3	27,1	54,5	28,5
Filialisierungsgrad						
(an Geschäften)						
Anteil polnischer Ketten	6,2	4,1	5,6	5,6	5,8	5,0
Anteil ausländischer Ketten	3,5	0,2	0,7	0,3	11,6	1,4
(an Verkaufsfläche)						
Anteil polnischer Ketten	18,6	13,0	24,8	10,1	32,2	19,7
Anteil ausländischer Ketten	10,4	0,6	16,4	0,4	36,1	11,5
Leerstandsrate						
Anteil von Leerständen an Geschäften	8,8	5,0	4,0	6,5	1,4	5,5
an Verkaufsfläche	5,1	4,9	3,3	7,2	0,2	4,2

[1] inkl. Gewerbegebiete
Quelle: eigene Erhebungen 1996

Angesichts des Neugründungsgeschehens ist die Leerstandsrate im Wrocławer Ladeneinzelhandel mit 5,5 % niedrig – in vergleichbaren ostdeutschen Städten liegt dieser Wert weitaus höher (in Dresden z. B. 24 %, vgl. PÜTZ 1997a: 59). Die Leerstände sind meist auf laufende Privatisierungsverfahren oder aber auf hohe Fluktuationsraten zurückzuführen. Dies bestätigt sich auch dadurch, daß nur wenige Betriebe, die vom Autor 1995 als geschlossen kartiert wurden, auch noch ein Jahr später leerstanden.

Insgesamt wird der Einzelhandel durch die Lebensmittelbranche bestimmt (vgl. Tab. 46): Unter Einbeziehung des Markthandels und des Handels in Kiosken und Verkaufsbuden beträgt ihr Anteil an den Betrieben 52 % und an der Verkaufsfläche 36 %. Wie im gesamten Einzelhandel dominieren im Lebensmittelhandel traditionelle Betriebsformen: 1996 waren 98,7 % aller Lebensmittelgeschäfte in Wrocław Bedien- oder Selbstbedienungsläden, die 69,8 % der Verkaufsfläche stellen. Die dem Supermarkt ähnliche Betriebsform der Kaufhalle, die im Sozialismus eingeführt wurde, erreicht mit 1,2 % der Betriebe 12,8 % der Lebensmittelverkaufsfläche, und die beiden SB-Warenhäuser

Tab. 46: Wandel der Branchenstruktur in den Wrocławer Stadtteiltypen, 1990-1996

Branchenstrukturmerkmal (alle Angaben in %)		Innenstadt	Gründerzeitviertel	Großwohngebiete	sonstige Wohngebiete	nichtintegrierte Lagen[1]	Wrocław (Durchschnitt)
Branchenstruktur (Geschäfte)							
Anteil an allen Geschäften							
Lebens-, Genußmittel:	1990	34,4	53,4	63,2	83,1	57,7	54,7
	1996	21,6	47,7	60,0	75,3	19,9	46,6
alle Betriebstypen[2]	*1996*	*25,7*	*50,4*	*55,8*	*80,4*	*83,9*	*51,9*
Bekleidung, Schuhe:	1990	28,3	19,9	8,8	2,2	3,8	17,9
	1996	25,1	17,9	12,2	5,0	4,4	16,7
alle Betriebstypen	*1996*	*34,8*	*21,4*	*21,6*	*4,1*	*1,6*	*21,4*
Möbel, Wohnungseinrichtung:	1990	2,2	2,4	0,4	-	3,8	1,8
	1996	4,9	3,9	2,7	2,0	11,7	3,9
alle Betriebstypen	*1996*	*3,5*	*2,8*	*1,6*	*1,5*	*2,2*	*2,4*
Anteil an gesamter Verkaufsfläche							
Lebens-, Genußmittel:	1990	14,7	54,0	59,0	84,4	22,3	40,6
	1996	7,6	43,8	58,6	50,8	23,4	33,5
alle Betriebstypen	*1996*	*9,3*	*44,3*	*57,5*	*53,6*	*40,2*	*36,2*
Bekleidung, Schuhe:	1990	22,7	14,5	6,2	1,9	0,4	14,4
	1996	17,8	14,4	7,1	2,3	1,2	11,8
alle Betriebstypen	*1996*	*21,4*	*16,5*	*10,7*	*2,2*	*1,1*	*14,1*
Möbel, Wohnungseinrichtung:	1990	2,4	4,2	0,1	-	55,4	4,3
	1996	16,7	10,7	3,5	31,5	38,9	15,0
alle Betriebstypen	*1996*	*15,8*	*9,6*	*3,3*	*29,6*	*30,1*	*13,3*
Branchenfluktuationsgrad (Geschäfte)[3]							
1990-1992 (jährlich)		9,9	7,7	8,6	3,5	7,2	8,2
1992-1995 (jährlich)		7,1	5,5	6,6	2,7	10,3	6,0
1995-1996		10,2	7,2	8,3	3,3	4,3	7,7

Zuordnung nach Kernsortiment, ohne leerstehende Betriebe
[1] inkl. Gewerbegebiete
[2] inkl. Markthandel, ambulanter Straßenhandel, Kioske und Verkaufsbuden
[3] Anteil der Geschäfte mit Branchenwechsel an allen Geschäften zu Beginn des Zeitraums (ohne neueröffnete oder geschlossene Geschäfte)
Quellen: Urząd... 1990; eigene Erhebungen 1996

nehmen 17,4 % der Verkaufsfläche ein. Discounter und Verbrauchermärkte wurden bis zum Sommer 1996 in Wrocław nicht eröffnet.

Die Standortwahl einheimischer Geschäftsgründer und internationaler Handelskonzerne unterscheiden sich grundlegend. Gleiches gilt für die transformationsspezifischen Betriebstypen „Markthandel" und „Kioske und Verkaufsbuden", welche die Einzelhandelsstruktur in den Wrocławer Stadtteilen in unterschiedlicher Weise prägen. Nachdem bislang die Prozesse auf der Angebotsseite getrennt voneinander analysiert worden sind, wird anhand Tab. 44, Tab. 45 und Tab. 46 im folgenden der Wandel in der Standortstruktur genauer analysiert. Dabei werden zunächst die wichtigsten Einzelhandelslagen Innenstadt, gründerzeitliche Wohnviertel (Mehrfamilienhäuser), Großwohnsiedlungen und nichtintegrierte Lagen untersucht. Hieraus wird anschließend ein Modell über den raum-zeitlichen Kontext des Wandels der Einzelhandelsstruktur im Transformationsprozeß abgeleitet. Darüber hinaus wird der Frage nachgegangen, wie sich die betriebswirtschaftliche Entwicklung der Einzelhandelsbetriebe und das Einkaufsverhalten der Bevölkerung in den unterschiedlichen Standortlagen gestaltet, da sich hieraus Implikationen für die Entwicklungsperspektiven des Einzelhandels ergeben.

5.3.1 Unterschiedliche Folgen des Gründungsbooms in Wohngebieten

Das Wachstum des Einzelhandels konzentriert sich seit der Wende auf die Wohngebiete, die insgesamt 54 % des Verkaufsflächenwachstums in der Stadt auf sich zogen und in denen sich 1996 mehr als drei Viertel aller Geschäfte und über die Hälfte der Gesamtverkaufsfläche Wrocławs befinden. Zurückzuführen ist dies auf die Dominanz einheimischer Geschäftsgründungen, die sich ausnahmslos am mikroräumlichen Nachfragepotential orientieren. Eine Analyse der Einzelhandelsstruktur belegt allerdings starke Unterschiede zwischen den verschiedenen Wohngebietstypen, von denen die Gründerzeitviertel und die sozialistischen Großwohnsiedlungen als wichtigste anzusehen sind.

Unterschiedliche Ausgangssituation in Gründerzeit- und Großwohnsiedlungen

In den Gründerzeitvierteln bestand schon zu sozialistischen Zeiten ein vergleichsweise dichtes Netz an Einzelhandelseinrichtungen, da die Einzelhandelsplanung auf eine bestehende Ladeninfrastruktur zurückgreifen konnte. Trotz der zahlreichen Betriebsschließungen Anfang der 50er Jahre war die Versorgungssituation damit verhältnismäßig gut (vgl. Karte 13, S. 277[75]). Von privaten Betrieben, die sich hier in Restbeständen erhalten konnten, wurden auch Waren des mittel- und langfristigen Bedarfs angeboten. Insgesamt war die Ladeninfrastruktur erheblich veraltet. Großflächige Betriebsformen fehlten fast völlig, da die sozialistische Planung Investitionen fast ausschließlich in die neuen Großwohnsiedlungen lenkte.

In den Großwohnsiedlungen gestaltete sich die Versorgungssituation für die Bevölkerung viel ungünstiger. Entgegen den Ausstattungskennziffern wurden die vorgesehenen Einzelhandelseinrichtungen meist nicht verwirklicht, und insbesondere Waren des mittel- und langfristigen Bedarfs fehlten. Die Einzelhandelsstruktur wurde von sozialistischen Ketten bestimmt, die bei der Siedlungsplanung Ladenlokale oder Bauflächen zugewiesen bekamen. Zwischen den Neubausiedlungen bestanden beträchtliche Unterschiede, die auf den Leitbildwandel der Einzelhandelsnetzplanung Mitte der 70er Jahre zurückzuführen sind (vgl. Kapitel 2.2.2.3): Seitdem wurde die „räumlichen Konzentration" des Einzelhandels angestrebt, d. h. eine Konzentration in großflächigen Verkaufsstellen und zugleich in den Zentren der Wohngebiete. Dieses Prinzip wurde in Wrocław in Gądów Mały idealtypisch umgesetzt, indem fast die gesamte Verkaufsfläche im Warenhaus *PSS Astra* konzentriert wurde (vgl. Karte 11, S. 275). Im Großwohngebiet Gaj,

---

[75] Zur Lage der Untersuchungsgebiete Traugutta und Gaj vgl. Karte 5, S. 131.

das in den 60er Jahren konzipiert worden war, wurden dagegen vorwiegend kleinflächige Geschäfte in Streulagen gebaut (vgl. Karte 14, S. 278).

Dezentralisierung durch Privatisierung und Gründungsboom

Die Privatisierung des staatlichen und konsumgenossenschaftlichen Einzelhandels beendete in den Wohngebieten die monopolistischen Angebotsstrukturen. Der Verlust an Ladenlokalen und Verkaufsfläche war für die sozialistischen Ketten in den Gründerzeitgebieten dabei weitaus größer als in den Großwohnsiedlungen. Während das vorwiegend kommunale Eigentum an Ladenlokalen und die Privatisierungsstrategie des Wrocławer Stadtrats in den Gründerzeitgebieten zur fast völligen Bedeutungslosigkeit der Ketten führten, konnten die Konsumgenossenschaften in den Neubausiedlungen viele großflächige Ladenlokale weiterbewirtschaften, weil sie diese entweder selber errichtet hatten (z. B. *PSS Astra*) oder die Mietverträge von den Wohnungsbaugenossenschaften verlängert bekamen (z. B. Betriebe in der ul. Krynicka, vgl. Karte 14, S. 278).

Zeitgleich mit der Privatisierung setzte ein Gründungsboom des privaten Einzelhandels ein. In den Gründerzeitgebieten konnte dieser auf eine vorhandene Ladeninfrastruktur zurückgreifen: Entweder wurden im Sozialismus geschlossene Betriebe wieder genutzt oder Handwerks- und kleine Dienstleistungsbetriebe aufgrund ihrer geringeren Mietzahlungsfähigkeit von Einzelhandelsbetrieben verdrängt. Das Einzelhandelswachstum vollzog sich dabei hauptsächlich in den integrierten „Streulagen", „kleinen Geschäftskonzentrationen" und „Geschäftsstraßen", die fast zwei Drittel des Verkaufsflächenwachstums in den Gründerzeitgebieten an sich banden. Auf die Haupt- und Nebengeschäftszentren entfielen nur 37 % des Verkaufsflächenwachstums, womit die Standortstruktur des Einzelhandels insgesamt durch eine erhebliche Dezentralisierung gekennzeichnet ist[76].

In den Großwohnsiedlungen konnten keine leerstehenden Ladenlokale revitalisiert werden, da die sozialistische Stadtplanung kommerziellen Funktionen nur wenig Raum zur Verfügung stellte und die persistenten baulichen Strukturen auch das Wachstum des Ladeneinzelhandels nach der Wende limitierten. Aus diesem Grunde eröffneten hier nach der Wende viele Ladenlokale in umfunktionierten Garagen oder umgebauten Wohnungen (vgl. Fotos in Kapitel 5.2.2). Aus derselben Ursache war in den Neubaugebieten auch das Wachstum des Markthandels hoch, der hier 1996 fast die Hälfte aller Einzelhandelsbetriebe und über 15 % der Gesamtverkaufsfläche stellt. In den Gründerzeitgebieten, in denen auch kaum Freiflächen für Marktansiedlungen bestanden, spielt der Markthandel mit einem Fünftel aller Betriebe und 6 % Anteil an der Verkaufsfläche nur eine untergeordnete Rolle (vgl. Tab. 44, S. 209).

Betriebstypendifferenzierung im Transformationsprozeß

Gleichzeitig mit dem Wachstum des Einzel- und Markthandels kam es in den Wrocławer Wohngebieten zu einer Zunahme der transformationsspezifischen Betriebsformen „Kioske und Verkaufsbuden" und „ambulanter Straßenhandel":

---

[76] Karte 13 (S. 277), welche die Einzelhandelsstruktur im Gründerzeitzentrum von Traugutta zeigt, spiegelt diesen Trend nur ungenügend wider.

Foto 10: Verkaufsbudenagglomeration in der Großwohnsiedlung Kozanów

Foto: R. Pütz 1996

Die steigende Zahl an **Kiosken und Verkaufsbuden** läßt sich in allen Wrocławer Wohngebieten beobachten. Sie werden von den Händlern auf eigene Kosten erworben und auf von der Stadt Wrocław oder aber von staatlichen Stellen gepachteten Flächen aufgestellt[77]. Bei der Standortwahl dieser Betriebstypen lassen sich zwei Standorttypen mit jeweils spezifischer Angebotsstruktur voneinander unterscheiden:

- Kioske und Verkaufsbuden in Streulagen, die auf Nahversorgungsbedürfnisse zielen und entweder Lebensmittel oder ein Gemischtwarenangebot mit Branchenschwerpunkt Lebensmittel anbieten (vgl. Karten Gądów Mały, S. 275, Traugutta, S. 277 und Gaj, S. 278). Besonders viele einzeln stehende Kioske und Verkaufsbuden eröffneten in den dünn besiedelten Wohngebieten wie Einfamilienhaussiedlungen oder Dorfgebieten. In diesen Stadtteiltypen, die von der sozialistischen Einzelhandelsnetzplanung kaum erfaßt worden waren, stellen sie 1996 über 20 % aller Betriebe und bieten oft die einzige Einkaufsmöglichkeit im jeweiligen Stadtteil.
- Kleine Agglomerationen von Kiosken und Verkaufsbuden (z. B. in den Großwohnsiedlungen Gądów Mały, ul. Hynka, und Gaj, ul. Krynicka). Diese erreichen gemeinsam bis zu 200 m^2 Verkaufsfläche und können auch aufgrund ihres Angebots-

---

[77] Mehr als die Hälfte des Grund und Bodens in Wrocław befindet sich noch im staatlichen Eigentum (die Stadt Wrocław besitzt ca. 36 %). Dabei handelt es sich zum Großteil um öffentliche Verkehrsflächen. Hierin liegt für die Einzelhandelsnetzgestaltung ein erhebliches Konfliktpotential, da die Stadtverwaltung kaum die Möglichkeit hat, über die Nutzung dieser Grundstücke zu bestimmen. Verpachtungen von Boden auf im staatlichen Eigentum befindlichen Verkehrsflächen (z. B. Mittelstreifen breiter Straßen, Plätze) an Betreiber von Kiosken oder Verkaufsbuden laufen damit häufig den kommunalen Einzelhandelsplanungen entgegen.

spektrums – oft befinden sich in den Agglomerationen auch Buden mit Bekleidungsartikeln oder Haushaltswaren – in den Großwohngebieten die Funktion von bislang fehlenden Nachbarschaftszentren einnehmen (vgl. Foto 10).

Der **ambulante Straßenhandel**, der hinsichtlich Formalisierungsgrad und Kapitalintensität in die Betriebstypen „Straßenhandel mit Verkaufsständen" und „Straßenhandel aus der Hand" unterschieden werden kann, hat nach einer starken Zunahme in der Frühphase nach der Wende mittlerweile wieder an Bedeutung verloren. Beide Betriebstypen sind heute nur noch in der Innenstadt oder in hochfrequentierten Lagen der Großwohngebiete anzutreffen (in Gądów Mały z. B. auf den Verbindungswegen zwischen der Großwohnsiedlung und den Straßenbahnhaltepunkten, vgl. Karte 11, S. 275):

- Der ambulante Straßenhandel „mit Verkaufsständen" ist mit 30 Ständen in Wrocław aufgrund der restriktiveren Haltung der Stadtverwaltung weitgehend verschwunden bzw. in den formelleren „Markthandel" überführt worden. Ambulanter Straßenhandel existiert nur noch als schattenwirtschaftliche Tätigkeit in der Nähe von Haltestellen und bedeutenden Einkaufsstätten in den Großwohnsiedlungen oder in den Hauptgeschäftsstraßen des Stadtzentrums. In einer hochspezialisierten Variante als „Handel mit selbstgefertigten Kunstgewerbegegenständen" kann er hier vom Verbot des Straßenhandels in der Innenstadt befreit werden (vgl. Urząd... 1995).

- Immer noch sind zahlreiche informelle Handelsaktivitäten von Einzelpersonen zu beobachten, die ihre Waren „aus der Hand" anbieten (vgl. Titelfoto). 1996 wurden in Wrocław 94 solcher Personen gezählt, die zu den „Verlierern" des Transformationsprozesses zählen und deren unternehmerisches Handeln als bloße Überlebensstrategie angesehen werden muß. Dabei handelt es sich vorwiegend um ältere Menschen, die zumeist im Eingangsbereich großer Einkaufsmagneten in der Innenstadt oder aber – wie in Gądów Mały – in den hochfrequentierten Lagen der Großwohnsiedlungen ihre Waren zum Verkauf anbieten. Diese Kartierungen von „Einzelpersonen" sind allerdings nur eine Momentaufnahme, da die Fluktuation außerordentlich hoch ist. Viele Personen bieten nur ein Produkt zum Verkauf an, z. B. eine selbstgestickte Decke, ein nicht mehr benötigtes Kleidungsstück oder ein Huhn. Mit dem Verkauf dieses Produktes ist die „Handelstätigkeit" dann wieder beendet.

Unterschiedliche Überprägung durch Internationalisierung

In den dicht besiedelten Großwohnsiedlungen wird der Wettbewerb um Kaufkraft erheblich zunehmen. Ausländische Konzerne sind hieran maßgeblich beteiligt, wie die Expansion des großflächigen Einzelhandels in Gaj zeigt (vgl. Karte 14, S. 278). So eröffnete die zu *Rewe* gehörende Einzelhandelskette *Billa* im September 1996 einen 2 100 m^2 großen Verbrauchermarkt im Osten der Siedlung. *Billa* hatte hierfür zuvor von einem in Liquidation befindlichen staatlichen Unternehmen das Gelände einer stillgelegten Nudelfabrik erworben. Obwohl die Stadtverwaltung nach den Erfahrungen mit *Hit* keine großflächigen Betriebsformen mehr zulassen wollte, konnte sie gegen die Eröffnung von *Billa* nicht einschreiten, da sie erstens nicht Grundstückseigentümer war und zweitens an diesem Standort in den 1996 noch geltenden Regionalplänen aus sozialistischer Zeit auch Handelsfunktionen zugelassen worden waren. Außer *Billa* baut die staatliche *Centrum*-Warenhauskette einen 10 000 m^2 großen Einzelhandelsbetrieb in

Gaj. *Centrum* plante hier bereits in den 80er Jahren den Bau eines mehrstöckiges Warenhaus, was wegen Kapitalmangels jedoch nicht umgesetzt wurde. Nun errichtet das Unternehmen – in Abweichung von der ursprünglichen Konzeption und in Adaption „moderner" Betriebsformen des westeuropäischen Einzelhandels – ein eingeschossiges Geschäft, das eher dem Betriebsformenkonzept eines SB-Warenhauses folgen soll.

Bereits 1996 ist der Filialisierungsgrad in den Großwohnsiedlungen mit 41,2 % an der Verkaufsfläche überdurchschnittlich hoch (vgl. Tab. 44, S. 209). Hieran sind ausländische Handelsketten mit 16,4 % beteiligt. Mit der bevorstehenden Eröffnung weiterer großflächiger Betriebsformen wird sich der Wettbewerbsdruck auf den einheimischen Handel erheblich verstärken. Daß dies zu vielen Betriebsschließungen führen wird, belegt *Hit* nachdrücklich. Aufgrund der schon 1996 bestehenden Unterschiede in der Wettbewerbsfähigkeit von Betriebstypen (vgl. Tab. Tab. 39, S. 191) und dem sich abzeichnenden Wandel des Nachfrageverhaltens der Bevölkerung ist davon auszugehen, daß insbesondere Marktbetriebe und kleinflächige Betriebe des Ladeneinzelhandels vom Prozeß der Betriebsschließungen als erstes erfaßt werden.

In den Gründerzeitgebieten wird die Zahl der Geschäftsaufgaben viel langsamer zunehmen. Großflächige Betriebsformen des westeuropäischen Lebensmitteleinzelhandels konzentrieren sich nur auf die Großwohngebiete, wo aufgrund der hohen Freiflächenpotentiale, der bestehenden Unterausstattung im Einzelhandel und der hohen Bevölkerungsdichten die günstigsten Standortbedingungen herrschen. In den Gründerzeitgebieten ist der Anteil ausländischer Unternehmen praktisch gleich Null. Daß sich an dieser Situation auch langfristig wenig ändern wird, zeigt die Einzelhandelsentwicklung in Ostdeutschland, die schon länger und stärker von den Kapitalverwertungsinteressen des westdeutschen Einzelhandels bestimmt wird. Im Gegensatz zu den neuen Bundesländern ist in Wrocław aber auch von erheblich geringeren Entzugseffekten großflächiger Betriebe auf den kleinflächigen Einzelhandel in den Gründerzeitgebieten auszugehen, da sich das Einkaufsverhalten der polnischen Bevölkerung vorerst noch stärker an den wohnungsnahen Standorten orientiert.

Steuerung der Einzelhandelsentwicklung durch lokale Institutionen

Wie gezeigt, werden die Wrocławer Wohngebiete kaum von Deregulierungen des Immobilienmarktes erfaßt. Aufgrund der verschiedenen Eigentümerkonstellationen bestehen aber erhebliche Unterschiede zwischen den Gründerzeitgebieten und Großwohnsiedlungen. So befinden sich die Ladenlokale in den gründerzeitlichen Wohnquartieren überwiegend in kommunalem Eigentum. Die Einzelhändler bewegen sich hier gewissermaßen in einem „geschützten" Markt, da ihre Mieten – dies haben die Befragungen eindeutig ergeben – erheblich unter den Marktpreisen liegen. Wenn in naher Zukunft die Immobilienmarktregulation endet, ist eine beträchtliche Zunahme der Fluktuation zu erwarten, die von ähnlichen Standortanpassungen begleitet sein wird, wie sie seit 1993 bereits in der Innenstadt zu beobachten sind.

In den Großwohnsiedlungen sind die meisten der Ladenlokale demgegenüber das Eigentum von Wohnungsbaugenossenschaften, deren Vergabepraxis sich an anderen Leitbildern als dem der Kommune orientiert. Hier wird es für die Zukunft zu untersuchen sein, inwieweit die lokalen sozialen Gemeinschaften der Bewohner in den Großwohnsiedlungen stärkeren Einfluß auf die Einzelhandelsentwicklung nehmen. Die großen Wohnungsbaugenossenschaften sind im Transformationsprozeß nämlich durch Auflösungserscheinungen gekennzeichnet, da einzelne Siedlungen oder Siedlungsteile austreten. Die Bewohner der Siedlungen, die zugleich Genossenschaftsmitglieder sind, sehen ihre spezifischen nachbarschaftsorientierten Interessen von den stadtweit operierenden Genossenschaften aus sozialistischer Zeit nämlich nur ungenügend vertreten.

Die unzureichende Ausstattung der Siedlungen mit Einzelhandels- und Versorgungseinrichtungen spielt bei diesen Verselbständigungen von kleinen Nachbarschaftsgenossenschaften eine große Rolle. So haben sich die Bewohner der Großwohnsiedlung Gądów Mały 1996 nach einem Referendum unter den siedlungsansässigen Genossenschaftsmitgliedern von der Wohnungsbaugenossenschaft *Piast* losgesagt und die eigene Wohnungsbaugenossenschaft *Gądów Mały* gegründet. Diese steht seitdem mit *Piast* in Verhandlung über die Aufteilung des Vermögens und der Schulden[78]. Auslöser des Austritts war der geplante Verkauf ausgedehnter Flächen unbebauten Grundes in Gądów Mały durch *Piast*, um die Schuldenlast der Genossenschaft abzutragen. Die Bewohner sperrten sich gegen diese Pläne, da sie dann – als Eigentümer von reinen Wohngebäuden – über keine Möglichkeiten mehr verfügt hätten, die infrastrukturellen Defizite der Siedlung im Bereich Einzelhandel und Dienstleistungen nach ihren Vorstellungen zu beheben.

Inwieweit eine Einzelhandelsentwicklung „durch die Bewohner" und „für die Bewohner" basierend auf Mietvergünstigungen überhaupt durchsetzbar ist, hängt vom Eigentum der neuen Genossenschaften an Immobilien ab. Wenn das genossenschaftliche Eigentum wie in Gądów Mały große und zusammenhängende Flächen umfaßt, ist eine solche „bürgergesteuerte" Einzelhandelsentwicklung – Leitbild moderner Stadtentwicklungsplanung auch in Westeuropa – durchaus vorstellbar. Die Aufrechterhaltung der Mietverträge mit staatlichen oder konsumgenossenschaftlichen Lebensmittelfilialen sind Beispiele hierfür. Wenn aber, wie in Gaj und in den meisten Wrocławer Großwohnsiedlungen, andere Institutionen Flächen z. B. in benachbarten Gewerbegebieten besitzen und diese meistbietend veräußern, wird die Entwicklung eines nachbarschaftlichen Einzelhandelsnetzes „im Sinne der Bewohner" scheitern. Wie der Betriebsformenmix eines solchen Netzes aussehen würde, ist derzeit völlig offen.

Umorientierung im Einkaufsverhalten der Bevölkerung

Die vermuteten Entwicklungsunterschiede zwischen Großwohn- und Gründerzeitsiedlungen spiegelten sich 1995 noch nicht in den Einzelhandelsbefragungen des Autors wider. Diese fanden in einer Phase des Transformationsprozesses im Einzelhandel statt, als noch keine mögliche „Modernisierung" durch den Markteintritt großflächiger Betriebsformen des westeuropäischen Lebensmitteleinzelhandels einsetzen konnte. So wurde *Hit* erst im November 1995, einige Monate nach den Betriebsbefragungen eröff-

---

[78] vgl. „Koniec gigantów" (Ende der Giganten). In: Wieczór Wrocławia vom 7.12.1996. Die Schuldenlast der Wohnungsbaugenossenschaft ist vornehmlich auf die Kredite aus sozialistischer Zeit zurückzuführen. Die Abtrennung von Gądów Mały wurde ermöglicht durch die Stimmen der Vertreter der Großwohnsiedlung Kuźniki, die ebenfalls aus *Piast* austreten wollen. Die Vertreter von Gądów Mały sicherten den Genossenschaftlern von Kuźniki dafür Unterstützung bei deren Austrittsbemühungen zu.

Tab. 47: Situation der Einzelhandelsgeschäfte in Wrocławer Stadtteiltypen, 1995

Wirtschaftliche Situation und Nachfragesituation (alle Angaben in %)	Innenstadt (n=193)	Gründerzeitviertel (n=142)	Großwohnsiedlungen (n=145)	Wrocław[1] insgesamt (n=527)
Bewertung der wirtschaftlichen Situation des Betriebs				
wirtschaftliche Situation: „gut"	27,6	18,5	32,1	26,2
„befriedigend"	42,7	51,9	46,7	46,0
„schlecht"	29,7	29,6	21,2	27,8
Umsatzentwicklung seit 1994: „wesentlich verbessert"	5,9	3,4	5,8	5,2
„etwas verbessert"	17,8	25,9	31,4	23,8
„gleich geblieben"	33,7	39,7	35,5	35,3
„etwas verschlechtert"	20,1	19,8	12,4	17,6
„sehr verschlechtert"	22,5	11,2	14,9	18,1
Bewertung der Nachfragesituation des Betriebs				
Entwicklung **Passantenaufkommen** seit 1994: „gestiegen"	8,3	11,9	19,5	12,6
„gesunken"	28,7	12,7	7,0	18,4
Entwicklung **Kundenaufkommen** seit 1994: „gestiegen"	21,0	26,2	40,3	27,5
„gesunken"	37,6	26,2	15,8	28,9

[1] inkl. Einzelhandelsbetriebe in „Wrocław-Süd"

Quelle: eigene Befragungen 1995

net, und die Pläne hierfür waren fast allen Händlern unbekannt. Eine Analyse der Betriebsbefragungen zeigt aber, daß sich die wirtschaftliche Situation der Betriebe in Großwohnsiedlungen und Gründerzeitvierteln erheblich unterscheiden.

Die Geschäftsinhaber in den Gründerzeitvierteln beurteilen die wirtschaftliche Situation und Umsatzentwicklung ihres Ladens weitaus schlechter als die Geschäftsinhaber in den Großwohnsiedlungen (vgl. Tab. 47). Die Ursache hierfür liegt in einer Veränderung der Nachfrage. So verzeichneten in den Großwohnsiedlungen erheblich mehr Einzelhändler ein gestiegenes Passanten- und Kundenaufkommen als in den Gründerzeitgebieten. Offensichtlich verbesserte der Gründungsboom in den Großwohnsiedlungen die Nahversorgungssituation so entscheidend, daß viele der Bewohner Einkäufe, für die sie die Siedlung früher verlassen mußten, heute in der direkten Nachbarschaft erledigen können.

Hinsichtlich des Einkaufsverhaltens der Bevölkerung zeigen sich kaum Unterschiede zwischen Großwohnsiedlungen und Gründerzeitvierteln. Die Einzelhandelsbetriebe in beiden Gebietstypen werden vornehmlich zum täglichen Einkauf von Gütern des kurzfristigen Bedarfs genutzt, wie die beinahe gleich hohe Einkaufshäufigkeit, die kurze Aufenthaltsdauer, die geringen verausgabten Geldbeträge und die Dominanz des Lebensmitteleinkaufs belegen (vgl. Tab. 48). Allerdings umfaßt der Einkauf in den Gründerzeitgebieten etwas mehr Waren des mittel- und langfristigen Bedarfs, was mit der Branchenstruktur der Geschäfte in den Stadtteiltypen korrespondiert. In den Großwohnsiedlungen wird das Warenangebot dagegen von der Lebensmittelbranche dominiert, die fast 60 % der Verkaufsfläche und der Ladenlokale einnimmt. Ein gewisser Ausgleich erfolgt hier durch den Markthandel, der ein deutlich größeres Angebot vor allem an Bekleidungsgegenständen bietet (vgl. Tab. 46, S. 211).

Tab. 48: Einkommen, Einkaufsverhalten und Einkaufsstättenbewertung der Besucher in den Wrocławer Stadtteiltypen, 1995

	Innenstadt (n=895)	Gründer-zeitviertel (n=472)	Großwohn-gebiete (n=410)	*Hit* (n=229)	Wrocław (n=2 006)
Einkommenssituation (in %)					
Monatseinkommen: unter 400 zł. (~ 240 DM)	15,0	17,2	9,0	1,4	12,7
über 1 500 zł. (~ 900 DM)	18,8	13,0	18,8	41,1	20,1
Einkaufsverhalten im Stadtteiltyp (in %)					
Einkaufshäufigkeit: mehrmals wöchentlich	28,6	51,3	51,4	19,2	41,8
1-2 mal wöchentlich	33,3	22,5	17,4	34,7	25,0
3-4 mal monatlich	12,0	5,8	11,2	15,1	10,1
1-2 mal monatlich	9,8	7,4	7,3	12,3	8,6
Aufenthaltsdauer: unter 30 Minuten	28,3	48,0	41,5	16,7	34,4
30-59 Minuten	19,2	23,7	34,6	46,2	26,9
60-119 Minuten	21,9	16,2	18,8	33,9	21,3
länger	30,6	12,2	5,1	3,2	17,3
ausgegebener Betrag: unter 10 zł (~ 6 DM)	18,2	18,9	17,8	3,1	15,9
10-24 zł (~ 6-15 DM)	29,3	39,4	35,5	10,3	29,9
25-49 zł (~ 15-30 DM)	13,8	18,2	16,6	22,9	16,8
50-100 zł (~ 30-60 DM)	12,9	11,1	9,8	28,7	14,3
100-249 zł (~ 60-150 DM)	20,1	9,1	16,0	25,6	17,7
> 250 zł (~ 150 DM)	5,8	3,3	4,5	9,4	5,5
gekaufte Produkte: Lebens-, Genußmittel	53,2	67,1	61,6	72,4	61,7
Bekleidung, Schuhe	23,2	15,7	10,7	4,2	15,1
Drogerieartikel	5,9	7,5	5,4	13,6	7,6
Verkehrsmittelwahl: Pkw	16,7	13,5	29,8	59,8	23,6
ÖPNV	46,2	26,2	9,3	19,7	30,9
zu Fuß	32,2	57,0	56,1	20,1	41,5
Bewertung des Stadtteiltyps (in %)					
Bewertung **Einkaufsatmosphäre**: „gut"	73,9	61,2	76,1	91,7	73,3
„schlecht"	5,2	14,0	3,8	2,3	7,2
Bewertung **Angebotsvielfalt**: „gut"	64,9	64,4	75,1	96,9	73,2
„schlecht"	6,4	5,5	5,0	0,9	4,8
Bewertung **ÖPNV-Erreichbarkeit**: „gut"	82,5	76,2	76,2	71,2	76,8
„schlecht"	4,6	8,3	6,1	10,1	7,1
Bewertung **Pkw-Erreichbarkeit**: „gut"	49,0	42,7	69,5	83,2	60,0
„schlecht"	26,8	26,5	11,0	4,3	17,3
Bewertung **Parkmöglichkeiten**: „gut"	10,1	13,0	39,1	86,2	36,0
„schlecht"	71,4	61,4	36,5	3,2	42,7

Quellen: eigene Befragungen 1995, 1996

Große Unterschiede beim Einkaufsverhalten der Bevölkerung zeigen sich bei der Verkehrsmittelwahl. So erledigen zwar in beiden Stadtteiltypen annähernd 60 % der Befragten ihre Einkäufe „zu Fuß" und damit in unmittelbarer Nachbarschaft zu ihren Wohnungen. Während aber in den Gründerzeitgebieten zwei Drittel der aus größeren Entfernungen stammenden Konsumenten öffentliche Verkehrsmittel nutzen, kommen in den Großwohnsiedlungen drei Viertel der auswärtigen Konsumenten mit dem Pkw. Daß die äußeren Ursachen für diese Diskrepanzen nicht in einer schlechteren ÖPNV-

Anbindung der Großwohnsiedlungen liegen, sondern ausschließlich mit der hier besseren Pkw-Erreichbarkeit und den günstigeren Parkmöglichkeiten zu begründen sind, zeigen die Beurteilungen der Konsumenten deutlich (vgl. Tab. 48).

Es ist davon auszugehen, daß dem Auto beim Einkauf eine immer stärkere Rolle zukommt. Langfristig wird sich dies aufgrund anderer Kriterien bei der Einkaufsstättenwahl zuungunsten der gründerzeitlichen Stadtteile niederschlagen, die im Sozialismus noch über Standortvorteile aufgrund ihres breiteren Warenangebotes verfügten. Gleichzeitig bevorzugt der Einkauf mit dem Pkw Zentren und großflächige Betriebsformen mit hohen internen Kopplungspotentialen. Die 1995 noch positiven wirtschaftlichen Perspektiven der Einzelhändler in den Streulagen der Großwohngebiete werden sich bei der starken Expansion des großflächigen Lebensmitteleinzelhandels daher erheblich verschlechtern.

5.3.2 Nachholende Citybildung in der Innenstadt

Ausgangslage

Mit einem Anteil von 39 % an der gesamten Verkaufsfläche und 26 % an allen Geschäften war die Innenstadt im Sozialismus der überragende Einzelhandelsstandort, der – entsprechend den Leitlinien vom gestuften konzentrischen Aufbau des Einzelhandelsnetzes – überwiegend der Versorgung der Bevölkerung mit mittel- und langfristigen Gütern diente. Von einem „überragenden Einzelhandelsstandort" kann allerdings nur im Vergleich mit den anderen Stadtteiltypen gesprochen werden. Insgesamt erfuhr das Wrocławer Stadtzentrum im Sozialismus einen erheblichen Funktionsverlust, welcher einerseits aus der Umwandlung des östlichen Zentrums in ein fast reines Wohngebiet, andererseits aus den Betriebsschließungen und Umwandlungen von citytypischen Funktionen (Einzelhandel, gehobene Dienstleistungen) in Wohn- oder Produktionsfunktionen resultierte.

Wachstum der Einkaufscity durch Umwidmungen

Seit der Wende durchläuft die Wrocławer Innenstadt eine Umgestaltung, die schlagwortartig mit „nachholende Citybildung" beschrieben werden kann. Zwischen 1990 und 1996 vergrößerte sich die Verkaufsfläche um das 2,3fache. Dadurch zog das Stadtzentrum fast 30 % des gesamten Verkaufsflächenwachstums in der Stadt auf sich (vgl. Tab. 44, S. 209). Das Einzelhandelswachstum betraf dabei alle Lagetypen. Die Verkaufsfläche in den revitalisierten 1a-Lagen der Innenstadt, d.h. den historischen Hauptgeschäftsstraßen ul. Piłsudskiego (Bahnhof bis ul. Kościuszki), ul. Świdnicka, Rynek sowie ul. Ruska, ul. Oławska und ul. Kuźnicza (vgl. Karte 15, nach S. 278) stieg um das 1,6fache und band 38,4 % des Verkaufsflächenwachstums in der Innenstadt. Besonders stark wuchsen die 1b-Lagen in der City (2,1fach) sowie die „sonstigen Lagen" (2,3fach), in denen sich zusammen 61,6 % des Verkaufsflächenwachstums der Innenstadt vollzogen. Hierdurch dehnte sich das Wrocławer Hauptgeschäftszentrums erheblich aus. Dies beschränkt sich aber auf die westliche Innenstadt. Aufgrund der Kriegszerstörungen und der im Sozialismus geschaffenen baulichen Strukturen wird die östliche Innenstadt auch im Transformationsprozeß nicht von der nachholenden Citybildung erfaßt.

In den 1a-Lagen speist sich das Verkaufsflächenwachstum überwiegend durch Umwidmungen vormals gewerblich genutzter Gebäude. Viele von diesen waren bereits vor dem Zweiten Weltkrieg Einzelhandelsstandorte gewesen, wurden nach der sozialistischen Machtübernahme als solche obsolet, da die sozialistische Planung kommerziellen Funktionen nur eine untergeordnete Rolle zuwies, und werden nach der Wende wieder zu ihrer ursprünglichen Funktion umgewidmet (vgl. Karte 15, nach S. 278). Die Umwidmungen werden im wesentlichen von der Wrocławer Stadtverwaltung forciert. Diese hatte bereits im April 1990 eine Liste mit Objekten erstellt, die ihrer Meinung nach cityuntypische Funktionen erhielten und in Flächen für Einzelhandel und Banken umgewidmet werden könnten (Urząd... 1990). Auf solche Umwidmungen gehen drei Neugründungen von „Warenhäusern" zurück, deren Zahl zwischen 1990 und 1996 auf sechs stieg. Beispiel für eine solche Standortaufwertung ist das ehemalige dreigeschossige Großhandelslager in der ul. Kuźnicza, das 1994 geräumt und bis 1996 sukzessive an 16 Einzelhandelsbetriebe vermietet wurde.

An den Umwidmungen sind aber auch staatliche oder privatisierte Industrieunternehmen beteiligt, die bislang in der Innenstadt produzierten. Mit der Liberalisierung des Boden- und Immobilienmarktes und dem hierdurch entstehenden Bodenpreisgradienten wurde diese Nutzung unrentabel. Viele Unternehmen gaben in der Folge ihre Produktion auf oder verlagerten sie an periphere Standorte, um mit der Umfunktionierung in Einzelhandelsbetriebe eine rentablere Nutzung zu erzielen. Ein Beispiel hierfür ist das wiederbelebte Warenhaus in der ul. Oławska: Dieses war vor dem Zweiten Weltkrieg als Warenhaus gebaut worden, diente im Sozialismus als Produktionsstätte des Bekleidungsherstellers *Otis* und wird seit 1993 sukzessive, d. h. Geschoß für Geschoß, als Warenhaus revitalisiert. Hierzu vermietet der Investor ausschließlich Verkaufsflächen an externe Unternehmen. Ein weiteres Beispiel ist das Bekleidungskaufhaus *Intermoda* in der ul. Rzeźnicza (Querstraße zur ul. Ruska), das 1996 in den ehemaligen Produktionsräumen des privatisierten gleichnamigen staatlichen Unternehmens eröffnet wurde.

Viele der von der Stadtverwaltung zur Umwidmung vorgesehenen Objekte dienen noch 1996 der Produktion oder öffentlichen Einrichtungen. Für die Zukunft ist daher mit einem weiteren Verkaufsflächenwachstum in der Innenstadt zu rechnen, vor allem weil es sich bei den angezeigten Immobilien zumeist um ehemalige Waren- oder Kaufhäuser mit repräsentativer baulicher Gestaltung in 1a-Lagen handelt, nach denen eine hohe Nachfrage besteht.

Wandel der Branchenstruktur: Marktanpassung versus gesteuerte Entwicklung

Außer dem Einzelhandelswachstum ist der Wandel der Branchenstruktur in der Wrocławer Innenstadt ein Kennzeichen „nachholender Citybildung". So sank der schon im Sozialismus geringe Anteil der Lebensmittelbranche an der gesamten Verkaufsfläche von 17 % auf unter 8 %. Bei absolut gleich großen Verkaufsflächen fand dabei eine Verlagerung aus den 1a-Lagen, wo zahlreiche Betriebe geschlossen wurden, an den Cityrand statt, wo neue Lebensmittelbetriebe gegründet wurden. Die Verkaufsfläche für

Bekleidung und Schuhe wuchs von etwa 12 000 m^2 auf mehr als 18 000 m^2, wobei in den 1a-Lagen erste Tendenzen einer „Textilisierung" zu beobachten sind. Eine in deutschen Innenstädten häufig beklagte „Banalisierung" des Angebots durch niedrigpreisorientierte Filialisten findet dabei aber nicht statt – auch die ausländischen Bekleidungsketten besetzen ausnahmslos das mittlere und obere Angebotssegment

Das größte Verkaufsflächenwachstum verzeichnen seit 1990 Warenhäuser, was mit den drei Betriebsneugründungen und der Verkaufsflächenausweitung in den bestehenden Warenhäusern zu erklären ist. Durch die Untervermietungsstrategien entsteht mit dem Warenhaushandel eine transformationsspezifische Betriebsform, die sich wegen ihrer hohen Kundenakzeptanz (vgl. Tab. 39, S. 191) in den polnischen Innenstädte etablieren wird. Hierfür sprechen auch die Pläne der Warenhausunternehmen, das erfolgreiche Untervermietungskonzept stärker unter strategischen Gesichtspunkten zu verfolgen und weiter auszubauen. So beginnt *Solpol* Sommer 1997 mit dem Bau eines zweiten Warenhauses, direkt gegenüber dem alten Standort. Auf sechs Geschossen soll hier – wie im alten *Solpol* – die gesamte Verkaufsfläche vermietet werden. In Weiterentwicklung der bisherigen Konzeption und in Adaption von Konzepten westeuropäischer Shopping-Center sollen auch einige Ladenlokale entstehen, die durch variable Leichtbauwände voneinander getrennt werden[79]. Elemente der „Shop in Shop"-Konzeptionen westeuropäischer Einkaufszentren verschmelzen hier mit Elementen des traditionellen Warenhaushandels zu einer neuen Betriebsform im polnischen Einzelhandel. Der Erfolg des Warenhaushandels ist nicht zuletzt mit der traditionell hohen Positionierung der Warenhäuser im polnischen Einzelhandel zu erklären. Im Sozialismus waren die Warenhäuser häufig die einzige Betriebsform, die Waren des langfristigen Bedarfs anboten.

Außer Warenhäusern nimmt die Verkaufsfläche der Branche „Möbel und Wohnungseinrichtungsbedarf" in der Innenstadt zu. Diese wuchs besonders am westlichen Cityrand (vgl. Karte 15, nach S. 278), was auch auf die Umwandlung des ehemaligen Produktionsbetriebs von *Domar* in ein „Möbelkaufhaus" mit acht Verkaufsständen regionaler Hersteller und insgesamt 10 630 m^2 Verkaufsfläche zurückgeht. Auch in dieser Branche, die in Westeuropa einen Standortwechsel in periphere Lagen vollzogen hat, richten sich die Geschäftsgründungen durch einheimische Unternehmen also fast ausschließlich auf die klassischen innerstädtischen Lagen. Mit der Expansion von Möbelfachmärkten in nichtintegrierten Standorten, die 1997 durch *Ikea* eingeleitet wurde, ist in dieser Branche aber kurzfristig von einer erheblichen Verschärfung des Wettbewerbs auszugehen, die – bei dem sich zukünftig weiter versteilenden Mietpreisgradienten – vor allem die innerstädtischen Betriebe treffen wird.

Citybildung im Spannungsfeld zwischen unternehmerischer Anpassung und kommunaler Steuerung

Der Wandel der Branchenstruktur in der Wrocławer Innenstadt vollzieht sich im Spannungsfeld zwischen unternehmerischen Anpassungsprozessen und gezielter Steuerung durch die lokalen politisch-administrativen Gremien. Hauptmotor des Branchenwechsels in der Innenstadt ist dabei der Immobilienmarkt, der hier am frühesten von der Wro-

---

[79] vgl. auch „Solpol bis" (Solpol verdoppelt). In: Gazeta Wyborcza vom 15.1.1997.

cławer Stadtverwaltung liberalisiert wurde. In der Folge stellen zahlreiche Betriebe ihr Sortiment auf „rentablere" Branchen um, indem z. B. ehemalige Lebensmittelbetriebe nun – ohne Besitzerwechsel – Bekleidungsartikel verkaufen. Solche Branchenumstellungen sind durch zahlreiche Presseartikel belegt[80]. Häufig nutzte die Belegschaft ihr Vorkaufsrecht zu dem auf einer Versteigerung festgestellten Mietpreis. Da dieser Preis mit der bisherigen Branche, meistens Lebensmittel, jedoch nicht zu erzielen war, wechselten viele Händler ihr Sortiment, meistens zu Bekleidung und Schuhen. Die geringe Bindung der Händler an ein Kernsortiment zeigen auch die Erhebungen des Autors. Demnach haben in der Phase der „kleinen Privatisierung" zwischen 1990 und 1992 jährlich 8,2 % der Ladenlokale ihre Branche gewechselt (ohne Betriebsschließungen und -neugründungen, bezogen auf den Beginn des Zeitraums). 1992 bis 1995, als in der Stadt ein räumlich und branchenmäßig gestaffeltes, aber fixes Mietensystem bestand, sank dieser Wert auf 6 % ab, um dann 1995, als das Prinzip fixierter Mietpreise teilweise aufgegeben wurde, wieder auf 7,7 % anzusteigen. Besonders hoch war die Fluktuationsrate mit 10,2 % in der Innenstadt, wo der Bodenmarkt am konsequentesten dereguliert wurde (vgl. Tab. 44, S. 209).

Andere Betriebe in Branchen mit nur geringer Flächenproduktivität vermieten Teile ihres Ladenlokals an rentablere Unternehmen. Ein Beispiel hierfür ist ein privatisiertes Lebensmittelgeschäft in der ul. Świdnicka, dessen Umsätze nicht ausreichen, um die gestiegenen Mieten zu tragen: Seit dem 1. März 1997 vermietet der Besitzer zwei der drei Ladengeschosse an *Kentucky Fried Chicken*. Das Lebensmittelgeschäft wurde in das Kellergeschoß verlagert. Gleichzeitig spezialisierte sich der Unternehmer auf Feinkostwaren und trennte sich von Warengruppen des Grundnutzenbedarfs, die aufgrund der niedrigen Gewinnspannen unrentabel wurden.

Die hohe Branchenfluktuation wird dadurch verstärkt, daß die Stadtverwaltung in der Innenstadt auch bestehende Mietverträge mit Lebensmittelbetrieben kündigt, um den von ihr gewünschten Strukturwandel zu beschleunigen. Dies bestätigten nicht nur einige innerstädtische Lebensmittelhändler gegenüber dem Autor, sondern wurde auch in Gesprächen des Autors mit Vertretern der Stadtplanung und in der Wrocławer Presse dokumentiert. Demnach plant die Stadtverwaltung zur Attraktivitätssteigerung des Zentrums, in den traditionellen Hauptgeschäftsstraßen alle nach der Wende entstandenen Kioske und Verkaufsbuden (insbesondere ul. Piłsudskiego) wieder zu schließen, die Straßenränder zu begrünen, die ul. Świdnicka streckenweise zur Fußgängerzone umzuwandeln und die „Pächter in der ul. Świdnicka/Ecke ul. Piłsudskiego auszutauschen". Laut Gazeta Wyborcza vom 30.1.1996 wurden den dort befindlichen Lebensmittelbetrieben im Juni 1995 die Mietverträge gekündigt und den Betreibern Ersatzlokale in einer anderen Gegend angeboten. Der Artikel zitiert die Betreiberin einer Metzgerei, die sich „zu alt" fühle, um ihr Sortiment in Richtung der von der Stadtverwaltung gewünschten Branche, „hochwertige Industriewaren" zu wechseln und daher das Angebot auf Geschäftsverlagerung annehmen würde. 1996 befindet sich in diesem Ladenlokal eine Niederlassung von *Adidas*.

Ausgenommen von den Immobilienmarktliberalisierungen sind lediglich die Branchen „Antiquitäten", „Kunst" und „Antiquariate", welche die Stadtverwaltung förder-

---

[80] z. B. „Pierwszy przetarg" (Erste Versteigerungen). In: Wieczór Wrocławia vom 4.9.1990.

lich für das Image Wrocławs als kulturelles Zentrum betrachtet und die auch auf eine hohe touristische Nachfrage aus Deutschland treffen. Dies gilt insbesondere für Antiquariate, in denen vorwiegend deutschsprachige Bücher aus dem Vorkriegs-Breslau angeboten werden. Unter dem Mietenschutz der Stadtverwaltung konnte sich so im Westen des Ryneks ein „Kunst- und Antiquitätenviertel" entwickeln (vgl. Karte 15, nach S. 278).

Die Äußerungen von Vertretern der Stadtverwaltung vermitteln den Eindruck, diese verfolgten eine klare Strategie bei der zukünftigen Gestaltung der Innenstadt und des dortigen Einzelhandelsnetzes. Die Gespräche des Autors können dieses Bild aber nicht bestätigen. Zwar betonten die Verwaltungsvertreter stets, daß sich die Geschäftsvergabe insbesondere in der Innenstadt nicht nur nach dem Prinzip des höchsten Gebotes richte, sondern auch übergeordnete Zielsetzungen der Einzelhandelsnetzgestaltung verfolge – was die Kündigung von Mietverträgen mit „nicht gewünschten" Branchen erklären würde. Gleichzeitig aber konnten sie keine Auskunft darüber geben, worin diese Zielsetzungen liegen. In der Phase des institutionellen Umbruchs existierte zum Befragungszeitpunkt weder eine übergeordnete Stadtentwicklungskonzeption noch ein Leitbild zur Innenstadtentwicklung. Ohne solchermaßen fixierte Vorstellungen über einen angestrebten Branchen- oder Betriebstypenmix in der Innenstadt, nach dem sich die Vergabe von kommunalen Ladenlokalen transparent für die Betroffenen hätte richten können, orientierten sich die Entscheidungen der administrativen Gremien an den allgemeinen Grundsätzen „mehr Gastronomie", „mehr Dienstleistungen (insbesondere Kreditgewerbe), „mehr hochwertiger Einzelhandel". Die Frage, was „hochwertiger Einzelhandel" ist und an welchen Standorten diese Einrichtungen sich idealerweise ansiedeln sollten, blieb weitgehend offen („in den Hauptgeschäftsstraßen") und wurde offensichtlich fallweise von den jeweils zuständigen Sachbearbeitern entschieden.

Auch die Entscheidung des Wrocławer Stadtrates vom Juli 1995, Ladenlokale vermehrt zu verkaufen, anstatt sie zu vermieten, beschränkt sich fast ausschließlich auf die Innenstadt. In der Folge kommt es hier zu einer Selektion der Betriebe hinsichtlich ihrer Kapitalausstattung, woran in hohem Maße westliche Unternehmen beteiligt sind. So erwarb die zum *PepsiCo* Konzern gehörende *Pizza Hut*-Kette für umgerechnet etwa 500 000 DM ein Gebäude am Rynek, dessen Erdgeschoß zum Fast-food-Restaurant umgewandelt wurde und dessen Obergeschosse an die Wrocławer Vertretung von *Rank Xerox* vermietet wurde. Vor dem Kauf durch *Pizza Hut* lag in dem Gebäude ein Lebensmittelgeschäft. Ähnliche Verdrängungsprozesse sind in allen 1a-Lagen der Innenstadt zu beobachten (vgl. Karte 15, nach S. 278). Ausländische Unternehmen nehmen hier bereits 16 % der Verkaufsfläche ein, wobei es sich vorwiegend um Fachgeschäfte mit höherwertigen Produkten im Bekleidungs- und Parfümeriebereich handelt, die – trotz der derzeit noch vergleichsweise geringen Nachfrage nach diesen hochpreisigen Produkten – frühzeitig am Markt vertreten sein wollen. Die ausländischen Konzerne, die in Wrocław Immobilien erwerben, investieren in die Renovierung und Modernisierung der häufig in schlechtem Bauzustand befindlichen historischen Gebäude, womit es zu einer merklichen baulichen Aufwertung der Innenstadt kommt.

Gleichzeitig erhöhen die Immobilienverkäufe für ausländische Ketten die Chance, innerstädtische Ladenlokale zu übernehmen, was vor allem bei der Insider-Privatisie-

Tab. 49: Einkaufsverhalten der Besucher in der Wrocławer Innenstadt, 1995 (in %)

	Gründerzeit-viertel (n=472)	Großwohn-gebiete (n=410)	Hit (n=229)	Wrocław[1] (n=2006)
Einkaufshäufigkeit in der Innenstadt				
Einkaufshäufigkeit: mehrmals wöchentlich	17,6	12,8	12,7	20,6
1-2 mal wöchentlich	20,7	17,8	17,1	21,3
3-4 mal monatlich	13,1	11,1	7,8	11,2
1-2 mal monatlich	14,6	15,6	20,0	13,9
im Vergleich zu 1993: früher häufiger in Innenstadt	42,8	43,3	37,2	35,0
heute häufiger in Innenstadt	14,5	12,0	2,7	14,7
Bewertung des Angebots in der Innenstadt				
gehobene Fachgeschäfte: „zu viele"	28,1	22,5	11,8	21,3
„zu wenige"	24,8	24,7	33,7	26,3
preiswerte Geschäfte: „zu viele"	1,3	2,7	3,8	2,5
„zu wenige"	80,0	75,5	68,8	74,3
Gastronomiebetriebe: „zu viele"	12,1	7,2	9,7	9,9
„zu wenige"	23,9	30,5	43,8	28,5

[1] insgesamt, inkl. Befragte in der Innenstadt (n=895)
Quellen: eigene Befragungen 1995, 1996

rung kaum möglich war. Es ist davon auszugehen, daß auch viele der bislang noch in Warenhäusern eingemieteten Filialen westeuropäischer Unternehmen kurzfristig eigene Ladenlokale in der Innenstadt eröffnen werden. Der Wettbewerb um zentrale Standorte und damit die Verdrängungsgefahr für den einheimischen Einzelhandel wird sich auf diese Weise weiter erhöhen.

Situation des innerstädtischen Einzelhandels und Nachfrageentwicklung

Die wirtschaftliche Situation der Geschäfte in der Wrocławer Innenstadt gestaltete sich 1995 ungünstiger als die der Läden in anderen Stadtteilen (vgl. Tab. 47, S. 218). Das größte Problem der innerstädtischen Händler lag dabei in den enorm gestiegenen Mieten und Abgaben, was 28 % der Befragten angaben. In den Wohngebieten der Stadt, in denen sich die Miethöhe größtenteils noch nach dem kommunalen Mietenschlüssel richtet, lag der entsprechende Wert nur bei 21 %. Gleichzeitig betonten 11 % der innerstädtischen Händler, daß der teure Kapitalmarkt sie daran hindere, dringend notwendige Investitionen vornehmen zu können. In den anderen Wrocławer Stadtteilen erachteten dies nur 6,4 % der Befragten als „größtes Problem".

Zudem hat sich die Nachfragesituation in der Innenstadt verschlechtert. So meinten von allen befragten Geschäftsleitern in Wrocław hier die meisten, daß das Passanten- und Kundenaufkommen in den vergangenen 12 Monaten gesunken sei (vgl. Tab. 47, S. 218). Zu ähnlichen Ergebnissen kommen die Kunden- und Passantenbefragungen: Demnach haben insgesamt mehr als 40 % der Befragten in den Wrocławer Wohngebieten „vor zwei Jahren" häufiger die Innenstadt „zum Einkaufen" besucht (vgl. Tab. 49). Der Hauptgrund für diesen Rückgang liegt sicher in der enormen Verbesserung des Einzelhandelsangebotes in den Wohnsiedlungen. Darüber hinaus ist die angespannte finanzielle Situation der Haushalte und die damit geringe Nachfrage nach in der Innenstadt angebotenen, höherwertigen Konsumgütern zu nennen. Dies zeigen auch die Aussagen der Mehrzahl der Befragten, daß es in der Innenstadt zu wenige preiswerte Geschäfte gäbe. Daneben belegen die Befragungsergebnisse, daß die Einkaufshäufigkeit der Konsumenten in der Innenstadt mit zunehmendem Einkommen steigt, was die restriktive Bedeutung der finanziellen Rahmenbedingungen für die Einkaufsgewohnheiten unterstreicht.

5.3.3 Zunahme nichtintegrierter Standorte

Zu sozialistischen Zeiten konnten Geschäfte in nichtintegrierten Lagen im Prinzip nicht entstehen. Die von der staatlichen Planungsbürokratie gesteuerte Einzelhandelsnetzplanung stand unter dem Primat der „Versorgungssicherung", weswegen nach dem Prinzip des hierarchisch gestuften konzentrischen Aufbaus ausschließlich gut mit dem ÖPNV erreichbare Lagen in den Stadtteilzentren bzw. der Innenstadt und integrierte Streulagen in den Wohngebieten erschlossen wurden.

Auch nach dem Übergang zur Marktwirtschaft war das Wachstum des Einzelhandels in nichtintegrierten Lagen zunächst gering, was mit der Dominanz einheimischer Geschäftsgründungen im kleinflächigen Ladeneinzelhandel zu begründen ist. So nahm zwar die Verkaufsfläche in nichtintegrierten Lagen zwischen 1990 und 1996 um mehr als das achtfache zu, dieser hohe Wert resultiert aber vor allem aus der niedrigen Ausgangsbasis. Insgesamt banden nichtintegrierte Lagen 16 % des Verkaufsflächenwachstums in Wrocław seit 1990, womit ihr Anteil an der Gesamtverkaufsfläche von 4 % auf 12 % stieg. Dabei entfallen allerdings 22 % der Verkaufsfläche und fast 80 % der Betriebe auf die beiden Großhandelsmärkte am Wrocławer Stadtrand (vgl. Tab. 44, S. 209).

Internationalisierung erschließt neue Einzelhandelsstandorte

Auch ohne Berücksichtigung des Markthandels unterscheidet sich die Einzelhandelsstruktur in nichtintegrierten Lagen aber signifikant von der in den anderen Lagetypen (vgl. Tab. 45). Mit 55 % Anteil an der Verkaufsfläche dominieren großflächige Betriebsformen mit mehr als 1 200 m^2 Verkaufsfläche; gleichzeitig sind kleinflächige Ladenlokale, die in den Wrocławer Wohngebieten fast 20 % der Gesamtverkaufsfläche stellen, in den nichtintegrierten Lagen mit nur 1,7 % unbedeutend. Besonders hoch ist hier auch die Filialisierungsrate, die 1996 bei 68 % an der Verkaufsfläche lag. Die Tatsache, daß davon mehr als die Hälfte auf die Filialen ausländischer Handelsunternehmen zurückgeht, zeigt, daß das Verkaufsflächenwachstum in nichtintegrierten Lagen überwiegend der Internationalisierung im Wrocławer Einzelhandel zuzuschreiben ist. Dies gilt um so mehr, als der hohe Anteil polnischer Ketten (32 %) an der Gesamtverkaufsfläche fast ausschließlich aus der Vergrößerung des Möbelgeschäftes von *Domar* resultierte.

Die Kartierungsergebnisse repräsentieren aber einen Stand, in dem die Internationalisierung gerade erst eingesetzt hatte und sich noch vornehmlich in der Expansion kleinflächiger Fachgeschäfte in der Wrocławer Innenstadt ausdrückte. Die SB-Warenhäuser, Verbraucher- und Fachmärkte von *Billa, Ikea, Castorama, Leclerc, Carrefour* und das Einkaufszentrums von *Thorkild Kristensen* wurden nicht erfaßt, da sie 1997 erst kurz vor ihrer Eröffnung standen. Eingedenk der bereits gesicherten Investitionen dürfte sich die Verkaufsfläche ausländischer Handelskonzerne von 1996 noch 37 000 m^2 auf ca. 120 000 m^2 bis zum Jahr 2000 mehr als verdreifachen. Ihr Anteil an der gesamten Verkaufsfläche der Stadt beträgt dann etwa 30 %, ähnlich hoch wird der Anteil der Verkaufsfläche in nichtintegrierten Lagen sein.

Die in der zweiten Hälfte der 90er Jahre zunehmende Internationalisierung im Wrocławer Einzelhandel vollzieht sich fast ausnahmslos durch die „interne Expansion" der westeuropäischen Handelskonzerne, die – wie das Beispiel *Hit* zeigt – ihre in Westeuropa erprobten Distributionsstrategien fast unmodifiziert übertragen. Anpassungsstrategien an die lokalen Märkte sind vor allem bei großflächigen Betriebsformen die Ausnahme. Zwar werden in der Frühphase der Expansion noch bevorzugt wohnungsnahe Standorte gewählt, womit der geringen Pkw-Verfügbarkeit der polnischen Verbraucher Rechnung getragen wird; die aktuelle Expansion in nichtintegrierten Lagen zeigt jedoch, daß die Investoren langfristig von einer Angleichung der Einkaufsgewohnheiten ausgehen[81].

Durch die Markteintrittsstrategien der „internen Expansion" kommt es zur Verbreitung von Betriebsformen, die im polnischen Einzelhandel bislang unbekannt waren. Gleichzeitig vollzieht sich hierdurch ein Wandel in der Standortstruktur des Einzelhandels. Dieser verläuft zwar deutlich langsamer als z. B. in den Städten der neuen Bundesländer Deutschlands und nimmt auch nicht die dortigen Ausmaße an[82], trotzdem sind aber erhebliche Entzugseffekte auf die bestehenden Zentrenlagen und integrierten Streulagen vornehmlich in den Großwohngebieten zu erwarten. Das zu prognostizierende Wachstum des Verkaufsflächenangebots ist nämlich weitaus stärker als der aufgrund von Realeinkommensgewinnen zu erwartende Anstieg der Nachfrage. Neue Betriebsformen und Einzelhandelsstandorte in nichtintegrierten Lagen erwerben ihre Marktanteile damit vornehmlich zu Lasten der bestehenden Einzelhandelsbetriebe.

Die empirischen Untersuchungen zum Einkaufsverhalten belegen, daß hiervon vor allem transformationsspezifische Betriebstypen wie der Markthandel und der kleinflächige Einzelhandel betroffen werden. So wird sich der Markthandel in einer formelleren Form als „Markthallenhandel" mittelfristig und mit reduzierten Marktanteilen als regionalspezifische Betriebsform im polnischen Einzelhandel etablieren können. Gleichzeitig aber wird es zu einer Überschichtung des einheimischen Einzelhandels durch „moderne" Betriebsformen und Standorte kommen, die eine Angleichung der Einzelhandelsstruktur an westeuropäische Verhältnisse forcieren.

Schon für 1996 zeigen die vorliegenden Untersuchungen, daß großflächige Betriebsformen in nichtintegrierten Lagen auf eine hohe Nachfrage der Konsumenten stoßen,

---

[81] Auch die erste Niederlassung von *Ikea* in Polen wurde noch in „traditioneller" Zentrenlage eröffnet, nämlich in unmittelbarer Nachbarschaft zum Warschauer Hauptbahnhof. Seitdem gründet *Ikea* seine Filialen aber – wie in Westeuropa – nur noch in autokundenorientierten Lagen am Stadtrand.

[82] z. B. Dresden, wo nichtintegrierte Lagen schon 1996 fast 40 % der gesamten Verkaufsfläche einnahmen und der Filialisierungsgrad an der Verkaufsfläche bei fast 80 % lag (vgl. PÜTZ 1997a: 50f.)

die mit der zunehmenden Adaption westlicher Konsummuster zu erklären ist. Dies belegen die großen Besucherzahlen bei der Eröffnung neuer Betriebe[83] sowie die Kundenbefragungen bei *Hit*. Das SB-Warenhaus wird zu großen Teilen von weiter entfernt wohnenden Konsumenten genutzt, die sich mit ihrem „westlich" orientierten Einkaufsgewohnheiten deutlich von den Kunden anderer Einzelhandelsstandorte unterscheiden. Mit zunehmender Pkw-Verfügbarkeit verliert der Angebotsparameter „Standort" an Bedeutung für die Einkaufsstättenwahl, während der „Preis" das nach wie vor wichtigste Entscheidungskriterium ist und der Angebotsparameter „Sortiment" an Bedeutung zunimmt. Niedrigpreisorientierte großflächige Betriebsformen in nichtintegrierten Lagen haben hierbei auch in der Zukunft hohe Wettbewerbsvorteile.

---

[83] z. B. bei der Eröffnung von *Hit* in Krakau, die von der polnischen Fachzeitschrift „Handel" folgendermaßen beschrieben wurde: „Das in Krakau befindliche SB-Warenhaus *Hit* erlebte an seinem Eröffnungstag (3.4.1997) eine wahre Belagerung. Der Ansturm von ca. 40 000 Kunden dauerte bis zum späten Abend (...). Auf der zu *Hit* führenden Straße bildeten sich Staus, und es kam zu zahlreichen Unfällen. Der Parkplatz für 1 100 Autos stellte sich als zu klein heraus. Vor den 49 Kassen bildeten sich riesengroße Schlangen. Die aufgeregten Kunden wurden mit Entschuldigungen und mit Bonbons besänftigt und beruhigt" (nach: „Hit z hejnałem" (Hit mit Trompetensignal). In: Handel 5/1997: 6).

6 Einzelhandel im Transformationsprozeß: Eine Synthese

6.1 Konzeptualisierung von Transformation als Auslöser des Strukturwandels im Einzelhandel

In den ostmitteleuropäischen Ländern vollzieht sich in den 90er Jahren ein tiefgreifender gesellschaftlicher Wandel, der durch den Übergang von der Zentralverwaltungs- zur Marktwirtschaft geprägt ist. Wichtigster Faktor des gesellschaftlichen Wandels ist ein umfassender institutioneller Umbau. Dieser begrenzt die Handlungsmöglichkeiten der Akteure der gesellschaftlichen Teilsysteme in neuer Weise und ändert die Interaktionsformen zwischen ihnen. Institutionen sind dabei in zweifacher Bedeutung relevant: einerseits als „soziale Normen" – dies betrifft z. B. den Umbau des Rechtssystems oder die Einführung des Preismechanismus – und andererseits als „Organisationen" – dies betrifft z. B. den Aufbau eines dezentralen Verwaltungssystems oder die Gründung von Unternehmensverbänden.

Die bislang dominierenden Ansätze der Transformationsforschung konzentrieren sich vornehmlich auf den institutionellen Wandel auf nationalstaatlicher Ebene. In den Reformstaaten vollzog sich danach ein endogen gesteuerter Institutionenimport, indem auf nationaler Ebene – unter erheblicher Beteiligung westlicher Berater – die institutionelle Struktur der westlichen „Vorbildstaaten" übernommen oder nacherfunden wurde. Eine Fokussierung allein auf die Makroebene ist allerdings kritisch zu beurteilen, da sie Transformation nur auf eine reduzierte Weise erfaßt. Die bisherigen Transformationsverläufe in Ostmitteleuropa zeigen nämlich, daß es erstens nie gelang, die institutionellen Grundstrukturen einer ideal konzipierten Marktwirtschaft in die Praxis umzusetzen, daß zweitens beim institutionellen Umbau Konflikte viel prägender sind als eine kontinuierliche „Modernisierung", daß drittens die ungeplanten und ungesteuerten Folgewirkungen des „intendierten" Systemwechsels stärker sind als ursprünglich angenommen und daß viertens regional erheblich divergierende Transformationsverläufe auftreten. Insbesondere der letzte Aspekt, der auf die räumliche Gebundenheit von Transformation als Prozeß gesellschaftlichen Wandels verweist, legt nahe, stärker als bisher geographische Konzepte und räumliche Kategorien in die Transformationsforschung zu integrieren.

Einzelhandelsentwicklung im „dreifachen Spannungsfeld" von nationalen Transformationsstrategien versus lokale Regulierungsmechanismen, institutioneller Steuerung versus Akteurstrategien sowie interner Restrukturierung versus Internationalisierung

In der vorliegenden Arbeit wurde ermittelt, daß die in der frühen Transformationsforschung häufig unberücksichtigten Charakteristika von Transformationsprozessen auf ein raum-zeitliches Phänomen zurückzuführen sind, das als „institutionelle Lücke" bezeichnet werden kann. Diese ist auf zwei Ursachenkomplexe zurückzuführen: Zum einen beziehen sich die institutionellen Reformen aufgrund der Dezentralisierung staatlicher Steuerung auf unterschiedliche administrativ-räumliche Hierarchien – ein Punkt, der in der bisherigen Transformationsforschung weitgehend ausgeklammert blieb, der aber nicht nur zu Erklärung regional unterschiedlicher Transformationspfade, sondern auch zur adäquaten Erfassung nationaler Transformationsprozesse unabdingbar ist. Zum anderen vollziehen sich die institutionellen Reformen zeitlich gebrochen in einem langwierigen und konfliktreichen „trial and error"-Prozeß, bei dem die unterschiedlichen Interessenlagen der beteiligten Akteure eine entscheidende Rolle spielen.

Für das Forschungsdesign einer Analyse von Transformationsprozessen bedeutet dies, den bislang dominierenden makroanalytischen Blickwinkel aufzugeben. Vielmehr sollte sich die Analyse von Transformationsprozessen erstens auf das Zusammenwirken von sowohl *nationalen* Transformationsstrategien als auch *lokalen* Regulierungsmechanismen und zweitens auf die Wechselbeziehungen zwischen den *institutionellen Rahmenbedingungen* und den *individuellen Strategien* von Akteuren der gesellschaftlichen Teilsysteme konzentrieren.

Eine solche Betrachtungsweise ist auch im Einzelhandel angezeigt, da aus handlungstheoretischer Perspektive die Veränderungen in der Einzelhandelsstruktur auf das Zusammenwirken von Entscheidungen der Akteure des sozialen Systems (Konsumenten), des Wirtschaftssystems (Einzelhandelsunternehmen) und des politisch-administrativen Systems (Planer, Politiker) zurückzuführen sind. Dies gilt sowohl in plan- als auch in marktwirtschaftlichen Wirtschaftssystemen. Die intersystemaren Unterschiede liegen in den unterschiedlichen Handlungszielen und Handlungsfreiheiten der Akteure, die von den institutionellen Rahmenbedingungen begrenzt werden.

Dabei kann zwischen Plan- und Marktwirtschaften folgendes Gegensatzpaar aufgebaut werden: In planwirtschaftlichen Wirtschaftssystemen bestehen zwischen den Akteuren institutionell verankerte Anordnungsmechanismen, wobei zum ersten eine Dominanz des politisch-administrativen Systems über die anderen Teilsysteme besteht und zum zweiten eine Dominanz von Akteuren auf zentralstaatlicher Ebene über regionale oder lokale Akteure vorherrscht. Beim Übergang zur Marktwirtschaft werden Anordnungsmechanismen abgelöst durch Aushandlungsmechanismen und Marktbeziehungen. Insgesamt gewinnen die „individuellen Strategien" vieler Akteure auf dezentraler Ebene an Einfluß auf die wirtschaftliche Entwicklung und die Entwicklung des Einzelhandels.

Bei der Analyse von Transformationsprozessen als Prozeß „interner Restrukturierungen" muß damit ein doppeltes Spannungsfeld berücksichtigt werden, das mit den Begriffspaaren „nationale Transformationsstrategien versus lokale Regulierungsmechanismen" sowie „institutionelle Steuerung versus Akteurstrategien" benannt werden kann. Ein drittes Spannungsfeld liegt zwischen „interner Restrukturierung" und „Internationalisierung". So ist es ein Kennzeichen der meisten bisherigen Arbeiten zu Transformationsprozessen, daß sie die *internen* Restrukturierungsprozesse der Reformstaaten in den Vordergrund stellen. Häufig unberücksichtigt bleibt die Tatsache, daß Transformation erheblich unter dem Einfluß des Auslands steht: Mit der Außenöffnung begaben sich die ostmitteleuropäischen Staaten in eine internationale Verflechtung, die durch wachsende Globalisierung von Kapital, Arbeit und Informationen gekennzeichnet ist. Hierdurch erfahren die regionalen Wirtschaftsräume eine Umbewertung hinsichtlich ihrer Attraktivität für wirtschaftliche Aktivitäten, wobei die strategischen und gesellschaftspolitischen Zielsetzungen der sozialistischen Wirtschaftsplanung verdrängt werden und Wettbewerbsvorteile oder -nachteile eine Bedeutung erhalten, die jenseits der Steuerbarkeit durch nationale Regierungen liegen.

Die Bedeutung der Internationalisierung zeigt sich besonders in der Einzelhandelsentwicklung der Reformstaaten, die in den 90er Jahren zum bevorzugten Investitionsziel westeuropäischer Einzelhandelskonzerne werden. Prozesse wie der Betriebsformenwandel, die bislang vornehmlich auf das Zusammenwirken nationaler und lokaler Akteure unter Transformationsbedingungen zurückzuführen waren, werden nun vermehrt von international agierenden Akteuren bestimmt. Aufgrund der selektiven Standortwahl international operierender Einzelhandelsunternehmen wird das Standortmuster einheimischer Einzelhandelsbetriebe überlagert, womit sich das Spannungsfeld zwischen interner Restrukturierung und Internationalisierung auch räumlich manifestiert. Die vorliegende Analyse belegt, daß Internationalisierung dabei zeitlich gebunden ist und auch räumlich variiert, weil sowohl interregional als auch intrakommunal Disparitäten auftreten.

Die ermittelten Spannungsfelder betreffen sämtliche Strategiebausteine für den Übergang „vom Plan zum Markt", die von der bisherigen Transformationsforschung vorwiegend aus makroanalytischer Perspektive untersucht wurden. Außer dem institutionellen Umbau zählen hierzu die Wiederherstellung der Faktormärkte wie des Immobilienmarktes, die Dezentralisierung der staatlichen Verwaltung, die Liberalisierungen und die Privatisierung.

Wiederherstellung des Boden- und Immobilienmarktes

Die geographische Stadt- und Einzelhandelsforschung hat die Wiedereinführung des Boden- und Immobilienmarktes als zentralen Bestandteil von Transformationsprozessen aufgezeigt. Aus der zu erwartenden Etablierung eines räumlich differenzierten Preisniveaus lassen sich Konsequenzen für die funktionsräumliche Struktur der Städte ableiten, die bislang von gesellschaftspolitisch motivierten Nutzenzuweisungen für bestimmte Standortlagen dominiert worden war. Insbesondere für den Einzelhandel kann in Anbetracht der Erfahrungen in Westeuropa von einer räumlichen Reorganisation in Abhängigkeit vom entstehenden Mietpreisgradienten ausgegangen werden.

Eine detaillierte Analyse der Transformationsprozesse in Polen zeigt aber, daß trotz der weitgehenden Liberalisierungen ein „freier" Immobilienmarkt noch nicht existiert, was auf das Spannungsfeld zwischen nationalen Transformationsstrategien und lokalen Regulierungsmechanismen zurückgeführt werden kann. So wurde der Immobilienmarkt seit 1990 auf gesamtstaatlicher Ebene durch institutionelle Reformen im Rechtssystem zwar sukzessive liberalisiert, gleichzeitig wurden aber große Teile des vormals staatlichen Boden- und Immobilienbesitz an die polnischen Kommunen übertragen, womit die Interessenlagen der politischen Akteure auf lokaler Ebene für die „tatsächliche" Deregulierung maßgeblich wurden.

Das Beispiel Wrocław (Breslau) zeigt, daß die Strategien lokaler Akteure zu einer räumlich begrenzten Immobilienmarktliberalisierung führen können – ein Prozeß, der aus makroanalytischem Blickwinkel unentdeckt bleibt. So wandte z. B. der Stadtrat das Marktpreisprinzip zur Vergabe von Ladenlokalen nur in der Innenstadt an, was dort den Strukturwandel in Richtung „nachholende Citybildung" beschleunigte. Einzelhändler in den gründerzeitlichen Wohnquartieren operieren demgegenüber auf einem „geschützten" Immobilienmarkt, der auf der Vermietung von Ladenlokalen nach administrativ festgelegten Mietenschlüsseln basiert. Hierdurch sind auch Betriebe wettbewerbsfähig, die bei liberalisiertem Immobilienmarkt schließen müßten.

Diese kommunale Bodenmarktregulierung beschränkt sich allerdings vornehmlich auf die *Innenstadt* und auf die *Gründerzeitviertel*, wo die Kommune Haupteigentümer von Immobilien ist. In den *Gewerbegebieten* stellen dagegen privatisierte Staatsbetriebe und deren Gründungsorgane (meist die Woiwodschaftsbehörden) die wichtigste Eigentümergruppe, und in den *Großwohnsiedlungen* dominieren die Wohnungsbaugenossenschaften. Die unterschiedlichen Interessenlagen und Handlungsstrategien dieser Akteure führten in der Folge zu einer räumlich differenzierten Vergabepraxis von Immobilien und Ladenlokalen, was als eine ungeplante Folge nationaler Transformationsstrategien zu räumlich unterschiedlichen Entwicklungen auf der lokalen Ebene führte und sich auch im Wandel der Standortstruktur des Einzelhandels zeigt.

Privatisierung

Die Privatisierung des staatlichen und konsumgenossenschaftlichen Einzelhandels gilt als zentrale Voraussetzung für die Schaffung marktwirtschaftlicher Wettbewerbsbedingungen. Im Einzelhandel ist die verfolgte Privatisierungsstrategie von besonderer Bedeutung, weil sie die zukünftige Unternehmensstruktur grundlegend prägt. Auch die Analyse der Privatisierung belegt, daß die nationalen Strategien nur teilweise mit der tatsächlichen Privatisierungspraxis übereinstimmen. So wurde in Polen die Mehrzahl der Geschäfte *außerhalb* des auf nationaler Ebene verankerten institutionellen Rahmens der Privatisierungsgesetze privatisiert. Der Grund hierfür war die Aufteilung des staatlichen Eigentums an unterschiedliche Rechtsnachfolger, wozu die Kommunen als wichtigste zählen. Wie die Liberalisierung des Immobilienmarktes hing die Privatisierung damit de facto davon ab, welche Strategien die kommunalen politischen Akteure beim Umgang mit den von sozialistischen Handelsketten genutzten Ladenlokale verfolgten und wie es ihnen gelang, diese Strategien gegen die Interessen anderer Akteure (vor allem Belegschaften) durchzusetzen.

Wie das Beispiel Wrocław zeigt, führten die lokalen Akteurskonstellationen dazu, daß erstens der neugewählte Stadtrat – wie in den meisten polnischen Gemeinden – von Mitgliedern der Solidarność-Parteien dominiert wurde, daß diese zweitens ihre neugewonnenen Entscheidungsbefugnisse zur Kündigung aller Mietverträge mit staatlichen

Ketten nutzten, weil zu den zentralistisch organisierten Unternehmen keine Beziehungen auf lokaler Ebene bestanden und sie zudem als Protagonisten des jahrelang bekämpften Systems galten, und daß drittens die eigentliche „Privatisierung" der Ladenlokale, d. h. deren Weitervermietung, im wesentlichen eine Insider-Privatisierung war, weil die ortsansässigen Belegschaften historisch über Gewerkschaftsbeziehungen mit den Solidarność-Vertretern im Stadtrat verbunden waren und zudem in den lokalen Medien eine Plattform zur Artikulation ihrer Interessen fanden.

Auch in der Privatisierung zeigen sich die engen Wechselbeziehungen, die im Transformationsprozeß zwischen interner Restrukturierung und Internationalisierung bestehen. So führte die Institutionalisierung des Privatisierungsverfahrens auf kommunaler Ebene dazu, daß die Einzelhandelsentwicklung viel länger von Prozessen der internen Restrukturierung dominiert wurde als in anderen ostmitteleuropäischen Reformstaaten. Für internationale Handelsketten bestand in Polen nämlich kaum die Möglichkeit, im Rahmen der Privatisierung Marktanteile zu gewinnen, da sie nicht über die notwendigen Kontakte auf lokaler Ebene verfügten und die Privatisierung im wesentlichen eine Insider-Privatisierung war. Dieses Zusammenwirken von interner Restrukturierung und Internationalisierung zeigt z. B. der Vergleich mit Ungarn, wo die Internationalisierung bei zentraler Vergabe ganzer nationaler Handelsketten an ausländische Investoren schon frühzeitig einsetzte. Hier wird auch deutlich, daß das Ausmaß der Internationalisierung weniger von den sozioökonomischen Rahmenbedingungen als vielmehr von den institutionellen Rahmenbedingungen in den Reformstaaten abhängt.

Dezentralisierung der staatlichen Administration und räumlichen Planung

Die Auflösung der zentralistischen Verwaltungshierarchien und die Wiedereinführung des Subsidiaritätsprinzips sind Kernbestandteile der Transformationsstrategien aller ostmitteleuropäischen Staaten und Voraussetzung für den Rückzug des Staates aus dem Wirtschaftsgeschehen und der räumlichen Planung. Die vorliegende Arbeit zeigt dabei, daß in kaum einem anderen Bereich das Phänomen der institutionellen Lücke so massiv in Erscheinung tritt, wie bei der Dezentralisierung der staatlichen Verwaltung: Mit der Wiedereinführung des Marktpreismechanismus sanken die Steuerungsmöglichkeiten politisch-administrativer Gremien schlagartig. Gleichzeitig verschob die Einführung der kommunalen Selbstverwaltung Entscheidungsbefugnisse über die räumliche Planung von der nationalen auf die kommunale Ebene. Der institutionelle Rahmen zur operativen Umsetzung der Dezentralisierung war aber noch nicht geschaffen worden. So wurde den Gemeinden mit dem Raumbewirtschaftungsgesetz erst 1995 ein gesetzliches Instrument zur Steuerung der räumlichen Entwicklung an die Hand gegeben. Die durch nationale Transformationsstrategien intendierte Stärkung der kommunalen Steuerungsmöglichkeiten wurden hierdurch erheblich eingeschränkt.

Auch auf der kommunalen Ebene reduzierte der „time lag" bei der Schaffung der institutionellen Infrastruktur die kommunalen Steuerungsmöglichkeiten über das eigentlich intendierte Maß hinaus. Einerseits mußten Behörden, die für die Wahrnehmung der neuen Aufgaben erforderlich sind, erst geschaffen werden bzw. bestehende Entscheidungskompetenzen umverteilt werden. Andererseits mußten die Gemeinden nun selbstverantwortlich neue Leitbilder der Stadt- und Einzelhandelsentwicklung entwerfen, was aufgrund der komplexeren Entscheidungsmechanismen viel Zeit in Anspruch nahm. Das Fehlen von Leitbildern und Plänen, die diese Leitbilder verbindlich festschreiben, band die Gemeinden auch nach der Übernahme der kommunalen Planungshoheit noch an die Planwerke aus sozialistischen Zeiten.

Der Einfluß der Stadtplanung beschränkt sich durch die institutionelle Lücke auf die Immobilien und Grundstücke, die sich in ihrem Eigentum befinden. Diese aber verteilen sich – wie bereits aufgezeigt – ungleichmäßig auf die unterschiedlichen Stadträume. In der Konsequenz können sich die Kapitalverwertungsinteressen der Einzelhandelsunternehmen vor allem in den Gebieten mit hohen Anteilen privater Grundstückseigentümer fast ungesteuert durchsetzen, was zu einer räumlich differenzierten Modernisierung im Einzelhandel führt. Angesichts der seit 1995 zunehmenden Expansion ausländischer Handelsunternehmen wird die institutionelle Lücke in der nahen Zukunft die Standortstruktur des Einzelhandels nachhaltig überprägen. Gleichzeitig bestehen enge Verbindungen zwischen Internationalisierung und interner Restrukturierung, weil der vermehrte Markteintritt ausländischer Handelsketten die Diskussionen über eine Anpassung des nationalen Rechtes verschärft und der institutionelle Umbau im Transformationsprozeß hierdurch letztlich erheblich beschleunigt wird.

6.2 Anpassungsstrategien der Akteure

Das aufgezeigte Spannungsfeld zwischen nationalen Transformationsstrategien und lokalen Regulierungsmechanismen tangiert den Umbau der institutionellen Infrastruktur im Transformationsprozeß und darüber hinaus vornehmlich die Umstrukturierungen innerhalb des politisch-administrativen Systems. Der institutionelle Umbau ändert die Interaktionen zwischen den Akteuren der gesellschaftlichen Teilsysteme. Insbesondere zwischen den Akteuren des sozialen Systems und des Wirtschaftssystems dominieren seit der Einführung des Preismechanismus marktwirtschaftliche Austauschprozesse. Die Analyse des Transformationsprozesses im Einzelhandel erhält damit einen Fokus auf die Anpassungsstrategien von Konsumenten und Einzelhandelsunternehmen unter veränderten institutionellen und sozioökonomischen Rahmenbedingungen[84].

Soziales System

Mit der Einführung des Marktpreismechanismus kommt dem Einkaufsverhalten der Konsumenten und ihrer Einkaufsstättenwahl eine steigende Bedeutung für den Erfolg oder Mißerfolg von Einzelhandelsunternehmen zu. Damit erhält die Nachfrage einen wachsenden Einfluß darauf, welche Standortlagen des Einzelhandels prosperieren oder stagnieren, d. h. wie sich die Standortstruktur des Einzelhandels im Transformationsprozeß verändert. Die Analyse zeigt, daß das Einkaufsverhalten der Mehrheit der polni-

---

[84] Die Trennung von Akteurstrategien und institutionellem Rahmen ist dabei rein analytisch begründet, da, wie gezeigt wurde, auch der institutionelle Umbau von Akteurstrategien geprägt ist.

schen Haushalte im Transformationsprozeß primär von deren begrenzten Handlungsspielräumen aufgrund restriktiver ökonomischer Rahmenbedingungen geprägt wird.

Die Einkommenssituation der polnischen Haushalte spiegelt sich in deren Einkaufsverhalten wider, das jeweils unterschiedliche Betriebsformen und Standortlagen des Einzelhandels begünstigte. So löste die Freisetzung des angestauten Kaufkraftüberschusses und der Wunsch nach Deckung des Präferenzbedarfs in der frühen Transformationsphase (1989/90) einen starken Nachfragesog nach westlichen Konsumgütern aus. Hiervon profitierten insbesondere schattenwirtschaftliche Aktivitäten im Markt- und Straßenhandel, die 1990 geschätzte 30 % der polnischen Einzelhandelsumsätze erzielten. Die Schattenwirtschaft konnte westliche Konsumgüter nicht nur weitaus schneller, sondern auch preiswerter als das überkommene Distributionssystem aus sozialistischen Zeiten anbieten, da ihre Kostensituation aufgrund der fehlenden Besteuerung und Zölle weitaus günstiger war. Wettbewerbsvorteile genossen auch neugegründete Privatgeschäfte, die ihr Warenangebot – im Unterschied zu den sozialistischen Handelsketten – schnell und flexibel an die rasch wechselnde Nachfrage anpassen konnten.

Hohe Inflationsraten bei gleichzeitig restriktiverer Einkommenspolitik der Solidarność-Regierungen führten 1990 zu einem Einbruch der Realeinkommen, die bis 1993 kontinuierlich weiter sanken. Noch 1996 ist die materielle Situation – trotz steigenden Realeinkommens seit 1994 – schlechter als zu Beginn der Transformation. Die Haushalte reagierten auf die Einkommensverluste mit Konsumverzicht bei Waren des Zusatznutzenbedarfs. Dies belegt der Einbruch der Einzelhandelsumsätze, der im Non-food-Bereich mit mehr als 30 % besonders hoch war. Noch 1996 werden in Polen fast 40 % der Haushaltseinkommen für Lebensmittel verausgabt. Der Bevölkerungsteil, der aufgrund hoher Einkommenszuwächse in der Lage ist, individuelle Lebensstile zu entwickeln und entsprechend spezifische Konsummuster auszubilden – ein Trend, der z. B. in Westdeutschland maßgeblich die Betriebsformendifferenzierung im Einzelhandel prägt –, ist sehr klein. Das Marktsegment für Luxuswaren ist daher ausgesprochen schmal. Zudem steht es in enger Wechselwirkung zu den regionalen Arbeitsmärkten und beschränkt sich damit auf Warschau und wenige andere Großstädte.

Als Folge der restriktiven Einkommenssituation dominiert in Polen die Preisorientierung bei der Wahl der Einkaufsstätte. Hinzu tritt bei der geringen Pkw-Verfügbarkeit der Verbraucher der Standort des Geschäftes, was insbesondere in der Frühphase des Transformationsprozesses ausschlaggebend für die Einkaufsstättenwahl war. Der Ansicht einer Mehrheit von Autoren, die in dem „täglichen Einkauf in Wohnungsnähe" das „typische" Einkaufsverhalten des polnischen Verbrauchers sehen, kann auf Grundlage der vorliegenden empirischen Untersuchungen allerdings nicht gefolgt werden. Es zeigte sich vielmehr, daß dieses Einkaufsverhalten eher ein Resultat der eingeschränkten Konsummöglichkeiten im Sozialismus mit preislich und qualitativ kaum differenziertem Warenangebot war, als ein Ergebnis persönlicher Konsumpräferenzen und deshalb nicht lange Bestand haben wird. Schon für 1996 belegt die Analyse, daß wachsende Anteile der Bevölkerung beim Einkauf von Waren des Grundnutzenbedarfs „westliche" Konsummuster mit Wochengroßeinkäufen in großflächigen Einkaufsstätten adaptieren und daß dieser Diffusionsprozeß von Beziehern höherer Einkommen ausgeht. Ärmere Bevölkerungsschichten bevorzugen demgegenüber noch vermehrt traditionelle oder aber transformationsspezifische Betriebsformen wie den Markt- und Straßenhandel.

Wirtschaftssystem

Im Transformationsprozeß spielen seit der Einführung des Marktpreismechanismus und bei insgesamt steigender Wettbewerbsintensität die Wettbewerbsstrategien eigenständig agierender Handelsunternehmen eine immer wichtigere Rolle für deren wirtschaftlichen Erfolg. Hinsichtlich der Anpassungsstrategien der Wirtschaftssubjekte an die geänderten institutionellen und sozioökonomischen Rahmenbedingungen ist dabei grundsätzlich zwischen den sozialistischen Einzelhandelsketten und neugegründeten einheimischen Privatbetrieben zu unterscheiden:

- Sozialistische Handelsketten: Die in Polen verfolgten Privatisierungsstrategien haben die Einzelhandelsstruktur im Land nachhaltig geprägt, wobei eine starke Dekonzentration auf Unternehmensseite einsetzte. Die Marktposition der sozialistischen Handelsketten hat sich dabei dramatisch verschlechtert. Hierfür war zunächst die Reduzierung der Verkaufsstellenzahl und der Verkaufsfläche verantwortlich. Außerdem leiden die meisten Betriebe unter einem erheblichen Personalüberhang, den insbesondere die Konsumgenossenschaften aufgrund der weitgehende Mitspracherechte der Mitglieder (= Angestellte) bei Personalentscheidungen kaum abbauen können.

    Die Auflösung der polnischen Unternehmenszentralen und die Verselbständigung lokaler (auf Gemeindeebene) oder regionaler (auf Woiwodschaftsebene) Mehrbetriebsunternehmen dezentralisierte die Entscheidungsprozesse im Einzelhandel. Die bislang in der mittleren Führungsebene der Unternehmen angesiedelten Regionalleiter wurden plötzlich zu verantwortlichen Geschäftsführern und sahen sich vor vollkommen neue Aufgaben gestellt. Die Zentralverbände hatten im Sozialismus nämlich auch als Koordinations- und Dienstleistungszentrum fungiert, welche die Versorgung mit technischen Dienstleistungen und Know-how gewährleisteten sowie den Groß- und Außenhandel organisierten. Mit dem Wegbrechen dieser Entscheidungszentralen und der Auflösung der überkommenen Beschaffungskanäle mußten die vormals nur als regionale Niederlassungen fungierenden Unternehmensteile eigenverantwortlich handeln und Warenbeschaffungs- und Distributionsstrategien, Investitionen und Beschäftigung auf die neuen Wettbewerbsbedingungen umstellen. Wie die vergleichende Analyse der Unternehmensstrategien privatisierter Konsumgenossenschaften zeigt, hängt der erfolgreiche Übergang in die Marktwirtschaft dabei von den Adaptions- und Innovationsfähigkeiten des neuen Managements ab. Es handelt sich hierbei um unternehmerische Qualitäten, denen bei der Stellenbesetzung im Sozialismus nur eine untergeordnete Rolle zukam und die nun für den Erfolg oder Mißerfolg der Unternehmen entscheidend wurden.

- Private Einzelhandelsbetriebe: Unmittelbar nach den Liberalisierungsmaßnahmen zu Unternehmensgründungen wächst die Zahl privater Geschäfte erheblich, in Polen zwischen 1990 und 1996 z. B. um das Dreifache. Gleichzeitig kommt es zu einer extremen Zunahme des ambulanten Straßenhandels und insbesondere des Markthandels, der als ein typisches Phänomen von Transformationsprozessen anzusehen und in der Umbruchphase ausnahmslos der Schattenwirtschaft zuzurechnen ist. Als Erklärung für das Wachstum wird zumeist aus makroökonomischer Perspektive argumentiert, indem auf den großen Nachholbedarf an Handelsdienstleistungen verwiesen wird. Das Wachstum des Markthandels ist aus dieser Perspektive durch die Angebotslücken im Ladeneinzelhandel determiniert.

Die vorliegende Analyse zeigt jedoch, daß ein solcher makroökonomischer Blickwinkel zur Erklärung nicht ausreicht. Es sollte vielmehr eine mikroökonomische Position eingenommen werden, die Betriebsgründungen als eine Anpassungsstrategie der Haushalte auf die veränderten wirtschaftlichen und gesellschaftlichen Rahmenbedingungen interpretiert. Auf Grundlage der empirischen Erhebungen ließen sich dabei zwei gegensätzliche Motivationsstrukturen für Betriebsgründungen identifizieren:

- Handelstätigkeit als Überlebensstrategie: Die Auflösung des sozialistischen Gemeinwohlprinzips, steigende Arbeitslosigkeit und Realeinkommensverluste führten dazu, daß nur eine Minderheit der Bevölkerung ihren Lebensunterhalt aus regulären Hauptbeschäftigungen decken konnten und gezwungen war, zusätzliche Einkünfte zu erschließen. Die Eröffnung eines eigenen „Unternehmens" – oftmals in der Schattenwirtschaft – war hierzu häufig die einzig gangbare Handlungsalternative. Angesicht der begrenzten Handlungsspielräume aufgrund der restriktiven materiellen Situation werden Unternehmensgründungen vor allem in Sektoren getätigt, die nur geringe Anfangsinvestitionen erfordern und deren notwendige berufliche Vorqualifikationen gering sind. Hierzu zählen vornehmlich Tätigkeiten im Handel.
- Handelstätigkeit als Wohlstandsstrategie: Im Transformationsprozeß kommt es zu einer Umverteilung des volkswirtschaftlichen Vermögens, die risikobereiten und unternehmerisch orientierten Persönlichkeiten große Chancen des Vermögenserwerbs bietet. Gleichzeitig war in der frühen Transformationsphase eine Beschäftigung im Handelssektor überaus erfolgversprechend, da mit dem Ende der Zentralverwaltungswirtschaft ein erheblicher Nachfrageüberhang nach Konsumgütern offenbar wurde, der für den einzelnen hohe und schnelle Verdienstmöglichkeiten erwarten ließ.
- Materielle Ressourcen als limitierender Faktor: Die unterschiedlichen Gründungsmotive und Unternehmensziele schlagen sich über unterschiedliche Betätigungsformen in der Einzelhandelsstruktur nieder. Die Art der unternehmerischen Aktivität wird zudem von der verfügbaren Menge investierbaren Kapitals geprägt.

Wie die Analyse zeigte, bilden sich die unterschiedlichen Motive für die Verselbständigung im Handelssektor und die Menge an einsetzbarem Investitionskapital in unterschiedlichen Betriebstypen ab, die sich aufgrund ihres Formalisierungsgrades und ihrer Kapitalintensität unterscheiden lassen. Das Betriebstypenspektrum reicht dabei vom Ladeneinzelhandel bis zum schattenwirtschaftlichen ambulanten Straßenhandel „aus der Hand", der für die meisten eine existentielle Bedeutung einnimmt. Die Betriebstypendifferenzierung wird so zum Spiegelbild der zunehmenden

Polarisierung in der polnischen Gesellschaft. Sie steht damit in einem grundsätzlich anderen Gründungszusammenhang als die Ausdifferenzierung von Betriebsformen im westeuropäischen Einzelhandel, wo der strategische Einsatz der betrieblichen Handlungsparameter zur Differenzierung der Unternehmensleistung die Hauptursache für den Betriebsformenwandel ist.

6.3 Raum-zeitliche Transformationsphasen im Einzelhandel

Wie die vorliegende Arbeit zeigt, ist Transformation kein kontinuierlicher Modernisierungsprozeß auf nationalstaatlicher Ebene, sondern sowohl durch erhebliche Diskontinuitäten im Zeitverlauf als auch durch regional unterschiedliche Entwicklungspfade gekennzeichnet. Diese raum-zeitliche Gebundenheit des gesellschaftlichen Wandels „Transformation" kommt im Strukturwandel des Einzelhandels besonders deutlich zum Ausdruck. So rührt die zeitliche Differenziertheit des Transformationsprozesses daher, daß sich die Einflußkräfte in den aufgezeigten Spannungsfeldern im Zeitablauf verschieben, nämlich von der institutionellen Ebene (z. B. Privatisierungsstrategien) auf die Akteurebene (z. B. Anpassungsstrategien der privatisierten Unternehmen) und von in-

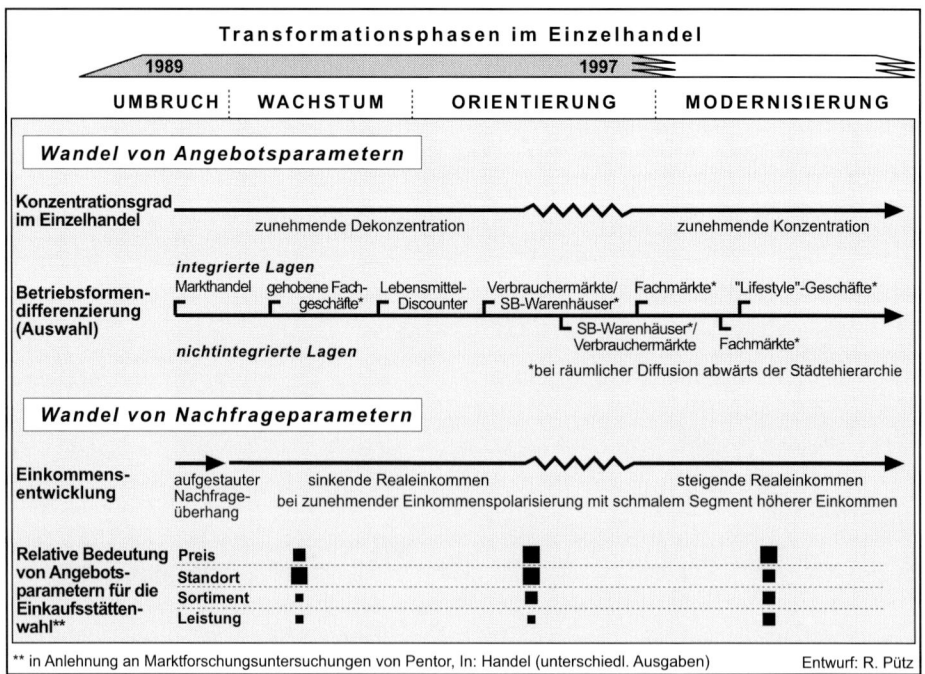

Abb. 30: Wandel von einzelhandelsrelevanten Angebots- und Nachfrageparametern im Transformationsprozeß

ternen Restrukturierungsprozessen (z. B. Markteintrittsverhalten einheimischer Unternehmen) zu Prozessen, die auf internationaler Ebene gesteuert werden (z. B. Internationalisierungsstrategien westeuropäischer Einzelhandelskonzerne). Die jeweils dominierenden Einflußfaktoren der Transformation bringen im Zeitverlauf grundlegend unterschiedliche Marktergebnisse hervor. Diese äußern sich im Einzelhandel im Wandel von Angebotsparametern wie Konzentrationsgrad und Betriebsformendifferenzierung sowie im Wandel der Standortstruktur des Einzelhandels, womit sich die zeitlichen Diskontinuitäten des Transformationsprozesses einerseits räumlich manifestieren und sich andererseits Transformation über den Raum vollzieht (z. B. nationale Strategien versus lokale Regulierung).

Basierend auf den makroanalytischen Erhebungen auf polnischer Ebene und den Ergebnissen der Fallstudie Wrocław, die im folgenden thesengenerierend verallgemeinert werden, kann die raum-zeitliche Gebundenheit des Transformationsprozesses am Beispiel des Einzelhandels in einem Phasenmodell nachvollzogen werden. Dabei lassen sich die vier Phasen „Umbruch", „Wachstum", „Orientierung" und „Modernisierung" analytisch voneinander trennen, wobei in den einzelnen Phasen grundlegende Unterschiede bei den Strukturmerkmalen im Einzelhandel auftreten (vgl. dabei Abb. 30 bis Abb. 32).

Umbruchphase

Die Umbruchphase kennzeichnet den Übergang von der Plan- zur Marktwirtschaft vor Einsetzen der Privatisierung im Einzelhandel (in Polen bis Frühjahr 1990) und ist ausnahmslos durch Prozesse der „internen Restrukturierung" geprägt. Dabei überlagern sich sozialistische Struktur- und Standortmuster sowie transformationsbedingte Einzelhandelsstrukturen:

- Die Einzelhandelsstruktur im Sozialismus resultierte fast ausnahmslos aus den gesellschaftspolitisch motivierten Entscheidungen politisch-administrativer Gremien, wobei kommunale Behörden vornehmlich der operativen Umsetzung von Richtlinien der zentralstaatlichen Planungsbürokratie dienten. Das Primärziel der Einzelhandelsgestaltung lag in der Sicherung der Grundversorgung der Bevölkerung. Zu diesem Zweck wurde eine wohnungsnahe Streuung von Geschäften des täglichen Bedarfs und eine zentralörtliche Konzentration von Betrieben des mittel- und langfristigen Bedarfs angestrebt (vgl. Abb. 32). Während in den Gründerzeitgebieten und den Innenstädten auf eine vorhandene Ladeninfrastruktur aus Vorkriegszeit zurückgegriffen werden konnte, kam es in den Großwohngebieten aufgrund der Nichteinhaltung von Planzielen zu erheblichen Unterausstattungen im Einzelhandel.

Zum Zweck der Kontrollkostenminimierung bestand auf Unternehmensseite ein hoher Konzentrationsgrad, wobei staatliche und konsumgenossenschaftliche Ketten über Monopolstellungen verfügten. Private Betriebe konnten sich meist nur in den Gründerzeitgebieten in Restbeständen erhalten, wo sie in kleinen Ladenlokalen als Anbieter von Nischenprodukten zugelassen wurden. Der sozialistische Einzelhandel verfügte bei zentraler Leitung der Warendistribution nur über geringe Entscheidungsfreiheiten. Das Entscheidungsverhalten der Betriebsdirektoren war durch Planerfüllungsziele gekennzeichnet. Die zentrale Festlegung des Warensortiments,

die staatliche Preisvorgabe und die mit der Standortplanung festgelegten Verkaufsflächen schränkten die Differenzierungsmöglichkeiten stark ein. Die Betriebsformenvielfalt war daher gering und beschränkte sich auf „traditionelle" Betriebsformen.
- Nach den ersten Liberalisierungsmaßnahmen nehmen private Einzelhandelsaktivitäten massiv zu und überlagern die sozialistische Einzelhandelsstruktur, ohne daß es

Abb. 31: Wandel der relativen Bedeutung unterschiedlicher Formen des Einzelhandels im Transformationsprozeß

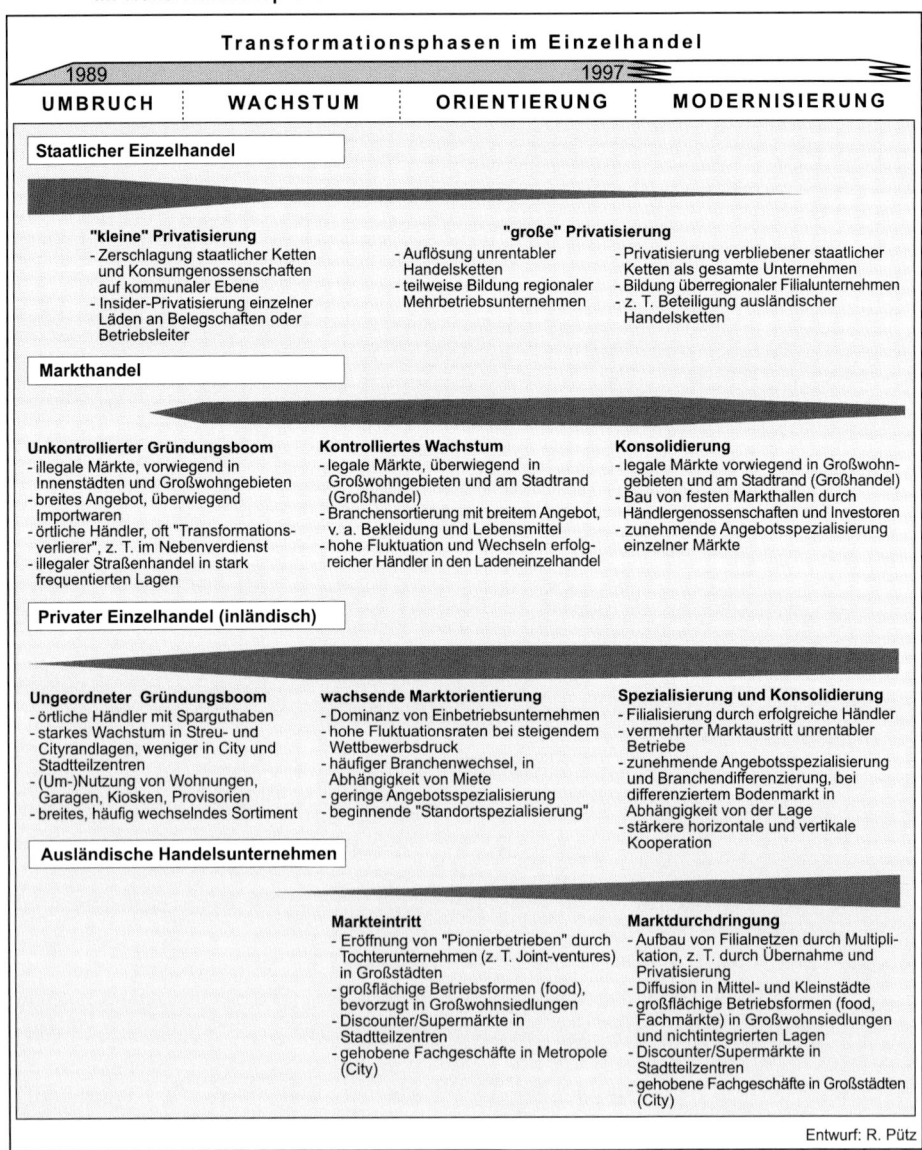

Transformationsphasen im Einzelhandel			
1989		1997	
UMBRUCH	WACHSTUM	ORIENTIERUNG	MODERNISIERUNG

Staatlicher Einzelhandel

"kleine" Privatisierung	"große" Privatisierung	
- Zerschlagung staatlicher Ketten und Konsumgenossenschaften auf kommunaler Ebene - Insider-Privatisierung einzelner Läden an Belegschaften oder Betriebsleiter	- Auflösung unrentabler Handelsketten - teilweise Bildung regionaler Mehrbetriebsunternehmen	- Privatisierung verbliebener staatlicher Ketten als gesamte Unternehmen - Bildung überregionaler Filialunternehmen - z. T. Beteiligung ausländischer Handelsketten

Markthandel

Unkontrollierter Gründungsboom	Kontrolliertes Wachstum	Konsolidierung
- legale Märkte, vorwiegend in Innenstädten und Großwohngebieten - breites Angebot, überwiegend Importwaren - örtliche Händler, oft "Transformationsverlierer", z. T. im Nebenverdienst - illegaler Straßenhandel in stark frequentierten Lagen	- legale Märkte, überwiegend in Großwohngebieten und am Stadtrand (Großhandel) - Branchensortierung mit breitem Angebot, v. a. Bekleidung und Lebensmittel - hohe Fluktuation und Wechseln erfolgreicher Händler in den Ladeneinzelhandel	- legale Märkte vorwiegend in Großwohngebieten und am Stadtrand (Großhandel) - Bau von festen Markthallen durch Händlergenossenschaften und Investoren - zunehmende Angebotsspezialisierung einzelner Märkte

Privater Einzelhandel (inländisch)

Ungeordneter Gründungsboom	wachsende Marktorientierung	Spezialisierung und Konsolidierung
- örtliche Händler mit Spargutshaben - starkes Wachstum in Streu- und Cityrandlagen, weniger in City und Stadtteilzentren - (Um-)Nutzung von Wohnungen, Garagen, Kiosken, Provisorien - breites, häufig wechselndes Sortiment	- Dominanz von Einbetriebsunternehmen - hohe Fluktuationsraten bei steigendem Wettbewerbsdruck - häufiger Branchenwechsel, in Abhängigkeit von Miete - geringe Angebotsspezialisierung - beginnende "Standortspezialisierung"	- Filialisierung durch erfolgreiche Händler - vermehrter Marktaustritt unrentabler Betriebe - zunehmende Angebotsspezialisierung und Branchendifferenzierung, bei differenziertem Bodenmarkt in Abhängigkeit von der Lage - stärkere horizontale und vertikale Kooperation

Ausländische Handelsunternehmen

	Markteintritt	Marktdurchdringung
	- Eröffnung von "Pionierbetrieben" durch Tochterunternehmen (z. T. Joint-ventures) in Großstädten - großflächige Betriebsformen (food), bevorzugt in Großwohnsiedlungen - Discounter/Supermärkte in Stadtteilzentren - gehobene Fachgeschäfte in Metropole (City)	- Aufbau von Filialnetzen durch Multiplikation, z. T. durch Übernahme und Privatisierung - Diffusion in Mittel- und Kleinstädte - großflächige Betriebsformen (food, Fachmärkte) in Großwohnsiedlungen und nichtintegrierten Lagen - Discounter/Supermärkte in Stadtteilzentren - gehobene Fachgeschäfte in Großstädten (City)

Entwurf: R. Pütz

dabei jedoch zur Entwicklung neuer Standortlagen kommt (vgl. Abb. 32). Es beginnt eine Ausdifferenzierung „transformationsspezifischer" Betriebsformen ein, die von dem freigesetzten Nachfrageüberhang nach Konsumgütern profitieren und aufgrund ihrer Unabhängigkeit von der vorhandenen Ladeninfrastruktur schneller zunehmen als der Ladeneinzelhandel. Die Betriebsformendifferenzierung erfolgt in Abhängigkeit von den Gründungsmotiven und -restriktionen der neuen Unternehmer und steht damit in einem völlig anderen Begründungszusammenhang als im westeuropäischen Einzelhandel. In Abhängigkeit von Formalisierungsgrad und Kapitalintensität lassen sich auf Grundlage der vorliegenden Arbeit dabei die drei wichtigsten transformationsspezifischen Betriebsformen voneinander unterscheiden:

- der Markthandel, der in der Umbruchphase ausschließlich der Schattenwirtschaft zuzurechnen ist und dessen interne Betriebsformenstruktur nochmals erheblich differenziert ist. Märkte entstehen erstens am Stadtrand als Großhandelsmärkte, die von dem Zusammenbruch der überkommenen Distributionskanäle profitieren und vornehmlich den privaten Kleinhandel versorgen, zweitens als Nahversorgungsmärkte in den Großwohnsiedlungen, wo sich unzureichende Ladenausstattungen und ausreichende Freiflächen als günstige Standortfaktoren für die Händler verbinden sowie illegale schattenwirtschaftliche Handelsplätze aus sozialistischen Zeiten als Kristallisationspunkte dienen, und drittens in der Innenstadt, wo vornehmlich Waren des mittel- und langfristigen Bedarfs angeboten werden, darunter viele geschmuggelte westliche Konsumgüter, nach denen in der Umbruchphase eine hohe Nachfrage besteht.
- der Handel in Kiosken und Verkaufsbuden, der zum einen in den Streulagen der Wohngebiete ein breites Warenangebot der Grundversorgung anbietet und für Bewohner der peripheren Dorf- und Einfamilienhaussiedlungen häufig die einzige Einkaufsmöglichkeit bietet und zum anderen in der Innenstadt in hochspezialisierter Form mit engem Angebot mittelfristiger Konsumgüter auftritt.
- der Warenhaushandel, der auf die Anpassungsstrategien der staatlichen und konsumgenossenschaftlichen Warenhäuser zurückzuführen ist. Zum Zwecke der Einnahmenerhöhung vermieten diese bislang un- oder untergenutzte Verkaufsflächen i. d. R. meistbietend, verfolgen je nach Innovationsfähigkeit des verantwortlichen Managements aber zunehmend auch strategische Aspekte der gezielten Externalisierung von Handelsdienstleistungen.

Wachstumsphase

Die Wachstumsphase des Einzelhandels im Transformationsprozeß kennzeichnet den Abschnitt vom Beginn der Privatisierung im Einzelhandel bis zum Beginn des Markteintritts westeuropäischer Unternehmen des großflächigen Einzelhandels (in Polen von Frühjahr 1990 bis ca. Mitte 1993). Sie ist auf der Angebotsseite vornehmlich geprägt durch die Zunahme des privaten Ladeneinzelhandels, ferner durch die unternehmerischen Anpassungsprozesse im Rahmen der Privatisierung und den beginnenden Markteintritt ausländischer Handelsketten des gehobenen Bedarfs.
- Die Anzahl privater Einzelhandelsbetriebe steigt massiv, womit der Gründungsboom die Bedeutung der Privatisierungen für die Herstellung marktwirtschaftlicher

Wettbewerbsverhältnisse bei weitem übertrifft. Das Gründungsgeschehen wird von ortsansässigen Jungunternehmern geprägt. Diese verfügen – im Unterschied zu den meisten Markthändlern – über bescheidene Ersparnisse aus sozialistischen Zeiten oder schattenwirtschaftlichen Tätigkeiten, die sie nun als investive Mittel einsetzen können. Aufgrund der baulichen Persistenzen eröffneten vor allem in den Großwohnsiedlungen viele neue Läden in umgebauten Wohnungen, Garagen oder sonstigen Provisorien. Daneben bedingt das fehlende Kapital der Geschäftsgründer, daß diese fast nie Läden gründen können, die aufgrund ihrer Größe nicht auf externe Kopplungseffekte angewiesen sind. Das Wachstum konzentriert sich damit ausschließlich auf kleinflächige Geschäfte, die auf ein kleinräumiges Nachfragepotential zielen. Die Standortwahl beschränkt sich deshalb auf integrierte Standortlagen in den Stadtteilzentren und wohnungsnahen Streulagen. Bei der überwiegend kommunalen Steuerung des Immobilienmarktes durch feste Mietenschlüssel operieren die Einzelhändler weitgehend auf geschützten Märkten – eine Reorganisation der Standortstruktur des Einzelhandels in Abhängigkeit von einem zu erwartenden Mietpreisgradienten erfolgt nicht.

- Die kleine Privatisierung des Einzelhandels führt aufgrund lokaler Akteurskonstellationen und zwischen den Akteuren der gesellschaftlichen Teilsysteme ausgehandelter Privatisierungsstrategien zu einer weitgehenden Auflösung der sozialistischen Handelsketten. Diese verlieren die Mehrzahl ihrer Ladenlokale an die ehemaligen Belegschaften, die weitreichende Vergünstigungen erhalten. Hierdurch nimmt die Dekonzentration des Einzelhandels auf Unternehmensseite zu, was durch den Gründungsboom im privaten Einzelhandel noch verstärkt wird. Von den verbliebenen staatlichen und konsumgenossenschaftlichen Mehrbetriebsunternehmen gehen keine expansiven Tendenzen aus, da für diese die Konsolidierung des Kernunternehmens im Vordergrund steht. Vergleichsweise hohe Konzentrationsgrade bestehen lediglich in den Großwohnsiedlungen, da die hier für die Ladenvermietung verantwortlichen Wohnungsbaugenossenschaften aus Gründen der Versorgungskontinuität im Sinne ihrer Mitglieder bestehende Mietverträge häufig verlängern und die sozialistischen Handelsketten hier zudem häufig über Kaufhallen im Unternehmenseigentum verfügen.

- Die Internationalisierung des Einzelhandels ist gering. Sie beschränkt sich auf gehobene Fachgeschäfte die ihre Standorte in den 1a-Lagen der Innenstädte wählen. Dabei kommt es zu einer Diffusion abwärts der polnischen Städtehierarchie. Fachgeschäfte des Luxusbedarfs expandieren mit Globalisierungsstrategien. Diese setzen auf die länderübergreifende Existenz von Nischenmärkten, die mit international profilierten Produkten bearbeitet werden können. Der Markteintritt erfolgt dabei meist durch Franchising, das nur einen relativ geringen Kapitaleinsatz erfordert und – bei der vorherrschenden Vergabe von Ladenlokalen auf kommunaler Ebene – den Markteintritt über einen ortsansässigen Unternehmer erleichtert. Aufgrund des schmalen und bislang nicht existierenden Marktsegmentes erhöhen Fachgeschäfte des Luxusbedarfs weniger den Wettbewerb um Marktanteile als vielmehr um zentrale Standorte in der Innenstadt.

Abb. 32: Modell des Wandels der Standortstruktur des Einzelhandels im Transformationsprozeß

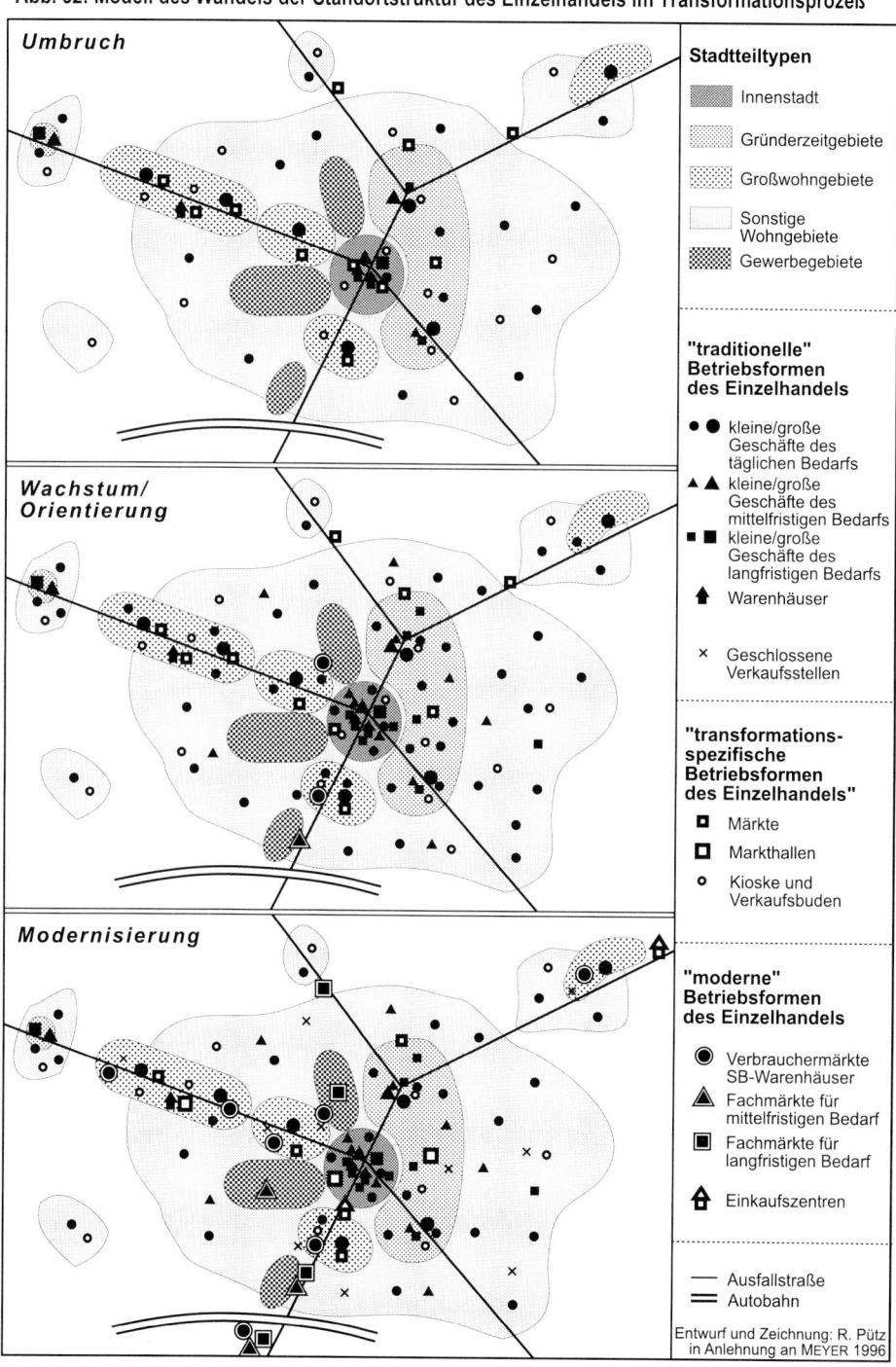

Orientierungsphase

Die Orientierungsphase des Einzelhandels im Transformationsprozeß kennzeichnet den Abschnitt vom Beginn des Markteintritts des westeuropäischen Lebensmittelhandels bis zum Ende des Gründungsbooms im privaten Einzelhandel, der sich im Rückgang der Geschäftszahl bei zugleich weiterer Zunahme der Verkaufsfläche ausdrückt (in Polen von ca. Mitte 1993 bis ca. 1997). Sie ist auf der Angebotsseite gekennzeichnet durch im Zeitverlauf zunehmende Markteintritte ausländischer Unternehmen und hierdurch einsetzende Ausdifferenzierung moderner Betriebsformen, wachsende Marktorientierung im einheimischen Einzelhandel und beginnende Konsolidierung transformationsspezifischer Handelsformen.

- Mit fortschreitendem Umbau der institutionellen Infrastruktur vor allem im Bereich rechtlicher Reformen setzt der Markteintritt ausländischer Unternehmen des großflächigen Lebensmitteleinzelhandels ein. Hierdurch verbreiten sich „moderne" Betriebsformen, die im einheimischen Einzelhandel bislang unbekannt waren. Sie zielen auf die länderübergreifende Existenz von Märkten der Massenkonsumtion und stoßen mit ihrer Niedrigpreisorientierung auf eine hohe Nachfrage der unter Realeinkommensverlusten leidenden Bevölkerungsmehrheit. Der Markteintritt erfolgt vornehmlich durch interne Expansion, lediglich bei Discountern oder Supermärkten, welche die vorhandene Ladeninfrastruktur nutzen können, werden auch Akquisitionsstrategien verfolgt, da diese einen schnelleren Markteintritt ermöglichen und zugleich „lokales Know-how" einkaufen können.

    Die Standortwahl internationaler Lebensmittelketten ist selektiv und unterscheidet sich grundlegend von der Standortwahl des einheimischen Einzelhandels. Sie orientiert sich an überlokal bedeutenden Verkehrsachsen bei gleichzeitig enger räumlicher Anbindung an hohe Bevölkerungskonzentrationen. Dabei werden bevorzugt Standorte in Gewerbegebieten in der Nähe von Großwohnsiedlungen erschlossen, wo die Unternehmen neben den günstigen Bodenpreisen von der Tatsache profitieren, daß sich die Immobilien im Eigentum des Staates oder privatisierter Industrieunternehmen befinden und – bei der bestehenden Rechtslage – dem Einfluß der kommunalen Planung damit entzogen sind.

- Der einheimische Einzelhandel ist in der Orientierungsphase durch eine zunehmende Marktorientierung bei steigendem Wettbewerbsdruck gekennzeichnet. Gleichzeitig setzt in der Innenstadt in Anpassung an den deregulierten Immobilienmarkt eine „Standortspezialisierung" des Angebots ein. Nach Einführung des Marktpreismechanismus im Immobilienmarkt nimmt die Fluktuation unter den Händlern hier erheblich zu. Viele Einzelhändler bieten aus Überschätzung ihrer Mietzahlungsfähigkeit Mietpreise jenseits der Rentabilitätsgrenze und müssen frühzeitig wieder aus dem Markt ausscheiden. Andere Geschäfte in der Innenstadt stellen ihr Warenangebot ohne Besitzerwechsel auf „rentablere" Branchen um. Insgesamt ist eine ausgesprochen geringe Sortimentsbindung zu beobachten, die durch die kaum institutionalisierten Händler-Großhändler- bzw. Händler-Hersteller-Beziehungen ermöglicht wird. Als Ergebnis setzt im Stadtzentrum eine „nachholende Citybildung" ein – die Einzelhändler in den Wohngebieten operieren demgegenüber noch auf geschützten Märkten, was unterschiedliche Transformationsgeschwindigkeiten zur Folge hat.

Die nachholende Citybildung wird in hohem Maße durch gezielte Umwidmungen vormals gewerblich genutzter Gebäude in Einzelhandels- oder Dienstleistungsstandorte durch die Stadtverwaltung forciert und zudem durch den Markteintritt ausländischer Ketten beschleunigt. Diese profitieren von den räumlich begrenzten Immobilienmarktliberalisierungen am meisten, da ihr Markteintritt – im Unterschied zu den vormals außerhalb des Marktes liegenden lokalen Vergabemechanismen – erheblich erleichtert wird. In der Folge setzt in den Innenstädten eine Selektion der Betriebe hinsichtlich ihrer Kapitalausstattung ein.

- Im Markthandel vollzieht sich ein Übergang vom „unkontrollierten Gründungsboom" zum „kontrollierten Wachstum". In Reaktion auf den steigenden Druck kommunaler Gremien kommt es zur Bildung von Selbstverwaltungsgremien der Markthändler. Diese organisieren die Verwaltung der Märkte von der Vermietung von Standplätzen bis zur Errichtung technischer Infrastruktur und erhalten im Gegenzug legale Pachtverträge von der Stadtverwaltung. Die bislang ausschließlich schattenwirtschaftlichen Aktivitäten werden so in legale Handelstätigkeiten überführt, wodurch der Preisvorteil des Markthandels weitgehend verloren geht. Nach wie vor bestehende Wettbewerbsvorteile liegen in der oftmals leichten Erreichbarkeit und der großen Angebotsvielfalt. Angesichts der Gründungsmotive der Markthändler, von denen die meisten eine „Überlebensstrategie" ohne größeren Kapitaleinsatz und langfristige Investitionspläne verfolgen, ist die Fluktuation im Markthandel sehr hoch. Verstärkt wird sie durch die Abwanderung erfolgreicher Händler in den Ladeneinzelhandel.

Modernisierungsphase

Die Modernisierungsphase des Einzelhandels kennzeichnet den jüngsten Transformationsabschnitt, der mit dem Beginn der zunehmenden Konzentration auf Unternehmens- und Betriebsseite einsetzt (in Polen seit 1997) und vorwiegend zukünftige Entwicklungstrends beschreibt. Sie ist auf der Angebotsseite gekennzeichnet durch wachsende Marktanteile ausländischer Handelskonzerne, zunehmende „Modernisierung" des einheimischen Einzelhandels in Reaktion auf den steigenden Verdrängungswettbewerb und Konsolidierung bzw. Auflösung transformationsspezifischer Handelsformen.

- Mit fortschreitender Konsolidierung des Transformationsprozesses nimmt der Marktanteil westlicher Einzelhandelsunternehmen zu. Es treten nun vermehrt Fachmärkte und – zeitlich versetzt – Shopping-Center in den Markt ein, woran westeuropäische Developer-Gesellschaften beteiligt sind. Gleichzeitig werden typische Standortmuster des westeuropäischen Einzelhandels häufiger unmodifiziert übertragen. Während sich erste Betriebsgründungen im großflächigen Einzelhandel aufgrund der geringen Pkw-Verfügbarkeit und der bislang angenommenen geringen Raumüberwindungsbereitschaft der Konsumenten noch stark am mikroräumlichen Nachfragepotential orientierten, werden nun auch nichtintegrierte Standorte in Gewerbegebieten oder auf der „grünen Wiese" erschlossen. Der westeuropäische großflächige Einzelhandel profitiert dabei von den Schwächen der politisch-administrativen Steuerung, insbesondere der Bauleitplanung, die den Einfluß der Kommunen auf die Einzelhandelsentwicklung de facto auf die ihr gehörenden

Grundstücke beschränkt. Diese liegen jedoch meist in den Innenstädten und Gründerzeitgebieten, selten in Großwohngebieten und fast nie in Gewerbegebieten und nichtintegrierten Lagen.
- Der Markteintritt ausländischer Einzelhandelsketten erhöht den Wettbewerbsdruck auf den einheimischen Einzelhandel. Unmittelbare „Anpassungsprozesse" liegen in Betriebsschließungen, die sich als Folge der hohen lokalen Kaufkraftbindung von Lebensmittelfilialisten zunächst auf die unmittelbare Nachbarschaft der neuen Wettbewerber beschränken. Langfristig ist von einer Ausdehnung dieses Konzentrationsprozesses auf andere Standortlagen des Einzelhandels auszugehen. Dies liegt auch daran, daß die Folgen des Markteintrittes westeuropäischer Ketten weit über den unmittelbaren Verlust von Marktanteilen hinausgehen. So sind im einheimischen Einzelhandel deutliche „Modernisierungstendenzen" zu beobachten, die eindeutig als Strategien der Anpassung an veränderte Wettbewerbsbedingungen zu interpretieren sind. Sie liegen in der Imitation westlicher Handelskonzepte, der verstärkten horizontalen und vertikalen Kooperation und Integration, der Filialisierung durch erfolgreiche Einzelhändler und dem Aufbau von hersteller- oder großhandelsgesteuerten Filialnetzen. Außerdem beschleunigt der Markteintritt des großflächigen Einzelhandels die Institutionenbildung sowohl im einheimischen Einzelhandel durch die Gründung von Interessenverbänden als auch im Bereich politisch-administrativer Steuerung, weil er Diskussionen über eine Modifizierung des bestehenden Planungsrechts und seine Anpassung an die neuen Wettbewerbsbedingungen intensiviert.
- Modernisierungsprozesse sind auch bei den transformationsspezifischen Betriebsformen zu beobachten. Wegen der Erschließung bislang unterausgestatteter Wohngebiete durch den Ladeneinzelhandel und der gleichzeitig zunehmenden Pkw-Verfügbarkeit der Konsumenten verlieren diese nach dem Preisvorteil auch den Standortvorteil. Außerdem trägt die strengere Reglementierung der kommunalen politisch-administrativen Gremien und die stärkere Einbeziehung städtebaulicher Leitbilder in die Genehmigungspraxis dazu bei, daß transformationsspezifische Betriebsformen vermehrt schließen werden. Im Markthandel ist zudem eine deutliche Betriebsformenpolarisierung zu beobachten. Neben den in ihrer Bedeutung zurückgehenden offenen Marktplätzen, die noch geraume Zeit als Auffangbecken für Arbeitslose und der Existenzsicherung vieler Transformationsverlierer fungieren werden, wird von erfolgreichen Markthändler im Sinne eines „trading up" der Bau von festen Markthallen vorangetrieben, die sich – wie das Fallbeispiel Wrocław zeigt – im Wettbewerb behaupten können und als neue Betriebsform etablieren werden.

Die sich im atemberaubenden Tempo vollziehenden Strukturwandlungen des Einzelhandels im Transformationsprozeß werden noch geraume Zeit anhalten. Nachdem bis Mitte der 90er Jahre vornehmlich interne Restrukturierungsprozesse und „transformationsbedingte" Entwicklungsprozesse im Sinne eines regional eigenständigen Entwicklungspfades dominierten, gewinnen seitdem Internationalisierungsphänomene erheblich an Bedeutung. Gleichzeitig verliert die institutionelle Steuerung von Transformation gegenüber den individuellen Handlungsstrategien von Akteuren der gesellschaftlichen Teilsysteme an Gewicht. Der Begründungszusammenhang der Einzelhandelsentwicklung wird damit immer stärker von Faktoren geprägt, die auch den Strukturwandel im westeuropäischen Einzelhandel dominieren. Der institutionelle Umbau als zentrales Merkmal von Transformationsprozessen ist jedoch noch längst nicht abgeschlossen und wird nach wie vor maßgeblich die zukünftige Einzelhandelsentwicklung prägen. Die zentrale Frage wird dabei sein, wie der institutionelle Rahmen im Bereich des Planungsrechtes und hier insbesondere die Steuerungsmöglichkeit der Einzelhandelsentwicklung durch lokale Planungsgremien gestaltet wird.

7 Quellenverzeichnis und Anhang

7.1 Literaturverzeichnis

AGOPSZOWICZ, ANTONI (1991): Raumplanungsrecht, Bergbau und kommunale Planungshoheit in Polen. In: Archiv für Kommunalwissenschaften 30 (2), S. 310-315.

AHRENS, CHRISTINE (1994): Grenzüberschreitende Aktivitäten deutscher Handelskooperationen. In: ifo-Schnelldienst 47 (28), S. 22-32.

AHRENS, CHRISTINE und UWE CHRISTIAN TÄGER (1993): Einleitender Teil. In: AHRENS, CHRISTINE, AXEL HALBACH und UWE CHRISTIAN TÄGER: Transformation des Binnenhandels in Osteuropa. Ansätze der marktwirtschaftlichen Umgestaltung planwirtschaftlicher Distributionssysteme. Berlin, München (= ifo Struktur und Wachstum, Reihe Absatzwirtschaft, Heft 13). S. 2-13.

Ausschuß für Begriffsdefinitionen aus der Handels- und Absatzwirtschaft (1995): Begriffsdefinitionen aus der Handels- und Absatzforschung. Köln (Institut für Handelsforschung an der Universität zu Köln).

ÅSLUND, ANDERS (1985): Yellow Light for Private Enterprise in Poland? In: Osteuropa-Wirtschaft 30 (1), S. 21-29.

BAHR, ERNST und KURT KÖNIG (1967): Niederschlesien unter polnischer Verwaltung. Frankfurt/Main und Berlin.

BALCEROWICZ, LESZEK (1996): Economic Transition in Central and Eastern Europe: Comparisons and Lessons. In: KAMINSKI, HANS (Hrsg.): Von der Planwirtschaft zur Marktwirtschaft. Transformationspolitische Konzepte, ausgewählte Länderberichte, spezifische transformationspolitische Themenstellungen. Frankfurt am Main u. a. S. 43-60.

BATHELT, HARALD (1994): Die Bedeutung der Regulationstheorie in der wirtschaftsgeographischen Forschung. In: Geographische Zeitschrift 82, S. 63-90.

BESKID, LIDIA, ROZA MILIC-CZERNIAK und ZBIGNIEW SUFIN (1995): Polacy a nową rzeczywistość ekonomiczną. Procesy Przystosowania się w mikroskali. Warschau.

VON BEYME, KLAUS (1994): Systemwechsel in Osteuropa. Frankfurt am Main.

VON BEYME, KLAUS (1995): Wissenschaft und Politikberatung im Transformationsprozeß der postkommunistischen Länder. In: WOLLMANN, HELLMUT, HELMUT WIESENTHAL und FRANK BÖNKER (Hrsg.): Transformation sozialistischer Gesellschaften: Am Ende des Anfangs. Opladen (= Leviathan, Zeitschrift für Sozialwissenschaft, Sonderheft 15). S. 117-133.

BINGEN, DIETER (1991): Innenpolitik Polens. In: WÖHLKE, WILHELM (Hrsg.): Länderbericht Polen. Bonn (= Schriftenreihe der Bundeszentrale für politische Bildung, Band 196). S. 176-216.

BIŃKOWSKA, IWONA (1993): Breslau. Fotos aus der Wende vom 19. zum 20. Jahrhundert. Wrocław.

BRIE, MICHAEL (1995): Rußland: die versteckten Rationalitäten anomisch-spontaner Wandlungsprozesse. In: RUDOLPH, HEDWIG (Hrsg.): Geplanter Wandel, ungeplante Wirkungen: Handlungslogiken und -ressourcen im Prozeß der Transformation. Berlin. S. 44-61.

BOHNET, ARMIN und CLAUDIA OHLY (1992): Zum gegenwärtigen Stand der Transformationstheorie. Eine Literaturstudie. In: Zeitschrift für Wirtschaftspolitik 41 (1), S. 27-50.

BOS, ELLEN (1994): Die Rolle von Eliten und kollektiven Akteuren in Transitionsprozessen. In: MERKEL, WOLFGANG (Hrsg.): Systemwechsel I. Theorien, Ansätze und Konzeptionen. Opladen. S. 81-109.

BROCKMEIER, THOMAS (1994): Das Genossenschaftswesen in Polen. Seine Entwicklung von der industriellen Revolution über den real existierenden Sozialismus zu neuen Aufgaben im Transformationsprozeß. Berlin (= Berliner Beiträge zum Genossenschaftswesen, Band 22).

BUCHARIN, NIKOLAJ (1920): Oekonomik der Transformationsperiode. Hamburg.

BUCHHOFER, EKKEHARD (1991): Infrastruktur. In: WÖHLKE, WILHELM (Hrsg.): Länderbericht Polen. Bonn (= Schriftenreihe der Bundeszentrale für politische Bildung, Band 196). S. 329-335.

CHEŁMOŃSKI, ADAM (1983): Die neue Rechtslage des staatlichen Unternehmens in Polen. In: Osteuropa-Recht 29 (2/3), S. 128-138.

CIR (Corporate Intelligence on Retailing)(1997): The European Retail Handbook. London.

CREWE, LOUISE und MICHELLE LOWE (1996): United colours? Globalization and Localization Tendencies in Fashion Retailing. In: WRIGLEY, NEIL und MICHELLE LOWE (Hrsg.): Retailing, Consumption and Capital. Towards the new Retail Geography. Harlow. S. 271-283.

CZERWIŃSKI, JANUSZ (1993): Wrocław – Przewodnik. Wrocław.

DANGSCHAT, JENS S. und JÖRG BLASIUS (Hrsg., 1994): Lebensstile in den Städten: Konzepte und Methoden. Opladen.

DASZKOWSKI, PETER (1997): Das neue polnische Privatisierungsgesetz. In: Wirtschaft und Recht in Osteuropa 6 (3), S. 92-95.

DAWSON, JOHN A. (1993): The Internationalization of Retailing. In: BROMLEY, ROSEMARY D. F. und COLIN J. THOMAS (Hrsg.): Retail Change - Contemporary Issues. London. S. 15-40.

DAWSON, MIKE (1996): CR und Polen liegen in der Gunst ganz oben. In: Lebensmittelzeitung vom 8. März.

DĄBROWSKI, JANUSZ M. (1996): Handel targowiskowy. Fenomen Polskiej transformacji. Gdańsk.

DOBASZ, JANUSZ L. (1993): Wrocław. Czas i architektura. Wrocław.

VON DELHAES, KARL (Bearb., 1994): Lokale und regionale Selbstverwaltung in Polen. Diskussion und Entwicklung nach 1990. In: Dokumentation Ostmitteleuropa 20 (5), S. 219-276.

VON DELHAES, KARL (1991): Das bisherige Wirtschaftssystem und die Hinwendung zur Marktwirtschaft. In: WÖHLKE, WILHELM (Hrsg.): Länderbericht Polen. Bonn (= Schriftenreihe der Bundeszentrale für politische Bildung, Band 196). S. 240-278.

DIEHL, MARKUS (1995): Dollarisierung im Transformationsprozeß: Ein Problem für die Wirtschaftspolitik? In: Die Weltwirtschaft (4), S. 471-486.

DYBOWSKI, TOMASZ (1989): Wandlungen der Eigentumsverhältnisse in der Volksrepublik Polen. In: Recht in Ost und West 33 (3), S. 146-154.

EARLE, JOHN S., ROMAN FRYDMAN, ANDRZEJ RAPACZYŃSKI und JOEL TURKEWITZ (1994): Small Privatization. Budapest, London, New York (= Central European Privatization Reports, Band 3).

EBERT, GEORG und GOTTFRIED TITTEL (1989): Das ökonomische Grundgesetz des Sozialismus. Berlin (DDR).

EGGERT, ULRICH (1995): Ariadnefaden im Trendlabyrinth. In: Absatzwirtschaft (5), S. 48-59.

EHM, MICHAELA (1983): Die polnischen Genossenschaften zwischen Privat- und Zentralplanwirtschaft. Münster (= Kooperations- und genossenschaftswissenschaftliche Beiträge, Band 6).

ENDERWITZ, FRITZ (?)(1925): Das Wachsen und Werden Breslaus. In: Friederichsen, M. (Hrsg.): Beiträge zur schlesischen Landeskunde. Breslau.

Europäische Kommission, Generaldirektion XXIII (1997): Grünbuch Handel. Bruxelles.

FALK, DIETMAR (1994): Die Altstadt von Krakau im Wandel - Der Einfluß der Marktwirtschaft auf räumliche Entwicklungen. In: Die Erde 125 (4), S. 261-179.

FALK, MARTIN und NORBERT FUNKE (1993): Zur Sequenz von Reformschritten: Erste Erfahrungen aus dem Transformationsprozeß in Mittel- und Osteuropa. In: Die Weltwirtschaft (2), S. 186-206.

FASSMANN, HEINZ (1995): Strukturen und Prozesse auf dem Arbeitsmarkt. In: FASSMANN, HEINZ und ELISABETH LICHTENBERGER (Hrsg.): Märkte in Bewegung. Metropolen und Regionen in Ostmitteleuropa. Wien, Köln, Weimar. S. 101-104.

FASSMANN, HEINZ und ELISABETH LICHTENBERGER (1995): Phänomene der Transformation: Eine Zusammenfassung. In: FASSMANN, HEINZ und ELISABETH LICHTENBERGER (Hrsg.): Märkte in Bewegung. Metropolen und Regionen in Ostmitteleuropa. Wien, Köln, Weimar. S. 229-244.

FIRKO, CZESŁAW u. a. (1971): Gospodarka. In: SIWOŃ, BOLESŁAW (Hrsg.): Wrocław.

Rozwój miasta w Polsce ludowej. Warszawa. S. 121-153.

FISCHER, MARC (1993): Distributionsentscheidungen aus transaktionskostentheoretischer Sicht. In: Marketing 15 (4), S. 247-258.

FISZER, JANUSZ (1994): Polen: Gesetz über die nationalen Investitionsfonds und über ihre Privatisierung. In: Wirtschaft und Recht in Osteuropa 3 (5), S. 174-181.

FREHN, MICHAEL (1996): Erlebniseinkauf in Kunstwelten und inszenierten Realkulissen. Raum- und mobilitätsstrukturelle Auswirkungen sowie planerische Handlungsansätze. In: Informationen zur Raumentwicklung 6, S. 317-330.

FRIESE (1908): Vorgeschichte der städtischen Markthallen. In: Magistrat der königlichen Haupt- und Residenzstadt Breslau (Hrsg.): Die städtischen Markthallen in Breslau. Denkschrift zur Eröffnung der Markthallen im Oktober 1908. Breslau. S. 17-31.

FRYDMAN, ROMAN und ANDRZEJ RAPACZYŃSKI (1993): Insiders and the State: Overview of Responses to Agency Problems in East European Privatizations. In: Economics of Transition 1 (1), S. 39-59.

FUHRMANN, RAINER W. (1990): Polen. Geschichte, Politik, Wirtschaft. Hannover.

GABRISCH, HUBERT (1988): Die „zweite Etappe der Wirtschaftsreform" in Polen: Ausgangslage, Programm, Diskussion und Maßnahmen 1987. Köln (= Berichte des Bundesinstituts für ostwissenschaftliche und internationale Studien 9).

GEORGE, GERT und HERMANN DILLER (1993): Internationalisierung als Wachstumsstrategie des Einzelhandels. In: TROMMELSDORF, VOLKER (Hrsg.): Handelsforschung 1992/93. Handel im integrierten Europa. Berlin (= Jahrbuch der Forschungsstelle für den Handel (FfH) e.V.). S. 165-186.

GERNER, KRISTIAN und STEFAN HEDLUND (1988): Die polnische Dauerkrise. Versuch einer Analyse anhand des Hirschman-Modells. In: Osteuropa 38 (5), S. 369-384.

GLÖCKNER-HOLME, IRENE (1988): Betriebsformen-Marketing im Einzelhandel. Augsburg.

Główny Urząd Statystyczny (GUS)(1969): Statystyka handlu wewnętrznego 1968. Warszawa (= Seria Statystyka Polski – Materiały statystyczne, Heft 41 (163)).

Główny Urząd Statystyczny (GUS)(1970): Handel wewnętrzny 1969. Warszawa (= Seria Statystyka Polski – Materiały statystyczne, Heft 68 (190)).

Główny Urząd Statystyczny (GUS)(1981): Handel wewnętrzny rynkowy 1976-1980. Warszawa (= Seria Statystyka Polski – Materiały statystyczne, Heft 7).

Główny Urząd Statystyczny (GUS)(1988): Rocznik statystyczny handlu wewnętrznego 1980-1986. Warszawa (= Seria Roczniki Branżowe, Heft 41).

Główny Urząd Statystyczny (GUS)(1992a): Biuletyn Statystyczny 1. Warszawa.

Główny Urząd Statystyczny (GUS)(1992b): Rynek wewnętrzny w 1991 r. Warszawa.

Główny Urząd Statystyczny (GUS)(1993): Rynek wewnętrzny w 1992 r. Warszawa.

Główny Urząd Statystyczny (GUS)(1994a): Rynek wewnętrzny w 1993 r. Warszawa.

Główny Urząd Statystyczny (GUS)(1994b): Rocznik Statystyczny. Warszawa.

Główny Urząd Statystyczny (GUS)(1995a): Rynek wewnętrzny w 1994 r. Warszawa.

Główny Urząd Statystyczny (GUS)(1995b): Prywatyzacja Przedsiębiorstw Państwowych – wg. stanu na 30.06.1995r. Warszawa.

Główny Urząd Statystyczny (GUS)(1996a): Rynek wewnętrzny w 1995 r. Warszawa.

Główny Urząd Statystyczny (GUS)(1996b): Rynek wewnętrzny w 1995 r. Warszawa (= Informacje Sygnalne 5).

GOBBERS, ANETTE (1992): Internationalisierung genossenschaftlicher Handelsvereinigungen - Eine empirische Untersuchung. Göttingen (= Marburger Schriften zum Genossenschaftswesen, Band 71).

GOMUŁKA, STANISŁAW und PIOTR JASIŃSKI (1994): Privatization in Poland 1989-1993: Policies, Methods, and Results. In: ESTRIN, SAUL (Hrsg.): Key Issues in the Realignment of Central and Eastern Europa. Privatization in Central and Eastern Europe. Harlow. S. 218-251.

GÓRCZYŃSKA, DANUTA u. a. (1971): Ludność. In: SIWOŃ, BOLESŁAW (Hrsg.): Wrocław. Rozwój miasta w Polsce ludowej. Warszawa. S. 73-121.

GÓRSKI, ZBIGNIEW (1989): Verteilungswirkungen der Schattenwirtschaft. In: CASSEL, DIETER u. a.. (Hrsg.): Inflation und Schattenwirtschaft im Sozialismus. Duisburg (= Duisburger Volkswirtschaftliche Schriften, Band 5). S. 519-538.

GÓRSKI, ZBIGNIEW und TADEUSZ KIERCZYŃSKI (1989): Erscheinungsformen und Messung der inoffiziellen Erwerbswirtschaft. In: CASSEL, DIETER u. a.. (Hrsg.): Inflation und Schattenwirtschaft im Sozialismus. Duisburg (= Duisburger Volkswirtschaftliche Schriften, Band 5). S. 349-374.

GRADALSKI, FELIKS und PETER WEISS (1995): Sozialpolitischer Systemumbruch im Transformationsprozeß. In: VAN DER BEEK, KORNELIA und PETER WEISS (Hrsg.): Sozialpolitik im Transformationsprozeß. Ordnungs- und sozialpolitische Reformen in Polen. Berlin, New York (= Gesellschaften im Wandel, Band 5). S. 1-20.

GRALLA, ERHARDT (1993): Einführung – Gesetz über die Wirtschaftstätigkeit vom 23. Dezember 1988. In: Wirtschaftsrecht der osteuropäischen Staaten, 8. Lieferung (Mai 1993), Länderteil Polen, Abschnitt III.2. Baden-Baden. S. 1-8.

GRALLA, ERHARDT (1996): Immobilienerwerb und -nutzung in Osteuropa: Polen. In: Jahrbuch für Ostrecht 37 (2), S. 303-334.

GRAMATZKI, HANS-ERICH (1992): Polen im Übergang zur Markt- und Geldwirtschaft. Vom „weichen" Geld zur Schocktherapie des Jahres 1990. In: BASKE, SIEGFRIED (Hrsg.): Polen im Übergang zu den 90er Jahren. Berlin (= Osteuropa-Institut der Freien Universität Berlin – Multidisziplinäre Veröffentlichungen, Band 2). S. 101-152.

GROCHOWSKI, M. (1997): Public Administration Reform: An Incentive for Local Transformation? In: Environment and Planning C: Government and Policy 15, S. 209-218.

GUKENBIEHL, HERMANN L. (1995): Institution und Organisation. In: KORTE, HERMANN und BERNHARD SCHÄFERS (Hrsg.): Einführung in die Hauptbegriffe der Soziologie.

Opladen. S. 95-119.

HALBACH, AXEL (1993): Marktwirtschaftliche Entwicklungen im Binnenhandelssystem Polens. In: AHRENS, CHRISTINE, AXEL HALBACH und UWE CHRISTIAN TÄGER: Transformation des Binnenhandels in Osteuropa. Ansätze der marktwirtschaftlichen Umgestaltung planwirtschaftlicher Distributionssysteme. Berlin, München (= ifo Struktur und Wachstum, Reihe Absatzwirtschaft, Heft 13). S. 17-63.

HANDEL, MICHAEL (1994): Welches Mix für osteuropäische Zielmärkte? In: Absatzwirtschaft (3), S. 63-66.

HATZFELD, ULRICH (1991): Rahmenkonzept Einzelhandel für die Landeshauptstadt Dresden. Dortmund.

HATZFELD, ULRICH (1995): Strukturveränderungen im Handel. In: Bundesarbeitsgemeinschaft der Mittel- und Großbetriebe des Einzelhandels e.V. (BAG)(Hrsg.): Standortfragen des Handels. Köln. S. 22-35.

HEINRICH, RALPH P. (1994): Privatisierung in ehemaligen Planwirtschaften: Eine positive Theorie. In: BIESZCZ-KAISER, ANTONIA, RALPH-ELMAR LUNGWITZ und EVELYN PREUSCHE (Hrsg.): Transformation - Privatisierung - Akteure. Wandel von Eigentum und Arbeit in Mittel- und Osteuropa. München und Mering. S. 44-72.

HEINRITZ, GÜNTER (1989): Der „Wandel im Handel" als raumrelevanter Prozeß. In: Münchner Geographische Hefte 63, S. 15-75.

HELBRECHT, ILSE (1994): „Stadtmarketing". Konturen einer kommunikativen Stadtentwicklungspolitik. Basel, Boston, Berlin (= Stadtforschung aktuell, Band 44).

HÜBNER, KURT (1994): Wege nach Nirgendwo: Ökonomische Theorie und osteuropäische Transformation. In: Berliner Journal für Soziologie 4 (3), S. 345-363.

HÜTTEN, SUSANNE und ANTON STERBLING (1994): Expressiver Konsum. Die Entwicklung von Lebensstilen in Ost- und Westeuropa. In: DANGSCHAT, JENS S. und JÖRG BLASIUS (Hrsg.): Lebensstile in den Städten: Konzepte und Methoden. Opladen. S. 122-134.

HVL (Hauptverband des Deutschen Lebensmittel-Einzelhandels) (1991): Der Deutsche Lebensmitteleinzelhandel im Spiegel der Statistik. Bonn.

JAKUBOWICZ, EDYTA (1987): Struktura przestrzenna handlu detalicznego artykułami żywnościowymi we Wrocławiu. In: Acta Universitatis Wratislaviensis 897, S. 29-39.

JERKIEWICZ, ANNA (1996): Veränderungen der sozialen Situation in der Stadt Wrocław. In: MIEGEL, MEINHARD und CORNELIA KUNZE (Hrsg.): Die Situation und die Rolle von Großstädten im Transformationsprozeß. Ökonomische Entwicklungen und soziale Prozesse der Städte Leipzig und Wrocław 1989-1994 im Vergleich. Leipzig (= Transformation, Leipziger Beiträge zu Wirtschaft und Gesellschaft, Band 4). S. 203-206.

JUCHLER, JAKOB (1986): Die sozialistische Gesellschaftsformation. Allgemeine Theorie und Fallstudie (Polen 1945-1984). Frankfurt, New York.

JUCHLER, JAKOB (1993): Die wirtschaftliche Entwicklungsdynamik im „postsozialistischen" Transformationsprozeß – zum Wechselspiel von strukturell-allgemeinen und historisch-spezifischen Faktoren. In: Berliner Journal für Soziologie 4 (4), S. 485-500.

JUCHLER, JAKOB (1994): Osteuropa im Umbruch: politische, wirtschaftliche und gesellschaftliche Entwicklungen 1989-1993; Gesamtüberblick und Fallstudien. Zürich.

JUCHLER, JAKOB (1995): Big Bang mit schrillen Tönen: Widersprüche und Widerstände bei der Implementierung des Balcerowicz-Planes in Polen. In: RUDOLPH, HEDWIG (Hrsg.): Geplanter Wandel, ungeplante Wirkungen: Handlungslogiken und -ressourcen im Prozeß der Transformation. Berlin. S. 79-93.

KALICKI, KRZYSZTOF (1989): Erscheinungsformen und Entwicklung der Inflation. In: CASSEL, DIETER u. a.. (Hrsg.): Inflation und Schattenwirtschaft im Sozialismus. Duisburg (= Duisburger Volkswirtschaftliche Schriften, Band 5). S. 74-91.

KALLAS, MARIAN (1993): Zur Vorgeschichte und zum Stand der Arbeiten an einer neuen Verfassung der Republik Polen. In: Osteuropa-Recht 38 (4), S. 277-290.

KIRSCHKE, KRYSTYNA und PAWEL KIRSCHKE (1995): Rozwój głównych ulic handlowych w staromiejskim centrum Wrocławia (XIX i XX w.). In: ROZPĘDOWSKI, JERZY (Hrsg.): Architektura Wrocławia, Tom 2: Urbanistyka. Wrocław. S. 399-444.

KLEER, JERZY (1990): Die Beziehung der Genossenschaften zum Staat im Sozialismus. In: LAURINKARI, JUHANI (Hrsg.): Genossenschaftswesen. München, Wien. S. 501-515.

KLEER, JERZY (1994): Der private Sektor in Polen: Probleme der Privatisierung und Reprivatisierung. In: Osteuropa-Recht 40 (2), S. 79-90.

KLEER, JERZY, JUHANI LAURINKARI und JOHANN BRAZDA (1996): Der Transformationsprozeß in Osteuropa und die Genossenschaften. Berlin (= Berliner Schriften zum Genossenschaftswesen, Band 7).

KLEIN, DIETER (1995): Wechselwirkungen – Östliche Transformation und westliche Suche nach postfordistischen Optionen. In: WOLLMANN, HELLMUT, HELMUT WIESENTHAL und FRANK BÖNKER (Hrsg.): Transformation sozialistischer Gesellschaften: Am Ende des Anfangs. Opladen (= Leviathan, Zeitschrift für Sozialwissenschaft, Sonderheft 15). S. 54-76.

KLEIN, KURT (1995): Die Raumwirksamkeit des Betriebsformenwandels im Einzelhandel: Untersucht an Beispielen aus Darmstadt, Oldenburg und Regensburg. Regensburg (= Beiträge zur Geographie Ostbayerns, Heft 26).

KLEIN, KURT (1997): Wandel der Betriebsformen im Einzelhandel. In: Geographische Rundschau 49 (9), S. 499-504.

KŁOPOT, STANISLAW WITOLD und WANDA PATRZALEK (1996): Der Privatisierungsprozeß in der Stadt Wrocław. In: MIEGEL, MEINHARD und CORNELIA KUNZE (Hrsg.): Die Situation und die Rolle von Großstädten im Transformationsprozeß. Ökonomische Entwicklungen und soziale Prozesse der Städte Leipzig und Wrocław 1989-1994 im Vergleich. Leipzig (= Transformation, Leipziger Beiträge zu Wirtschaft und Gesellschaft, Band 4). S. 166-175.

KNORR-SIEDOW, THOMAS (1994): Erfahrungs- und Wissenstransfer bei der Sicherung und Weiterentwicklung der Wohn- und Lebensverhältnisse in großen Neubausiedlungen in Mittel- und Osteuropa: der Ansatz für ein transnationales Netzwerk. In: KEIM, KARL-DIETER (Hrsg.): Großsiedlungen in Mittel- und Osteuropa. Berlin (= Regio, Beiträge des IRS, Institut für Regionalentwicklung und Strukturplanung, Band 4). S. 107-147.

KOLLMORGEN, RAJ (1994): Auf der Suche nach Theorien der Transformation. Überlegungen zu Begriff und Theoretisierung der postsozialistischen Transformationen. In: Berliner Journal für Soziologie 4 (3), S. 381-399.

KOOP, MICHAEL J. und PETER NUNNENKAMP (1994): Die Transformationskrise in Mittel- und Osteuropa: Ursachen und Auswege. In: Die Weltwirtschaft (1), S. 67-92.

KOZACZEWSKA-GOLASZ, HANNA (1995): Wrocław w latach 1204-1263. In: ROZPĘDOWSKI, JERZY (Hrsg.): Architektura Wrocławia, Tom 2: Urbanistyka. Wrocław. S. 53-63.

KÜHN und KNIPPING (1936): Die Gesundung der Breslauer Altstadt. In: Zentralblatt der Bauverwaltung vereinigt mit Zeitschrift für Bauwesen 56 (8), S. 165-175.

KULESZA, MICHAEL (1987): Die Grundlagen der Raumordnung nach dem polnischen Planungsrecht. In: Jahrbuch für Ostrecht 28 (2), S. 331-367.

KULKE, ELMAR (1992): Veränderungen in der Standortstruktur des Einzelhandels: Untersucht am Beispiel Niedersachsens. Münster, Hamburg (= Wirtschaftsgeographie, Band 3).

KULKE, ELMAR (1994): Auswirkungen des Standortwandels im Einzelhandel auf den Verkehr. In: Geographische Rundschau 46 (5), S. 290-296.

KULKE, ELMAR (1996): Räumliche Strukturen und Entwicklungen im deutschen Einzelhandel. In: Praxis Geographie 26 (5), S. 4-11.

KURCZ, ZBIGNIEW (1996): Die Wiedereinführung der kommunalen Selbstverwaltung in Wrocław. In: MIEGEL, MEINHARD und CORNELIA KUNZE (Hrsg.): Die Situation und die Rolle von Großstädten im Transformationsprozeß. Ökonomische Entwicklungen und soziale Prozesse der Städte Leipzig und Wrocław 1989-1994 im Vergleich. Leipzig (= Transformation, Leipziger Beiträge zu Wirtschaft und Gesellschaft, Band 4). S. 129-148.

KUSS, KLAUS-JÜRGEN (1992): Die Rechtsgrundlagen für privatwirtschaftliche Erwerbstätigkeit. In: BASKE, SIEGFRIED (Hrsg.): Polen im Übergang zu den 90er Jahren. Berlin (= Osteuropa-Institut der Freien Universität Berlin – Multidisziplinäre Veröffentlichungen, Band 2).

KUTARBA, IWONA (1996): Lokale Akteure des wirtschaftlichen Umbaus: Die Gründung und Entwicklung der Wirtschaftskammern und der Handwerkskammer in Wrocław. In: MIEGEL, MEINHARD und CORNELIA KUNZE (Hrsg.): Die Situation und die Rolle von Großstädten im Transformationsprozeß. Ökonomische Entwicklungen und soziale Prozesse der Städte Leipzig und Wrocław 1989-1994 im Vergleich. Leipzig (= Transformation, Leipziger Beiträge zu Wirtschaft und Gesellschaft, Band 4). S. 194-198.

LAGEMANN, BERNHARD (1995): Die neuen Unternehmer in Ostmitteleuropa: Herkunft und Rekrutierungsmechanismen. Köln (= Berichte des Bundesinstituts für ostwissenschaftliche und internationale Studien, Band 59).

LAGEMANN, BERNHARD u. a.. (1994): Aufbau mittelständischer Strukturen in Polen, Ungarn, der Tschechischen Republik und der Slowakischen Republik. Essen (= Untersuchungen des rheinisch-westfälischen Instituts für Wirtschaftsforschung, Heft 11).

LANG, KAI-OLAF (1993): Die kleine Verfassung der polnischen Republik. In: Recht in Ost und West 37, S. 172-177.

LEIER, RALF (1996): Privatisierung in der Transformationsstrategie: Lehren aus der Privatisierungspolitik in Polen und Ostdeutschland für andere Reformländer. In: Osteuropa-Wirtschaft 41 (2), S. 106-128.

LEIPOLD, HELMUT (1991): Institutioneller Wandel und Systemtransformation – Ökonomische Erklärungsansätze und ordnungspolitische Folgerungen. In: WAGENER, HANS-JÜRGEN (Hrsg.): Anpassung durch Wandel. Evolution und Transformation von Wirtschaftssystemen. Berlin (= Schriften des Vereins für Socialpolitik, Band 206), S. 17-38.

LICHTENBERGER, ELISABETH (1995): Vorsozialistische Siedlungsmuster, Effekte der sozialistischen Planwirtschaft und Segmentierung der Märkte. In: FAßMANN, HEINZ und ELISABETH LICHTENBERGER (Hrsg.): Märkte in Bewegung. Metropolen und Regionen in Ostmitteleuropa. Wien, Köln, Weimar. S. 36-44.

LINGENFELDER, MICHAEL (1996): Die Internationalisierung im europäischen Einzelhandel. Ursachen, Formen und Wirkungen im Lichte einer theoretischen Analyse und empirischen Bestandsaufnahme. Berlin (= Schriften zum Marketing, Band 42).

LÖSCH, DIETER (1996): Der Weg zur Marktwirtschaft – Strategiediskussionen im Lichte der transformationspolitischen Erfahrungen. In: KAMINSKI, HANS (Hrsg.): Von der Planwirtschaft zur Marktwirtschaft. Transformationspolitische Konzepte, ausgewählte Länderberichte, spezifische transformationspolitische Themenstellungen. Frankfurt am Main u. a. S. 19-41.

LOWITZSCH, JENS (1993): Wege zur Privatisierung in Polen. Verfahren und Rechtsquellen - Das Privatisierungsangebot - Die Sektoren. Berlin (= Quellen zur Rechtsvergleichung aus dem Osteuropa-Institut der Freien Universität Berlin, Band 31).

LOWITZSCH, JENS und KLAUS HERMANN (1995): Eigentumserwerb und Privatisierung in Polen. Teil 1: Systematische Darstellung der Beteiligungsformen. In: Recht in Ost und West 39 (1), S. 1-13.

LUDWIG, MICHAEL (1997): Politischer Hintergrund. In: Deutsch-polnische Wirtschaftsförderungsgesellschaft AG, Frankfurter Allgemeine Zeitung GmbH Informationsdienste und Vereinigung der Unternehmensverbände in Berlin und Brandenburg e. V. (Hrsg.): Wirtschaftshandbuch Polen. Frankfurt am Main. S. 5-15.

LUHMANN, NIKLAS (1986): Ökologische Kommunikation. Opladen.

ŁOBODA, JAN (1989): Ausgewählte Probleme der räumlichen Gliederung Wrocławs. In:

Geographische Zeitschrift 77 (4), S. 209-227.

MAŁACHOWICZ, EDMUND (1985): Stare Miasto we Wrocławiu. Rozwój urbanistychno-architektoniczny zniszczenia wojenne i odbudowa. Warszawa und Wrocław.

MAŁACHOWICZ, EDMUND (1992): Wrocław na wyspach. Rozwój urbanistyczny i architektoniczny. Wrocław, Warszawa und Kraków.

MERKEL, WOLFGANG (1994a): Einleitung. In: MERKEL, WOLFGANG (Hrsg.): Systemwechsel 1. Theorien, Ansätze und Konzeptionen. Opladen. S. 9-19.

MERKEL, WOLFGANG (1994b): Struktur oder Akteur, System oder Handlung: Gibt es einen Königsweg in der sozialwissenschaftlichen Transformationsforschung? In: MERKEL, WOLFGANG (Hrsg.): Systemwechsel 1. Theorien, Ansätze und Konzeptionen. Opladen. S. 303-331.

MEYER, GÜNTER (1992): Strukturwandel im Einzelhandel der neuen Bundesländer. Das Beispiel Jena. In: Geographische Rundschau 44 (4), S. 246-252.

MEYER, GÜNTER (1996): Kleine Läden - große Sorgen. Einzelhandel in den neuen Bundesländern. In: Praxis Geographie 26 (5), S. 26-29.

MEYER, GÜNTER und ROBERT PÜTZ (1997): Transformation der Einzelhandelsstandorte in ostdeutschen Großstädten. In: Geographische Rundschau 49 (9), S. 492-498.

MICHAELSEN, JÖRN (1996): Das Kommunalrecht in Polen. In: Recht in Ost und West 40 (1), S. 1-8.

MICHAELSEN, JÖRN (1997): Gemeindliche Wirtschaftstätigkeit im polnischen Kommunalrecht. In: Recht in Ost und West 41 (1), S. 22-27.

MIEMIEC, MARCIN (1987): Die Raumplanung in Polen nach dem Gesetz von 1984. In: Osteuropa-Recht 33 (1), S. 22-31.

MIKUSIŃSKA-OZDOBIŃSKA, BARBARA (1997): Handlowanie bez targowania? In: Handel (1), S. 12-14.

MILIC-CZERNIAK, ROZA (1990): Kaufverhalten der polnischen Konsumenten in der ökonomischen Krise der achtziger Jahre. In: Marketing (1), S. 11-18.

MISIAK, WŁADYSŁAW (1993): Jakość życia w osiedlach miejskich. Wrocław.

M+M Eurodata (1996a): M+M Eurotrade 1995/1996. Frankfurt am Main.

M+M Eurodata (1996b): Lebensmittelhandel Europa: Konzentration nimmt weiter zu (Pressemeldung vom 9.10. 96 (= http://www.mm-eurodata.de/prm_0996.htm). Frankfurt am Main.

MOHLEK, PETER (1994): Reprivatisierungsmöglichkeiten in Polen. In: Osteuropa-Recht 40 (3), S. 253-277.

MOHLEK, PETER (1997): Die Privatisierung von Staatsunternehmen in Polen. Berlin (= ROW-Schriftenreihe, Band 10).

MORAWSKI, ZDZISŁAW (1996): Das Ringen um Dezentralisierung und Subsidiarität im polnischen Transformationsprozeß: Einflüsse auf die marktwirtschaftliche Umgestaltung in den Kommunen. In: MIEGEL, MEINHARD und CORNELIA KUNZE (Hrsg.): Die Situation und die Rolle von Großstädten im Transformationsprozeß. Ökonomische Entwicklungen und soziale Prozesse der Städte Leipzig und Wrocław 1989-1994 im Vergleich. Leipzig (= Transformation, Leipziger Beiträge zu Wirtschaft und Gesellschaft, Band 4). S. 149-153.

MROŻ, BOGDAN (1989): Inoffizielle Wirtschaftsformen im Binnenhandel. In: CASSEL, DIETER u. a.. (Hrsg.): Inflation und Schattenwirtschaft im Sozialismus. Duisburg (= Duisburger Volkswirtschaftliche Schriften, Band 5). S. 459-476.

MÜLLER, KLAUS (1991): Nachholende Modernisierung? Die Konjunkturen der Modernisierungstheorie und ihre Anwendung auf die Transformation der osteuropäischen Gesellschaften. In: Leviathan 19 (2), S. 261-291.

MÜLLER, KLAUS (1995): Vom Postkommunismus zur Postmodernität? Zur Erklärung sozialen Wandels in Osteuropa. In: Kölner Zeitschrift für Soziologie und Sozialpsychologie 47 (1), S. 37-64.

MÜLLER, MARIO (1995): Lohnpolitik in der Systemtransformation. Kritische Analyse für Polen, die Tschechische Republik und Ungarn. Mainz.

MÜLLER-HAGEDORN, LOTHAR UND M. SCHUCKEL (1996): Das Einkaufszentrum CentrO - Neue Mitte Oberhausen und seine Konsequenzen. In: Mitteilungen des Instituts für Handelsforschung an der Universität zu Köln 48 (9), S. 125-132.

MUMMERT, UWE (1995): Informelle Institutionen in ökonomischen Transformationsprozessen. Baden-Baden (= Contributiones Jenenses, Band 2).

MYERS, HAYLEY (1995): The Changing Process of Internationalisation in the European Union. In: The Service Industries Journal 15 (4), S. 42-56.

NIESTRÓJ, ROMAN (1975): Ewolucja form koncentracji przedsiębiorstw handlowych. In: Handel wewnętrzny 21 (3), S. 1-10.

NIŻNIK, ANNA MAŁGORZATA und RAY RILEY (1994): Retailing and Urban Managerialism: Process and Patterns in Łódź, Poland. In: Geographia Polonica 63, S. 25-36.

NOWACKI, KONRAD (1987): Grundzüge der kommunalen Selbstverwaltung und der territorialen Verwaltung in Polen. In: Archiv für Kommunalwissenschaften 26 (2), S. 273-280.

OECD (1997): Wirtschaftsbericht Polen. Paris.

OFFE, CLAUS (1991): Das Dilemma der Gleichzeitigkeit. Demokratisierung und Marktwirtschaft in Osteuropa. In: Merkur 45 (4), S. 279-292.

O.V. (1988): Ein Platz für Privatbetriebe in der polnischen Reform. In: Polens Gegenwart (4), S. 10-11.

Paiz (Państwowa Agencja Inwestycji Zagranicznych S.A.)(1997): Monthly Economic Data Sheet Series (5).

PARSONS, TALCOTT (1969): Evolutionäre Universalien der Gesellschaft. In ZAPF, WOLFGANG (Hrsg.): Theorien des sozialen Wandels. Köln, Berlin. S. 55-74.

PAWLOWSKA, ZOFIA (1995): Polskie przedsiębiorstwa w latach 1990-1993. In: Wiadomości Statystyczne 40 (7), S. 17-24.

PETERSEN, OLAF (1997): Einzelhandelskonjunktur. In: BAG-Handelsmagazin (1), S.

18-19.

PETRY, LUDWIG (1984): Breslau in der frühen Neuzeit - Metropole des Südostens. In: Zeitschrift für Ostforschung 33, S. 161-179.

VON PETZ, URSULA (1987): Stadtsanierung im Dritten Reich, dargestellt an ausgewählten Beispielen. Dortmund (= Dortmunder Beiträge zur Raumplanung, Band 45).

PIĄTEK, STANISŁAW (1990): Neue Gemeindeordnung in Polen. In: Die Öffentliche Verwaltung 43 (17), S. 717-724.

POWĘSKA, HALINA (1995): Rozwój handlu i usług na wschodnim pograniczu Polski – problemy, szanse zagrożenia. In: Przegląd Geograficzny 67 (3/4), S. 285-300.

POZNAŃSKA, KRYSTYNA (1994): Transformationsprozesse in Polen. Hamburg.

PÜTZ, ROBERT (1994): Die City von Dresden im Transformationsprozeß. Analyse des Strukturwandels im Dresdner Einzelhandel vor und nach der Wende. In: Berichte zur deutschen Landeskunde 68 (2), S. 325-357.

PÜTZ, ROBERT (1997a): Der Wandel der Standortstruktur im Einzelhandel der neuen Bundesländer. In: MEYER, GÜNTER (Hrsg.): Von der Plan- zur Marktwirtschaft. Wirtschafts- und sozialgeographische Entwicklungen in den neuen Bundesländern. Mainz (= Mainzer Kontaktstudium Geographie, Band 3). S. 37-65.

PÜTZ, ROBERT (1997b): Transformation des polnischen Einzelhandels zwischen interner Restrukturierung und Internationalisierung. Das Beispiel Wrocław. In: KOVÁCS, ZOLTÁN und REINHARD WIEßNER (Hrsg.): Prozesse und Perspektiven der Stadtentwicklung in Ostmitteleuropa. München (= Münchner Geographische Hefte 76). S. 141-155.

PÜTZ, ROBERT (1997c): New Business Formation, Privatisation and Internationalisation. Aspects of the Transformation of Polish Retail Trade. In: Die Erde 128 (1997) H. 3, S. 235-249.

PÜTZ, ROBERT (1997d): Einzelhandel in Polen. Interne Restrukturierung und Internationalisierung am Beispiel Wrocław. In: Geographische Rundschau 49 (9), S. 516-522.

PÜTZ, ROBERT (1998): Polen im Transformationsprozeß. Wirtschaftsräumliche Disparitäten beim Übergang vom Plan zum Markt. In: Geographische Rundschau 50 (1), S. 4-12.

PÜTZ, ROBERT und FRANK SCHRÖDER (1997): Mögliche Forschungsschwerpunkte der Einzelhandelsgeographie. In: Berichte des Arbeitskreises Geographie und Einzelhandel 1 (1), S. 7-10.

PYSZ, PIOTR und WOLFGANG QUAISSER (1989): Nach dem „Runden Tisch": Polens Wirtschaftsreform an der Wende? In: Osteuropa-Wirtschaft 34 (3), S. 175-187.

QUAISSER, WOLFGANG (1989): Die Wirtschaftsentwicklung Polens im Jahre 1988 – Von der „zweiten Reformetappe" zum „Konsolidierungsplan der Wirtschaft". München (= Arbeiten aus dem Osteuropa-Institut München, Working Papers Nr. 131).

QUAISSER, WOLFGANG (1990): Die Wirtschaftsentwicklung Polens im Jahre 1990. Schwerpunkt: Marktorientierte Reformen in Polen und die Möglichkeiten westlicher Wirtschaftshilfe. München (= Arbeiten aus dem Osteuropa-Institut München, Working Papers Nr. 139).

QUAISSER, WOLFGANG (1992): Die polnische Wirtschaftsentwicklung im Jahre 1991/92. Schwerpunkt: Ursachen und Interpretationen der „Übergangsrezession". Wirtschaftspolitische Optionen der neuen Regierung. München (= Arbeiten aus dem Osteuropa-Institut München, Working Papers Nr. 153).

QUAISSER, WOLFGANG und BERND VENOHR (1993): Privatisierung in Polen. Systematische Darstellung. In: BREIDENBACH, STEPHAN (Hrsg.): Handbuch Wirtschaft und Recht in Osteuropa, Länderteil Polen, München.

REDWITZ, GUNTER (1992): City und/oder künstliche Einkaufszentren. Welche Perspektiven ergeben sich für den Handel und für die Kommunen vor dem Hintergrund des sich wandelnden Konsumentenverhaltens? Unveröffentlichtes Vortragsmanuskript GfK-Handelsforschung Nürnberg.

REGULSKA, J. (1997): Decentralization or (Re)Centralization: Struggle for Political Power in Poland. In: Environment and Planning C: Government and Policy 15, S. 187-207.

REISSIG, ROLF (1994): Transformation – Theoretisch-konzeptionelle Ansätze und Erklärungsversuche. In: Berliner Journal für Soziologie 4 (3), S. 323-343.

REYNOLDS, JONATHAN (1997): Internationalisation of Retailing in Europe. Unveröffentlichtes Manuskript eines Vortrags auf der Arbeitskreissitzung „Geographie und Einzelhandel" am 8.10.97 in Bonn.

RIETDORF, WERNER (1976): Neue Wohngebiete sozialistischer Länder. Berlin.

RIETDORF, WERNER und HEIKE LIEBMANN (1994): Großsiedlungen in Mittel- und Osteuropa - Expertise. In: KEIM, KARL-DIETER (Hrsg.): Großsiedlungen in Mittel- und Osteuropa. Berlin (= Regio, Beiträge des IRS, Institut für Regionalentwicklung und Strukturplanung, Band 4). S. 9-96.

RÖCK, SIEGFRIED (1996): Erlebniswelten und ihre regionale Einbettung. In: Informationen zur Raumentwicklung (6), S. 377-384.

ROGGEMANN, HERWIG (1994): Privatisierungsinstitutionen in Ost und West - Ansätze zu einem Transformationsvergleich. In: Recht in Ost und West 38 (3), S. 106-111.

ROGGEMANN, HERWIG (1996): Zum Verhältnis von Eigentum und Privatisierung in den postsozialistischen Ländern. In: Recht in Ost und West 38 (3), S. 106-111.

ROSE, RICHARD (1992): Making Progress and Catching Up. Strathclyde (= Studies in Public Policy, Band 208).

RÜB, FRIEDBERT W. (1994): Die Herausbildung politischer Institutionen in Demokratisierungsprozessen. In: MERKEL, WOLFGANG (Hrsg.): Systemwechsel 1. Theorien, Ansätze und Konzeptionen. Opladen. S. 111-137.

SACHS, JEFFREY (1990): Eastern Europe´s Economies: What is to be done? In: The Economist vom 13. Januar, S. 19-24.

SACHS, JEFFREY (1993): Poland´s Jump to the Market Economy. Oxford

SANDER, HARALD (1993): Wirtschaftliche Transformation in Osteuropa. Zwischen Stabilisierung und Restrukturierung. In: BROCKE, LOTHAR und INGOMAR HAUCHLER (Hrsg.): Entwicklung in Mittel- und Osteuropa. Über Chancen und Risiken der Transformation. o.O. S. 79-115.

SANDSCHNEIDER, EBERHARD (1994): Systemtheoretische Perspektiven politikwissenschaftlicher Transformationsforschung. In: MERKEL, WOLFGANG (Hrsg.): Systemwechsel I. Theorien, Ansätze und Konzeptionen. Opladen. S. 23-45.

SCHAMP, EIKE W. und WILLIAM H. BERENTSEN (1995): Institutions in Industrial Transition of Central and Eastern Europe. In: Geographische Zeitschrift 83 (1), S. 65-66.

SCHLAUTMANN, CHRISTOPH (1996): Wachstum um jeden Preis? In: Handelsjournal (9), S. 8-11.

SCHMIDT, HELGA (1995): Strukturen und Prozesse auf dem Immobilienmarkt in den Neuen Bundesländern. In: FASSMANN, HEINZ und ELISABETH LICHTENBERGER (Hrsg.): Märkte in Bewegung. Metropolen und Regionen in Ostmitteleuropa. Wien, Köln und Weimar.

SCHRÖDER, FRANK (1997): Gemeinsamer Markt - einheitlicher Markt? Internationalisierungstendenzen im europäischen Einzelhandel. In: Geographische Rundschau 49 (9). S. 511-515.

SCHRÖDER, FRIEDRICH-CHRISTIAN (1995): Grundbegriffe und -formen der Privatisierung in Osteuropa. In: Wirtschaft und Recht in Osteuropa 4 (4), S. 121-125.

SCHRÖDER, FRIEDRICH-CHRISTIAN (1995): Grundbegriffe und -formen der Privatisierung in Osteuropa. In: Wirtschaft und Recht in Osteuropa 4 (4), S. 132-135.

SCHÜLLER, ALFRED (1991): Probleme des Übergangs von der Staatswirtschaft zur Marktwirtschaft. In: Forschungsstelle zum Vergleich wirtschaftlicher Lenkungssysteme (Hrsg.): Zur Transformation von Wirtschaftssystemen: Von der sozialistischen Planwirtschaft zur sozialen Marktwirtschaft. Marburg (= Arbeitsberichte zum Systemvergleich, Band 15). S. 1-26.

SCHÜLLER, ALFRED (1992): Ansätze einer Theorie der Transformation. In: Ordo (= Jahrbuch für die Ordnung von Wirtschaft und Gesellschaft, Band 43). S. 35-63.

SCHWARZ, RAINER (1995): Chaos oder Ordnung? Einsichten in die ökonomische Literatur zur Transformationsforschung. Marburg.

SEGERT, DIETER (1995): Aufstieg der (kommunistischen) Nachfolge-Parteien. In: WOLLMANN, HELLMUT, HELMUT WIESENTHAL und FRANK BÖNKER (Hrsg.): Transformation sozialistischer Gesellschaften: Am Ende des Anfangs. Opladen (= Leviathan Sonderheft 15), S. 459-474.

SIEBERT, HORST (1992a): Das Wagnis der Einheit. Eine wirtschaftspolitische Therapie. Stuttgart.

SIEBERT, HORST (1992b): Die reale Anpassung bei der Transformation einer Planwirtschaft. In: GÖRGENS, EGON und EGON TUCHTFELDT (Hrsg.): Die Zukunft der wirtschaftlichen Entwicklung: Perspektiven und Probleme. Bern, Stuttgart, Wien (= Beiträge zur Wirtschaftspolitik, Band 55), S. 131-149.

SIMPSON, EITHEL M. und DAYLE I. THORPE (1995): A Conceptual Model of Strategic

SLAWIŃSKA, MARIA (1994): Wandlungen im Binnenhandel Polens. In: Mitteilungen des Instituts für Handelsforschung an der Universität zu Köln 46 (5), S. 65-69.

SOLBACH, ANNA (1992): Gute Chancen für Discounter. Neue Rahmenbedingungen für ausländische Handelsbetriebe in Polen. In: Dynamik im Handel (6), S. 18-22.

SOLTYS, STEPHAN (1995): Der polnische Arbeitsmarkt im Umbruch. Frankfurt, New York.

SPARKS, LEIGH (1995): Reciprocal Retail Internationalisation: The Southland Corporation, Ito-Yokado and 7-Eleven Convenience Stores. In: The Service Industries Journal 15 (4), S. 57-96.

STAHL, MARKUS (1996): Privatisierung via Management-Buy-Out. Wirtschaftspolitische Bedeutung in Mittel- und Osteuropa. In: Osteuropa-Wirtschaft 41 (1), S. 1-7.

STARK, DAVID (1994): Nicht nach Design. Rekombiniertes Eigentum im osteuropäischen Kapitalismus. In: Prokla 24, S. 127-142.

Statistisches Bundesamt (1972): Statistisches Jahrbuch für die Bundesrepublik Deutschland. Wiesbaden.

Statistisches Bundesamt (1995): Handels- und Gaststättenzählung 1993. Wiesbaden (Fachserie 6, Heft 1).

STEHMANN, CHRISTOPH (1993): Lebensmitteleinzelhandel in Osteuropa: Der Übergang von der Planwirtschaft zur Marktwirtschaft. Konstanz (= Internationales Management, Band 6).

STRUŻYCKI, MARIAN (1983): Polska reforma gospodarcza: Rynek wewnętrzny. Warszawa.

SUNDHAUSEN, HOLM (1995): Die „Transformation" Osteuropas in historischer Perspektive oder: Wie groß ist der Handlungsspielraum einer Gesellschaft? In: WOLLMANN, HELLMUT, HELMUT WIESENTHAL und FRANK BÖNKER (Hrsg.): Transformation sozialistischer Gesellschaften: Am Ende des Anfangs. Opladen (= Leviathan, Zeitschrift für Sozialwissenschaft, Sonderheft 15). S. 77-92.

SZLACHTA, JACEK (1995): Regional Development in Poland under Transformation. Warszawa.

SZNAJDER, ANDRZEJ (1993): Marketingaktivitäten der Konsumgüterhersteller auf dem polnischen Markt. In: TIETZ, BRUNO und JOACHIM ZENTES (Hrsg.): Ost-Marketing. Erfolgspotentiale osteuropäischer Konsumgütermärkte. Düsseldorf u. a. S. 159-190.

TAMOWICZ, PIOTR (1993) Small Privatization in Poland: An Inside View. In: EARLE, JOHN S., ROMAN FRYDMAN und ANDRZEJ RAPACZYŃSKI (Hrsg.): Privatization in the Transition to a Market Economy. Studies of Preconditions and Policies in Eastern Europe. London. S. 171-183.

TIETZ, BRUNO (1992a): Einzelhandelsperspektiven für die Bundesrepublik Deutschland bis zum Jahre 2010. Frankfurt am Main.

TIETZ, BRUNO (1992b): Die Einzelhandelsdynamik – Konsequenzen für die Einzelhandelsstandorte und Einzelhandelsflächen. In: Grundstücksmarkt und Grundstückswert (3), S. 143-156.

TIETZ, BRUNO (1992c): Eurostrategien im Einzelhandel. Konzepte und empirische Befunde. In: Marketing (4), S. 233-238.

TIETZ, BRUNO (1992d): Gesellschaftliche und wirtschaftliche Entwicklung in Osteuropa. In: Direkt Marketing (12), S. 22-24.

TIETZ, BRUNO (1993): Die Öffnung Osteuropas: Konsequenzen für den Handel aus Westeuropa. In: TROMMELSDORF, VOLKER (Hrsg.): Handelsforschung 1992/93. Handel im integrierten Europa. Berlin (= Jahrbuch der Forschungsstelle für den Handel (FfH) e.V.). S. 119-144.

TIGGES, MICHAEL (1996): Polnisches Grundstücksrecht. In: Wirtschaft und Recht in Osteuropa 5 (1), S. 1-7.

TORDJMAN, ANDRÉ (1994): European Retailing. Convergences, Differences and Perspectives. In: International Journal of Retail & Distribution Management 22 (5), S. 3-19.

TREADGOLD, ALAN D. (1990): The Developing Internationalisation of Retailing. In: International Journal of Retail & Distribution Management 18 (2), S. 4-11.

TÜRKS, MANFRED und MICHAEL TRÄM (1993): Konsumgüterdistribution in Osteuropa – Erfolgversprechende Vertriebsoptionen für westliche Konsumgüterhersteller. In: TIETZ, BRUNO und JOACHIM ZENTES (Hrsg.): Ost-Marketing. Erfolgspotentiale osteuropäischer Konsumgütermärkte. Düsseldorf u. a. S. 247-274.

Urząd Miejski Wrocławia (1990): Informacja o stanie sieci handlowej we Wrocławiu. Wrocław (unveröffentlicht).

Urząd Miejski Wrocławia (1993): Informacja o stanie sieci handlowej we Wrocławiu. Wrocław (unveröffentlicht).

Urząd Miejski Wrocławia (1995): Raport w sprawie targowisk. Wrocław (unveröffentlicht).

Urząd Statystyczny we Wrocławiu (1996): Informacja o sytuacji społeczno-gospodarczej Wrocławia. Wrocław.

VOIGT, LOTHAR (1995): Die Verlockungen des Lebensstilbegriffs. In: DANGSCHAT, JENS S. und JÖRG BLASIUS (Hrsg.): Lebensstile in den Städten. Konzepte und Methoden. Opladen. S. 59-78.

VOLLMER, SIMONE (1998): Strategische Regionalisierungen in der Umweltkommunikation. Köln (im Druck).

VOSS, THOMAS (1987): Polen: Reformrhetorik gegen Konservatismus und Stagnation. In: Prokla 17 (4), S. 52-69.

WALASEK, ANTONI, JÓZEF PAWLIKOWSKI und JAN GOGAŁA (1985): Historia Spółdzielczości Spożywców w województwie wrocławskim. Wrocław.

WASZKIEWICZ, JAN (Hrsg.): Raport o stanie miasta Wrocław 1990-94, Wrocław.

WELFENS, PAUL J.J. (1993): Privatisierung und externe Liberalisierung: Probleme der Systemtransformation in Polen. In: Ordo (= Jahrbuch für die Ordnung von Wirtschaft und Gesellschaft, Band 44), S. 319-344.

WERLEN, BENNO (1997): Sozialgeographie alltäglicher Regionalisierungen. Band 2: Globalisierung, Region und Regionalisierung. Stuttgart (= Erdkundliches Wissen, Band 119).

WIESENTHAL, HELMUT (1996): Zum Wandel ökonomischer und politischer Orientierungen in akteurtheoretischer Perspektive. In: BISS public 6 (19), S. 5-21.

WILLIAMS, DAVID E. (1992): Retailer Internationalization: An Empirical Inquiry. In: European Journal of Marketing 26 (8/9), S. 8-24.

WIRTH, CARSTEN (1994a): Die neue Unübersichtlichkeit im Einzelhandel. Belegschaftsstrukturen, Externalisierung von Arbeit und Interessenvertretung. Münster.

WIRTH, CARSTEN (1994b): Modularer Einzelhandel und industrielle Beziehungen. Ergebnisse einer qualitativen Längsschnittuntersuchung. In: Industrielle Beziehungen 1 (4), S. 347-373.

WRIGLEY, NEIL (1996): Sunk Costs and Corporate Restructuring: British Food Retailing and the Property Crisis. In: WRIGLEY, NEIL und MICHELLE LOWE (Hrsg.): Retailing, Consumption and Capital: Towards the New Retail Geography. Harlow. S. 116-136.

WŁODYKA, STANISŁAW (1983): Neue Gesetzgebung zur Wirtschaftsreform in Polen. In: Osteuropa-Recht 29 (2/3), S. 116-127.

ZANTHIER, HENNING VON (1993): Grundstückserwerb durch Ausländer in Polen. Systematische Darstellung. In: BREIDENBACH, STEPHAN (Hrsg.): Handbuch Wirtschaft und Recht in Osteuropa, Länderteil Polen. München.

ZAPF, WOLFGANG (1996): Die Modernisierungstheorie und unterschiedliche Pfade der gesellschaftlichen Entwicklung. In: Leviathan 24 (1), S. 63-77.

ZENTES, JOACHIM (1993): Eintritts- und Bearbeitungsstrategien für osteuropäische Konsumgütermärkte. In: TIETZ, BRUNO und JOACHIM ZENTES (Hrsg.): Ost-Marketing. Erfolgspotentiale osteuropäischer Konsumgütermärkte. Düsseldorf u. a. S. 63-101.

ZENTES, JOACHIM und EVANGELOS PETER POUNGIAS (1993): Eintrittsstrategien westeuropäischer Handelsunternehmen auf osteuropäischen Märkten. In: TROMMELSDORF, VOLKER (Hrsg.): Handelsforschung 1992/93. Handel im integrierten Europa. Berlin (= Jahrbuch der Forschungsstelle für den Handel (FfH) e.V.). S. 145-163.

ZMUDA, JOHANNA (1995): Die Gesetze orientieren sich an europäischem Recht. In: Handelsblatt Nr. 105 vom 1. Juni, S. B4.

7.2 Verzeichnis der Gesetzesquellen

Einführungsbestimmungen zum Gesetz über die territoriale Selbstverwaltung (GütSEinführ) vom 10.5.1990. Originalquelle: Dziennik Ustaw 1990, Nr. 32, Pos. 191. Ohne deutsche Übersetzung.

Europa-Abkommen zur Gründung einer Assoziation zwischen den Europäischen Gemeinschaften und ihren Mitgliedern einerseits und der Republik Polen andererseits (Assoziierungsabkommen). Originalquelle: Amtsblatt der Europäischen Gemeinschaften vom 31.12.1993, L 347/II.

Gesetz über die Änderung des Gesetzes über die Grundstücksbewirtschaftung und Enteignung von Liegenschaften (ÄGB) vom 29.9.1990. Originalquelle: Dziennik Ustaw 1990, Nr. 79, Pos. 464. Ohne deutsche Übersetzung.

Gesetz über die Kommerzialisierung und Privatisierung von Staatsunternehmen (PrivG96) vom 30.8.1996 in der Fassung vom 20.10.1996. Originalquellen: Dziennik Ustaw 1996, Nr. 118, Pos. 561 und Dziennik Ustaw 1996, Nr. 156, Pos. 775. Deutsche Übersetzung: Wirtschaftsrecht der osteuropäischen Staaten, 45. Lieferung (März 1997), Länderteil Polen, Abschnitt III.5.a.

Gesetz über die Selbstverwaltung der Belegschaften staatlicher Unternehmen (GSelbstV) vom 25.9.1981 in der Fassung vom 20.12.1990. Originalquellen: Dziennik Ustaw 1981, Nr. 24, Pos. 123 und Dziennik Ustaw 1991, Nr. 2, Pos. 6. Deutsche Übersetzung: Wirtschaftsrecht der osteuropäischen Staaten, 23. Lieferung (März 1995), Länderteil Polen, Abschnitt III.4.b.

Gesetz über die staatlichen Unternehmen (GstU) vom 25.9.1981 in der Fassung vom 20.12.1996. Originalquellen: Dziennik Ustaw 1981, Nr. 24, Pos. 122 und Dziennik Ustaw 1996, Nr. 156, Pos. 775. Deutsche Übersetzung: Wirtschaftsrecht der osteuropäischen Staaten, 52. Lieferung (August 1997), Länderteil Polen, Abschnitt III.4.a.

Gesetz über die territoriale Selbstverwaltung (GütS) vom 8. März 1990. Originalquelle: Dziennik Ustaw 1990, Nr. 16, Pos. 95. Deutsche Übersetzung: Verfassungs- und Verwaltungsrecht der Staaten Osteuropas, 6. Lieferung (Februar 1997), Länderteil Polen, Abschnitt 2.1.6.

Gesetz über die Wirtschaftstätigkeit (GüW) vom 23. Dezember 1988 in der Fassung vom 16. Oktober 1991. Originalquellen: Dziennik Ustaw 1988, Nr. 41, Pos. 324 und Dziennik Ustaw 1991, Nr. 107, Pos. 460. Deutsche Übersetzung: Wirtschaftsrecht der osteuropäischen Staaten, 8. Lieferung (Mai 1993), Länderteil Polen, Abschnitt III.2.

Gesetz zur Privatisierung und Reorganisation des volkseigenen Vermögens (Treuhandgesetz, TreuhG) vom 17. Juni 1990. In: Vermögensgesetz, München 1994.

Novelle des Zivilgesetzbuches (ZGB) vom 28.7.1990. Originalquelle: Dziennik Ustaw 1990, Nr. 55, Pos. 321. Ohne deutsche Übersetzung.

Novelle zum Wohn- und Gewerberaumrecht (Raumrecht) vom 23.3.1990. Originalquelle: Dziennik Ustaw 1990, Nr. 32, Pos. 190. Ohne deutsche Übersetzung.

Raumbewirtschaftungsgesetz (RBG) vom 7.7.1994. Originalquelle: Dziennik Ustaw 1994, Nr. 89, Pos. 415. Deutsche Übersetzung: Verfassungs- und Verwaltungsrecht der Staaten Osteuropas, 9. Lieferung (Juni 1997), Länderteil Polen, Abschnitt 4.7.a.

Verfassung über die gegenseitigen Beziehungen zwischen der gesetzgebenden und vollziehenden Gewalt der Republik Polen sowie über die territoriale Selbstverwaltung (Kleine Verfassung, kVerf) vom 17.10.1992. Originalquelle: Dziennik Ustaw 1992, Nr. 84, Pos. 426. Deutsche Übersetzung: Verfassungs- und Verwaltungsrecht der Staaten Osteuropas, Grundwerk (August 1995), Länderteil Polen, Abschnitt 1.1.

7.3 Anhang

Passantenbefragung (Beispiel: Stadtteile, Übersetzung)

Jeden dritten Passanten „in einer Richtung" befragen. Kinder unter 15 Jahren nicht befragen. Aus Gruppen nur eine Person befragen.

Guten Tag. Wir führen eine Befragung zum Thema „Einkaufen in Wrocław" durch. Würden Sie uns hierzu einige Fragen beantworten?

(1) Śródmieście   (2) okolice Traugutta   (3) Gaj   (4) Gądów Mały   Verweigerungen *(Strichliste)*: _____

1.1. Können Sie mir bitte sagen, was heute der wichtigste Grund für Ihren Besuch hier in ... ist? *Offene Frage, max. eine Antwort*
- (1) Einkauf, informieren   (4) Arzt, Bank, Versicherung ....   (7) private Verabredung
- (2) Stadtbummel   (5) Gaststättenbesuch   (8) Ausbildung, Arbeit
- (3) Behördengang   (6) Besuch einer Veranstaltung   (10) wohne hier   (9) Sonstiges

1.2. Und was machen Sie sonst noch hier in ...? *Antwortmöglichkeiten vorlesen, Mehrfachantwort möglich*
- (1) Einkauf, informieren   (4) Arzt, Bank, Versicherung ....   (7) private Verabredung
- (2) Stadtbummel   (5) Gaststättenbesuch   (8) Ausbildung, Arbeit
- (3) Behördengang   (6) Besuch einer Veranstaltung   (10) wohne hier   (9) Sonstiges

Wenn zum Einkauf gekommen:

2.1 Welche Waren kaufen Sie heute hier in ... ein? *Genaue Branche notieren*
1. _____ 2. _____ 3. _____

2.2 Gehen Sie heute hier in ...
- in ein **Lebensmittelgeschäft**?   (1) ja   (2) nein   (9) weiß nicht
- in ein **Bekleidungs- oder Schuhgeschäft**?   (1) ja   (2) nein   (9) weiß nicht
- in ein **Wohnungseinrichtungsgeschäft**?   (1) ja   (2) nein   (9) weiß nicht

2.3 Wieviel Geld werden Sie dabei hier in ... ungefähr ausgeben?   ungefähr _____ zł

3. Und wie lange werden Sie sich heute ungefähr hier in ... aufhalten (ohne Arbeit)?   ungefähr _____ min

4. Empfinden Sie Ihren heutigen Aufenthalt hier in ... eher als „Pflicht und Notwendigkeit" oder eher als „Freizeit und Erlebnis"?
(1) Pflicht und Notwendigkeit   (2) Freizeit und Erlebnis   (3) beides

5. Wie beurteilen sie folgende Aspekte hier in ... mit Schulnoten von 1 (sehr schlecht) bis 5 (sehr gut)?
- Vielfalt des Warenangebots   (1)(2)(3)(4)(5)   (9) weiß nicht
  Welche Branchen vermissen Sie besonders? 1. _____ 2. _____
- Anzahl an Parkmöglichkeiten   (1)(2)(3)(4)(5)   (9) weiß nicht
- Erreichbarkeit mit dem Auto   (1)(2)(3)(4)(5)   (9) weiß nicht
- Erreichbarkeit mit der Straßenbahn oder Bus   (1)(2)(3)(4)(5)   (9) weiß nicht
- Einkaufsatmosphäre in den Geschäftsstraßen   (1)(2)(3)(4)(5)   (9) weiß nicht
- Attraktivität der Gebäude in den Geschäftsstraßen   *zeigen*   (1)(2)(3)(4)(5)   (9) weiß nicht

6. Wann waren Sie zum letzten Mal zum Einkaufen hier in ...? *Antwortmöglichkeiten vorlesen*
(1) vor 1-2 Tagen   (2) vor 3-7 Tagen   (3) vor 8-14 Tagen   (4) vor 2-4 Wochen   (5) vor 1-3 Monaten   (6) länger her   (9) k.A.

7. Und wann waren wie zuletzt zum Einkaufen in der Wrocławer Innenstadt? *Antwortmöglichkeiten vorlesen!*
(1) vor 1-2 Tagen   (2) vor 3-7 Tagen   (3) vor 8-14 Tagen   (4) vor 2-4 Wochen   (5) vor 1-3 Monaten   (6) länger her   (9) k.A.

8. Sind Sie vor zwei Jahren häufiger, seltener oder genauso häufig zum Einkaufen in die Innenstadt gefahren
(1) häufiger   (2) gleich häufig   (3) seltener   (9) k.A.

9. Wie beurteilen sie folgende Aspekte in der Wrocławer Innenstadt mit Schulnoten von 1 (sehr schlecht) bis 5 (sehr gut)?
- Vielfalt des Warenangebots   (1)(2)(3)(4)(5)   (9) weiß nicht
  Welche Branchen vermissen Sie besonders? 1. _____ 2. _____
- Anzahl an Parkmöglichkeiten   (1)(2)(3)(4)(5)   (9) weiß nicht
- Erreichbarkeit mit dem Auto   (1)(2)(3)(4)(5)   (9) weiß nicht
- Erreichbarkeit mit der Straßenbahn oder Bus   (1)(2)(3)(4)(5)   (9) weiß nicht
- Einkaufsatmosphäre in den Geschäftsstraßen   (1)(2)(3)(4)(5)   (9) weiß nicht
- Attraktivität der Gebäude in den Geschäftsstraßen   (1)(2)(3)(4)(5)   (9) weiß nicht

10. Wenn Sie jetzt an die unterschiedlichen Geschäftstypen in der Wrocławer Innenstadt denken. Gibt es Ihrer Meinung nach zu viele oder zu wenige gehobene Fachgeschäfte?   (1) zu viele   (2) zu wenige   (3) genau richtig   (9) k.A.
- Und preiswerte Geschäfte?   (1) zu viele   (2) zu wenige   (3) genau richtig   (9) k.A.
- Und Warenhäuser?   (1) zu viele   (2) zu wenige   (3) genau richtig   (9) k.A.
- Und Gastronomiebetriebe?   (1) zu viele   (2) zu wenige   (3) genau richtig   (9) k.A.

11. Wie oft waren Sie in den vergangenen acht Wochen zum Einkaufen ... *vorlesen*
- im **MARINO** (Psie Pole)   ___ mal, *wenn nicht*:   ( ) länger her   ( ) noch nie
- im **ASTRA**   ___ mal, *wenn nicht*:   ( ) länger her   ( ) noch nie
- auf dem **Markt an der ul. Krzywoustego** (Psie Pole)   ___ mal, *wenn nicht*:   ( ) länger her   ( ) noch nie
- im **GOLIAT** (das Zelt am pl. Grunwaldzkim)   ___ mal, *wenn nicht*:   ( ) länger her   ( ) noch nie
- zum Einkaufen in Deutschland   ___ mal, *wenn nicht*:   ( ) länger her   ( ) noch nie

12. Wie oft haben Sie in den letzten acht Wochen etwas beim Versandhandel bestellt?   _____ mal

13. Haben Sie in den vergangen 7 Tagen etwas beim Markthandel oder Straßenhandel eingekauft?

      (1) ja ⇒   **Und was haben Sie gekauft?**   *Genaue Branchen notieren*   1. _____
      (2) nein   2. _____

14. Was schätzen Sie besonders am Markthandel? *offene Frage! nicht vorlesen, Mehrfachantwort möglich.*

nichts   (1) günstige Preise   (3) leichte Erreichbarkeit   (5) Möglichkeit zu handeln   (9)
          (2) gute Warenqualität   (4) Einkaufsatmosphäre   ( ) Sonstiges: _____ / _____

15. Was mögen Sie nicht am Markthandel? *offene Frage! nicht vorlesen, Mehrfachantwort möglich.*

      (1) schlechte Warenqualität   (5) Dreck, Unhygiene   (9) nichts
      (2) schädigt Stadtbild   (6) schädigt Geschäfte
      (3) sollte nicht im Centrum liegen   (7) unbekannte Warenherkunft
      (4) „illegal, oft kriminell"   (8) Sonstiges: _____ / _____

16. Zu wie vielen Personen sind Sie heute hier in ...? (*1 = alleine, 2 = zu zweit....*): _____

17. Mit welchem Verkehrsmittel sind Sie heute hier nach ... gekommen? *offene Frage! nicht vorlesen, Mehrfachantwort möglich*

    (1) Pkw   (2) Straßenbahn, Bus   (3) Pkw & ÖPNV   (4) zu Fuß   (5) Fahrrad   (6) Motorrad   (7) Taxi

falls mit dem Pkw: Warum sind Sie heute nicht mit Straßenbahn oder Bus gekommen? *offene Frage! Mehrfachantwort möglich.*

      (1) So ist es schneller   (4) bin mit anderen mitgefahren   (7) „Bequemlichkeit"
      (2) schlechte Verbindungen   (5) brauche Auto noch für andere Zwecke   (8) Sonstiges: _____
      (3) muß viel transportieren   (6) Bus und Bahn sind immer überfüllt

falls nicht mit dem Pkw: Befindet sich in Ihrem Haushalt ein Pkw?

      (1) ja... ⇒   **Warum haben sie diesen heute nicht benutzt?** *offene Frage! nicht vorlesen, Mehrfachantwort möglich*
                      (1) wohne in der Nähe   (4) Auto ist zu teuer
                      (2) so geht's schneller   (5) habe keinen Führerschein
                      (3) Parken ist zu schwierig   (6) hatte Auto heute nicht zur Verfügung
      (2) nein   (7) andere: _____

18. Wo wohnen Sie?   (1) in Wrocław   ⇒   **Stadtteil** (Nummer laut beiliegender Liste): ____
                            (2) in der Woiwodschaft Wrocław ⇒ **Gemeinde** (Nummer laut beiliegender Liste): ____
                            (3) außerhalb der Woiwodschaft ⇒ in der **Woiwodschaft**: _____

19. Welche berufliche Tätigkeit üben Sie aus?.   *Antwortkarte zeigen und vorlesen*   Gruppe: _____

20. Welcher Altersgruppe gehören Sie an?   *In Frage kommende Altersgruppen vorlesen*

      (1) 15-24   (2) 25-34   (3) 35-50   (4) 51-65   (5) über 65 Jahre   (9) k.A.

21. Wie viele Personen leben in Ihrem Haushalt? _____ Personen

22. Können Sie mir bitte sagen, in welche dieser Gruppen das monatliche Nettoeinkommen ihres Haushaltes einzuordnen ist?

Antwortenkarte zeigen   Einkommensgruppe: _____   (9) k.A.

Danke für Ihre Mithilfe

23. Vom Befrager ausfüllen: Geschlecht der Befragten   (1) männlich   (2) weiblich   **Tag:** ___   **Uhrzeit:** ___   **Befrager:** __

Einzelhandelsbefragung (Übersetzung)

1. Ist dieser Betrieb... *alle Antwortmöglichkeiten vorlesen, max. ein Kreuz*

(1) **Filiale einer staatlichen Handelskette**
⇒ ⇒ **Name der Kette**: _____ mit **Sitz in Woiw.**: _____
(2) **Filiale eines anderen staatlichen Unternehmens**
⇒ ⇒ **Name des Unternehmens**: _____ mit **Sitz in Woiw.**: _____
(3) **Filiale einer Genossenschaft**
⇒ ⇒ **Name der Genossenschaft**: _____ mit **Sitz in Woiw.**: _____
(4) **Filiale einer privaten Handelskette**
⇒ ⇒ **Name der Kette**: _____ mit **Sitz in Woiw.**: _____
(5) **Filiale eines anderen privaten Unternehmens**
⇒ ⇒ **Name des Unternehmens**: _____ mit **Sitz in Woiw.**: _____
(6) **Selbständiger privater Einzelhandelsbetrieb** (⇒ *Frage 1.1 - 1.2*)
(7) **Sonstiges**: _____
(9) k.A.

falls Antwort „6" Fragen 1.1 - 1.2 stellen

1.1 Betreibt dieser Betrieb noch weitere Filialen, Marktstände oder ambulante Verkaufsstände?

(1) ja ⇒ **und zwar** *(Anzahl eintragen)*: _____ Filialen (Ladenlokale)
_____ Marktstände
_____ ambulante Verkaufsstände
(2) nein (9) k.A.

1.2 Ist dieses Geschäft ein Franchiseunternehmen oder Mitglied einer Einkaufskooperation oder freiwilligen Kette?

(1) ja, **Franchisenehmer** der Firma
⇒ ⇒ **Name**: _____ mit **Sitz in Woiw.**: _____
(2) ja, **Mitglied einer Einkaufskooperation oder freiwilligen Kette**
⇒ ⇒ **Name**: _____ mit **Sitz in Woiw.**: _____
(3) nein
(9) k.A.

2. Seit wann existiert dieses Geschäft mit dem derzeitigen Besitzer? *(Monat, Jahr)* seit _____ , 19___

Wenn das Geschäft mit dem derzeitigen Besitzer schon <u>vor 1990 existierte</u>:	⇒ *weiter mit Frage 3*
Wenn das Geschäft mit dem derzeitigen Besitzer erst seit <u>nach 1989 existiert</u>:	⇒ *weiter mit Frage 2.1*

2.1 Wurde hier erstmals eine Verkaufsstelle neu eröffnet oder eine bereits bestehende Verkaufsstelle übernommen?

(1) **Neueröffnung** ⇒ **Wie wurden diese Räume vorher genutzt?** *offene Frage,*
(1) Geschäft ⇒ welche Branche? _____
(2) Lager (3) Handwerksbetrieb
(4) Wohnung (5) Büro, Dienstleistungsbetrieb
(6) leerstehend (7) Neues Gebäude, vorher keine Nutzung
(8) Sonstiges: _____

(2) **Übernahme** ⇒ **Von wem wurde dieses Geschäft übernommen?** *Antwortmöglichkeiten vorlesen*
(1) von staatlicher Handelskette (Name): _____
(2) von anderem staatlichen Unternehmen (Name): _____
(3) von Genossenschaft (Name): _____
(4) von privatem Unternehmen: _____
(9) k.A. (5) Sonstiges: _____

2.2 Gab es nach 1989 noch einen weiteren Wechsel des Ladenbesitzers oder der Branche?

(1) **ja** ⇒ (1) **Ladenbesitzer**: ____ Wechsel
(2) **Branchen**: ____ Wechsel *(Reihenfolge)*: _____
(2) **nein** _____
(9) k.A.

2.3 *Diese Frage nur an <u>selbständige private Betriebe</u> stellen (Frage 1, Antwort „6")*

War der derzeitige Ladenbesitzer schon vor der Eröffnung dieses Geschäftes im Einzelhandel tätig?

(1) **ja** ⇒ **In welcher Funktion?** *Antwortmöglichkeiten vorlesen*
(1) Verkaufsstellenleiter (2) Verkäufer (3) Eigentümer
⇒ **In welchem Geschäft nahm er diese Tätigkeit wahr?** *Antwortmöglichkeiten vorlesen*
(1) in **diesem Geschäft**
(2) in anderem Geschäft in **Wrocław**
(3) in anderem Geschäft in der **Woiwodschaft**: _____

(2) **nein** ⇒ Als was war der Ladenbesitzer vor der Eröffnung tätig? _____

⇒ In welchem Ort? (1) in **Wrocław**
  ( ) in anderem Ort in der **Woiwodschaft**.: _____

⇒ Warum wurde die Tätigkeit im Einzelhandel aufgenommen? *Offene Frage/ /1 Kreuz*
  (1) Schließung des vorherigen Betriebs, Kündigung
  (2) zusätzliches Einkommen
  ( ) anderer Grund: _____

(9) weiß nicht

3. Wie erfolgt der Warenbezug dieses Geschäftes? *Antwortmöglichkeiten vorlesen, Mehrfachantwort möglich*

(1) **Bezug durch Großhandel**
  ⇒ **Wie häufig?** *vorlesen* (1) mehrmals wöchentlich (2) mehrmals monatlich (3) einmal monatlich (4) seltener
  ⇒ **Woher?** *vorlesen* (1) Wrocław (2) Woiwod. Wrocław (3) Andere Woiwod.:_____ (4) Ausland

(2) **Eigener Einkauf im Großhandel**
  ⇒ **Wie häufig?** *vorlesen* (1) mehrmals wöchentlich (2) mehrmals monatlich (3) einmal monatlich (4) seltener
  ⇒ **Woher?** *vorlesen* (1) Wrocław (2) Woiwod. Wrocław (3) Andere Woiwod.:_____ (4) Ausland

(3) **Einkauf auf Großhandelsmarkt**
  ⇒ **Wie häufig?** *vorlesen* (1) mehrmals wöchentlich (2) mehrmals monatlich (3) einmal monatlich (4) seltener
  ⇒ **Woher?** *vorlesen* (1) Wrocław (2) Woiwod. Wrocław (3) Andere Woiwod.:_____ (4) Ausland

(4) **Bezug durch Hersteller**
  ⇒ **Wie häufig?** *vorlesen* (1) mehrmals wöchentlich (2) mehrmals monatlich (3) einmal monatlich (4) seltener
  ⇒ **Woher?** *vorlesen* (1) Wrocław (2) Woiwod. Wrocław (3) Andere Woiwod.:_____ (4) Ausland

(5) **Eigener Einkauf beim Hersteller**
  ⇒ **Wie häufig?** *vorlesen* (1) mehrmals wöchentlich (2) mehrmals monatlich (3) einmal monatlich (4) seltener
  ⇒ **Woher?** *vorlesen* (1) Wrocław (2) Woiwod. Wrocław (3) Andere Woiwod.:_____ (4) Ausland

(6) **Einkauf im Einzelhandel**
  ⇒ **Wie häufig?** *vorlesen* (1) mehrmals wöchentlich (2) mehrmals monatlich (3) einmal monatlich (4) seltener
  ⇒ **Woher?** *vorlesen* (1) Wrocław (2) Woiwod. Wrocław (3) Andere Woiwod.:_____ (4) Ausland

(7) **Eigene Produktion**
  ⇒ **Wo?** *vorlesen* (1) Wrocław (2) Woiwod. Wrocław (3) Andere Woiwod.:_____ (4) Ausland

(8) **Sonstiges, und zwar:** _____
  ⇒ **Wie häufig?** *vorlesen* (1) mehrmals wöchentlich (2) mehrmals monatlich (3) einmal monatlich (4) seltener
  ⇒ **Woher?** *vorlesen* (1) Wrocław (2) Woiwod. Wrocław (3) Andere Woiwod.:_____ (4) Ausland

(9) **k.A.**

4. In welcher der genannten Bezugsquellen kaufen Sie den größten Teil ihrer Waren?
  Nummer: _____ (9) unterschiedlich (99) k.A.

5. Wie viele Personen sich in dieser Woche hier beschäftigt (einschließlich Besitzer)?
  insgesamt _____ **Personen** ⇒ ⇒ **davon:** *vorlesen* _____ Eigentümer/Betriebsleiter
  _____ mithelfende Familienangehörige
  _____ Vollzeitbeschäftigte
  _____ Teilzeitbeschäftigte
  (9) k.A. _____ Auszubildende

6. Wie viele Personen (einschließlich Besitzer) waren hier beschäftigt ... *vorlesen*
  - am Ende des **Jahres 1989:** _____ Personen (9) k.A.
  - am Ende des **Jahres 1991:** _____ Personen (9) k.A.
  - am Ende des **Jahres 1993:** _____ Personen (9) k.A.
  - am Ende des **Jahres 1994:** _____ Personen (9) k.A.

7. Ist in den nächsten 12 Monaten eine Veränderung der Beschäftigtenzahl geplant?
  (1) ja ⇒ **und zwar:** (1) **Erhöhung** der Beschäftigtenzahl um _____ Personen
  (2) **Verringerung** der Beschäftigtenzahl um _____ Personen
  (2) nein
  (9) k.A.

8. Wie beurteilen sie die wirtschaftliche Situation dieses Betriebs? *Antwortmöglichkeiten vorlese*
  (1) sehr gut (2) gut (3) befriedigend (4) schlecht (5) sehr schlecht (9) k.A.

9. Wie hat sich der Umsatz ihres Geschäftes in den vergangenen 12 Monaten verändert? *Antwortmöglichkeiten vorlesen*
  (1) wesentlich verbessert (3) leicht verbessert (5) in etwa gleich geblieben
  (2) leicht verschlechtert (4) wesentlich verschlechtert (9) k.A.

10. Worin sehen Sie die Hauptprobleme für die Geschäftsentwicklung ihres Betriebes (maximal 3 Antworten)?
offene Frage, Antwortmöglichkeiten nicht vorlesen!!!

- (1) zu hohe Mieten
- (2) zu hohe Steuern und Abgaben
- (3) Kapitalknappheit
- (4) zu geringer Verkaufsfläche
- (5) zu große Konkurrenz durch andere Geschäfte
- (6) zu große Konkurrenz durch Straßen- und Markthandel
- (7) fehlende Kaufkraft
- (8) zu wenige Parkplätze
- (9) zu wenig Passantenaufkommen am Standort
- (97) Sonstiges: _____
- (98) Sonstiges: _____
- (99) k.A.

11. Wie beurteilen Sie die Lage Ihres Geschäftes im Hinblick auf die folgenden Faktoren (in Schulnoten von 1 bis 5)? *vorlesen*

- Einkaufsatmosphäre   (1)(2)(3)(4)(5)   (9) k.A.
- Passantenaufkommen   (1)(2)(3)(4)(5)   (9) k.A.
- Verfügbarkeit an Parkplätze (1)(2)(3)(4)(5)   (9) k.A.

12. Hat das Passantenaufkommen in dieser Straße in den vergangenen 12 Monaten zu- oder abgenommen? *Antwortmöglichkeiten vorlesen*

(1) zugenommen (2) unverändert (3) abgenommen

13. Hat Ihr eigenes Kundenaufkommen in den vergangenen 12 Monaten zu- oder abgenommen? *Antwortmöglichkeiten vorlesen*

(1) zugenommen (2) unverändert (3) abgenommen

14. Was sollte Ihrer Meinung nach als Wichtigstes getan werden, um die Situation des Einzelhandels hier in ... zu verbessern?
offene Frage, Antwortmöglichkeiten nicht vorlesen!!!

- (1) Anzahl der Geschäfte erhöhen
- (2) Mieten senken
- (3) Markthandel/Straßenhandel beschränken
- (4) Steuern und Abgaben senken
- (5) Möglichkeit geben, Geschäft / Gebäude zu kaufen
- (6) mehr Parkplätze bauen
- (7) Straßenzustand verbessern
- (8) mehr Straßen bauen
- (9) alte Gebäude renovieren
- (10) Sicherheit erhöhen/Kriminalität bekämpfen
- (11) Arbeitsplätze schaffen
- (12) Sonstiges: _____
- (98) weiß nicht
- (99) k.A.

Abschließend noch einige Fragen zu Ihren Geschäftsräumen

15.1. Wie groß ist die Geschäftsfläche dieses Betriebes? _____ m^2

15.2. Wie groß ist die Verkaufsfläche dieses Betriebes? _____ m^2

16. Haben Sie Ihre Verkaufsräume in den vergangenen 12 Monaten vergrößert, verkleinert oder modernisiert?

(1) ja ⇒ und zwar: (1) **vergrößert**, im Jahr 19__ um ___ m^2 durch:
  (1) Anmietung benachbarter Räume
  (2) Ausbau von Lagerflächen
  (3) Sonstiges: _____

(2) **verkleinert**, im Jahr 19__ um ___ m^2 durch:
  (1) Geschäftsteilung
  (2) Untervermietung von Verkaufsfläche
  (3) Sonstiges: _____

(3) **modernisiert**, im Jahr 19___

(4) nein   (9) k.A.

17. Planen Sie für die nächsten 12 Monate eine der folgenden betrieblichen Veränderungen?
Antwortmöglichkeiten vorlesen, Mehrfachantwort möglich

(1) **Vergrößerung** der Verkaufsfläche um ___ m^2 durch:
  (1) Anmietung benachbarter Räume
  (2) Ausbau von Lagerflächen
  (3) Sonstiges: _____

(2) **Verkleinerung** der Verkaufsfläche um ___ m^2 durch:
  (1) Geschäftsteilung
  (2) Untervermietung von Verkaufsfläche
  (3) Sonstiges: _____

(3) **Verlagerung des Geschäftes** ⇒
  (1) innerhalb von Wrocław
  (2) innerhalb der Woiwodschaft Wrocław
  (3) in andere Woiwodschaft: _____
  ⇒ **Grund**: _____

(4) **Eröffnung einer Filiale** ⇒
  (1) innerhalb von Wrocław
  (2) innerhalb der Woiwodschaft Wrocław
  (3) in andere Woiwodschaft: _____

(5) **Anschluß an eine Einkaufskooperation** ⇒ **Name**: _____, mit **Sitz** in **Woiwod.**: _____
(6) **Kauf des Ladenlokales**
(7) **Verkauf, Übergabe, Schließung** ⇒ **Grund**: _____
(8) **keine Änderung geplant**
(9) **k.A.**

18. Planen Sie in den Folgenden 12 Monaten Investitionen in eine Modernisierung dieser Verkaufsräume?

(1) ja
(2) nein ⇒ **Warum nicht?** *offene Frage*
  (1) Lokal ist nicht in meinem Eigentum
  (2) Investitionen sind nicht notwendig
  (3) es fehlt an Investitionskapital
  (4) Geschäftsschließung
(9) k.A.
  (5) Sonstiges: _____

19. Sind diese Geschäftsräume gemietet/gepachtet oder Eigentum des Unternehmens?

   (1) Eigentum des Unternehmens ⇒ **und zwar:** seit dem Jahr 19___

   (2) gemietet/gepachtet ⇒ **Wie hoch ist die Miete/Pacht pro m² Verkaufsfläche?** ____ zł / m² Verkaufsfläche

             ⇒ **Wer ist der derzeitige Eigentümer dieses Ladenlokals?** *Antwortmöglichk. vorlesen*

               (1) Stadt Wrocław
               (2) Wohnungsbaugenossenschaft ⇒ Name: _____
               (3) anderes Unternehmen ⇒ Name: _____
               (4) Sonstiges: _____

   (9) k.A.

20. In welche dieser Gruppen ist der Jahresumsatz Ihres Unternehmens einzuordnen? *Antwortkarte zeigen*

   Gruppe: _____   (99) k.A.

Vielen Dank für Ihre Mithilfe !!!

Vom Befrager ausfüllen:

Name des Unternehmens oder Eigentümers: _____

Stadtteil: (1) **Innenstadt**   (2) **Śródmieście**   (3) **okolice Traugutta**   (4) **Gaj**   (5) **Gądów Mały**

Adresse (Straße und Hausnummer): _____

genaue Branche: _____   **Befrager:** _____

Karte 10: *PSS Astra*: Untervermietungsstrategien eines konsumgenossenschaftlichen Warenhauses

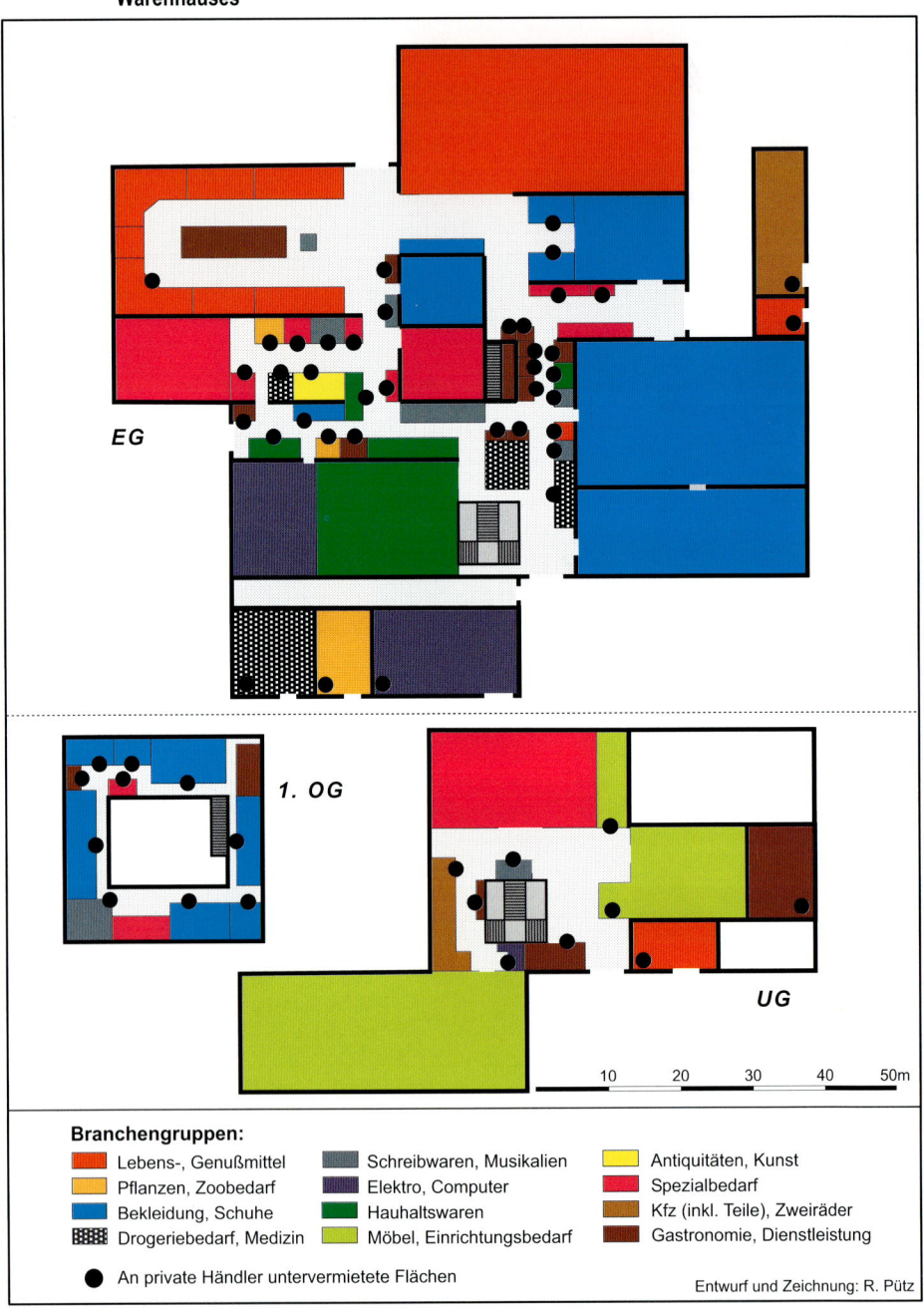

Branchengruppen:
- Lebens-, Genußmittel
- Pflanzen, Zoobedarf
- Bekleidung, Schuhe
- Drogeriebedarf, Medizin
- Schreibwaren, Musikalien
- Elektro, Computer
- Haushaltswaren
- Möbel, Einrichtungsbedarf
- Antiquitäten, Kunst
- Spezialbedarf
- Kfz (inkl. Teile), Zweiräder
- Gastronomie, Dienstleistung

● An private Händler untervermietete Flächen

Entwurf und Zeichnung: R. Pütz

274

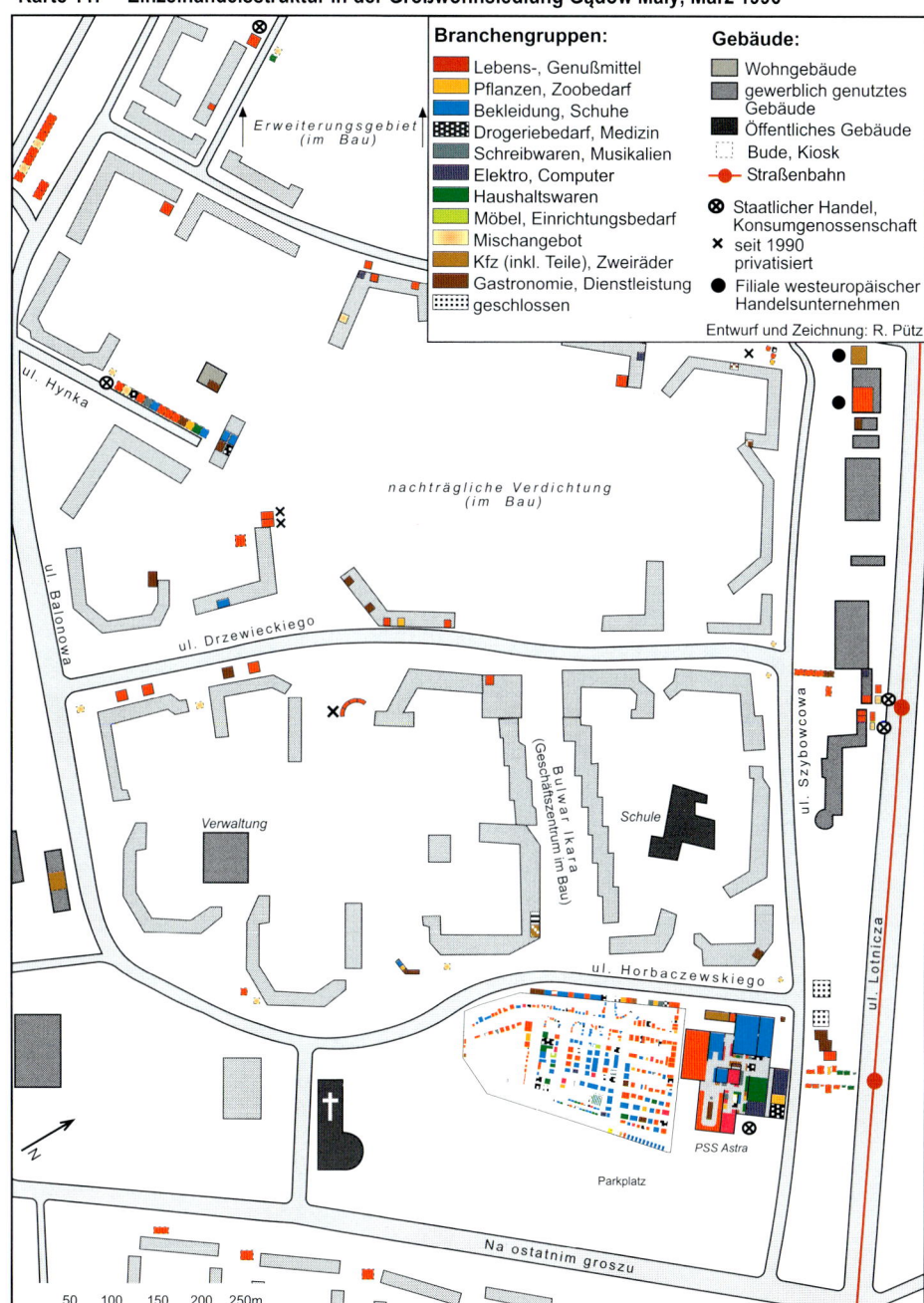

Karte 11: Einzelhandelsstruktur in der Großwohnsiedlung Gądów Mały, März 1996

Karte 12: Branchenstruktur des Marktes *Astra-targ* in der Großwohnsiedlung Gądów Mały, März 1996

Branchengruppen:
- Lebens-, Genußmittel
- Pflanzen, Zoobedarf
- Bekleidung, Schuhe
- Drogeriebedarf, Medizin
- Schreibwaren, Musikalien
- Elektro, Computer
- Haushaltswaren
- Möbel, Einrichtungsbedarf
- Antiquitäten, Kunst
- Sonstiges (Foto, Spiel, Sport)
- Kfz (incl. Teile), Zweiräder
- Gastronomie, Banken, Dienste
- geschlossen
- feste Verkaufsbuden
- überdachte Stände
- *T* offene Verkaufstische

Entwurf und Zeichnung: R. Pütz

Karte 13: Einzelhandelsstruktur im Gründerzeitviertel Traugutta, März 1996

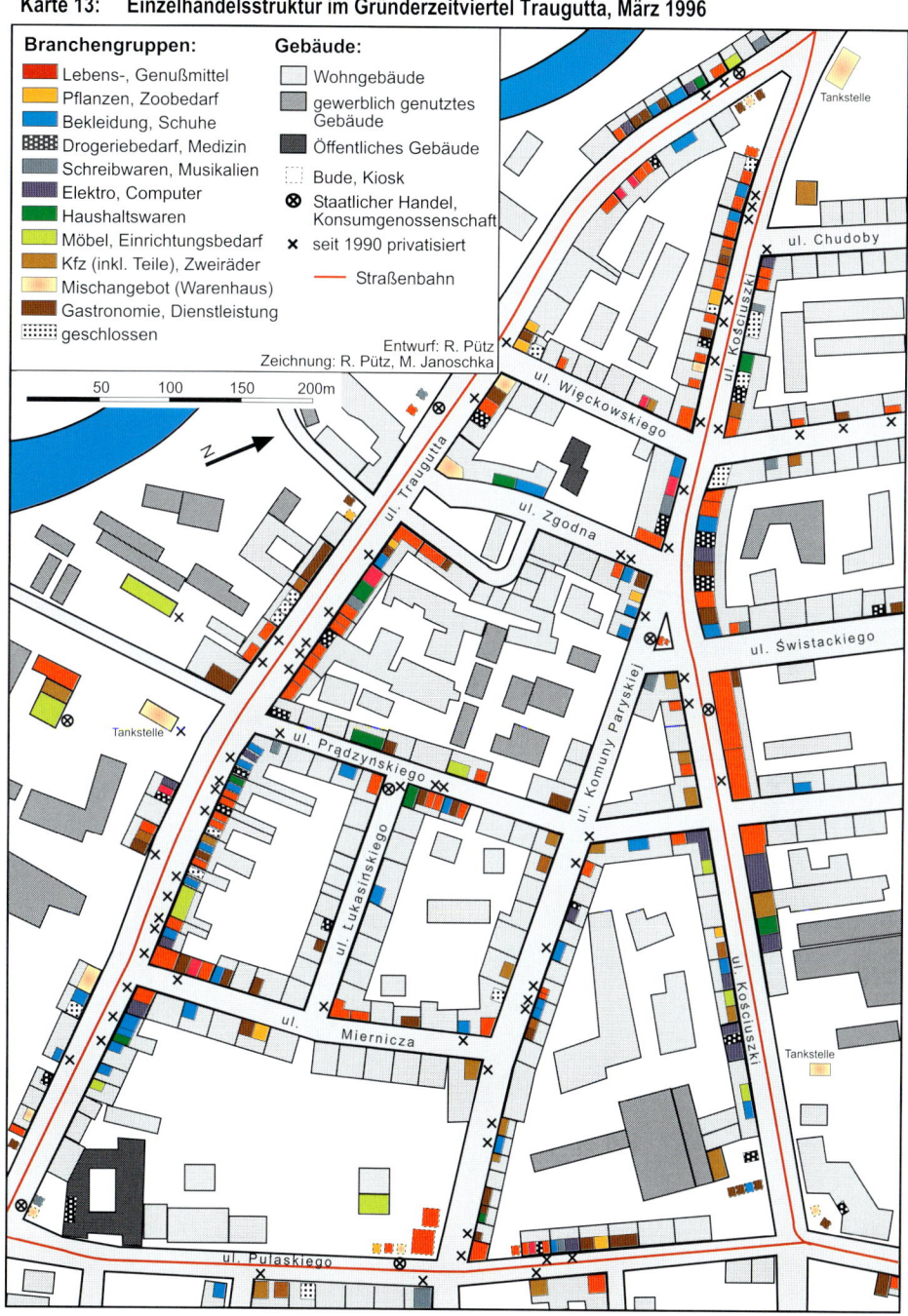

Branchengruppen:
- Lebens-, Genußmittel
- Pflanzen, Zoobedarf
- Bekleidung, Schuhe
- Drogeriebedarf, Medizin
- Schreibwaren, Musikalien
- Elektro, Computer
- Haushaltswaren
- Möbel, Einrichtungsbedarf
- Kfz (inkl. Teile), Zweiräder
- Mischangebot (Warenhaus)
- Gastronomie, Dienstleistung
- geschlossen

Gebäude:
- Wohngebäude
- gewerblich genutztes Gebäude
- Öffentliches Gebäude
- Bude, Kiosk
- ⊗ Staatlicher Handel, Konsumgenossenschaft
- × seit 1990 privatisiert
- — Straßenbahn

Entwurf: R. Pütz
Zeichnung: R. Pütz, M. Janoschka

Karte 14: Einzelhandelsstruktur in der Großwohnsiedlung Gaj (südlicher Teil), März 1996

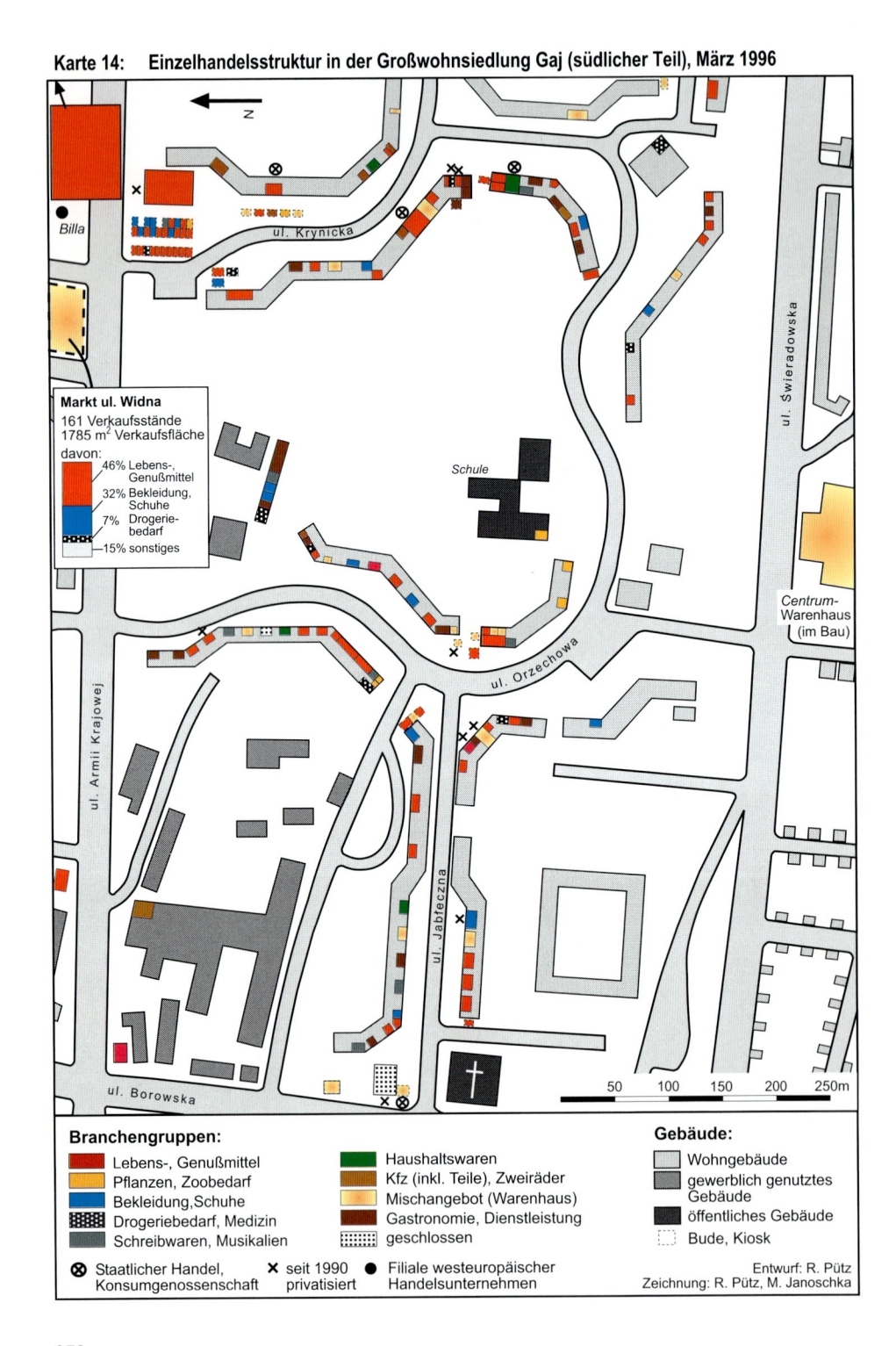

Markt ul. Widna
161 Verkaufsstände
1785 m² Verkaufsfläche
davon:
- 46% Lebens-, Genußmittel
- 32% Bekleidung, Schuhe
- 7% Drogeriebedarf
- 15% sonstiges

Branchengruppen:
- Lebens-, Genußmittel
- Pflanzen, Zoobedarf
- Bekleidung, Schuhe
- Drogeriebedarf, Medizin
- Schreibwaren, Musikalien
- Haushaltswaren
- Kfz (inkl. Teile), Zweiräder
- Mischangebot (Warenhaus)
- Gastronomie, Dienstleistung
- geschlossen
- Staatlicher Handel, Konsumgenossenschaft
- × seit 1990 privatisiert
- Filiale westeuropäischer Handelsunternehmen

Gebäude:
- Wohngebäude
- gewerblich genutztes Gebäude
- öffentliches Gebäude
- Bude, Kiosk

Entwurf: R. Pütz
Zeichnung: R. Pütz, M. Janoschka